INTRODUÇÃO AO PROCESSO CIVIL

Processo de Conhecimento

(Com notas de atualização do Projeto nº 166 do Senado Federal que trata do novo Código de Processo Civil)

Silvio Luís Ferreira da Rocha

INTRODUÇÃO AO PROCESSO CIVIL

Processo de Conhecimento

(Com notas de atualização do Projeto nº 166 do Senado Federal que trata do novo Código de Processo Civil)

Belo Horizonte

Editora Fórum

2011

Editora Fórum

Luís Cláudio Rodrigues Ferreira
Presidente e Editor

Coordenação editorial: Olga M. A. Sousa
Revisão: Adalberto Nunes Pereira Filho
Bibliotecária: Lissandra Ruas Lima – CRB 2851 – 6ª Região
Indexação: Maria Clarice Lima Batista – CRB 1326 – 6ª Região
Projeto gráfico: Walter Santos
Capa e diagramação: Derval Braga

Av. Afonso Pena, 2770 – 15º/16º andares – Funcionários – CEP 30130-007
Belo Horizonte – Minas Gerais – Tel.: (31) 2121.4900 / 2121.4949
www.editoraforum.com.br – editoraforum@editoraforum.com.br

R672i Rocha, Silvio Luís Ferreira da

Introdução ao processo civil: processo de conhecimento: com notas de atualização do Projeto nº 166 do Senado Federal que trata do novo Código de Processo Civil / Silvio Luís Ferreira da Rocha. Belo Horizonte: Fórum, 2011.

456 p.
ISBN 978-85-7700-442-3

1. Direito processual civil. 2. Processo de conhecimento. I. Título.

CDD: 341.46
CDU: 347.9

Informação bibliográfica deste livro, conforme a NBR 6023:2002 da Associação Brasileira de Normas Técnicas (ABNT):

ROCHA, Silvio Luís Ferreira da. *Introdução ao processo civil*: processo de conhecimento: com notas de atualização do Projeto nº 166 do Senado Federal que trata do novo Código de Processo Civil. Belo Horizonte: Fórum, 2011. 456 p. ISBN 978-85-7700-442-3.

Agradecimentos

A minha mulher, dedicada companheira, Eliane Oliveira Barros, com quem compartilho mais de duas décadas de esperanças, sonhos, alegrias e tristezas.

Ao Carlos Eduardo (Cadu), que me permite diariamente relembrar minha infância na sua pessoa.

Ao pequeno Guilherme Corrêa.

Aos meus queridos, valiosos e inestimáveis professores de Processo Civil dos cursos de graduação e pós-graduação da PUC-SP, verdadeiros responsáveis pelo meu respeito e interesse pela matéria, Sérgio Rizzi, Teresa Alvim, Arruda Alvim e Donaldo Armelin.

Sumário

Capítulo 6

Litisconsórcio

Capítulo 7

Intervenção de Terceiros

Capítulo 9

Citação 167

Capítulo 10

Da Resposta do Réu 181

Capítulo 1

Jurisdição

Sumário: 1.1 Considerações preliminares – 1.2 Jurisdição – 1.2.1 Noção de jurisdição – 1.2.2 Traços básicos da jurisdição – 1.2.3 Princípios fundamentais da jurisdição – 1.2.4 Espécies de jurisdição – 1.2.5 Substitutivos da jurisdição

1.1 Considerações preliminares

Jurisdição, ação e processo são institutos jurídicos voltados à solução de conflitos de interesses, que nascem das pretensões das pessoas humanas ou jurídicas em subordinar outrem a interesses próprios.

Entendemos por interesse a relação de importância entre bens e as necessidades humanas. É a posição favorável à satisfação de uma necessidade. O titular do interesse é o ser humano ou a pessoa jurídica, enquanto o objeto do interesse é o bem. O interesse individual é a relação entre o homem e o bem, conforme suas necessidades, e o interesse coletivo é a relação entre o homem e o bem, conforme necessidades idênticas do grupo social. Querer ter uma casa no campo ou na praia para o lazer no fim de semana é um interesse individual, mas querer ter uma casa para morar com a família é um interesse mais do que individual, social.

O conflito nasce da desigualdade, da desproporção, do desencontro entre os interesses ilimitados e os bens limitados. Para evitá-lo e garantir a coexistência na sociedade, o Direito, por normas gerais e abstratas, regula a distribuição dos bens entre os diferentes sujeitos. Ainda assim o conflito é inevitável, pois nem sempre haverá o cumprimento das regras jurídicas.

O conflito pode ser interno, subjetivo, como ter pouco dinheiro para o alimento e para o lazer, de modo que a pessoa terá que escolher entre um desses bens, mas pode, também, ser externo e intersubjetivo. É o conflito entre dois sujeitos, denominado "conflito de interesses", que pressupõe duas pessoas interessadas no mesmo bem.

O conflito de interesses deve ser resolvido pelos próprios litigantes ou por decisão obrigatória e vinculante de um terceiro.

A resolução pelos interessados pode ser unilateral, também denominada de autodefesa, na qual há a imposição do ponto de vista de um e o sacrifício do interesse do outro. Recorre-se à violência, real ou simbólica, com prevalência da força.[1] A resolução pelos próprios interessados pode se dar, também, de forma altruísta, denominada autocomposição, da qual são espécies a desistência, o reconhecimento jurídico do pedido e a transação.

A solução por decisão imperativa de um terceiro se dá pela atuação da jurisdição mediante provocação e instauração de relação jurídica designada habitualmente de "processo", que na era contemporânea constitui o meio normal para o término das disputas.

O conflito de interesses transposto para o processo denomina-se lide. A lide é o conflito de interesses qualificado por uma pretensão resistida transportado para uma relação jurídica dirigida por uma autoridade imparcial designada juiz.

A lide será solucionada pelo Poder Judiciário por intermédio de juízes regularmente investidos, ou, excepcionalmente, árbitros escolhidos pelas partes, não integrantes do Poder Judiciário. Os juízes exercem habitualmente função jurisdicional, enquanto os árbitros exercem-na apenas excepcionalmente e temporariamente.

---

[1] MARQUES, v. 1, p. 5.

1.2 Jurisdição

1.2.1 Noção de jurisdição

Não temos uma única definição de jurisdição. O conceito varia de acordo com a característica a ser realçada. Todas as definições são úteis e se complementam. Para alguns, a jurisdição é atividade estatal consistente em aplicar a lei ao caso concreto, e neste sentido exercer jurisdição seria afirmar e atuar a vontade da lei. A jurisdição substituiria a atividade privada de outrem por uma atividade pública. Para outros, a jurisdição seria a atividade de decidir com caráter imutável. A essência do ato jurisdicional estaria em sua aptidão para produzir a coisa julgada. A jurisdição consistiria, ainda, na justa composição da lide, mediante sentença de natureza declarativa, por meio da qual o juiz *dicit ius*, isto é, diz o direito.

Cândido Rangel Dinamarco a conceitua como função estatal voltada à solução imperativa de conflitos e exercida mediante a atuação da vontade do direito em casos concretos.[2]

Para José Frederico Marques, jurisdição é julgar a lide ou pretensão, de modo a dar a cada um o devido. Resulta da necessidade de compor o Estado aos conflitos e litígios, processualmente.[3]

Eduardo Arruda Alvim define-a como a função que, por força da tripartição dos Poderes, coube ao Poder Judiciário e compreende a tarefa de dizer o direito aplicável ao caso concreto, mais a de realizá-lo coativamente, o que se faz através da execução.[4]

A essência da jurisdição reside na solução dos conflitos que lhe são apresentados por iniciativa dos interessados, com elevado grau de definitividade, por meio de processo presidido por agente estatal imparcial.

---

[2] DINAMARCO, v. 1, p. 305.

[3] MARQUES, v. 1, p. 257.

[4] *Direito processual civil*, p. 39.

1.2.2 Traços básicos da jurisdição

A jurisdição apresenta como características a substitutividade, a inércia, a imparcialidade, a imutabilidade, a obrigatoriedade e a submissão ao contraditório.

Substitutividade: a jurisdição substitui a atividade das partes, porque nem a insistência do autor, nem a resistência do réu são suficientes para solucionar a lide. É necessária a intervenção de terceiro imparcial para a solução da pretensão resistida ou insatisfeita. Temos a substituição mesmo quando um dos litigantes é o próprio Estado, pois o fato de o juiz ser agente estatal não retira dele a imparcialidade, nem desqualifica a jurisdição como atividade estatal diversa da legislação e da administração.[5]

Inércia: a jurisdição soluciona conflito de interesses tais como apresentado ao Estado-Juiz. Não há jurisdição sem ação, conforme velho adágio romano: *ne procedat judex ex officio*. Os órgãos jurisdicionais, como regra, atuam apenas quando provocados. Daí a inércia inicial, o que significa que só mediante provocação da parte se instaura o processo. Diz o art. 2º do CPC: "Nenhum juiz prestará a tutela jurisdicional senão quando a parte ou o interessado a requerer, nos casos e forma legais" e o art. 262 do CPC: "O processo civil começa por iniciativa da parte, mas se desenvolve por impulso oficial". Nos Estados contemporâneos, a regra fundamental é a de que não se tem jurisdição sem ação, isto é, a justiça não atua sem que seja solicitada. É a chamada necessária indiferença inicial, que constitui um dos traços próprios da jurisdição. O Estado não julga se não existe quem lhe peça que julgue.[6]

[O Anteprojeto nº 166 do Senado Federal que trata da reforma do CPC, no art. 2º, determina que "o processo comece por iniciativa da parte, nos casos e nas formas legais, salvo exceções previstas em lei, e se desenvolve por impulso oficial"].

---

[5] DINAMARCO, v. 1, p. 307.

[6] MARQUES, v. 1, p. 259.

No entanto, como exceção à regra, o magistrado pode determinar a instauração de ofício de alguns procedimentos, como a abertura de inventário (art. 989 do CPC), a exibição de testamento (art. 1.129 do CPC), a arrecadação de bens de herança jacente (art. 1.142 do CPC), a arrecadação de bens de ausente (art. 1.160 do CPC), conhecer de ofício de algumas matérias, como aquelas enumeradas no art. 301 do CPC, com exceção do compromisso arbitral, bem como coibir comportamentos temerários das partes violadores da boa fé, que deve presidir a relação processual, previstos no art. 18 do CPC, seja para assegurar o cumprimento específico da obrigação de fazer ou não fazer ou o resultado prático equivalente, previstas no art. 461, §5º, do CPC.

[O Anteprojeto nº 166 do Senado Federal mantém esta orientação no art. 121 ao prever que "o juiz decidirá a lide nos limites propostos pelas partes, sendo-lhe vedado conhecer de questões não suscitadas a cujo respeito a lei exige a iniciativa da parte"].

Imparcialidade: a jurisdição é atividade estatal imparcial. O Estado-Juiz está acima das relações que julga; ele não tem interesse no litígio submetido a julgamento e por essa razão permite-se à parte, por meio de exceção disciplinada no art. 304 e seguintes do CPC, requerer o afastamento da lide de juiz considerado impedido (art. 134 do CPC) ou suspeito (art. 135 do CPC). O impedimento ou a parcialidade absoluta tem os seus motivos indicados objetivamente no art. 134 do CPC. Todos constituem presunção absoluta (*juris et de jure*) de parcialidade do magistrado e por isso podem ser conhecidos de ofício; sobre eles não se opera preclusão; se violados resultam na nulidade dos atos decisórios; e a sentença ou o acórdão podem ser rescindidos. A suspeição ou a parcialidade relativa tem os motivos indicados de forma subjetiva no art. 135 do CPC. Todos configuram presunção relativa (*juris tantum*) de parcialidade do magistrado e por isso pode ocorrer preclusão sobre o assunto pela inércia da parte, com a consequente validade dos atos decisórios, caso os motivos para a suspeição não sejam alegados por meio da exceção disciplinada no art. 304 e seguintes do CPC.[7]

[De acordo com o art. 124 do Anteprojeto nº 166 do Senado Federal há impedimento do juiz no processo: I) em que interveio como mandatário da parte, oficiou como perito, funcionou como membro do Ministério Público ou prestou depoimento como testemunha; II) de que conheceu em primeiro grau de jurisdição, tendo-lhe proferido sentença ou decisão; III) quando nele estiver postulando, como defensor, advogado ou membro do Ministério Público, seu cônjuge ou companheiro, ou qualquer parente, consangüíneo ou afim, em linha reta ou colateral, até o terceiro grau, inclusive, se exercia o patrocínio da causa ou nela oficiava antes do início da atividade judicante do magistrado; IV) quando ele próprio ou seu cônjuge, companheiro ou parente, consangüíneo ou afim, em linha reta ou colateral, até o terceiro grau, inclusive, for parte no feito; V) quando for órgão de direção ou de administração de pessoa jurídica parte na causa; VI) quando alguma das partes for sua credora ou devedora, de seu cônjuge ou companheiro ou de parentes destes, em linha reta até o terceiro grau, inclusive; VII) herdeiro presuntivo, donatário ou empregador de alguma das partes.

O Projeto, no art. 125, considera suspeito o juiz quando: I) amigo íntimo ou inimigo de qualquer das partes; II) receber presentes das pessoas que tiverem interesse na causa, antes ou depois de iniciado o processo; III) aconselhar alguma das partes acerca do objeto da causa; IV) subministrar meios para atender às despesas do litígio; V) for interessado no julgamento da causa

[7] Aduz Dinamarco (v. 1, p. 399), "a lei processual discrimina casos de suspeição do juiz (CPC, art. 134), ao lado dos casos de seu impedimento (art. 135). As duas categorias compõem-se de situações de *risco de parcialidade*, sendo que os casos de mera suspeição, por serem menos graves, recebem tratamento menos severo, a saber: a) o juiz não é obrigado a escusar-se de prosseguir no processo quando apenas suspeito e não *impedido*; b) a parte dispõe de tempo certo para alegar a suspeição, ocorrendo a preclusão da faculdade de fazê-lo se o prazo se escoar *in albis*; c) a suspeição do juiz de primeiro grau não pode ser declarada de ofício em grau de recurso, enquanto o impedimento pode; d) só o impedimento constitui fundamento para a ação rescisória e a suspeição, não".

em favor de uma das partes; VI) por motivo de foro íntimo, dispensada a declaração das razões].

A imparcialidade do juiz é reforçada por garantias constitucionais denominadas vitaliciedade, inamovibilidade e irredutibilidade de vencimentos.[8]

A vitaliciedade, adquirida em primeiro grau após dois anos de exercício da função, garante ao magistrado a permanência no cargo. O magistrado perde a vitaliciedade, tão somente, por deliberação do tribunal a que o juiz estiver vinculado, por sentença judicial com trânsito em julgado (art. 95, I, da CF), por vontade própria, ou por aposentadoria compulsória.

A inamovibilidade é o direito de permanecer no cargo para o qual foi nomeado, de modo que o Tribunal não pode designá-lo para exercer funções noutro lugar.

A irredutibilidade de vencimentos é o direito de não ter os vencimentos nominais reduzidos. A tal garantia soma-se outra, decorrente do art. 37, X, da CF, que é a revisão geral anual.

Imutabilidade: a solução da lide, como regra, é dada com autoridade da coisa julgada, isto é, com a característica da imutabilidade que se agrega ao comando, ao dispositivo da sentença ou acórdão. Há casos em que a atividade jurisdicional não se reveste da autoridade da coisa julgada, como na decisão denegatória de mandado de segurança (Súmula nº 304 do STF); na sentença que julga improcedente a ação popular por deficiência de provas e na ação civil pública.

Para reforçar a marca da impessoalidade dos magistrados a Constituição impõe-lhes algumas proibições no art. 95, parágrafo único, da CF, entre elas a de exercer, ainda que em disponibilidade, outro cargo ou função, salvo uma de magistério, receber, a qualquer título ou pretexto, custas ou participação em processo,

---

[8] Essas garantias não são privilégios ou favorecimentos a uma classe de preferidos, mas meios de oferecer um serviço jurisdicional prestado por agentes imparciais. De acordo com Dinamarco (v. 1, p. 395) "é preciso por o juiz a salvo de ameaças, humilhações, represálias e solicitação de favores. Essa é a razão que legitima a oferta de garantias individuais a eles..."

dedicar-se à atividade político-partidária, receber, a qualquer título ou pretexto, auxílios ou contribuições de pessoas físicas, entidades públicas ou privadas, ressalvada as exceções previstas em lei, exercer a advocacia no juízo ou tribunal do qual se afastou, antes de decorridos três anos do afastamento do cargo por aposentadoria ou exoneração.

Obrigatória: a jurisdição uma vez provocada torna-se atividade obrigatória que deve resultar, presentes os pressupostos, no julgamento da lide.

[De acordo com o art. 119 do Anteprojeto nº 166 do Senado Federal que trata da reforma do CPC "o juiz não se exime de decidir alegando lacuna ou obscuridade do ordenamento jurídico, cabendo-lhe, no julgamento, aplicar os princípios constitucionais, as regras legais e os princípios gerais de direito, e, se for o caso, valer-se da analogia e dos costumes".

Segundo o art. 122 do referido Anteprojeto "convencendo-se, pelas circunstâncias da causa, de que autor e réu se serviram do processo para praticar ato simulado ou conseguir fim vedado por lei, o juiz proferirá sentença que obste aos objetivos das partes, aplicando, de ofício, as penalidades da litigância de má-fé"].

Atividade contraditória: Eduardo Arruda Alvim considera, ainda, como característica da função jurisdicional, o seu desenvolvimento por intermédio de contraditório regular (art. 5º, inc. LV), definido como a necessidade de dar-se conhecimento da existência da ação e de todos os atos do processo às partes e, de outro lado, a possibilidade de as partes reagirem aos atos que lhes sejam desfavoráveis.[9]

[De acordo com o art. 7º do Anteprojeto nº 166 do Senado Federal que trata da reforma do CPC "é assegurada às partes paridade de tratamento em relação ao exercício de direitos e faculdades processuais, aos meios de defesa, aos ônus, aos deveres e à aplicação de sanções processuais, competindo ao juiz

---

[9] *Direito processual civil*, p. 46.

velar pelo efetivo contraditório". Ainda de acordo com o art. 10 do referido Anteprojeto "o juiz não pode decidir, em grau algum de jurisdição, com base em fundamento a respeito do qual não se tenha dado às partes oportunidade de se manifestar, ainda que se trate de matéria sobre a qual tenha que decidir de ofício", o que não se aplica aos casos de tutela de urgência e nas hipóteses do art. 307, que justificam a improcedência liminar do pedido].

1.2.3 Princípios fundamentais da jurisdição

Os princípios do Juiz natural, da indelegabilidade, da ubiquidade regem o exercício da jurisdição.

Princípio do juiz natural: o princípio do juiz natural está previsto no art. 5º, inciso XXXVII e LIII da CF. Por ele, só é juiz quem integra o Poder Judiciário em conformidade com o prescrito na Constituição e em leis. Os juízes são aqueles que ocupam os cargos nos juízos e tribunais previstos no art. 92, I a VII, da CF, proibida doutra parte a criação de juízos ou tribunais de exceção. Pelo princípio do juiz natural veda-se a alteração intencional, direcionada da competência, mediante a criação de órgãos judicantes para o julgamento de questões ocorridas antes ou em razão da pessoa.

O conteúdo do princípio do juiz natural abrange a prévia individualização dos juízes por meio de leis gerais; a garantia de justiça material (independência e imparcialidade dos juízes);o estabelecimento de critérios objetivos para a determinação de competência dos juízes; a observância das determinações de procedimento referentes à divisão funcional interna.

Princípio da indelegabilidade: a atividade jurisdicional não pode ser delegada, nem transferida (art. 2º da CF), por que, se o pudesse ser, enfraqueceria, também, o princípio do juiz natural.

Princípio da ubiquidade: (*ubiquidade*: *ubíquo* do lat. *ubique*, em toda parte. Quem está ao mesmo tempo em toda a parte, onipresente) nada pode ser afastado da apreciação do Poder

Judiciário, nem a lesão, nem a ameaça de direito. Pela regra do art. 5º, inc. XXXV da CF, a jurisdição alcança a tudo e a todos.

[O Anteprojeto nº 166 do Senado Federal que trata da reforma do CPC, no art. 3º, determina que não se exclua da apreciação jurisdicional ameaça ou lesão a direito, ressalvado os litígios voluntariamente submetidos à solução arbitral, na forma da lei].

Princípio da indeclinabilidade: o juiz não pode recusar-se a decidir (*non liquet*). Há dever de prestar a tutela jurisdicional. Decorre indiretamente do art. 5º, inc. XXXV da CF e no plano infraconstitucional do art. 126 do CPC e do art. 4º da LICC.

[Como visto, de acordo com o art. 119 do Anteprojeto nº 166 do Senado Federal que trata da reforma do CPC o juiz não se exime de decidir alegando lacuna ou obscuridade do ordenamento jurídico, cabendo-lhe, no julgamento, aplicar os princípios constitucionais, as regras legais e os princípios gerais de direito, e, se for o caso, valer-se da analogia e dos costumes].

Princípio da publicidade: a atividade jurisdicional desenvolve-se publicamente (art. 93, IX, da CF). Esta é a regra. Há exceções a este princípio quando o interesse público o justificar, como nas hipóteses do art. 155 do CPC.

[De acordo com o art. 11 do Anteprojeto nº 166 do Senado Federal todos os julgamentos dos órgãos do Poder Judiciário serão públicos, e fundamentadas todas as decisões, sob pena de nulidade. Nos casos de segredo de justiça, pode ser autorizada somente a presença das partes, de seus advogados ou defensores públicos, ou ainda, quando for o caso, do Ministério Público].

Princípio da territorialidade ou da aderência da jurisdição ao território: a jurisdição pressupõe um território em que é exercida e não pode ser exercida fora do território fixado ao juiz, exceto em hipóteses como a prevista no art. 107 do CPC.

1.2.4 Espécies de jurisdição

A função jurisdicional é una. Ela não se modifica porque o conflito é de natureza penal, civil, trabalhista ou eleitoral. Por questões de política judiciária fala-se em espécie de jurisdição. Dividem-na em comum e especial.

A comum subdivide-se em civil e penal, estadual e federal. A jurisdição civil versa sobre lides de natureza não penal (conflitos de natureza não punitiva), excetuadas aquelas lides que constituem objeto de jurisdições especiais. Na justiça penal, além dos juízes togados, se inclui, entre os órgãos de primeiro grau, o Tribunal do Júri. No âmbito estadual a Justiça comum é composta pelos Tribunais de Justiça, Varas e Juizados e no âmbito federal a Justiça comum é composta pelos Tribunais Regionais Federais, em número de cinco (5), e pelas Varas Federais e Juizados. Na Justiça Federal o critério para definir a competência é dado pela pessoa que atua no processo, no caso a União, Autarquias e Empresas Públicas.

A jurisdição especial divide-se em Trabalhista, Militar e Eleitoral. O critério é a matéria.

A Jurisdição do Trabalho é exercida pelo Tribunal Superior do Trabalho, pelos Tribunais Regionais do Trabalho e Varas da Justiça do Trabalho (art. 111, CF).

A Jurisdição Eleitoral é exercida pelo Tribunal Superior Eleitoral, pelos Tribunais Regionais Eleitorais, pelos Juízes Eleitorais e Juntas Eleitorais (art. 118, CF).

A Jurisdição Militar é composta pelo Superior Tribunal Militar, os Tribunais e Juízes Militares instituídos por lei (art. 122, CF).

Como regra, a jurisdição é exercida em dois graus (originário e recursal), motivo pelo qual se fala em duplo grau de jurisdição. [Para o recurso ao segundo grau, basta o pressuposto da sucumbência]. Há sucumbência quando o conteúdo da decisão judicial inserido no dispositivo diverge do que foi requerido pela parte no processo (sucumbência formal), ou quando a decisão produzir efeitos desfavoráveis, ou quando a parte não obteve tudo o que poderia ter obtido. Em casos específicos, no entanto, é possível a interposição de recurso extraordinário e especial, respectivamente, para o Supremo Tribunal Federal e para o

Superior Tribunal de Justiça, que além da sucumbência exigem a presença de pressupostos específicos. A jurisdição extraordinária é exercida pelo Supremo Tribunal Federal e pelo Superior Tribunal de Justiça.

A Jurisdição pode ser ainda contenciosa ou voluntária. A jurisdição contenciosa contém uma lide, uma pretensão resistida. A lide há de ser solucionada, composta, o que pressupõe a existência de partes, a possibilidade de contraditório e as decisões produzirem coisa julgada. Já a jurisdição voluntária é atividade intrinsecamente administrativa e não jurisdicional. Administração pública de interesses particulares, que cabe ao Poder Judiciário. Não há conflito de interesses. Há apenas interessados e não partes; não há contraditório. Denominada às vezes de jurisdição graciosa ou administrativa. Graciosa porque a jurisdição é uma graça do Estado, um favor, um benefício de que goza o interessado. Administrativa porque nada mais é do que administração de interesses privados pelos órgãos jurisdicionais. Desaconselha-se essa denominação para não confundi-la com o chamado contencioso administrativo, modalidade de justiça administrativa, que não existe mais em nosso ordenamento jurídico. Citamos como exemplos de atos de jurisdição voluntária os atos de integração da capacidade jurídica das pessoas e fiscalização de suas atividades, como a nomeação de tutor ou curador; os atos de intervenção no estado das pessoas, como a emancipação e a separação consensual; os atos de participação no comércio jurídico, como vistos nos balanços ou despachos do juiz nos processos de notificação ou interpelação judiciais.

Listamos abaixo alguns princípios fundamentais informativos da jurisdição voluntária: a relação jurídica é unilateral, pois não se trata de resolver litígio, mas sim de dar às partes assistência protetora; não se aplica o princípio da demanda, nem o princípio dispositivo, de modo que o procedimento pode ser iniciado a requerimento da parte, do MP e de ofício pelo juiz; não há lide, mas controvérsia; não há parte, mas interessados; não há sucumbência;

não há contestação; a "citação" não acarreta o fenômeno da revelia e seus efeitos; não há necessidade de dar-se curador especial ao réu revel; o juiz deve proceder à instrução probatória de ofício, mesmo contra a vontade das partes. Prevalece o princípio da investigação de ofício e da inquisitoriedade; a Fazenda Pública deve ser ouvida nos casos em que tiver interesse (1.108); a decisão pode ser dada por equidade ao arrepio da legalidade estrita; não há a ocorrência de coisa julgada material, apenas de coisa julgada formal; não há sucumbência. As despesas serão adiantadas pelo requerente, mas rateadas entre os interessados (art. 24 do CPC).[10]

1.2.5 Substitutivos da jurisdição

A composição da lide sobre direito patrimonial disponível pode ser feita pela transação ou pelo juízo arbitral, modos substitutivos da jurisdição.

A transação é um negócio jurídico que retrata a composição das partes e previne ou extingue litígios. Não é atividade jurisdicional, mas insere-se dentro do campo da autonomia privada das partes. É forma de autocomposição do litígio.

O juízo arbitral instaura-se pela renúncia das partes à via judicial[11] e a entrega da solução a pessoas desinteressadas, cuja decisão produz entre as partes e seus sucessores os mesmos efeitos da sentença dada pelos órgãos do Poder Judiciário. A decisão condenatória constitui título executivo. Discute-se se a arbitragem tem natureza jurisdicional. O juízo arbitral não teria caráter meramente contratual. A arbitragem seria jurisdição porque o

---

[10] NERY JUNIOR; NERY. *Código de Processo Civil comentado e legislação extravagante*. 9. ed., p. 1252, 1254.

[11] Segundo o art. 3º da Lei nº 9.307, de 23.09.1996, LArb, as partes interessadas podem submeter a solução de seus litígios ao juízo arbitral mediante convenção de arbitragem, assim entendida a cláusula compromissória e o compromisso arbitral.
A cláusula compromissória (art. 4º, LArb) é a convenção através da qual as partes em um contrato comprometem-se a submeter à arbitragem os litígios que possam vir a surgir, relativamente a tal contrato, enquanto, segundo o art. 9º, da Lei nº 9.307, de 23.09.1996, o compromisso arbitral é a convenção através da qual as partes submetem um litígio à arbitragem de uma ou mais pessoas, podendo ser judicial ou extrajudicial.

árbitro aplica o direito ao caso concreto e coloca fim à lide que existia entre as partes. A arbitragem é instrumento de pacificação social e sua decisão é exteriorizada por meio de sentença que tem qualidade de título executivo judicial (art. 475-N, IV, do CPC) sem necessidade de ser homologada pela jurisdição estatal. A arbitragem de interesses patrimoniais disponíveis não ofende os princípios constitucionais da inafastabilidade do controle jurisdicional, do juiz natural, pois as partes já estabelecem, previamente, como será julgada eventual lide existente entre elas.[12]

Apenas os direitos patrimoniais podem ser objeto de exame no procedimento do juízo arbitral. Estão dele excluídos os direitos indisponíveis (estado, capacidade, difusos, falimentares) que somente poderão ser examinados na jurisdição estatal.

Não se permite arbitragem nas matérias submetidas aos procedimentos especiais de jurisdição voluntária, dada a existência de interesse público e da indisponibilidade dos direitos por eles regulados. A arbitragem também não é admissível em matérias que reclamem a intervenção do Ministério Público.

No julgamento do árbitro pode ser utilizada a jurisdição de direito (de jure) e a jurisdição de equidade. Na primeira — jurisdição de direito — embora o árbitro possa ser leigo (LArb, art. 13) ele terá de aplicar o direito mediante utilização das normas legais, que são as fontes primárias do direito no Brasil, proibido o julgamento contra a lei. Na segunda — jurisdição de equidade — se as partes tiverem autorizado expressamente o árbitro pode decidir contra a lei, pois busca um julgamento justo. O julgamento por equidade deve ser expressamente autorizado pelas partes, e no sistema brasileiro cabe quando houver previsão legal (art. 127 do CPC) para tanto, o que ocorre, até agora, em duas hipóteses: jurisdição voluntária (CPC, art. 1.109) e juízo arbitral (LArb, art. 2).[13]

---

[12] NERY JUNIOR; NERY. *Código de Processo Civil comentado e legislação extravagante*. 9. ed., p. 1164.

[13] Nesse sentido, NERY JUNIOR; NERY. *Código de Processo Civil comentado e legislação extravagante*. 9. ed., p. 1165.

Capítulo 2

Da Ação

Sumário: **2.1** Considerações gerais – **2.2** Conceito – **2.3** Características – **2.4** Elementos identificadores da ação – **2.5** Condições da ação – **2.6** Classificação das ações

2.1 Considerações gerais

Uma das características da Jurisdição é a inércia; a jurisdição só atua mediante provocação, que se realiza pela ação. O apelo à justiça denomina-se ação, que leva à formação de uma relação jurídica denominada "processo" por desenvolver-se mediante sucessão encadeada de atos voltados a um pronunciamento que resolva o conflito, que componha a lide qualificada por uma pretensão resistida ou insatisfeita.

2.2 Conceito

A ação é um "direito público subjetivo e abstrato, de natureza constitucional, regulado pelo CPC, de provocar o Estado-Juiz a exercer a jurisdição necessária para solucionar determinada lide".[1] Pela ação, a pessoa natural ou jurídica, pública ou privada, deflagra a relação jurídica processual necessária para compor a lide resistida ou insatisfeita.

[1] WAMBIER, Luiz Rodrigues; ALMEIDA, Flávio Renato Correia de; TALAMINI. Eduardo. *Curso avançado de processo civil*. 2. ed. São Paulo: Revista dos Tribunais, 1999. v. 1, p. 118.

2.3 Características

A ação é autônoma, abstrata e instrumental.

Autônoma porque o conteúdo da ação é a prestação jurisdicional pedida ao Estado, que não se confunde com a pretensão deduzida pela parte contra outra com fundamento em direito material. Segundo José Frederico Marques, "na ação, o sujeito ativo ou respectivo titular, é aquele que pede a prestação jurisdicional. Destinatário desse direito não é o sujeito passivo do direito subjetivo material, e sim o Estado representado pelo órgão judiciário a quem é endereçado o pedido de julgamento da pretensão".[2]

Abstrata porque o direito de ação é exercido independentemente de ter o protagonista razão ou não. É a denominada "teoria da ação como direito autônomo e abstrato" que prega a ideia de ser o direito de ação independente e autônomo diante do direito material invocado como causa de pedir, embora a ele seja vinculado instrumentalmente porque sua finalidade é dar solução a uma pretensão de direito material.[3]

Ensina José Frederico Marques:

> O direito de ação não se confunde com o direito subjetivo material que ampara a pretensão deduzida em juízo. O *jus actionis* é autônomo e independente. Se ele estivesse preso ao direito subjetivo material, como parte integrante deste, não se compreende como é que poderia ter sido exercido o direito de ação nos casos em que se julga improcedente a *actio*...
>
> Daí a conclusão de que a ação é, primeiramente, um direito abstrato que investe seu titular da faculdade de invocar o poder público, através dos órgãos judiciários, para aplicar o direito objetivo em relação a uma pretensão ou conflito de interesses.

---

[2] *Instituições de direito processual civil*, p. 9.

[3] A *teoria civilista ou imanentista* que dizia ser a ação um fenômeno abrangido pelo próprio direito material reclamado em juízo e que a via como uma qualidade agregada ao próprio direito material, e a *teoria da ação* que a via como direito autônomo e concreto que admitia a existência da tutela jurídica se e quando se tratasse de hipótese em que a sentença fosse favorável ao autor são, atualmente, rejeitadas.

> Examinado *hic et nunc* o direito de ação, o que se verifica é que, embora autônomo e abstrato, é ele conexo a uma pretensão de direito material. Ligado a uma concreta situação de fato, direito de ação na realidade só existe e se exercita quando há um motivo para a tutela jurisdicional, isto é, quando surge uma situação de fato contrária ao direito, que possa ser resolvida tão-só pelas vias jurisdicionais.[4]

É instrumental porque a finalidade da ação é a de obter o julgamento de pretensão resultante de um direito subjetivo material. Os atos praticados no curso do processo, como desdobramento do direito de ação, objetivam resolver uma situação contenciosa por meio de uma decisão sobre os interesses em conflito.[5]

Ação é diferente de pretensão. A pretensão é a exigência de subordinação de um interesse alheio a um interesse próprio. Ela tem conteúdo substancial e volta-se contra sujeito diverso do Estado. Na ação, o autor quer uma prestação (jurisdicional) do Estado. Na pretensão, ele quer o atendimento de seu interesse. Com a ação o autor provoca o Estado para que declare ter direito à pretensão resistida ou insatisfeita.[6]

2.4 Elementos identificadores da ação

A ação tem elementos que servem para identificá-la. A identificação da ação evita a repetição de julgamentos sobre a mesma lide, decisões contraditórias e o desrespeito à imutabilidade da decisão, uma das características da jurisdição.

Segundo a teoria da identidade, uma ação é igual a outra quando os três elementos que a compõem são idênticos, se repetem como as *partes*, a *causa de pedir* e o *pedido*.

---

[4] MARQUES, v. 2, p. 7, 8.
[5] MARQUES, v. 2, p. 13.
[6] MARQUES, v. 2, p. 13.

As partes são os sujeitos parciais da ação e do processo. Ambas têm interesse na solução da lide de um modo específico.

O autor é aquele que vem a juízo expor sua pretensão, isto é, afirmar um direito sobre um determinado bem e formular um pedido, isto é, solicitar uma providência ao Estado-Juiz. O autor é quem provoca a atividade jurisdicional.

O réu é aquele contra quem se pede. O réu pode apenas contestar o pedido ou, em certas circunstâncias, ampliar o objeto do tema a ser deliberado pelo magistrado, especialmente quando apresenta fato modificativo ou extintivo da pretensão do autor ou deduz pretensão autônoma, mas conexa com o pedido do autor pela reconvenção ou declaração incidental [de acordo com o art. 20 do Anteprojeto nº 166 do Senado Federal que trata da reforma do CPC, "se no curso do processo, se tornar litigiosa relação jurídica de cuja existência ou inexistência depender o julgamento da lide, o juiz, assegurado o contraditório, a declarará por sentença, com força de coisa julgada"].

A causa de pedir é a fundamentação do pedido. São os fatos e fundamentos jurídicos que justificam o pedido. A causa de pedir pode ser remota ou próxima. O CPC exige a descrição da causa de pedir próxima e da causa de pedir remota.

Na causa de pedir remota localizamos o fato que deu origem ao direito, o fato gerador do direito.

Na causa de pedir próxima, o autor deve descrever os fundamentos jurídicos, isto é, o que tornou a pretensão controvertida, o que originou a lide, a natureza do direito controvertido, por isso fala-se na ameaça ou na violação do direito que caracteriza o interesse processual imediato. A causa de pedir próxima não se confunde com o fundamento legal, isto é, com a indicação do artigo de lei apto a fundamentar o pedido do autor. A rigor ele não precisa constar da petição inicial.

O pedido é o bem jurídico perseguido pelo autor, o bem da vida que pretende a providência requerida perante o órgão jurisdicional.

O pedido subdivide-se em: (a) imediato, que diz respeito à medida judicial requerida pelo autor ao juiz, como a condenação, a declaração, a constituição, a execução ou o acautelamento; (b) mediato, que representa o benefício, a utilidade que se quer alcançar pelo provimento jurisdicional, isto é, o bem material ou imaterial pretendido pelo autor, como o recebimento do crédito; a entrega da coisa.

2.5 Condições da ação

Embora a ação seja um direito público subjetivo previsto na Constituição Federal que decorre do princípio da inafastabilidade da jurisdição, o seu exercício subordina-se a certas condições, isto é, o autor deverá preencher requisitos para que sua provocação, designada ação, possa deflagrar a jurisdição. As condições da ação não são pressupostos de existência do direito de ação, mas condições de exercício útil que permitem ou viabilizam um pronunciamento sobre o mérito que pode ser desfavorável ao autor. As condições da ação são exigências que possibilitam que alguém chegue à sentença de mérito. Segundo Cândido Rangel Dinamarco:

> As partes só poderão ter o direito ao julgamento do mérito, quando, no momento em que este está para ser pronunciado, estiverem presentes a três condições da ação. Se alguma delas não existia no início, mas ainda assim o processo não veio a ser extinto, o juiz a terá por satisfeita e julgará a demanda pelo mérito sem que a condição antes faltante houver sobrevindo no curso do processo. Inversamente, se a condição existia de início e já não existe agora, o autor carece de ação e o mérito não será mais julgado.[7]

Três são as condições previstas no Código de Processo Civil: o interesse processual, a legitimidade para a causa e a possibilidade jurídica do pedido.

---

[7] DINAMARCO, v. 2, p. 315.

Interesse processual: o interesse processual traduz-se pela necessidade e pela utilidade do provimento jurisdicional ao autor. A aferição da existência ou inexistência do interesse processual requer a comprovação tanto da necessidade, quanto da utilidade da atuação jurisdicional [segundo o art. 17 do Anteprojeto nº 166 do Senado Federal que trata da reforma do CPC "para propor a ação é necessário ter interesse e legitimidade"].

A necessidade pressupõe a existência de uma lide, de uma pretensão resistida. Se não houver lide, não há interesse em propor a ação; por isso costuma-se afirmar na petição inicial que todos os meios amigáveis para o atendimento da pretensão foram esgotados a indicar o rechaço pelo réu da pretensão do autor e, com isso, a existência de um conflito de interesses a ser resolvido por terceiro imparcial, no caso o Poder Judiciário.

A utilidade revela ser necessária, benéfica, satisfatória, a providência judicial para o autor no momento da propositura da ação. Se após a propositura da ação. o pedido torna-se inútil para o autor, o CPC permite a extinção do processo sem julgamento de mérito (art. 462 do CPC) com fundamento na falta de interesse de agir superveniente [art. 480 do Projeto nº 166 do Senado Federal "se, depois da propositura da ação, algum fato constitutivo, modificativo ou extintivo do direito influir no julgamento da lide, caberá ao juiz tomá-lo em consideração, de ofício ou a requerimento da parte, no momento de proferir a sentença"].

Dispõe o CPC de instrumentos aptos a preservar a utilidade do processo e imunizá-lo dos efeitos da demora na tramitação, como a tutela antecipada prevista no art. 273 do CPC[8] e o processo cautelar[9] disciplinado no art. 796 e seguintes do CPC [o Projeto

---

[8] NERY JUNIOR; NERY. *Código de Processo Civil comentado e legislação extravagante*. 9. ed., p. 453, definem tutela antecipatória dos efeitos da sentença de mérito, espécie do gênero *tutelas de urgência*, como "providência que tem natureza mandamental, que se efetiva mediante execução 'lato sensu', com o objetivo de entregar ao autor, total ou parcialmente, a própria pretensão deduzida em juízo ou os seus efeitos. É tutela satisfativa no plano dos fatos, já que realiza o direito, dando ao requerente o bem da vida por ele pretendido com a ação de conhecimento".

[9] Já a ação cautelar visa assegurar o resultado do processo de conhecimento ou do processo de execução.

nº 166 do Senado Federal a partir do art. 269 cuida da tutela de urgência e da tutela da evidência que podem ser requeridas antes ou no curso do procedimento por medidas de natureza cautelar ou satisfativa. A tutela de urgência, prevista no art. 276, exige a evidência da plausibilidade do direito e a demonstração de risco de dano irreparável ou de difícil reparação, enquanto a tutela da evidência dispensa a demonstração do risco de dano irreparável ou difícil reparação nas hipóteses descritas nos incisos I a IV do art. 278 do CPC, tais como abuso de direito de defesa, manifesto propósito protelatório do requerido, pedidos incontroversos, prova documental irrefutável do direito alegado, matéria unicamente de direito, jurisprudência firmada em julgamento de casos repetitivos ou súmula vinculante].

Ao lado da necessidade e utilidade alguns enumeram a adequação da ação. No entanto, a escolha de via inadequada revelaria a inutilidade daquilo que se pede, motivo pelo qual a ideia de interesse processual pode ser reduzida à comprovação da "necessidade" e da "utilidade" do provimento jurisdicional.

Legitimidade das partes (para a causa, *ad causam*): partes legítimas são as que pretendem (autor) e as que resistem à pretensão (réu). É a idoneidade da pessoa para figurar como sujeito processual em razão da relação de direito material. Ensina Cândido Rangel Dinamarco:

> Legitimidade *ad causam* é a qualidade para estar em juízo, como demandante ou demandado, em relação a determinado conflito trazido ao exame do juiz. Ela depende sempre de uma necessária *relação entre o sujeito e a causa* e traduz-se na relevância que o resultado desta virá a ter sobre sua esfera de direitos, seja para favorecê-la ou para restringi-la.[10]

A legitimidade, a princípio, é ordinária (art. 6º do CPC: Ninguém poderá pleitear em nome próprio, direito alheio,

[10] DINAMARCO, v. 2, p. 303.

salvo quando autorizado por lei) [art. 18 do Anteprojeto nº 166 do Senado Federal que trata da reforma do CPC]. Pode ser extraordinária, isto é, quando a lei autoriza alguém a pleitear em nome próprio, direito alheio. A legitimidade extraordinária pode ser exclusiva ou concorrente.

Na legitimidade extraordinária exclusiva ocorre a *substituição processual*, isto é, a pessoa recebe da lei legitimidade para atuar em juízo de modo exclusivo, no interesse alheio, como parte principal, embora não componha a relação jurídico material controvertida [de acordo com o parágrafo único do art. 18 do Anteprojeto nº 166 do Senado Federal que trata da reforma do CPC "havendo substituição processual, o juiz determinará que seja dada ciência ao substituído da pendência do processo; nele intervindo, cessará a substituição"].

Na legitimidade extraordinária concorrente a pessoa recebe da lei autorização para atuar em juízo na defesa de interesse de outro, mas de forma concorrente, de modo que pode haver atuação conjunta do legitimado ordinário e do legitimado extraordinário.

Existe, ainda, a possibilidade de legitimidade ordinária concorrente, *ex vi* do que ocorre com as obrigações solidárias, ou nas causas destinadas a rever a posse de bens.

Possibilidade jurídica do pedido e da causa de pedir: costuma-se afirmar que apenas a possibilidade jurídica do pedido apresenta-se como condição da ação, mas é preciso lembrar que às vezes a causa de pedir é proibida, como numa ação de cobrança de dívida de jogo. O pedido em si — condenação a pagar — não é ilícito, mas a causa do pedido — dívida de jogo — é que se apresenta como ilegal, como proibida. De resto, quando se exige a possibilidade jurídica como condição da ação procura-se afirmar a necessidade da inexistência de proibição do pedido e da causa de pedir para o particular ou a previsão expressa no ordenamento jurídico para a Administração, porque pela dimensão do princípio da legalidade aplicável à Administração Pública, ela só pode fazer aquilo que a lei ou ordenamento jurídico permite expressamente.

A ausência da possibilidade jurídica do pedido ou da causa de pedir autoriza o indeferimento da petição inicial, conforme prevê o art. 295, parágrafo único, III, do CPC [o Projeto nº 166 do Senado Federal não repetiu a impossibilidade jurídica do pedido como condição da ação, mas alocou o tema no julgamento do mérito ao dispor no art. 307 que o juiz julgará liminarmente improcedente o pedido que se fundamente em matéria exclusivamente de direito, independentemente da citação do réu, se este contrariar súmula do Supremo Tribunal Federal ou do Superior Tribunal de Justiça, contrariar acórdão proferido pelo Supremo Tribunal Federal ou pelo Superior Tribunal de Justiça em julgamento de recursos repetitivos, contrariar entendimento firmado em incidente de resolução de demandas repetitivas ou de assunção de competência].

A falta de qualquer das condições da ação conduz à extinção do processo sem julgamento do mérito (CPC, art. 267, VI) [art. 472, VI do Projeto nº 166 do Senado Federal] ou ao indeferimento da petição inicial (art. 295) [art. 472, I do Projeto nº 166 do Senado Federal], mas não impede a repropositura da ação (art. 268 do CPC) [art. 473 do Projeto nº 166 do Senado Federal] porque a lide não foi julgada e não houve a formação de coisa julgada material.

A ausência de qualquer uma das condições da ação pode ser reconhecida pelo magistrado a qualquer tempo e grau ordinário de jurisdição (CPC, art. 267, §3º, e art. 301, X, e §4º) [art. 472, §3º do Projeto nº 166 do Senado Federal], pois não se opera a preclusão. No grau extraordinário, excepciona-se a regra porque a arguição pela primeira vez nos autos em grau de recurso para o Superior Tribunal de Justiça ou Supremo Tribunal Federal esbarraria na falta de prequestionamento.

As condições devem mostrar-se presentes ao longo de todo o procedimento, caso contrário haverá carência superveniente. De outra parte, se houver o preenchimento de condição da ação faltante quando de seu ajuizamento, o juiz deverá proferir sentença de mérito.[11]

2.6 Classificação das ações

Procura-se classificar as ações a partir da eficácia preponderante da sentença em declaratória, condenatória, constitutiva, executiva e mandamental.

Eficácia declaratória: a ação declaratória visa a eliminar incertezas. Graças à autoridade da coisa julgada torna-se indiscutível no presente e no futuro a existência ou a inexistência de relação jurídica. A sentença declaratória é autossuficiente; ela por si basta para assegurar a efetividade da tutela pedida pela parte; dispensa a realização de atos executivos. A eficácia declaratória tem caráter prescritivo. A finalidade dela é prescrever, determina conduta às partes.

Eficácia constitutiva: a ação constitutiva implica alteração na relação jurídica (criação, modificação ou extinção). O efeito principal da sentença nesse tipo de ação é produzir um estado jurídico novo. Ex.: separação judicial; divórcio; resolução de negócio jurídico bilateral. A alteração na relação jurídica ocorre de imediato; ela não depende de nenhuma providência ulterior para produzir efeito.

Eficácia condenatória: a ação condenatória é aquela em que a satisfação dos interesses das partes não se contenta com a prolação de sentença, mas exige a realização de atos de intromissão na esfera jurídica do réu. A ação condenatória exige e demanda uma fase executória para que se realize o bem jurídico pretendido pelo autor.

Eficácia mandamental: há eficácia mandamental quando o provimento judicial contém a declaração do direito e há ordem, proferida pelo juiz, dirigida a alguma autoridade. Cuida-se de

[11] ALVIM, 2006, p. 158.

legítima dose de poder para o juiz resguardar o prestígio de sua função e efetivar seus comandos.

Eficácia executiva: a eficácia executiva subtrai o bem que está no patrimônio do demandado, ou dos demandados, e o põe no patrimônio do demandante. A eficácia executiva é imediata quando a incursão na esfera jurídica do réu mira valor identificado, que lá se encontra de maneira já reconhecida como ilegítima no pronunciamento judicial e, portanto, dispensa nova fase processual, como ocorre nas ações executivas *latu sensu*, tais como depósito, reivindicatória, despejo, as possessórias.

Capítulo 3

Do Processo

Sumário: **3.1** Conceito – **3.2** Natureza jurídica – **3.3** Caracteres da relação processual – **3.4** Princípios informativos e fundamentais do processo civil – **3.4.1** Princípios informativos – **3.4.2** Princípios fundamentais – **3.5** Pressupostos processuais – **3.5.1** Pressupostos de existência – **3.5.2** Pressupostos processuais de validade – **3.5.3** Pressupostos processuais negativos – **3.5.4** Regime jurídico dos pressupostos processuais – **3.6** Do processo e do procedimento – **3.7** O procedimento sumário – **3.8** Dos atos processuais – **3.9** Forma dos atos processuais – **3.10** Teoria das nulidades dos atos processuais – **3.10.1** Espécies – **3.11** Tempo dos atos processuais – **3.11.1** Espécies de prazo – **3.11.2** Regras aplicáveis ao prazo – **3.11.3** Contagem do prazo – **3.11.4** Da verificação dos prazos e das penalidades – **3.11.5** Preclusão – **3.11.5.1** Espécies de preclusão – **3.12** Lugar dos atos processuais – **3.13** Cooperação nacional

3.1 Conceito

O processo é o instrumento da jurisdição. É o meio de que se vale o Estado para exercer a função jurisdicional, isto é, para a resolução das lides.

O processo não se resume a um ato único; trata-se de uma série de atos voltados a uma finalidade: a resolução dos conflitos de interesses qualificados por uma pretensão resistida ou pretensão insatisfeita. Os atos coordenados visam à sentença ou à satisfação do credor na execução.

Definimos o processo como uma sucessão coordenada de atos voltados para a composição das lides por meio dos órgãos jurisdicionais, que resultam de uma relação jurídica entre os sujeitos processuais, isto é, entre o juiz, o autor e o réu [segundo o art. 5º do Projeto nº 166 do Senado Federal, que trata da reforma do CPC, as partes têm direito de participar ativamente do processo, cooperando com o juiz e fornecendo-lhe subsídios para que profira decisões, realize atos executivos ou determine a prática de medidas de urgência].

3.2 Natureza jurídica

O processo expressa uma relação jurídica complexa[1] que compreende direitos, deveres e ônus das partes, mais direitos, poderes e deveres do juiz prescritos pela lei processual. Trata-se de uma relação jurídica de direito público formada inicialmente entre o autor e o Estado-Juiz, que depois se torna dialética com a vinda do réu ao processo. Não há relação processual sem a participação de no mínimo três sujeitos: autor, réu e juiz.

3.3 Caracteres da relação processual

A relação processual é pública; consiste em meio de exercer a jurisdição, que é função estatal, e meio de exercer direitos públicos subjetivos.

A relação processual é autônoma; ela existe independente da existência da relação jurídico-substancial contida na lide.

A relação processual é unitária; os atos e termos dessa relação convergem a um único escopo e estão ligados em virtude de atividade de colaboração.

A relação processual é progressiva, pois se desenvolve paulatinamente.

[1] Foi Oskar Von Bulow quem no ano de 1868 na obra *Exepciones procesales y presupuestos procesales*, p. 3, mostrou a importância do estudo da relação processual como relação de direito público que se forma entre o particular e o Estado, determinando as condições e pressupostos de sua existência e validade, assim como os princípios e regras que a presidem.

3.4 Princípios informativos e fundamentais do processo civil

3.4.1 Princípios informativos

Os chamados princípios informativos veiculam normas predominantemente técnicas, neutras, desvinculadas de qualquer conotação ideológica, universais ou quase que universais; São eles:

a) lógico: a estruturação do processo deve ser lógica para atender a finalidade a qual estão preordenados os demais atos, a solução da lide pela sentença. Ex.: ordem para a defesa do réu, questões preliminares alegadas antes do mérito;

b) jurídico: o processo tem de se submeter a um ordenamento preexistente. Se este se alterar no curso do processo, os atos já realizados devem ser respeitados [segundo o art. 1º do Projeto nº 166 do Senado Federal, o processo civil será ordenado, disciplinado e interpretado conforme os valores e os princípios fundamentais estabelecidos na Constituição da República Federativa do Brasil. Outrossim, de acordo com o art. 14 a norma processual não retroagirá e será aplicável imediatamente aos processos em curso, respeitados os atos processuais praticados e as situações jurídicas consolidadas sob a vigência da lei revogada];

c) político: o sistema processual prende-se necessariamente a determinadas premissas políticas, tais como: a indeclinabilidade do dever de sentenciar (art. 126 do CPC) [art. 119 do Projeto nº 166 do Senado Federal], art. 5º, XXXV da CF; o princípio de pleno acesso ao Judiciário, art. 5º, XXXV da CF. O processo deve conceder o máximo de garantia social com o mínimo de sacrifício individual da liberdade;

d) econômico: o mínimo de atividade desenvolvida deve render o máximo, respeitada sempre a integridade do direito à ação e à defesa, como demonstra os institutos do julgamento antecipado e da ação monitória [art. 4º do Projeto nº 166 do Senado Federal: "As partes têm direito de obter em prazo razoável a solução integral da lide, incluída a atividade satisfativa"].

3.4.2 Princípios fundamentais

Os princípios fundamentais são densamente ideológicos e admitem princípios antagônicos, cuja contradição será solucionada pela técnica da ponderação, levados em conta as circunstâncias do caso. Destacamos os princípios fundamentais mais importantes:

O do devido processo legal (art. 5º, LIV da CF) (*due process of law*): cuida-se de princípio fundamental do processo civil, que serve de apoio a outros princípios. Tem dois grandes significados. Pelo primeiro, o devido processo legal denota o direito ao processo e, neste sentido, restrições à vida, liberdade e propriedade que impliquem em verdadeira privação devem ser precedidas do devido processo. Mesmo assim, certos limites não devem ser ultrapassados, funcionando citado princípio como limite racional e razoável à ação do Estado (*substantive due process*). Pelo segundo, o processo deve ser regular, observar a lei [art. 10 do Projeto nº 166 do Senado Federal: O juiz não pode decidir, em grau algum de jurisdição, com base em fundamento a respeito do qual não se tenha dado às partes oportunidade de se manifestar, ainda que se trate de matéria sobre a qual tenha que decidir de ofício].

O da isonomia (art. 5º, *caput* e inc. I da CF/88): o princípio da isonomia denota a igualdade de todos perante a lei. A igualdade de todos perante a lei no processo reflete-se no art. 125, I do CPC, que visa a conferir, na maior medida possível, igualdade real, substancial e não apenas formal às partes. Nesse caso, o magistrado deve dispensar às partes tratamento igualitário. Conforme decidido pelo STJ, "o juiz no exercício de sua função jurisdicional, não deve concorrer para a instabilidade das relações jurídicas entre as partes" (*RT* 692/182) [segundo o art. 7º do Projeto nº 166 do Senado Federal é assegurada às partes paridade de tratamento em relação ao exercício de direitos e faculdades processuais, aos meios de defesa, aos ônus, aos deveres e à aplicação de sanções processuais, competindo ao juiz velar pelo efetivo contraditório].

Existem, no entanto, alguns dispositivos no CPC que significam a inserção de tratamento desnivelado entre as partes, mas que não são suficientes para violar o princípio da isonomia, porque amparados em situações de desigualdade. O art. 188 do CPC, por exemplo, não viola o princípio da igualdade, mas a recompõe em decorrência do princípio da supremacia do interesse público sobre o privado, que justifica a concessão de prazos diferenciados tanto para a Fazenda Pública como para o Ministério Público [arts. 158, 161 e 186, §2º, do Projeto nº 166 do Senado Federal].

Princípio da bilateralidade da audiência ou do contraditório: é preciso dar ao réu a possibilidade de saber da existência de pedido, em juízo, contra si, dar ciência dos atos processuais subsequentes às partes. Para Humberto Theodoro Júnior o princípio do contraditório decorre do princípio da igualdade. Ele é absoluto e dele decorrem três consequências básicas: a) a sentença só afeta as pessoas que foram parte no processo, ou seus sucessores; b) só há relação processual completa após regular citação do demandado; c) toda decisão só é proferida depois de ouvidas ambas as partes. Além disso, esse princípio reclama que se dê à parte não só oportunidade de falar, como também de fazer a prova contrária[2] [art. 10 do Projeto nº 166 do Senado Federal: "O Juiz não pode decidir, em grau algum de jurisdição, com base em fundamento a respeito do qual não se tenha dado às partes oportunidade de se manifestar, ainda que se trate de matéria sobre a qual tenha que decidir de ofício"].

---

[2] *Curso de direito processual civil*, v. 1, p. 28.

Princípio do dispositivo: pelo princípio do dispositivo a parte autora inicia o processo, provoca a jurisdição pela ação. O autor fixa a lide com o seu pedido e o juiz fica vinculado ao pedido do autor. O princípio do dispositivo opõe-se ao princípio da indisponibilidade.

Princípio do impulso oficial: pelo princípio do impulso oficial, uma vez instaurado o processo por iniciativa da parte (princípio da inércia) este se desenvolve por iniciativa do juiz, independentemente de nova manifestação de vontade da parte (art. 262, do CPC: O processo civil começa por iniciativa da parte, mas se desenvolve por impulso oficial) [art. 2º do Projeto nº 166 do Senado Federal: "O processo começa por iniciativa da parte, nos casos e nas formas legais, salvo exceções previstas em lei, e se desenvolve por impulso oficial"].

Princípio da oralidade: esse princípio privilegia a oralidade e não a escrita, ao prever a existência de um número expressivo de manifestações das partes sob forma oral, principalmente na audiência. O objetivo deste princípio é o de realizar o julgamento com a prática do menor número de atos processuais.

Subprincípios: existem inúmeras normas que podem ser classificadas como subprincípios.

Identidade física do juiz: o juiz que colheu as provas, salvo as situações de promoção, remoção, convocação, licença e afastamento, não poderá transferir a outrem o dever de proferir a sentença. Quem preside a audiência, colhe as provas orais, é que deve sentenciar o feito (art. 132, CPC). O citado princípio recebe, no entanto, interpretação corretiva dos tribunais, especialmente do Superior Tribunal de Justiça, que não o considera um princípio absoluto, mas relativo. Assim, seria válida a sentença proferida por juiz que não presidiu a audiência nos casos em que: a) não houve a produção de prova na audiência (REsp nº 241.868-SP, rel. Min. Menezes Direito); b) a decisão proferida por magistrado substituto baseou-se exclusivamente em prova documental (REsp nº 406.517-MG, rel. Min. Edson Vidigal); c) a decisão demandaria questão de direito ou mera interpretação de cláusulas contratuais (STJ – *RT* 753/177; *RSTJ* 105/243).[3]

O da imediatidade: pelo princípio da imediatidade o juiz deve colher as provas direta e pessoalmente, sem intermediário (art. 446, II do CPC) [o princípio da imediatidade do juiz foi bastante mitigado pelo Projeto nº 166 do Senado Federal que no art. 445 prevê que "As perguntas serão formuladas pelas partes diretamente à testemunha, começando pela que a arrolou, não admitindo o juiz aquelas que puderem induzir a resposta, não tiverem relação com a causa ou importarem repetição de outra já respondida". Não obstante citado artigo, de acordo com o parágrafo único do art. 346 do Projeto nº 166 do Senado Federal "Enquanto depuserem as partes, o perito, os assistentes técnicos e as testemunhas, os advogados e o Ministério Público não poderão intervir ou apartear, sem licença do juiz"].

O da concentração: pelo princípio da concentração todos os atos, inclusive a sentença, devem realizar-se o mais proximamente possível uns dos outros, para que se possa proferir decisão justa, conforme determinam os arts. 455 e 456 do CPC [arts. 349 e 350 do Projeto nº 166 do Senado Federal: A audiência é una e contínua, podendo, se excepcional e justificadamente, ser cindida na ausência do perito ou de testemunha, desde que haja concordância das partes. Não sendo possível concluir, num só dia, a instrução, o debate e o julgamento, o juiz marcará o seu prosseguimento para a data mais próxima possível, em pauta preferencial. Encerrado o debate ou oferecidas às razões finais, o juiz proferirá a sentença desde logo ou no prazo de vinte dias].

Princípio da publicidade: os atos processuais são públicos. Do princípio da publicidade decorre o direito à discussão das provas, da obrigatoriedade de motivação de sentença, de sua publicação e da faculdade de intervenção das partes e seus advogados em todas as fases do processo.

---

[3] NEGRÃO, Theotonio; GOUVÊA, José Roberto F. *Código de Processo Civil e legislação processual em vigor*. 40. ed. São Paulo: Saraiva, 2008. p. 272.

Princípio da lealdade e da boa-fé: as partes devem agir com lealdade e boa-fé. A falta de lealdade e boa-fé, configurada pela prática de qualquer dos atos descritos no art. 17 do CPC [art. 83 do Projeto nº 166 do Senado Federal], caracteriza litigância de má-fé que sujeita o litigante a sanção pecuniária prevista no art. 18 do CPC [art. 84 do Projeto nº 166 do Senado Federal]. Para a condenação em litigância de má-fé, necessário que a conduta da parte se subsuma a uma das hipóteses do art. 17 do CPC, que a ela tenha sido oportunizada a defesa e que sua conduta resulte em prejuízo processual à parte adversa.[4]

Princípio da motivação dos atos processuais: os atos processuais devem ser motivados com o objetivo de demonstrar o ponto de vista acolhido pelo Poder Judiciário, as razões que motivaram o ato decisório e permitir às partes o controle da decisão judicial.

A motivação pode ser mais ou menos extensa. Admitem motivação simples os despachos, as decisões interlocutórias, as sentenças e acórdãos terminativos. Exigem motivação completa as sentenças e os acórdãos definitivos [art. 11 do Projeto nº 166 do Senado Federal: "Todos os julgamentos dos órgãos do Poder Judiciário serão públicos, e fundamentadas todas as decisões, sob pena de nulidade"].

Princípio da recorribilidade e do duplo grau de jurisdição: como regra, a parte tem o direito de recorrer de qualquer decisão que a prejudique e que esse recurso seja conhecido e julgado por juízo distinto daquele que proferiu a decisão recorrida, o chamado princípio da dualidade de instâncias.

Princípio da eventualidade ou da preclusão: o processo é um suceder de atos ou fases. Divide-se, em regra, em três fases: postulatória, que engloba o pedido do autor e a resposta do réu; instrutória, na qual se dá a coleta dos elementos de prova; e decisória, fase na qual ocorre a solução do mérito da causa. Entre

[4] NEGRÃO, Theotonio; GOUVÊA, José Roberto F. *Código de Processo Civil e legislação processual em vigor*. 40. ed. São Paulo: Saraiva, 2008. p. 144.

a fase postulatória e a instrutória existe a de saneamento para eliminar qualquer irregularidade que impeça o exame do mérito da causa. Pelo princípio da eventualidade ou da preclusão, cada faculdade deve ser exercida dentro da fase adequada, sob pena de se perder a oportunidade de praticar o ato respectivo.

3.5 Pressupostos processuais

Conceito: os pressupostos processuais são requisitos exigidos em concreto para que o processo se constitua e se desenvolva regular e validamente. Espécies: os pressupostos processuais dividem-se em pressupostos processuais de existência e pressupostos processuais de validade, em pressupostos processuais positivos e pressupostos processuais negativos. Nos pressupostos processuais positivos a presença é necessária para o desenvolvimento válido e regular do processo. Nos pressupostos processuais negativos a presença obsta o regular desenvolvimento do processo.

3.5.1 Pressupostos de existência

Os pressupostos processuais de existência são quatro: a petição inicial, a jurisdição, a citação e a capacidade postulatória.

A petição inicial é o instrumento da demanda, pois por intermédio dela o autor exerce o direito de ação e invoca a prestação da tutela jurisdicional. A existência de petição inicial indica a existência do processo na medida em que ela deflagra o início da relação jurídica processual de modo a forçar um pronunciamento jurisdicional acerca da própria instauração da relação jurídica processual.[5]

A jurisdição indica que a petição inicial deve ser dirigida a um órgão jurisdicional devidamente investido dos poderes inerentes a essa função estatal. A competência ou incompetência

[5] ALVIM. *Manual de direito processual civil*, v. 1, p. 478.

do Juízo é questão a ser indagada posteriormente. A parte deve, portanto, formular o pedido a alguém investido de jurisdição, vale dizer, a um órgão jurisdicional, pois, mesmo se incompetente, processo haverá.[6]

A citação é o ato pelo qual se dá conhecimento ao réu que contra ele foi proposta a ação. Exige-se que ocorra a citação do réu para que se torne trilateral a relação jurídica processual.

A capacidade postulatória indica a obrigatoriedade de o autor ser representado por profissional habilitado, isto é, advogado. Cuida-se, segundo Arruda Alvim, de um pressuposto processual de existência específico do Direito positivo brasileiro, ao menos no que diz respeito ao autor.[7]

3.5.2 Pressupostos processuais de validade

Os pressupostos processuais de validade são aqueles necessários ao desenvolvimento válido e regular do processo. São três: petição inicial apta, isto é, válida e regular; órgão jurisdicional competente e juiz imparcial (a suspeição não resulta na ausência do pressuposto processual da imparcialidade) e capacidade de ser parte e estar em juízo.

3.5.3 Pressupostos processuais negativos

Eles são pressupostos extrínsecos ou exteriores. Situam-se fora da relação processual e a presença deles impede o julgamento do mérito da ação. São a litispendência, a coisa julgada e a convenção de arbitragem.

No sentido originário do vocábulo, a litispendência significa processo pendente em juízo. A citação válida é que induz a litispendência. Como pressuposto processual negativo significa a existência de dois ou mais processos concomitantes, com as

---

[6] ALVIM. *Manual de direito processual civil*, v. 1, p. 479.

[7] ALVIM. *Manual de direito processual civil*, v. 1, p. 480.

mesmas partes, pedido e idêntica causa de pedir. O fundamento da litispendência, enquanto pressuposto processual negativo, é o de assegurar o princípio da economia processual, evitar o trâmite de dois processos e a possibilidade de julgamentos conflitantes.

A coisa julgada consiste na imutabilidade da parte decisória da sentença. Essa imutabilidade impede a rediscussão da lide mediante a propositura de nova ação. O fundamento para tanto é o da segurança jurídica.

A convenção de arbitragem é o conjunto formado pela cláusula compromissória e pelo compromisso arbitral (LArb, art. 3º). Ela seria também um pressuposto processual negativo na medida em que por ela as partes combinaram submeter a solução do litígio ao juízo arbitral. Na contestação, o réu só poderá suscitar a preliminar de convenção de arbitragem com o propósito de extinguir o processo. Caso queira instituir a arbitragem resistida pelo autor, poderá propor a ação de que trata a LArb, art. 7º, por meio de reconvenção.

3.5.4 Regime jurídico dos pressupostos processuais

Exceto com relação à convenção de arbitragem, a matéria relativa a pressupostos processuais não preclui nem para as partes, nem para o juiz (art. 301, §4º do CPC) [art. 327, §4º do Projeto nº 166 do Senado Federal: "Excetuada a convenção arbitral e a incompetência relativa, o juiz conhecerá de ofício das matérias enumeradas neste artigo].

3.6 Do processo e do procedimento

O CPC, no art. 270, dispõe que o Código regula o processo de conhecimento, de execução, cautelar e os procedimentos especiais.

O processo de conhecimento presta-se a averiguar a existência do direito afirmado, para declará-lo. Resolve uma pretensão resistida.

O processo de execução presta-se a satisfazer uma pretensão insatisfeita pela realização de atos materiais consistentes na agressão do patrimônio do executado ou de terceiros que se responsabilizaram, também, pelo cumprimento da obrigação, enquanto o processo cautelar buscaria assegurar o resultado útil dos processos de conhecimento e de execução.

A cisão entre processo de conhecimento e processo de execução foi relativizada com recentes modificações ocorridas no processo de execução, sobretudo com a introdução da fase do cumprimento da sentença.

No processo de conhecimento, o procedimento se divide em comum ordinário e em procedimento comum sumário. O procedimento comum ordinário será estudado depois.

3.7 O procedimento sumário

O processo comum sumário adota procedimento com o objetivo de reduzir o tempo de duração do processo por meio de práticas como a simplificação, concentração de atos na audiência e proibição de alguns incidentes — como a ação declaratória incidental — e intervenções dilatadoras do processo — como a oposição, a nomeação e a autoria —, segundo dispõe o art. 280 do CPC. Admite-se, no entanto, a assistência, a denunciação da lide e o chamamento ao processo, quando relacionados a contrato de seguro, e o recurso de terceiro prejudicado.

O procedimento sumário inicia-se com a demanda (art. 263 do CPC), instaurada pela petição inicial, observados os arts. 276 e 282 do CPC. Deve o juiz designar audiência preliminar de conciliação para os próximos 30 (trinta) dias, às quais as partes devem obrigatoriamente comparecer, pessoalmente ou por meio de preposto com poderes para transigir.

Obtida a conciliação, que poderá ser intermediada por conciliador, ela será reduzida a termo e homologada por sentença, que extinguirá o processo.

Não obtida a conciliação, o réu oferecerá resposta em audiência, escrita ou oral, instruída com documentos, rol de testemunhas e quesitos, no caso de requerer a produção de prova pericial (art. 278 do CPC). Pode, ainda, formular pedidos em seu favor, embasados nos mesmos fatos citados na inicial (art. 278, §1º, do CPC).

Examinados os pressupostos processuais, as condições da ação, não sendo o caso de extinção do processo sem julgamento de mérito ou de julgamento antecipado, o magistrado designará audiência de instrução e julgamento para data próxima, não superior a 30 (trinta) dias, salvo se houver determinação de perícia (art. 278,§2º, do CPC).

Na audiência de instrução e julgamento, os atos probatórios podem ser documentados mediante taquigrafia, estenotipia ou outro método (art. 279 do CPC).

Encerrada a instrução, as partes apresentarão oralmente as alegações finais, embora elas possam ser substituídas por alegações finais escritas. O magistrado proferirá sentença na própria audiência ou no prazo de 10 (dez) dias (art. 281 do CPC).

[O Projeto nº 166 do Senado Federal que dispõe sobre o novo CPC não contempla mais a hipótese do procedimento sumário, tanto que no art. 1000, §1º, disciplinou acerca de sua aplicação nos processos instaurados na vigência do CPC de 1973: "Art. 1000. Ao entrar em vigor este Código, suas disposições se aplicarão desde logo aos processos pendentes, ficando revogado o Código de Processo Civil instituído pela Lei nº 5.869, de 11 de janeiro de 1973.

§1º As regras do Código de Processo Civil revogado relativas ao procedimento sumário e aos procedimentos especiais não mantidos por este Código serão aplicadas aos processos ajuizados até o início da vigência deste Código, desde que não tenham, ainda, sido sentenciados"].

3.8 Dos atos processuais

Atos processuais são declarações cujos efeitos constituem, conservam, modificam ou extinguem a relação jurídica processual. Dividem-se em atos da parte — como as petições e manifestações — e atos do juiz — como os despachos, as decisões e a sentença.

Os atos processuais caracterizam-se por uma interdependência pela unidade de objetivo, que é justamente possibilitar a sentença. Eles não se apresentam isoladamente, se ligam pela unidade do escopo e são interdependentes, de modo que a invalidade de um deles contamina os subsequentes.

3.9 Forma dos atos processuais

Os atos processuais, como espécie de atos jurídicos, praticados na intimidade da relação jurídica processual, devem observar determinada forma, definida como o modo pelo qual o ato se exprime e adquire existência.

A forma compreende os seus requisitos externos e também as circunstâncias de tempo e lugar.

A forma dos atos processuais é importante porque ela é necessária à comunicação jurídica e à garantia de segurança e da própria liberdade jurídica, porquanto a abolição das formas provocaria a imediata instauração do arbítrio absoluto.

O CPC cuida de alguns dos princípios aplicáveis à forma, entre eles a) o princípio da liberdade de formas (art. 154 do CPC), segundo o qual os atos e termos processuais não dependem de forma determinada, senão quando a lei expressamente a exigir, reputando-se válidos os que, realizados de modo diverso, hajam preenchido a finalidade essencial que a lei lhes atribuir [citado princípio é repetido no art. 163 do Projeto nº 166 do Senado Federal, *verbis*: "Os atos e os termos processuais não dependem de forma determinada, senão quando a lei expressamente a exigir, considerando-se válidos os que, realizados de outro modo, lhes preencham a finalidade essencial"]; b) o princípio da finalidade ou da instrumentalidade das formas (art. 244 do CPC), segundo o qual mesmo que a lei estabeleça determinada forma, sem a cominação de nulidade, o juiz considerará válido o ato se, realizado de outro modo, alcançar ele a finalidade a que se destinava. O CPC, destarte, prestigia o sistema que se orienta no sentido de aproveitar ao máximo os atos processuais, regularizadas, sempre que possível, as nulidades sanáveis; c) o princípio da legalidade das formas ou da relevância das formas, segundo o qual o ato processual só terá validade quando obedecer à forma expressamente exigida por lei, como, por exemplo, o uso do vernáculo (art. 156 do CPC) ou a prévia tradução do documento expresso em língua estrangeira (art. 157 do CPC)[8] [no mesmo sentido os artigos 165 e 166 do Projeto nº 166 do Senado Federal].

3.10 Teoria das nulidades dos atos processuais

No CPC predomina a doutrina objetiva das nulidades processuais, pois o que caracteriza o sistema das nulidades processuais é que as elas se distinguem em razão da norma violada, em seu aspecto teleológico e não em razão do vício localizado no ato jurídico. O critério para classificar as nulidades não estaria no ato defeituoso, mas na natureza da norma e do interesse por ela protegido.

3.10.1 Espécies

Há as nulidades absoluta e as nulidades relativas.

Na nulidade absoluta o ato processual ofende uma norma que protege um interesse público, de modo que o vício afigura-se

[8] A tradução deve ser juntada concomitantemente à juntada do documento estrangeiro. Sendo este indispensável à propositura da ação, deve ser a tradução juntada com a inicial (CPC arts. 283 e 396), sujeitando o autor que descumprir essa regra ao indeferimento da inicial (art. 284 e 295, VI, do CPC).

insanável e a nulidade do ato deve ser declarada de ofício pelo juiz ou alegada por qualquer parte, como no caso de citação inválida.

Na nulidade relativa o ato processual ofende uma norma de natureza imperativa, mas que tem por fim prevalente o interesse da parte, de modo que o vício poderá ser sanado por determinação de ofício do magistrado, como na hipótese de ilegitimidade processual motivada por falta de representação.

Na anulabilidade o ato processual viola norma de natureza dispositiva que tutela interesse privado da parte, a respeito do qual o interessado é livre para transigir ou renunciar.

A teoria das nulidades dos atos processuais por defeito de forma tem de ser construída segundo os princípios adotados pelo ordenamento jurídico para a disciplina das formas dos atos processuais, de modo que incidem as ideias de finalidade e instrumentalidade das formas.

Destarte, pelo chamado princípio do prejuízo (previsto nos arts. 249, §1º e 250 do CPC), nenhuma nulidade será decretada se não houver prejuízo para a parte, decorrente do defeito do ato processual. Assim, para que se declare a nulidade, é necessário que a parte alegue oportunamente e demonstre o prejuízo que ela lhe causa [segundo o art. 252 do Projeto nº 166 do Senado Federal "Quando a lei prescrever determinada forma, o juiz considerará válido o ato se, realizado de outro modo, lhe alcançar a finalidade"].

Pelo princípio do legítimo interesse a nulidade não pode ser requerida pela parte que lhe deu causa (art. 243 do CPC), assim não deve ser declarada a nulidade em favor da parte que para ela concorreu [de acordo com o art. 251 do Projeto nº 166 do Senado Federal "Quando a lei prescrever determinada forma sob pena de nulidade, a decretação desta não pode ser requerida pela parte que lhe deu causa"].

Pelo princípio de preclusão exige-se que a parte alegue a nulidade na primeira oportunidade, sob pena de ficar-lhe preclusa a possibilidade de fazê-lo tardiamente (art. 245 do CPC), exceto naqueles casos em que a nulidade deva ser conhecida de ofício pelo magistrado ou naqueles casos em que a parte comprova fato que a impediu de suscitar a nulidade [no mesmo sentido o art. 253 do Projeto nº 166 do Senado Federal: "A nulidade dos atos deve ser alegada na primeira oportunidade em que couber à parte falar nos autos, sob pena de preclusão. Parágrafo único. Não se aplica esta disposição às nulidades que o juiz deva decretar de ofício, nem prevalece a preclusão provando a parte legítimo impedimento"].

3.11 Tempo dos atos processuais

O problema do tempo dos atos processuais pode ser encarado de dois modos: como *momento temporal*, em que a lei prescreve o dia da semana, do mês ou ano em que certo ato deve ser realizado — como o art. 172 (CPC) que determina os dias e horários em que os atos processuais podem ser praticados, ou o art. 173 (CPC) que não permite a prática de atos durante as férias coletivas ou feriados, ou *como prazo* em que há o intervalo de tempo dentro do qual determinado ato processual deve ser praticado ou pode ser validamente praticado. Os prazos são lapsos temporais existentes entre dois termos, o inicial e o final.

Com relação ao *tempo* os atos processuais podem ser praticados nos dias úteis, dentro do horário das seis às vinte horas, horário que não se confunde com o forense, em que o fórum se encontra aberto ao público para a prática de atos processuais dependentes de petição ou requerimento objeto da lei, como dispõe o art. 172, §3º do CPC [art. 179 e §3º do art. 179 do Projeto de Lei nº 166 do Senado Federal].

Excepcionalmente, em casos de urgência ou necessidade, permite-se, com expressa autorização judicial, a realização de atos processuais em dias feriados, ou em dias úteis, fora do horário estabelecido no artigo 172, *caput*, do CPC [o §2º do art. 179 do Projeto de Lei nº 166 do Senado Federal dispensa a autorização judicial: "Independentemente de autorização judicial, as citações, intimações e penhoras poderão realizar-se em domingos e feriados ou nos dias úteis fora do horário estabelecido neste artigo, observado o disposto no art. 5º, inciso XI, da Constituição da República"].

O art. 173 do CPC reafirma essa disposição ao tratar que durante os feriados não se praticarão atos processuais, exceto a produção antecipada de provas e a citação, a fim de evitar o perecimento de direito, bem como o arresto, o sequestro, a penhora, a arrecadação, a busca e apreensão, o depósito, a abertura de testamento, os embargos de terceiro e outros atos análogos. A alusão a férias feita no citado art. 173 do CPC não foi recepcionada pela Emenda Constitucional nº 45, de 2004, que suprimiu as férias coletivas dos tribunais e as manteve apenas para os tribunais superiores [o art. 181 do Projeto de Lei nº 166 do Senado Federal dispõe: "Durante as férias forenses, onde as houver, e nos feriados não se praticarão atos processuais, excetuando-se: I – a produção urgente de provas; II – a citação, a fim de evitar o perecimento de direito; III – as providências judiciais de urgência"].

3.11.1 Espécies de prazo

Os prazos podem ser *legais*, se definidos em lei. Não havendo preceito legal, nem assinalação pelo juiz, será de 5 (cinco) dias o prazo para a prática de ato processual a cargo da parte (art. 185 do CPC) [art. 193 do Projeto de Lei nº 166 do Senado Federal]; *judiciais*, se definidos pelo juiz, tendo em conta a complexidade da causa, conforme dispõe o art. 177 do CPC; e *convencionais*, se definidos por acordo das partes, uma hipótese restrita de acontecer, como no caso de prazo de comum acordo estabelecido pelas partes para a suspensão do processo (art. 265, II, do CPC).

[Art. 189 combinado com o art. 190 do Projeto de Lei nº 166 do Senado Federal:

"Art. 189. As partes podem, de comum acordo, reduzir ou prorrogar o prazo dilatório, mas a convenção só tem eficácia se, requerida antes do vencimento do prazo, se fundar em motivo legítimo.

§1º O juiz fixará o dia do vencimento do prazo da prorrogação.

§2º As custas acrescidas ficarão a cargo da parte em favor de quem foi concedida a prorrogação.

Art. 190. É vedado às partes, ainda que todas estejam de acordo, reduzir ou prorrogar os prazos peremptórios. O juiz poderá, nas comarcas e nas seções judiciárias onde for difícil o transporte, prorrogar quaisquer prazos, mas nunca por mais de sessenta dias"].

3.11.2 Regras aplicáveis ao prazo

Os prazos (legais ou judiciais) são contínuos, uma vez iniciados não se interrompem quando haja em curso algum domingo ou feriado (art. 178 do CPC). Por isso, se fala em continuidade dos prazos processuais.

Como exceção à regra da continuidade dos prazos processuais temos: a) a *prorrogação do termo final* do prazo para o primeiro dia útil subsequente quando o termo final coincidir com domingo, feriado ou dia em que o expediente do foro não for integral (art. 184, §1º, do CPC) [art. 192, §1º, do Projeto de Lei nº 166 do Senado Federal]; b) a *suspensão do prazo* no caso de morte, perda da capacidade processual de qualquer das partes, houver obstáculo criado pela parte, for oposta exceção de incompetência, suspeição ou impedimento do juízo (art. 180 do CPC). Cessada a causa da suspensão, restitui-se à parte o período que restava para consumação do prazo.

3.11.3 Contagem do prazo

Segundo o art. 184 do CPC, o prazo processual é contado de forma progressiva, para o futuro, com a exclusão do dia do começo e inclusão do dia de vencimento, com prorrogação para o primeiro dia útil se o vencimento cair em feriado ou em dia em que for determinado o fechamento do fórum, do expediente forense antes da hora normal [art. 192, Projeto de Lei nº 166 do Senado Federal].

De acordo com o art. 188 do CPC, a Fazenda Pública (a Administração Pública Centralizada, União, Estados, Distrito Federal e Município, autarquias e fundações públicas), o Ministério Público, sem ofensa à igualdade no processo civil, possui prazo em quádruplo para responder à demanda e em dobro para recorrer, inclusive para o agravo interposto perante o STJ, conforme determina a Súmula nº 116 do STJ [art. 186, §2º, do Projeto de Lei nº 166 do Senado Federal].

3.11.4 Da verificação dos prazos e das penalidades

Cabe, segundo o art. 193 do CPC, ao magistrado verificar se os serventuários excederam, sem motivo legítimo, os prazos previstos no CPC, ocasião em que apurada a falta, o juiz instaurará procedimento administrativo de responsabilidade (art. 194 do CPC) [art. 200 do Projeto de Lei nº 166 do Senado Federal].

O advogado que não restituir os autos no prazo legal, de modo a caracterizar a chamada retenção excessiva, terá sua manifestação escrita riscada e alegações e documentos desentranhados por intempestividade reconhecida (art. 195 do CPC) [art. 201 do Projeto de Lei nº 166 do Senado Federal], mas se o advogado comete a denominada retenção abusiva, isto é, intimado para restituir os autos não o faz dentro do prazo de 24 (vinte e quatro) horas, perderá o direito à vista fora de cartório e incorrerá em multa, sem prejuízo da expedição de ofício à OAB de modo a comunicar o fato para a instauração de procedimento disciplinar (art. 196 do CPC) [art. 202 do Projeto de Lei nº 166 do Senado Federal].

O magistrado, segundo o art. 189 do CPC, tem o prazo de dois dias para proferir os despachos de expediente e dez dias para proferir as decisões, mas pode, se houver motivo justificado, exceder, por igual tempo, os referidos prazos (art. 187 do CPC), sob pena de ficar sujeito a sanções disciplinares, após prévio e regular processo administrativo, sem prejuízo de ser ordenada a designação de outro juiz para decidir a causa (art. 198 do CPC) [art. 196 do Projeto de Lei nº 166 do Senado Federal].

3.11.5 Preclusão

Conceito de preclusão: Preclusão, do latim *praecludere*, fechar, cerrar, impedir, é a perda de uma faculdade processual, ou a extinção do direito que a parte tivera de realizar o ato, ou de exigir determinada providência judicial.

3.11.5.1 Espécies de preclusão

Preclusão temporal é a perda de uma faculdade processual em virtude de seu não exercício no momento previsto para sua realização, como não contestar uma ação no prazo legal.

Preclusão lógica é a impossibilidade em que se encontra a parte de praticar determinado ato ou postular certa providência judicial em razão da incompatibilidade existente entre aquilo que a parte pretende praticar e sua própria conduta processual anterior, como o réu condenado que cumpre voluntariamente a sentença e depois pretende apelar dentro do prazo (art. 503 do CPC).

Preclusão consumativa é a que ocorre quando uma determinada faculdade processual foi proveitosamente exercida, no momento adequado, o que torna impossível o exercício posterior da mesma faculdade de que o interessado já se valeu, como a parte que apela no décimo dia do prazo e por isso não pode oferecer uma segunda apelação, mais completa, até o décimo quinto dia.

As questões relativas às condições da ação não precluem, ainda que decididas pelo magistrado (art. 267, §3º do CPC).

3.12 Lugar dos atos processuais

Como regra os atos processuais se realizam na sede do juízo (art. 176 do CPC) [art. 184 do Projeto de Lei nº 166 do Senado Federal]. Como exceção, os atos processuais podem realizar-se em outro lugar, em razão do interesse da justiça ou em virtude de obstáculo arguido pelo interessado, por meio de *cartas precatórias*, dirigidas a juízes de igual categoria no território nacional; *de ordem*, formuladas por tribunais superiores a juízes que lhes sejam subordinados; *rogatórias*, quando a diligência seja solicitada a alguma autoridade judiciária de país estrangeiro (art. 202 do CPC).

3.13 Cooperação nacional

[De acordo com o projeto nº 166 do Senado Federal que trata do CPC, estabelece-se em favor do Poder Judiciário um dever de recíproca cooperação (art. 67), a fim de que o processo alcance efetividade, de modo que os juízes poderão formular pedido de cooperação para a prática de qualquer ato processual, mediante auxílio direto, reunião de apensamento de processo, prestação de informações, atos concertados entre os juízes cooperantes (art. 69)].

Capítulo 4

Sujeitos do Processo

4.1 Considerações gerais

O processo, concebido como um conjunto de atos sucessivos e ordenados com vista à composição da lide e atuação da jurisdição, desenvolve-se por intermédio de uma relação a ser travada entre unidades abstratas de ônus e direitos, ocupadas, em regra, por pessoas físicas ou jurídicas, ou, ainda, excepcionalmente, por entes dotados de capacidade exclusivamente judiciária, denominadas partes, que, em razão do respectivo interesse no desfecho da ação, podem ser classificadas de parciais (autor e réu) e imparcial (juiz).

A relação jurídica processual se desenvolve entre sujeitos parciais, que com interesses contrapostos, como regra, deduzem, sob o crivo do contraditório, as respectivas pretensões antagônicas perante parte imparcial e cujos poderes compreendem a resolução do conflito ou à aplicação da lei ao caso concreto.

4.2 Das partes parciais

4.2.1 Conceito

Fala-se em parte material e parte processual.[1]

Parte material é a pessoa natural, jurídica, ou o ente despersonalizado, com capacidade judiciária, titular do direito subjetivo material que fundamenta a pretensão deduzida ou contraposta em juízo.

Parte processual é a pessoa natural, jurídica, ou o ente despersonalizado, com capacidade judiciária, que apresenta em juízo pedido com base em direito subjetivo material da qual é titular ou da qual outro é titular, desde que esteja por lei autorizado a fazê-lo (art. 6º do CPC) [art. 18 do Projeto nº 166 do Senado Federal: "Ninguém poderá pleitear direito alheio em nome próprio, salvo quando autorizado pelo ordenamento jurídico. Havendo substituição processual, o juiz determinará que seja dada ciência ao substituído da pendência do processo; nele intervindo, cessará a substituição"].

Denominamos partes parciais os que figuram na relação jurídica processual e têm uma pretensão a deduzir em juízo, como o autor, o réu, o oponente.

4.2.2 Dos princípios regentes do tema das partes

O tema relativo às partes sofre a influência de pelo menos dois princípios.

O primeiro deles é o princípio da dualidade das partes, que exige nos processos dois sujeitos parciais com interesses contrapostos. Esse princípio: a) impede ou inviabiliza a demanda de uma filial contra outra filial, pois ambas são expressões de

[1] Segundo Marques (v. 2, p. 146), "para Carnelutti partes são os sujeitos da lide (partes em sentido material), os quais se tornam sujeitos processuais (partes em sentido processual), quando instaurada a relação processual. Com isso se delineia uma noção de parte material e outra de parte processual".

uma mesma pessoa jurídica; b) inviabiliza a ação de todos os integrantes de uma sociedade contra esta; c) a confusão operada entre o autor e o réu leva à extinção do processo com fundamento no art. 267, X do CPC [art. 472, X do Projeto nº 166 do Senado Federal].

O segundo deles é o princípio da igualdade das partes (art. 125, I do CPC), segundo o qual ao autor e ao réu cabem os mesmos direitos, deveres e ônus [art. 7º do Projeto nº 166 do Senado Federal: "É assegurado às partes paridade de tratamento em relação ao exercício de direitos e faculdades processuais, aos meios de defesa, aos ônus, aos deveres e à aplicação de sanções processuais, competindo ao juiz velar pelo efetivo contraditório"]. Conforme José Frederico Marques, inobstante o princípio da igualdade das partes, há certas vantagens particulares da situação de cada um. As vantagens do autor são as de: a) escolher o foro, às vezes; b) escolher sempre o momento de agir. As vantagens do réu são as de: a) falar em último lugar; b) o seu domicílio, como regra, determinar o foro territorial; c) se a sua defesa consistir em negar os fatos (contrariedade), basta uma negação geral para evitar as consequências da revelia.[2]

4.3 Pressupostos para ser parte. Da capacidade de direito e da capacidade de fato

Para que alguém possa vir a ser parte numa relação jurídica processual alguns pressupostos devem estar presentes. Examinemo-los.

O Código de Processo Civil apropria-se da distinção civilista entre capacidade de gozo e capacidade de exercício ou de fato[3] e a introduz no tema das partes. Dessa forma falamos em

---

[2] MARQUES, v. 2, p. 149.

[3] Isto é, todo homem é capaz de titularizar direitos e obrigações, capacidade de gozo, mas a capacidade de exercer esses direitos e obrigações pressupõe a possibilidade de discernir, de escolher entre o certo e o errado, ter a exata compreensão dos seus atos, de modo que a

capacidade de ser parte, capacidade processual ou para estar em juízo.

A denominada *capacidade de ser parte* ou a de ser o titular de um conjunto de ônus, deveres e direitos na relação jurídica processual é atribuída àquele que tem capacidade de gozo civil, isto é, seja considerado apto a ter direitos e obrigações. Todo ser humano, homem e mulher, pode ser parte, bem como a pessoa jurídica, regularmente constituída (art. 7º do CPC) [de acordo com o art. 70 do Projeto nº 166 do Senado Federal: "Toda pessoa que se acha no exercício dos seus direitos tem capacidade para estar em juízo"].

Abre-se uma exceção para os entes despersonalizados, pois eles embora não tenham personalidade estão habilitados por lei a estar em juízo (capacidade processual) e têm a denominada personalidade judiciária, como o espólio (art. 12, V do CPC) [art. 75, VI do Projeto nº 166 do Senado Federal], a massa falida (CPC, 12, III) [art. 75, IV do Projeto nº 166 do Senado Federal], o condomínio de apartamentos (CPC, 12, IX) [art. 75, X do Projeto nº 166 do Senado Federal], as sociedades sem personalidade jurídica (CPC, 12, VII e §2º) [art. 75, §2º do Projeto nº 166 do Senado Federal], os órgãos públicos de defesa do consumidor (CDC, 82, III), órgãos públicos com prerrogativas próprias como Mesas de Câmaras Legislativas, Presidências de Comissões Autônomas para a ação direta de inconstitucionalidade, o mandado de segurança, ação popular, habeas data e mandado de injunção [art. 75, III do Projeto nº 166 do Senado Federal].

A denominada *capacidade para estar em juízo* ou a chamada capacidade processual pressupõe que a pessoa tenha capacidade de exercício, isto é, seja maior e capaz. Portanto, se a capacidade de ser parte decorre da aptidão para ter direitos e obrigações (personalidade) a capacidade processual requer capacidade de

---

capacidade de exercício plena pressupõe a maioridade e a ausência de doenças que possam interferir com o discernimento.

exercício, isto é, alguém pode instaurar um processo porque é maior e capaz, ou porque se pessoa jurídica foi regularmente constituída. Segundo José Frederico Marques, "a capacidade de estar em juízo, ou legitimação processual, é a capacidade de atuação processual, isto é, a capacidade de praticar atos processuais, ou deles ter ciência, por si ou mediante representante por si próprio designado".[4]

Fala-se então: a) em capacidade plena de exercício atribuída aos maiores capazes; b) em capacidade limitada de exercício atribuída aos relativamente incapazes, que devem ser assistidos pelos pais ou representantes legais; e c) em nenhuma capacidade de exercício às pessoas que se encontram no rol do art. 5º do Código Civil (os incapazes), que devem ser representadas pelos pais ou representantes legais.

4.4 Integração da capacidade processual

Atribui-se capacidade processual plena ao maior e capaz. O relativamente capaz e o absolutamente incapaz para estar em juízo dependem da integração da sua capacidade pelos institutos da representação e da assistência (art. 8º do CPC) [art. 71 do Projeto nº 166 do Senado Federal: "Os incapazes serão representados ou assistidos por seus pais, tutores ou curadores, na forma da lei"].

A representação, na esfera do processo civil, significa que o absolutamente incapaz não tem capacidade processual alguma, mas exclusivamente capacidade de ser parte, e, por isso, não pode agir processualmente, por si, como autor, réu, assistente ou opoente.

Já a assistência significa que o relativamente capaz tem capacidade processual restrita, que deve ser completada com a presença conjunta do assistente. Segundo José Frederico Marques,

[4] MARQUES, v. 2, p. 153.

"na representação e na assistência, há a colaboração de uma vontade estranha, porque a vontade do incapaz por si só não tem capacidade operativa do pronto de vista jurídico-processual. E essa colaboração assume aspectos diversos, segundo o grau de incapacidade. Se esta é total, a vontade estranha toma inteiramente o lugar do incapaz, e temos então a figura da representação legal, em que, para dispor do direito do incapaz representado, basta a vontade do representante. Mas se a incapacidade é parcial, para o exercício dos direitos do incapaz, na esfera processual, é necessário o concurso de sua vontade e daquela da pessoa que a integra, tendo-se, então, a figura da assistência".[5]

Ao lado da assistência e da representação, institutos típicos de integração da capacidade da parte, temos, para determinados casos, a chamada autorização. A autorização aplica-se a pessoas casadas, que embora maiores e capazes sofram uma limitação bilateral e respectiva da capacidade para estar em juízo em relação a certas ações, essencialmente as que versem sobre as matérias determinadas no art. 10, *caput*, do CPC, com o objetivo de defender o patrimônio do casal. Assim, nas ações que versem sobre direitos reais imobiliários (usucapião, reivindicatória, imissão na posse, desapropriação direta, nunciação de obra nova, negatória de servidão e outras que tenham como causa de pedir um direito real) há necessidade da autorização do outro cônjuge. Basta, no entanto, o consentimento para a propositura da ação. A autorização não significa que o cônjuge que a concedeu venha a fazer parte do processo, pois não se estabelece um litisconsórcio entre eles [art. 73 do Projeto nº 166 do Senado Federal: "O cônjuge somente necessitará do consentimento do outro para propor ações que versem sobre direitos reais imobiliários, salvo quando o regime for da separação absoluta de bens"].

Negada a autorização pelo marido ou pela mulher, o art. 11 do CPC [art. 74 do Projeto nº 166 do Senado Federal:

[5] MARQUES, v. 2, p. 155.

"A autorização do marido ou da mulher pode suprir-se judicialmente quando um cônjuge a recuse ao outro sem justo motivo ou lhe seja impossível concedê-la"] prevê o pedido de suprimento, que deve ser feito antes da propositura da ação e perante o juízo da família mediante a observância do procedimento de jurisdição voluntária, cabendo ao cônjuge,[6] que pretende ajuizar a ação judicial, demonstrar a necessidade de ingressar em juízo e ao cônjuge, que se recusa a conceder a autorização, o ônus de provar que a negativa se deu por justo motivo, sendo que a pequena possibilidade de êxito da ação não é motivo para a recusa do consentimento.

Ambos os cônjuges serão necessariamente citados para as ações: a) que versem sobre direitos reais imobiliários, salvo quando casados sob o regime de separação absoluta de bens; b) resultem de fatos que digam respeito a ambos os cônjuges ou de atos praticados por eles; c) fundadas em dívidas contraídas pelo marido a bem da família, mas cuja execução tenha de recair sobre o produto do trabalho da mulher ou os seus bens reservados; d) que tenham por objeto o reconhecimento, a constituição ou a extinção do ônus sobre imóveis de um ou de ambos os cônjuges (art. 10 do CPC) [art. 73, §1º do Projeto nº 166 do Senado Federal].

4.5 Representação em juízo das pessoas jurídicas

Fenômeno distinto é o da representação em juízo das pessoas jurídicas. O art. 12 do CPC [art. 75 do Projeto nº 166 do Senado Federal] dispõe que serão representados em juízo, ativa e passivamente:

A União pela Advocacia Geral da União [art. 75, I, do Projeto nº 166 do Senado Federal].

Os Estados Federados pelos procuradores (art. 12, I, do CPC) [art.75, I, do Projeto nº 166 do Senado Federal].

[6] Somente o cônjuge pode requerer o suprimento da autorização ou da outorga do outro, conforme Resp nº 88.533-MG, rel. Min. Eduardo Ribeiro, j. 25.02.1997.

Os Municípios concorrentemente pelo Prefeito ou pelo Procurador [art. 75, II, do Projeto nº 166 do Senado Federal].

O Distrito Federal, sede territorial da União, por seus procuradores (art. 12, I) [art. 75, I, do Projeto nº 166 do Senado Federal].

As pessoas jurídicas de Direito Privado, por quem seus estatutos designarem ou por seus diretores (art. 12, VII, do CPC) [art. 75, VII, do Projeto nº 166 do Senado Federal]. Mesmo expirado o mandato da diretoria, esta continua a representar validamente a sociedade até que ocorra renovação. O representante da pessoa jurídica não está obrigado a comprovar a sua condição com a juntada de exemplares dos estatutos, competindo à parte que impugnar a qualidade de representante afirmada no processo, o ônus da prova de inidoneidade dessa representação.[7]

A sociedade em fase de liquidação pelo liquidante.

As paróquias da Igreja Católica são representadas judicialmente pelo seu vigário.

4.6 Representação dos entes despersonalizados

Os entes despersonalizados também recebem representação judicial.

A massa falida é uma universalidade de bens, por definição, indivisível que surge com a sentença declaratória de falência. A sua representação em juízo dá-se pelo síndico [art. 75, IV do Projeto nº 166 do Senado Federal].

A massa insolvente é representada pelo administrador [art. 75, IV do Projeto nº 166 do Senado Federal].

O condomínio pelo administrador ou síndico [art. 75, X do Projeto nº 166 do Senado Federal].

O espólio pelo inventariante [art. 75, VI do Projeto nº 166 do Senado Federal].

---

[7] ALVIM. *Manual de direito processual civil*, v. 2, p. 66.

A Sociedade sem personalidade jurídica por quem de fato a administre. Temos a sociedade irregular em que há prenúncio de constituição como organização por escrito, a elaboração dos estatutos, mas falta-lhe registro e a sociedade de fato, que existe como puro fato [art. 75, VIII do Projeto nº 166 do Senado Federal].

As mesas do Senado Federal, da Câmara dos Deputados, das Assembleias Legislativas, da Câmara Legislativa do Distrito Federal e das Câmaras Municipais, pelos respectivos órgãos de assessoramento jurídico, quando existentes [art. 75, III do Projeto nº 166 do Senado Federal].

4.7 Do curador especial

O curador especial é pessoa nomeada pelo magistrado para intervir no feito em defesa do interesse de quem foi nomeado. O curador especial exerce encargo público relevante.

A nomeação de curador especial dar-se-á nos casos de falta de representação do incapaz, ou se os interesses do representante legal colidir com os interesses do representado, ou, ainda, se o réu preso não contestar a ação ou tiver dificuldades para fazê-lo, ou se o réu revel for citado por edital ou com hora certa (art. 9º do CPC) [art. 72 do Projeto nº 166 do Senado Federal: "O juiz nomeará curador especial ao incapaz, se não tiver representante legal ou se os interesses deste colidirem com os daquele e ao réu preso, bem como ao revel citado por edital ou com hora certa"].

Ao lado dessas hipóteses, temos a hipótese descrita no art. 10, §2º da Lei nº 8.842, de 04 de janeiro de 1994 , que determina que "nos casos de comprovada incapacidade do idoso para gerir seus bens, ser-lhe-á nomeado curador especial em juízo".

Discute-se se deve ser nomeado curador especial ao executado que foi citado por edital e não apresentou embargos. Entendemos que deve ser nomeado curador especial ao devedor citado por edital que não comparece ao processo para opor embargos.

A nomeação deve recair preferencialmente sobre advogado, embora não haja a obrigatoriedade que o curador tenha capacidade postulatória [art. 72, parágrafo único do Projeto nº 166 do Senado Federal determina que a "função de curador especial será exercida pela Defensoria Pública, salvo se não houver defensor público na comarca ou subseção judiciária, hipótese em que o juiz nomeará advogado para desempenhar aquela função"].

Cabe institucionalmente à defensoria pública a curadoria especial nos termos do art. 4º, inciso VI da LDP: "São funções institucionais da Defensoria Pública, dentre outras: atuar como Curador Especial, nos casos previstos em lei".

O curador tem o dever de curar pela defesa dos interesses em favor de quem foi nomeado. Ele deve funcionar efetivamente e não optar por atuar ou não. Daí se exige que conteste a ação, ainda que genericamente (art. 302, parágrafo único do CPC) [art. 329, parágrafo único do Projeto nº 166 do Senado Federal: "O ônus da impugnação específica dos fatos não se aplica ao defensor público, ao advogado dativo, ao curador especial e ao membro do Ministério Público], não se lhe aplicando, nesse caso, o ônus da impugnação especificada. Caso não conteste deverá ser destituído. Por outro lado, a falta de contestação não implica em consequências processuais desfavoráveis para o réu.

O curador não pode praticar atos de disposição de direito material. Ele não pode renunciar, transigir, reconhecer juridicamente o pedido ou confessar. A atividade processual do curador especial é restrita à defesa do réu, naquele processo específico, e por isso ele está impedido de reconvir, de propor embargos de terceiro, de chamar ao processo e de ajuizar ação rescisória. Pode opor embargos do devedor e denunciar a lide a terceiro na hipótese descrita no art. 70, I, do Código de Processo Civil, porque compreendido no direito de defesa do réu.

4.8 Da capacidade postulatória

A capacidade postulatória não deve ser confundida com a capacidade processual. A capacidade postulatória é a aptidão para postular em juízo. Trata-se de representação técnica da parte por profissional habilitado a promover ações e a elaborar defesas. Ela é atribuída ordinariamente a profissional regularmente inscrito nos quadros da Ordem dos Advogados do Brasil, como determina o art. 36 do CPC, ou ao membro do Ministério Público [art. 100 do Projeto nº 166 do Senado Federal: "A parte será representada em juízo por advogado ou membro da Defensoria Pública regularmente inscrito na Ordem dos Advogados do Brasil"].

Estabelece o art. 4º do Estatuto da Advocacia: "São nulos os atos privativos de advogado praticados por pessoa não inscrita na OAB, sem prejuízo das sanções civis, penais e administrativas. São também nulos os atos praticados por advogado impedido, no âmbito do impedimento, suspenso, licenciado ou que passar a exercer atividade incompatível com a advocacia". Assim, ninguém, ordinariamente, pode postular em juízo sem a assistência de advogado, a quem compete nos termos da lei o exercício do "jus postulandi".

Existem casos de dispensa da capacidade postulatória.

Nos juizados especiais cíveis há dispensa da capacidade postulatória para o ajuizamento de pedido de valor não superior a vinte salários mínimos (LJE, art. 9º, *caput*). Exige-se a presença de advogado nas causas de vinte a quarenta salários mínimos e para interpor ou responder recurso (LJE, art. 41, §2º).

A impetração de Habeas Corpus também dispensa a capacidade postulatória.

O juiz quando parte em incidente de exceção de suspeição ou de impedimento tem capacidade postulatória e pode produzir sua defesa sem a necessidade de ser representado por advogado (CPC, art. 313). Se o tribunal acolher a exceção e condenar o juiz excepto a pagar as custas do incidente, ele pode pessoalmente interpor recurso extraordinário ou especial contra o acórdão.

A exigência de capacidade postulatória constitui pressuposto processual de natureza subjetiva, essencial à válida formação da relação processual, porquanto verificada a irregularidade da representação das partes, o juiz suspenderá o processo e assinalará prazo razoável para o defeito ser sanado (art. 13 do CPC) [art. 76 do Projeto nº 166 do Senado Federal: "Verificada a incapacidade processual ou irregularidade da representação das partes, o juiz suspenderá o processo, marcando prazo razoável para ser sanado o defeito"].

4.9 Procedimento para a supressão da incapacidade

O procedimento para a supressão da incapacidade encontra-se disciplinado no art. 13 do Código de Processo Civil. Cabe ao magistrado suspender o processo e sob pena de cerceamento de defesa assinalar um prazo razoável para a supressão da capacidade. O prazo será considerado preclusivo na medida em que o seu descumprimento acarretará para o autor a extinção do processo sem julgamento do mérito e para o réu a sua revelia. Com relação ao terceiro, a consequência depende da qualidade de sua admissão no processo, de modo que o assistente será excluído do processo; o chamado ao processo será considerado revel; o litisdenunciado será excluído do processo na ação principal e considerado revel na ação secundária; o opoente terá o processo extinto e o nomeado que aceita a nomeação será considerado revel [art. 76, §1º do Projeto nº 166 do Senado Federal: "Descumprida a determinação, caso os autos estejam em primeiro grau, o juiz: I – extinguirá o processo, se a providência couber ao autor; II – aplicará as penas da revelia, se a providência couber ao réu; III – considerará o terceiro revel ou o excluirá do processo, dependendo do pólo em que se encontre". Ainda de acordo com o citado artigo, §2º, descumprida a determinação, caso o processo esteja em segundo grau, ou nos tribunais superiores, o relator não conhecerá do recurso, se a providência couber ao recorrente, determinará o desentranhamento das contrarrazões, se a providência couber ao recorrido].

4.10 Das partes e seus procuradores

A parte deve ser representada em juízo por advogado legalmente habilitado, quando lhe faltar capacidade postulatória, (art. 36 do CPC). São nulos, segundo o Estatuto do Advogado, art. 4º, os atos privativos de advogados praticados por pessoa não inscrita na OAB. Ninguém pode postular em juízo sem a assistência de advogado, a quem, nos termos da lei, compete o exercício do direito de postular [de acordo com o art. 100 do Projeto de Lei nº 166 do Senado Federal "A parte será representada em juízo por advogado ou membro da Defensoria Pública regulamente inscrito na Ordem dos Advogados do Brasil, sendo-lhe lícito postular em causa própria quando tiver habilitação legal"].

A representação da parte por advogado legalmente habilitado pressupõe a outorga expressa de poderes de representação, de modo que sem a procuração o advogado não será admitido a postular em juízo, salvo para evitar a decadência de direito, a prescrição de direito de ação ou para a prática de atos considerados urgentes (art. 37 do CPC) [art. 101 do Projeto de Lei nº 166 do Senado Federal], caso em que o advogado deverá no prazo de quinze (15) dias exibir o instrumento de mandato, sob pena de os atos praticados serem reputados ineficazes (art. 37 do CPC) [art. 101, §1º do Projeto de Lei nº 166 do Senado Federal]. Os advogados de órgãos públicos, também designados procuradores, estão dispensados de exibir procuração, desde que integrem os quadros dos órgãos ou entes públicos.

A procuração geral para o foro habilita o advogado a praticar todos os atos do processo, exceto o de receber a citação inicial, confessar, reconhecer a procedência jurídica do pedido, transigir, desistir, renunciar ao direito sobre que se funda a ação, receber, dar quitação e firmar compromisso (art. 38 do CPC) [art. 102 do Projeto de Lei nº 166 do Senado Federal], pois nesses casos há necessidade de outorga específica de poderes.

É ilegal a exigência, feita pelo juiz, de que a procuração seja renovada periodicamente, bem como recusar-se a expedir alvará de levantamento em nome do advogado legalmente constituído, ou, determinar que o pagamento seja feito diretamente à parte e não ao seu advogado se ele tem procuração com poderes específicos para receber e dar quitação.

A procuração pode ser assinada digitalmente com base em certificado emitido por autoridade certificadora (art. 38, parágrafo único do CPC [art. 102, parágrafo único do Projeto de Lei nº 166 do Senado Federal].

Constituem direitos do advogado examinar em cartório de justiça ou secretaria de tribunal autos de qualquer processo, salvo aqueles que tramitam em segredo de justiça, previsto no art. 155 do CPC; o de requerer vista dos autos pelo prazo de cinco (5) dias; o de retirar os autos do cartório ou da secretaria, pelo prazo legal, sempre que lhe competir falar, mediante carga no livro competente, ou, ainda, o de retirar os autos do cartório, pelo prazo de 1 (uma) hora independente de ajuste (art. 40 do CPC) [o art. 104 do Projeto de Lei nº 166 do Senado Federal aumenta o prazo para duas horas]. Se o prazo for comum, a retirada dos autos por uma das partes pressupõe prévio acordo por petição nos autos (art. 40, §2º, do CPC) [art. 104, §2º, do Projeto de Lei nº 166 do Senado Federal que cuida da reforma CPC].

[O Projeto de Lei nº 166 do Senado Federal, que trata da reforma do CPC, disciplina a Advocacia Pública e a incumbe, na forma da lei, de defender e promover os interesses das pessoas jurídicas de direito público interno com capacidade política (entes da federação: União, Estados-Mebros, Municípios, Distrito Federal) ou capacidade administrativa (Autarquias), exceto se não houver no município procuradoria jurídica, caso em que a Advocacia Pública poderá ser exercida por advogado com procuração (art. 105, §1º).

O projeto cuida nos arts. 160 a 162 da Defensoria Pública, a quem compete exercer a orientação jurídica, a promoção dos direitos humanos e a defesa, em todos os graus, dos direitos individuais e coletivos, de forma integral e gratuita, aos necessitados.

A representação processual pela Defensoria Pública gera a presunção de hipossuficência da parte.

A Defensoria, bem como os escritórios de prática jurídica das faculdades de direito reconhecidas e as entidades que prestam assistência jurídica gratuita gozam de prazo em dobro para todas as suas manifestações processuais].

4.11 Dos deveres das partes

O art. 14 do CPC cuida de deveres éticos a que as partes e os demais operadores do direito são obrigados a seguir, entre eles, I – o de expor os fatos em juízo conforme a verdade, o que denota um dever de veracidade que recai sobre as informações escolhidas pelas partes para fundamentar sua pretensão. Com efeito, "não se exige que a parte alegue em juízo fato que pode levar à improcedência da ação, mas os fatos escolhidos para sem alegados devem ser verídicos; II – o de proceder com lealdade e boa-fé, isto é, o de não agir de modo manifestamente contrário ao direito; III – o de não formular pretensão, nem defesa, ciente de que os argumentos utilizados são destituídos de fundamento; IV – o de não produzir provas, nem atos inúteis ou desnecessários à defesa do direito; V – o de cumprir com exatidão os provimentos mandamentais e não criar embaraços à realização dos provimentos judiciais; [o art. 80 do Projeto de Lei nº 166 do Senado Federal basicamente repete o disposto no art. 14 do CPC, tendo, apenas, incluído o dever de declinar o endereço residencial ou profissional onde as intimações serão recebidas, que no CPC de 1973 se encontra prevista no art. 39, II] VI – o de não empregar expressões injuriosas nos escritos apresentados no processo ou na defesa oral (art. 15 do CPC).

A inobservância dos deveres previstos no art. 14 do CPC basicamente é sancionada com a pena de litigante de má-fé prevista no art. 17 do CPC [art. 83 do Projeto nº 166 do Senado Federal], que autoriza o magistrado a impor multa não excedente a um por cento do valor da causa [aumentada de dois a dez por cento do valor corrigido da causa, conforme o art. 84 do Projeto de Lei nº 166 do Senado Federal que trata da reforma do CPC] e a condenar o litigante a indenizar a parte contrária dos prejuízos que ela sofreu, limitada a vinte por cento do valor da causa, além de honorários advocatícios e todas as despesas que efetuou [idem o art. 84 do Projeto de Lei nº 166 do Senado Federal, que, no entanto, não limita o valor da indenização].

A condenação em litigância de má-fé requer que a conduta da parte se encaixe numa das hipóteses descritas no art. 17 do CPC, reconhecida pelo magistrado após assegurado à parte a oportunidade de defender-se e que da sua conduta resulte prejuízo processual à parte adversa, pois os atos que justificam as sanções por litigância de má-fé exigem o dolo da parte, manifestado por conduta intencionalmente maliciosa e temerária (STJ – 3ª T., Resp. nº 418.342-PB, rel. Min. Castro Filho, j. 11.06.2002).

4.12 Da substituição das partes e dos procuradores

4.12.1 Substituição das partes

A fim dese se manter a estabilidade subjetiva na relação jurídica processual (*perpetuatio legitimationes*) o CPC, no art. 41, restringe a substituição voluntária das partes, denominada sucessão voluntária, e a admite, apenas, se houver a concordância da parte contrária (art. 42, §2º, do CPC), razão pela qual, segundo o art. 42, *caput*, do CPC, "a alienação da coisa ou do direito litigioso, a título particular, por ato entre vivos, não altera a legitimidade das partes", de modo que o adquirente, mesmo inadmitido em substituição no processo, sofrerá os efeitos da sentença, conforme dispõe o §3º do art. 42 do CPC [no mesmo sentido, os arts. 107

e 108 do Projeto de Lei nº 166 do Senado Federal que trata da alteração do CPC].

O CPC admite, tão somente, como necessária, a sucessão processual em razão da morte da parte, hipótese em que haverá a substituição da parte falecida pelo seu espólio ou sucessores, mediante suspensão do processo (arts. 43 c.c 265, I, do CPC) [art. 109 do Projeto de Lei nº 166 do Senado Federal].

4.12.2 Substituição dos procuradores

No mandato predomina a mútua confiança dos contratantes. De acordo com Orlando Gomes, "o elemento subjetivo confiança governa o comportamento do mandatário desde a formação do contrato até a sua extinção. Só a alguém em que se confia se concedem poderes para a prática de negócios jurídicos ou administração de interesses. Estipula-se o contrato em consideração à pessoa do mandatário".[8]

Extingue-se o mandato por revogação do mandante, que se caracteriza por ser ato de vontade imotivado e que não admite contestação, porque, em última análise, o mandato foi celebrado no interesse do mandante e com base na confiança que ele depositava no mandatário. Desta forma, se por qualquer motivo desaparece a confiança que o mandante depositava no mandatário, ou se o mandante pretende retomar a gestão de seus negócios, não há como negar a ele o direito de extinguir o contrato.[9]

A revogação pode se dar antes ou durante a execução do mandato e pode ser parcial ou total. A revogação pode ser expressa ou tácita. A revogação tácita dar-se-á com a constituição de novo mandatário ou quando o mandante assume a gestão do negócio.

Deve ser dada inteira publicidade à revogação, comunicando-a ao mandatário e terceiros.

---

[8] GOMES, Orlando. *Contratos*, p. 348.

[9] ESPÍNOLA, Eduardo. *Dos contratos nominados no direito civil brasileiro*, p. 339.

A revogação produz efeitos desde então (*ex nunc*). Ela atinge, tão somente, os atos futuros e não os passados.

A revogação, para produzir efeitos, deve ser comunicada ao mandatário e a terceiros, sob pena de os terceiros, de boa-fé, que não foram comunicados previamente da revogação, poderem exigir do mandante o cumprimento da obrigação pactuada com o mandatário (art. 686 do Código Civil).

Dispõe o art. 44 do CPC que "a parte, que revogar o mandato outorgado ao seu advogado, no mesmo ato constituirá outro que assuma o patrocínio da causa" [no mesmo sentido o art. 110 do Projeto de Lei nº 166 do Senado Federal].

A renúncia é ato unilateral do mandatário. Ela é ato imotivado, não precisa ser justificada. Cabe em qualquer espécie de mandato, gratuito ou oneroso, exceto no mandato em causa própria, pois a renúncia supõe a devolução do negócio ao mandante, para que tome suas providências, e na procuração em causa própria o interesse é do próprio procurador.[10]

A renúncia deve ser comunicada ao mandante e pode ensejar indenização se prejudicá-lo, exceto se o mandatário provar que não podia continuar a exercer o mandato, sem sofrer prejuízo considerável, e que lhe fora proibido substabelecer (art. 688 do Código Civil). Portanto, a inoportunidade da renúncia não acarreta a sua ineficácia, mas sujeita o mandatário a indenizar o mandante.

Dispõe o art. 45 do CPC que o advogado poderá, a qualquer tempo, renunciar ao mandato, provando que cientificou o mandante a fim de que este nomeie substituto. Durante os 10 (dez) dias seguintes, o advogado continuará a representar o mandante, desde que necessário para lhe evitar prejuízo [no mesmo sentido o art. 111 do Projeto de Lei nº 166 do Senado Federal. Segundo o §2º do referido artigo, dispensa-se a comunicação referida, quando a procuração tiver sido outorgada a vários advogados e a parte, apesar da renúncia, continuar representada por outro].

[10] BEVILAQUA, Clovis. *Código Civil dos Estados Unidos do Brasil*, p. 440.

4.13 Do Juiz: dos poderes, dos deveres e da responsabilidade

4.13.1 Dos poderes

O magistrado, na relação jurídica processual que se desenvolve no processo, instrumento de atuação da Jurisdição, encarna o Estado-Jurisdição. O Juiz destaca-se das demais partes que atuam no processo por duas circunstâncias: a de ser *parte desinteressada* e a de reunir uma enormidade de *poderes que lhe são atribuídos* para que ele desempenhe bem a função de declarar e realizar (coativamente) o direito no caso concreto.

Os poderes do magistrado no processo são administrativos ou jurisdicionais.

Os poderes administrativos são exercidos em torno do processo. São os poderes de polícia para que o procedimento não seja perturbado de fora para dentro. Esses poderes podem ser exercidos tanto em relação às partes como em relação a terceiros, como os poderes previstos no art. 445 do CPC: manter a ordem e o decoro na audiência; ordenar que se retirem da sala da audiência os que se comportarem inconvenientemente; requisitar, quando necessário, a força policial [no mesmo sentido, o art. 118, VII, do Projeto de Lei nº 166 do Senado Federal que dispõe sobre o novo CPC].

Os poderes jurisdicionais são exercidos dentro do processo. Os *poderes jurisdicionais* podem ser *instrumentais*; são poderes meios, meramente ordinatórios, aos quais a lei concede ao juiz para o exercício da função jurisdicional. Temos, entre eles, os poderes de verificação (art. 209); poderes de recusa ou concessão (arts. 130, 182); poderes de abreviação (arts, 125, II; 420, parágrafo único); poderes de nomeação (arts. 142, 421); poderes de repressão (arts. 15, *caput*, 18, 415, parágrafo único); poderes de apreciação de provas (art. 131); os poderes de iniciativa (arts. 126, 127, 129, 130). Os *poderes jurisdicionais podem ser poderes de vinculação* (final ou provisória). Eles têm a função de declarar e realizar o direito no caso concreto, como despachos, decisões interlocutórias e sentença.[11]

O *desrespeito* aos poderes jurisdicionais instrumentais ou de vinculação pode ocorrer pela falta de colaboração da parte ou de terceiro, necessários à realização do ato, como na hipótese de recusa em exibir documento ou de comparecer em juízo para depor como testemunha ou pelo oferecimento de oposição, resistência, como na hipótese de impedir a entrada do oficial de justiça num local para cumprir ordem de busca e apreensão.

Como regra, a própria lei propõe soluções sancionadoras para esse desrespeito aos poderes jurisdicionais. Algumas *específicas*, como a condução coercitiva (art. 412 do CPC) ou atribuição de um ônus (presunção de veracidade dos fatos pela não exibição de documento ou coisa [art. 359, CPC]) ou a confissão no caso de não comparecimento para prestar depoimento pessoal (art. 343, §1º CPC) ou *genéricas*, ***endoprocessuais***, como a consideração de ato atentatório à dignidade da justiça (art. 14, parágrafo único do CPC), a imposição de multas (art. 461 do CPC) [no mesmo sentido, diversos incisos do art. 118 do Projeto de Lei nº 166 do Senado Federal que dispõe sobre o novo CPC] ou ***exoprocessuais***, como o crime de resistência (art. 329 do CP) e o crime de desobediência (art. 330 do CP).

4.13.2 Dos deveres

Cabe ao magistrado na condução do processo assegurar às partes igualdade de tratamento; velar pela rápida solução do litígio; prevenir ou reprimir qualquer ato contrário à dignidade da justiça; tentar, a qualquer tempo, conciliar as partes (art. 125 do CPC).

Cabe-lhe, ainda, o dever de decidir, isto é, de prestar a tutela jurisdicional solicitada, segundo a lei e nos limites em

---

[11] MARQUES, v. 2, p. 140.

que a ação foi proposta, sendo proibido de conhecer questões não suscitadas, que não podem ser conhecidas de ofício (art. 128 do CPC) [no mesmo sentido, o art. 121 do Projeto de Lei nº 166 do Senado Federal]. Deve recorrer à analogia, aos costumes e aos princípios gerais de direito, apenas quando houver lacunas (art. 126 do CPC) [no mesmo sentido, o art. 119 do Projeto de Lei nº 166 do Senado Federal] e decidir por equidade nos casos previstos em lei (art. 127 do CPC) [no mesmo sentido, o art. 120 do Projeto de Lei nº 166 do Senado Federal].

4.13.3 Da responsabilidade

A responsabilidade civil do magistrado por perdas e danos decorrentes de atos seus limita-se no art. 133 do CPC aos atos praticados com dolo, fraude ou prevaricação comprovados [no mesmo sentido, o art. 123 do Projeto de Lei nº 166 do Senado Federal].

4.14 Dos auxiliares da justiça

A doutrina clássica distribui os auxiliares da justiça em três classes distintas: os órgãos da fé pública, os órgãos do Ministério Público e os órgãos de encargo judicial.[12]

Os órgãos da fé pública são aqueles investidos de fé pública, de modo que os atos por eles praticados se presumem legítimos e verdadeiros. Dividem-se em auxiliares do foro judicial, como escrivães, oficiais de justiça, distribuidores, partidores, contadores, depositários públicos, porteiros dos auditórios e em auxiliares do foro extrajudicial, como tabeliães e registradores ou oficiais de registros públicos.[13]

Os órgãos do Ministério Públicos são os Promotores, Procuradores de Justiça, Procuradores da República, encarregados

---

[12] SANTOS, v. 1, p. 143.

[13] SANTOS, v. 1, p. 143.

das atribuições previstas no art. 129 da CF [de acordo com os arts. 154 a 159 do Projeto de Lei nº 166 do Senador Federal, o Ministério Público atuará na defesa da ordem jurídica, do regime democrático e dos interesses sociais e individuais indisponíveis. Será intimado para, no prazo de trinta dias, intervir como fiscal da ordem jurídica nas causas que envolvam interesse público ou social; nas causas que envolvam o estado das pessoas e o interesse de incapazes; nas causas que envolvam litígios coletivos pela posse de terra rural, casos em que será intimado de todos os atos do processo e terá vista dos autos depois das partes, poderá produzir provas, requerer as medidas processuais pertinentes e recorrer].

Os órgãos de encargo judicial são os que eventualmente se lhes confere no processo um encargo particular, como os tutores, curadores especiais, testamenteiros, síndicos, avaliadores, arbitradores, peritos.

A doutrina contemporânea exclui, no entanto, do quadro dos auxiliares da justiça todos os que exerçam atividades que não sejam inerentes às atividades estritamente processuais, como os auxiliares do foro extrajudicial, o Ministério Público, instituição autônoma e independente do Poder Judiciário, e parcela dos órgãos de encargo judicial, como os tutores, curadores especiais, testamenteiros, síndicos.[14]

Considera-se como auxiliares da justiça os órgãos e pessoas que prestam serviços direta e imediatamente à administração da justiça, como: I – o escrivão ou serventuário, servidores judiciais, regularmente investidos no cargo, em conformidade com a lei, que participa diretamente do processo mediante a movimentação, a documentação dos atos processuais[15] e a prática dos atos e a observância dos deveres descritos no art. 141 do CPC [art. 131 do Projeto de Lei nº 166 do Senado Federal]; II – o oficial de

[14] SANTOS, v. 1, p. 143.
[15] SANTOS, v. 1, p. 145.

justiça, responsável pela execução das ordens judiciais, como os mandados de citação, de intimação, de busca e apreensão, de penhora (art. 143 do CPC) [art. 133 do Projeto de Lei nº 166 do Senado Federal]; III – o distribuidor, a quem cabe distribuir os processos; IV – o partidor, responsável pela individualização dos quinhões nas partilhas judiciais; V – o contador, responsável pela elaboração de cálculos; VI – o depositário e o administrador a quem compete a guarda e conservação de bens penhorados, arrestados, sequestrados ou arrecadados, por ordem do juiz[16] (art. 148 do CPC).

Permanecem enquadrados como auxiliares da justiça algumas pessoas que recebem encargos judiciais como: I – os peritos, escolhidos entre profissionais de nível universitário, inscritos nos órgãos de classe, de comprovada especialidade na matéria sobre a qual deverão opinar, que devem prestar informações verídicas no prazo assinalado, conforme determinam os arts. 145 a 147 do Código de Processo Civil [arts. 135 a 137 do Projeto de Lei nº 166 do Senado Federal que trata do novo CPC]; II – o intérprete, escolhido, dentre as pessoas habilitadas, oficiais ou não, na livre administração dos seus bens para: a) analisar documento de entendimento duvidoso, redigido em língua estrangeira, b) verter em português as declarações das partes e das testemunhas que não conhecerem o idioma nacional, c) traduzir a linguagem mímica dos surdos-mudos, que não puderem transmitir a sua vontade por escrito [arts. 141 a 143 do Projeto de Lei nº 166 do Senado Federal que trata do novo CPC].

[O Projeto de Lei nº 166 do Senado Federal além do escrivão, do chefe de secretaria judicial, do oficial de justiça, do perito, do depositário, do administrador, do intérprete, do tradutor, considera auxiliares da justiça o mediador e o conciliador judicial.

O conciliador poderá sugerir soluções para o litígio, sendo proibido o constrangimento ou a intimidação para que as partes

[16] SANTOS, v. 1, p. 146.

conciliem, enquanto o mediador auxiliará as pessoas interessadas a compreenderem as questões e os interesses envolvidos no conflito (art. 145, §§1º e 2º, do Projeto de Lei nº 166 do Senado Federal).

O conciliador e o mediador estão impedidos de exercer a advocacia nos limites da competência do respectivo tribunal e de integrar escritório de advocacia (art. 147, §5º, do Projeto de Lei nº 166 do Senado Federal)].

Capítulo 5

Da Competência Interna

Sumário: **5.1** Conceito de competência – **5.2** Classificação da competência – **5.3** Das modificações da competência – **5.3.1** Da conexão – **5.3.2** Da continência – **5.3.3** Da prevenção – **5.3.4** Do foro de eleição – **5.4** Da incompetência – **5.4.1** Procedimento – **5.4.2** Efeitos – **5.5** Conflito de competência

5.1 Conceito de competência

Competência é o poder que tem o órgão do Poder Judiciário de realizar, exercer a função jurisdicional em um caso concreto. É a medida de jurisdição atribuída a cada órgão jurisdicional, os limites objetivos impostos pelo ordenamento jurídico ao dever-poder atribuído ao órgão jurisdicional de resolver conflitos qualificados por pretensões resistidas ou insatisfeitas.

Segundo Cândido Rangel Dinamarco a "competência é o conjunto de atribuições jurisdicionais de cada órgão ou grupo de órgãos, estabelecidas pela Constituição e pela Lei".[1] Para o referido autor, seis premissas relativamente independentes, mas que coordenadas entre si lhe conferem sistematicidade, disciplinam a competência: a) a unidade da jurisdição; b) a existência de uma estrutura judiciária complexa, composta de inúmeros órgãos, diferenciados segundo critérios; c) a possibilidade de haver conflitos das mais variadas natureza a serem distribuídas a esses órgãos; d) a necessidade de fazer essa distribuição;

[1] DINAMARCO, v. 1, p. 407.

e) uma relativa liberdade das partes na escolha do órgão ao qual apresentará sua pretensão e f) razões de ordem pública que em significativa medida limitam a liberdade das partes.[2]

A competência para a causa é fixada levando em conta a situação da demanda, tal como objetivamente proposta, à vista da petição inicial. Assim, a competência é determinada no momento da propositura da ação. São irrelevantes as modificações do estado de fato ou de direito ocorridas posteriormente, salvo quando suprimirem o órgão judiciário ou alterarem a competência absoluta (art. 87 do CPC) [art. 43 do Projeto de Lei nº 166 do Senado Federal: "Determina-se a competência no momento em que a ação é proposta, sendo irrelevantes as modificações do estado de fato ou de direito ocorridas posteriormente, salvo quando suprimirem o órgão judiciário ou alterarem a competência absoluta"].

5.2 Classificação da competência

Os critérios escolhidos pelo legislador para ordenar, separar, classificar a competência são inúmeros, e tais critérios não são excludentes, antagônicos, mas antes se combinam entre si. Assim, a competência divide-se em a) internacional e interna; b) originária e derivada; c) objetiva e subjetiva; d) exclusiva e concorrente; e) absoluta e relativa; f) de foro e de juízo; g) material; h) funcional; i) pelo valor da causa; j) territorial.

A) internacional e interna

A competência é poder a ser exercitado pelo Judiciário no território nacional. Denomina-se competência interna. O Brasil, no entanto, por força de tratados internacionais admite a possibilidade de uma questão ser dirimida pela justiça de outro país. Resta, destarte, saber quando isso é possível. Desta forma, as regras existentes no Código de Processo Civil procuram, em última

---

[2] DINAMARCO, v. 1, p. 408.

análise, estabelecer critérios para solucionar possíveis conflitos de jurisdição entre órgãos brasileiros e órgãos estrangeiros.

Vigora inicialmente a *multiplicidade de jurisdições*. Não há como proibir o ajuizamento de ações perante órgãos judiciários estrangeiros. Com o propósito de priorizar a competência interna para julgar os conflitos, o art. 90 do CPC não reconhece a litispendência entre ações idênticas instauradas perante tribunais nacionais e estrangeiros, nem motivo impeditivo do conhecimento da causa pelo judiciário brasileiro. A regra seria a independência das jurisdições até a homologação da sentença estrangeira pela justiça brasileira [no mesmo sentido o art. 24 do Projeto de Lei nº 166 do Senado Federal ressalvadas as disposições em contrário de tratados internacionais e acordos bilaterais em vigor no Brasil: "A ação proposta perante tribunal estrangeiro não induz litispendência e não obsta a que a autoridade judiciária brasileira conheça da mesma causa e das que lhe são conexas, ressalvadas as disposições em contrário de tratados internacionais e acordos bilaterais em vigor no Brasil"].

A ação ajuizada perante órgão jurisdicional estrangeiro não obsta o exame da mesma causa e das que lhe são conexas pela jurisdição nacional, mesmo que na ação proposta no estrangeiro tenha ocorrido a coisa julgada, pelo menos enquanto não tiver sido homologada a sentença estrangeira pelo Superior Tribunal de Justiça. Se pendente o pedido de homologação, transitar em julgado a decisão brasileira, o processo de homologação deverá ser extinto sem julgamento de mérito com fundamento na existência de coisa julgada. O mesmo deverá ocorrer com a ação que tramita no Brasil, caso haja o trânsito em julgado da sentença estrangeira.[3]

No entanto, segundo o art. 89 do CPC algumas matérias são de exclusiva apreciação pelo poder judiciário nacional. Neste

[3] MARINONI, Luiz Guilherme; MITIDIERO, Daniel Francisco. *Código de Processo Civil*: comentado artigo por artigo. 2. ed. São Paulo: Revista dos Tribunais, 2010. p. 156.

sentido, o citado artigo contempla hipóteses — fundadas na soberania — em que o pronunciamento por autoridade judiciária brasileira é obrigatório, com exclusão de qualquer outra. Assim, a autoridade judiciária brasileira é competente com exclusividade para: a) conhecer de ações relativas a imóveis situados no Brasil; b) proceder a inventário e partilha de bens, situados no Brasil, ainda que o autor da herança seja estrangeiro e tenha residido fora do território nacional [no mesmo sentido, o art. 23 do Projeto de Lei nº 166 do Senado Federal que cuida do novo CPC].

Outras matérias, no entanto, são de relativa apreciação pelo poder judiciário nacional, num concurso de jurisdições nacionais e estrangeiras. Diz o art. 88 do CPC: É competente a autoridade judiciária brasileira quando o réu, qualquer que seja a sua nacionalidade, estiver domiciliado no Brasil; se tiver de ser cumprida a obrigação no Brasil; se a ação se originar de fato ocorrido ou de ato praticado no Brasil [Projeto de Lei nº 166 do Senado Federal que cuida do novo CPC: art. 21. "Cabe à autoridade judiciária brasileira processar e julgar as ações em que: I – o réu, qualquer que seja a sua nacionalidade, estiver domiciliado no Brasil; II – no Brasil tiver de ser cumprida a obrigação; III – o fundamento seja fato ocorrido ou praticado no Brasil"; art. 22. "Também caberá à autoridade judiciária brasileira processar e julgar as ações: I – de alimentos, quando: a) o credor tiver seu domicílio ou sua residência no Brasil; b) o réu mantiver vínculos pessoais no Brasil, tais como posse de bens, recebimento de renda ou obtenção de benefícios econômicos; II – decorrentes de relações de consumo, quando o consumidor tiver domicílio ou residência no Brasil; III – em que as partes, expressa ou tacitamente, se submeterem à jurisdição nacional"].

Nesses casos, pode haver decisão estrangeira que para produzir efeitos na ordem jurídica interna dependerá de homologação pelo Superior Tribunal de Justiça, com fundamento no art. 105, I, alínea "i", da CF, observada a Resolução nº 09 , de 2005, do STJ.

[Conexo ao tema da Jurisdição brasileira, o da Cooperação Internacional. A cooperação jurídica envolve a prática de atos jurídicos processuais por órgãos do Poder Judiciário de outros países, que serão aproveitados pelo Poder Judiciário do país solicitante e envolve, segundo o art. 28 do Projeto de Lei nº 166 do Senado Federal: a comunicação de atos processuais; a produção de provas; medidas de urgência; o perdimento de bens, direitos e valores; o reconhecimento e execução de outras espécies de decisões.

De acordo com o art. 25 e seguintes do Projeto de Lei nº 166 do Senado Federal a cooperação jurídica internacional rege-se por tratados internacionais ou por declarações de reciprocidade, na ausência de tratado e será executada por meio de carta rogatória, ação de homologação de sentença estrangeira, que serão encaminhadas a autoridade central para posterior envio ao Ministério das Relações Exteriores].

B) originária e derivada

Diz-se originária a competência atribuída a órgão jurisdicional para conhecer da causa pela primeira vez. A competência originária pode ser atribuída a órgão de 1º ou a órgão de 2º grau.

A competência derivada ou recursal é dada ao órgão jurisdicional destinado a rever decisões de outros órgãos, como a apelação.

C) objetiva e subjetiva

A competência objetiva é determinada por critérios como a matéria, o valor da causa e o território.

A competência subjetiva é determinada por critério relativo à pessoa que deve integrar a lide (qualidade da parte), como no art. 109, I, da CF, que estabelece a competência da Justiça Federal em razão da qualidade da pessoa que integra a relação jurídica processual. O CPC não faz menção à competência pela qualidade da parte (*ratione personae*).

D) exclusiva e concorrente

A competência exclusiva é a atribuída a apenas um órgão do Poder Judiciário, enquanto a competência concorrente é a atribuída há mais de um órgão. Nesse caso, todos os órgãos são considerados competentes para julgar a causa. A distribuição por critério aleatório é que indicará o juiz competente para instruir e julgar a ação (art. 251 do CPC).

E) absoluta e relativa

A competência absoluta é ditada no interesse público, enquanto a competência relativa é ditada no interesse das partes. Elas possuem regime jurídico diverso.

A competência absoluta é pressuposto processual de validade; não pode ser modificada por vontade das partes; deve ser examinada *ex officio*; pode ser invocada a qualquer tempo em qualquer grau pelas partes; possibilita o juízo rescisório (art. 113 e 485, II); tem como espécies a competência material e funcional.

A competência relativa pode ser alterada por vontade das partes, pela eleição de foro ou por inércia do réu que não argui a exceção de incompetência; não pode ser declarada de ofício pelo juiz (Súmula nº 33 do STJ); não enseja nulidade dos atos processuais, nem juízo rescisório e tem como espécies a competência territorial e valor da causa.

F) de foro e de juízo

Denominada competência territorial (foro e juízo), foro é local, lugar, enquanto juízo é o órgão judiciário investido de competência (juiz). O domicílio do réu (CPC, art. 94) é o critério geral da competência de foro, enquanto critérios especiais estão fixados nos arts. 95, 100, I, II e III do CPC.

Se em um mesmo foro ou tribunal mais de um juízo se apresenta como competente, os critérios para fixação do juízo são:

a) a natureza da lide;

b) a distribuição da causa;

c) a prevenção (arts. 106, 107 e 219 do CPC).

G) material

A competência material ou *ratione materiae* é espécie de competência absoluta que leva em conta a matéria que será discutida, como questões de família, acidentes do trabalho, relativas à Fazenda Pública. As regras de competência material têm essa qualificação porque se alicerçam no que é conteúdo do processo, ou seja, a lide ou a pretensão.[4]

H) funcional

A competência funcional é espécie de competência interna ou competência da competência que incide depois de instaurado o processo perante o juiz competente e que considera a função, as atribuições que o juízo exerce em um processo, como o juízo da ação de conhecimento para a execução da sentença (art. 575, II); o foro da situação da coisa para as ações que versem sobre propriedade, posse (CPC, art. 95, 2ª parte); os tribunais para o julgamento de apelação.

Segundo José Frederico Marques, "Fala-se em competência funcional quando se tem de determinar, num dado processo, os órgãos judiciários que devem participar da relação processual e sobre a prática dos atos que lhe são atribuídos dentro desse processo. Cuida-se, pois, na competência funcional de repartir o poder jurisdicional entre órgãos judiciários dentro de um mesmo processo".[5] Para Moacyr Amaral dos Santos o critério funcional tem em vista o fato de diversos juízes poderem, em momentos distintos, exercer funções num mesmo processo. Conforme esse critério, se separam as competências dentro de um mesmo processo. Por ele se determina a competência funcional, ou seja, o âmbito dentro do qual cada um dos vários juízes pode exercer a jurisdição num mesmo processo, considerado o mesmo ou outro grau de jurisdição. Em síntese, num mesmo processo os mais diferentes juízes poderão exercer funções jurisdicionais,

---

[4] MARQUES, v. 1, p. 327.
[5] MARQUES, v. 1, p. 335.

mas deverão exercê-las com respeito à sua competência. Sob esse aspecto diz-se que cada um desses órgãos tem competência funcional em relação a certos ou a um conjunto de atos no mesmo processo.[6]

[O art. 45 do Projeto de Lei nº 166 do Senado Federal dispõe que "a competência funcional dos juízos e tribunais é regida pelas normas da Constituição da República e de organização judiciária, assim, como, no que couber, pelas normas das Constituições dos Estados. Parágrafo único. É do órgão especial, onde houver, ou do tribunal pleno, a competência para decidir incidente de resolução de demandas repetitivas"].

I) valor da causa

A competência pode ser determinada também pelo valor da causa. Dita competência é relativa. Essa regra é excepcionada pelo art. 3º da LJE e 51, II, que estabelecem a incompetência absoluta dos Juizados Especiais quando o valor da causa exceder a quarenta salários mínimos (Lei nº 9.099/95).

J) territorial

Cogita-se da competência territorial quando definida a competência por outros critérios, como a matéria, ou o valor, existe na organização judiciária mais de um juiz, com igual competência em diferentes circunscrições judiciárias, de modo que o território passa a ser o critério definidor do juízo competente.

Competência territorial é a quantidade jurisdição cujo exercício se atribuiu aos órgãos de determinada justiça situados em determinada base territorial.[7]

O critério geral escolhido pelo CPC é o domicílio do réu, que dá origem ao foro geral que é o da circunscrição territorial judiciária do domicílio do réu nas ações fundadas em direito pessoal e direito real sobre bens móveis (art. 94 do CPC) [art. 47 do Projeto de Lei nº 166 do Senado Federal que cuida do novo

---

6 SANTOS, v. 1, p. 248, 252.

7 DINAMARCO, v. 1, p. 480.

CPC: "A ação fundada em direito pessoal ou em direito real sobre bens móveis será proposta, em regra, no foro do domicílio do réu"]. As ações reais sobre bens imóveis não seguem essa regra, pois para elas o foro é o da situação da coisa (art. 95 do CPC).

Há algumas variações do critério geral — domicílio do réu — marcadas por peculiaridades, como o foro do domicílio do autor da herança (art. 96 do CPC), que escolhe o foro do último domicílio do morto como o competente para o inventário, a partilha, a arrecadação, o cumprimento do testamento e todas as ações em que o espólio for réu [art. 49 do Projeto de Lei nº 166 do Senado Federal: "O foro do domicílio do autor da herança, no Brasil, é o competente para o inventário, a partilha, a arrecadação, o cumprimento de disposições de última vontade e todas as ações em que o espólio for réu, ainda que o óbito tenha ocorrido no estrangeiro"].

O lugar do óbito é irrelevante, como regra, para a determinação da competência, mas passa a ser importante quando o morto tinha domicílio incerto (não tinha residência habitual e empregava a vida em viagens, sem ponto central de negócios) ou bens em diversos lugares (art. 96, parágrafo único, II) [art. 49, parágrafo único, II do Projeto de Lei nº 166 do Senado Federal: "É, porém, competente o foro: do lugar em que ocorreu o óbito, se o autor da herança não tinha domicílio certo e possuía bens em lugares diferentes"].

Último domicílio do ausente (art. 97 do CPC) [art. 50 do Projeto de Lei nº 166 do Senado Federal: "As ações em que o ausente for réu correm no foro de seu último domicílio, que é também o competente para a arrecadação, o inventário, a partilha e o cumprimento de disposições testamentárias"].

O último domicílio do ausente é o foro competente para a declaração de ausência e a propositura de ações em que ele figurar como réu. Quando ele for autor da ação, representado pelo curador nomeado pelo juiz, a competência é determinada pela regra do art. 94 do CPC.

Domicílio do representante do incapaz (art. 98 do CPC) [art. 51 do Projeto de Lei nº 166 do Senado Federal: "A ação em que o incapaz for réu se processará no foro do domicílio de seu representante"].

A ação contra incapaz deve ser proposta no foro do domicílio de seus representantes.

Há alguns critérios especiais, como o da residência da mulher nas ações de separação, divórcio e anulação de casamento (art. 100, I). O CPC fala em residência da mulher, porque o domicílio do casal era fixado pelo marido [o art. 53 do Projeto de Lei nº 166 do Senado Federal estabelece o último domicílio do casal como o foro adequado para propor as ações acima citadas. "É competente o foro: I – do último domicílio do casal para o divórcio, a anulação de casamento, o reconhecimento ou dissolução de união estável; caso nenhuma das partes resida no antigo domicílio do casal, será competente o foro do domicílio do guardião de filho menor, ou, em último caso, o domicílio do réu"].

Domicílio ou residência do alimentando na ação de alimentos (art. 100, II) [art. 53, inciso II do Projeto de Lei nº 166 do Senado Federal: "Do domicílio ou da residência do alimentando, para a ação em que se pedem alimentos"].

Esta regra abrange a todas as ações cujo fundamento ou pedido seja alimentos: ação especial de alimentos, regida pela LA; ação cautelar de alimentos provisionais (CPC, art. 852); ação de alimentos em rito ordinário; ação revisional de alimentos (LA, art. 24); ação de execução de alimentos.

Prevalece o foro especial, mesmo se cumulada com investigação de paternidade, conforme dispõe a Súmula nº 1 do STJ: "O foro do domicílio ou da residência do alimentando é o competente para a ação de investigação de paternidade, quando cumulada com a de alimentos".

A ação pode ser proposta no domicílio ou residência do alimentando. Se ele for incapaz incide a regra do art. 98 (domicílio do representante) [art. 51 do Projeto de Lei nº 166 do Senado

Federal: "A ação em que o incapaz for réu se processará no foro do domicílio de seu representante"].

Do domicílio do devedor, para a ação de anulação de títulos extraviados ou destruídos (domicílio do autor – art. 100, III).

O foro do domicílio do devedor é o competente para as ações de anulação, substituição e reivindicação de título ao portador. As duas primeiras — anulação e substituição — têm rito especial (CPC, art. 907) e a de reivindicação se processa pelo rito comum.

Do lugar [art. 53, III do Projeto de Lei nº 166 do Senado Federal].

a) onde está a sede, para a ação em que for réu a pessoa jurídica [art. 53, III, "a" do Projeto de Lei nº 166 do Senado Federal];
b) onde se acha a agência ou sucursal, quanto às obrigações que ela contraiu [art. 53, III, "b" do Projeto de Lei nº 166 do Senado Federal];
c) onde exerce a sua atividade principal, para a ação em que for ré a sociedade, que carece de personalidade jurídica [art. 53, III, "c" do Projeto de Lei nº 166 do Senado Federal];
d) onde a obrigação deve ser satisfeita, para a ação em que se lhe exigir o cumprimento [art. 53, III, "d" do Projeto de Lei nº 166 do Senado Federal];
e) de moradia do idoso, nas causas que versem direitos individuais no respectivo estatuto [art. 53, III, "e" do Projeto de Lei nº 166 do Senado Federal].

Outras ações relacionadas com a relação contratual, como anulação, rescisão, declaratória de existência ou inexistência seguem a regra geral do art. 94 do CPC.

A jurisprudência do STJ firmou entendimento, no entanto, que pretensões desconstitutivas ou executórias de cláusulas de contratos, bem como quaisquer que versem sobre estes, devem ser ajuizadas no foro do local onde ocorrerá o cumprimento das obrigações pactuadas (*RSTJ* 50/522).

Do lugar do ato ou fato [art. 53, IV do Projeto de Lei nº 166 do Senado Federal].

a) para a ação de reparação do dano: a reparação é de dano decorrente de ilícito extracontratual (*forum delicti comissii*) [art. 53, IV, "a" do Projeto de Lei nº 166 do Senado Federal];

b) para a ação em que for o réu administrador ou gestor de negócios alheios. (*forum rei gestae*): aplica-se esta regra a ações movidas por terceiro ou pelo dono do negócio contra o administrador ou gestor [art. 53, IV, "b" do Projeto de Lei nº 166 do Senado Federal];

c) acidente de veículo [art. 53, IV, parágrafo único do Projeto de Lei nº 166 do Senado Federal].

Há possibilidade, ainda, de foros concorrentes, como o domicílio do autor ou no foro do lugar do acidente. Admite-se, ainda, que a ação seja proposta no domicílio do réu, sem que ele possa opor-se a isso por lhe faltar interesse.

5.3 Das modificações da competência

A conexão e a continência são causas que modificam a competência relativa. Pressupõe a existência de mais de um juiz competente para conhecer e julgar o processo. A competência material e a funcional, por serem absolutas, não podem ser modificadas por conexão [art. 54 do Projeto de Lei nº 166 do Senado Federal: "A competência relativa poderá modificar-se pela conexão ou pela continência"].

5.3.1 Da conexão

Conexão é um vínculo, um nexo, entre duas ou mais ações, de tal maneira relacionadas entre si que faz com que sejam conhecidas e decididas pelo mesmo juiz, e, às vezes, até no mesmo processo, tudo com o propósito de economizar tempo e dinheiro e de evitar sentenças contraditórias ou conflitantes.[8]

Reputam-se conexas duas ou mais ações, quando lhes for comum o objeto (pedido) ou a causa de pedir (art. 103 do CPC) [art. 55 do Projeto de Lei nº 166 do Senado Federal: Reputam-se conexas duas ou mais ações, quando lhes for comum o objeto ou a causa de pedir]. Para alguns, para que haja conexão basta a coincidência de um só dos elementos da ação (partes, causa de pedir ou pedido), embora outros discordem que a simples identidade de partes possa caracterizar a conexão e exigem a coincidência do objeto ou da causa de pedir. Segundo Moacyr Amaral dos Santos, conexão quer dizer vínculo entre duas ou mais ações, por terem um ou dois elementos comuns. Duas ou mais ações são conexas quando um ou dois de seus elementos são idênticos, todavia, o simples ato de o elemento pessoal ser idêntico em ambas não chega, por si só, a estabelecer conexão entre elas. O Código de Processo Civil adotou esta orientação doutrinária, como se vê do art. 103 do CPC.[9]

Outras hipóteses podem justificar a conexão, como a relação de acessoriedade (art. 108 do CPC) [art. 61 do Projeto de Lei nº 166 do Senado Federal]; a denunciação da lide; a reconvenção, a propositura de ação declaratória incidental (art. 109 do CPC). A ação acessória é aquela que exige complementação posterior ou que é oriunda de outra ação, como os embargos de terceiro, os embargos do executado e a restauração dos autos. Se entre duas ou mais ações existe conexão qualificada por acessoriedade, a ação acessória deverá ser proposta no juiz competente para a ação principal.[10]

---

[8] SANTOS, v. 1, p. 263.
[9] SANTOS, v. 1, p. 263.
[10] MARINONI, p. 165.

5.3.2 Da continência

O CPC disciplinou figura da continência, compreendida na conexão, segundo dispõe o artigo 194: "Dá-se a continência entre duas ou mais ações sempre que há identidade quanto às partes e à causa de pedir, mas o objeto de uma, por ser mais amplo, abrange o das outras". Segundo Moacyr Amaral dos Santos, as ações seriam conexas só pelo fato de terem a mesma causa de pedir (art. 103 do CPC), mas a continência exige mais do que a identidade da causa de pedir, exige a identidade quanto às pessoas e que o objeto de uma, por ser mais amplo, abranja o de outro, o que torna, para alguns, inútil a continência, por que toda vez que houver continência de causas elas serão conexas.[11]

Há continência entre causas toda vez que o objeto de uma, denominada causa continente, por ser mais amplo, abrange o da outra, denominada causa contida [art. 56 do Projeto de Lei nº 166 do Senado Federal: "Dá-se a continência entre duas ou mais ações, sempre que houver identidade quanto às partes e à causa de pedir, mas o objeto de uma, por ser mais amplo, abrange o das outras"].

O efeito da conexão e da continência, segundo o art. 105 do CPC, é a reunião dos processos [art. 58 do Projeto de Lei nº 166 do Senado Federal: "A reunião das ações propostas em separado se fará no juízo prevento onde serão decididas simultaneamente"].

[O art. 57 do Projeto de Lei nº 166 do Senado Federal determina: "Quando houver continência e a ação continente tiver sido proposta anteriormente, o processo relativo à ação contida será extinto sem resolução de mérito; caso contrário, as ações serão necessariamente reunidas"].

A conexão ou continência é matéria de ordem pública. Pode ser conhecida de ofício. O órgão jurisdicional não tem o dever de reunir as causas conexas, mas pode, querendo, fazê-lo, em louvor,

[11] SANTOS, v. 1, p. 267.

sobretudo, dos princípios da economia processual e da segurança jurídica, porquanto a reunião das causas permite a discussão e a instrução conjuntas, bem como evita decisões conflitantes.

5.3.3 Da prevenção

A prevenção é o instituto jurídico vinculado ao da competência utilizado para fixar a competência em um dentre os muitos juízes, em tese competentes para julgar a ação em decorrência de ter tomado conhecimento da causa por primeiro. Segundo Moacyr Amaral dos Santos, o vocábulo prevenção vem do latim, *praeventione*, com o significado de vir antes, avisar, prevenir, que na doutrina da competência define um fenômeno processual pelo qual, dada a existência de vários juízes igualmente competentes, se firma a competência daquele que em primeiro lugar tomar conhecimento da causa.[12]

Em curso ações conexas perante juízes com a mesma competência territorial, considera-se prevento o juiz que despachou em primeiro lugar (art. 106 do CPC), independentemente de seu conteúdo, mas em curso ações conexas perante juízes com competência territorial diversa, a prevenção ocorre em face da primeira citação válida (art. 219 do CPC) [o art. 59 do Projeto nº 166 do Senado Federal dispõe que "a distribuição da petição inicial torna prevento o juízo"].

5.3.4 Do foro de eleição

A competência estabelecida em razão do valor ou do território pode ser afastada por acordo das partes, denominado "foro de eleição", que, contudo, não impede a propositura da ação no foro do domicílio do réu.

O foro de eleição pactuado em contrato de adesão pode ser invalidado por decisão proferida de ofício pelo magistrado,

[12] SANTOS, v. 1, p. 260.

toda vez que sua incidência resulte em prejuízo para o aderente e o impeça ou onere o exercício do direito de defesa (art. 112 do CPC) [de acordo com o art. 63 do Projeto de Lei nº 166 do Senado Federal "A competência em razão da matéria e da função é inderrogável por convenção das partes; mas estas podem modificar a competência em razão do valor e do território, elegendo foro onde serão propostas as ações oriundas de direitos e obrigações.

§1º O acordo, porém, só produz efeito quando constar de contrato escrito e aludir expressamente a determinado negócio jurídico.

§2º O foro contratual obriga os herdeiros e sucessores das partes.

§3º É vedada a eleição de foro nos contratos de adesão e naqueles em que uma das partes, quando firmado o contrato, esteja em situação que lhe impeça ou dificulte opor-se ao foro contratual.

§4º A nulidade da cláusula de eleição de foro, em contrato de adesão, pode ser declarada de ofício pelo juiz, que declinará de competência para o juízo de domicílio do réu, salvo anuência expressa deste, manifestada nos autos, confirmando o foro eleito"].

5.4 Da incompetência

O réu no prazo de resposta poderá deduzir por meio de exceção a incompetência relativa do órgão. A exceção de incompetência relativa pode ser apresentada quando o réu constata que o autor promoveu a ação perante juízo considerado relativamente incompetente, em razão do território ou do valor da causa.

5.4.1 Procedimento

A exceção de incompetência no procedimento comum ordinário deverá ser proposta no prazo de resposta ou no prazo preclusivo de 15 (quinze) dias, contados da data do conhecimento do fato, se superveniente.

A exceção de incompetência deverá ser deduzida em peça autônoma, fundamentada e instruída, devendo o excipiente indicar, nesta, o juízo para o qual declina a ação, conforme prevê o art. 307 do CPC, sob pena de a exceção ser considerada inepta e indeferida, se não houver emenda indicadora do foro ou juízo declinado.

A exceção de incompetência manifestamente improcedente pode ser indeferida liminarmente, conforme permite o art. 310 do CPC, e desta decisão cabe o recurso de agravo de instrumento ou retido,[13] que se não for interposto acarretará a prorrogação da competência.

Recebida a exceção de incompetência para discussão, suspende-se o processo e concede-se ao excepto o prazo de 10 (dez) dias para manifestar-se (art. 308 do CPC). A intimação do excepto será feita na pessoa do advogado.

A exceção deverá ser decidida no prazo de 10 (dez) dias. Esse prazo é impróprio já que o seu descumprimento não acarreta nenhuma sanção.

Aceita a exceção, os autos serão remetidos ao juiz competente (art. 311 do CPC); negada a exceção, os autos permanecerão com o mesmo juiz.

Em um ou noutro caso recomeça a correr, pelo remanescente, o prazo para resposta que sobejar a partir da respectiva intimação.

5.4.2 Efeitos

Antes de ser julgada, a exceção de incompetência produz apenas o efeito de suspender o curso do processo.

Julgada procedente a exceção produz o efeito de transferir o julgamento da causa de um juízo a outro (art. 311 do CPC),

[13] O VI Encontro Nacional dos Tribunais de Alçada pelo enunciado 58 deixou assentado que o recurso cabível seria apenas o de agravo de instrumento e não o de agravo retido. Diz o referido enunciado: "O agravo de instrumento é o recurso adequado contra as decisões que julgam a impugnação ao valor da causa, que apreciam a incompetência relativa e que liminarmente indeferem a reconvenção".

sem a necessidade de anulação dos atos decisórios praticados, que permanecem válidos.

[O Projeto de Lei nº 166 do Senado que dispõe sobre a reforma do CPC, no art. 327, II, põe fim à exceção de incompetência relativa ao dar-lhe o mesmo tratamento da incompetência absoluta e admitir que seja arguida como matéria preliminar na contestação, de modo a eliminar a autuação em apartado. Destarte, aprovado o projeto ora mencionado, a incompetência relativa não mais deverá ser alegada em apartado, mas como preliminar destacada na contestação.

Diz o art. 64 do Projeto de Lei nº 166 do Senado Federal: "A incompetência, absoluta ou relativa, será alegada como preliminar de contestação, que poderá ser protocolada no juízo do domicílio do réu"].

Se o juiz não declinar da competência, nos termos do parágrafo único do art. 112 do CPC, ou se o réu não opuser exceção declinatória nos casos e prazos legais, considera-se prorrogada tacitamente a competência [segundo o art. 65 do Projeto de Lei nº 166 do Senado Federal: "Prorrogar-se-á a competência relativa, se o réu não alegar a incompetência em preliminar de contestação"].

5.5 Conflito de competência

Temos conflito de competência quando dois (2) ou mais juízes consideram-se competentes para examinar e julgar a pretensão resistida ou insatisfeita, caso em que denominamos o conflito de positivo (art. 115, I, do CPC) [art. 66, I, do Projeto nº 166 do Senado Federal], ou quando dois (2) ou mais juízes consideram-se incompetentes para examinar e julgar a pretensão resistida ou insatisfeita, caso em que chamamos o conflito de negativo (art. 115, II, do CPC) [art. 66, II, do Projeto nº 166 do Senado Federal], ou, ainda, quando entre dois ou mais juízes surge controvérsia acerca da reunião ou separação de processos (art. 115, III, do CPC) [art. 66 III, do Projeto nº 166 do Senado Federal].

Podem suscitar o conflito, as partes, o Ministério Público ou o Juiz (art. 116 do CPC). A parte está impedida de suscitar o conflito se ofereceu exceção de incompetência.

O conflito será suscitado ao presidente do Tribunal (art. 118 do CPC), que o distribuirá a um relator, que pode ouvir os juízes em conflito (art. 119 do CPC), ou não se ele entender que os autos estão instruídos com os elementos necessários.

O Tribunal decidirá o conflito e declarará o juiz competente, além de pronunciar-se sobre a validade dos atos do juiz incompetente (art. 122 do CPC).

Capítulo 6

Litisconsórcio

6.1 Conceito

Define-se o litisconsórcio como a pluralidade de partes em um ou ambos os polos da relação processual. Trata-se de uma cumulação subjetiva, isto é, de pessoas em um ou em ambos os polos da relação processual (ativo ou passivo) e uma cumulação objetiva, isto é, de lides, pois em único processo (*simultaneus processus*) são decididas diversas lides.

6.2 Justificativa

Há duas razões de política judiciária que podem justificar o litisconsórcio. Uma é a economia processual. De fato, o litisconsórcio pode resultar em substancial economia processual na medida em que em um único processo podem ser resolvidas diversas lides de diversas pessoas. A outra é a segurança jurídica, pois se evita com o litisconsórcio a possibilidade de soluções diferentes para lides idênticas ou parecidas.

6.3 Espécies

As espécies de litisconsórcios variam de acordo com os critérios[1] classificatórios propostos.

Pelo critério do número de pessoas no polo da relação, denominamos de litisconsórcio ativo aquele em que a pluralidade de pessoas situa-se no polo ativo, isto é, vários autores; denominamos de litisconsórcio passivo, aquele em que a pluralidade de pessoas está no polo passivo da relação, e misto o litisconsórcio no qual há pluralidade de pessoas tanto no polo ativo como no polo passivo.

O critério proposto pode ser o momento da formação do litisconsórcio. Por este critério, diz-se inicial o litisconsórcio formado no momento da distribuição da ação, e ulterior aquele formado depois de iniciado o processo.

O critério eleito pode ser a obrigatoriedade da constituição do litisconsórcio. Se ele é obrigatório, diz-se necessário e se ele não é obrigatório diz-se facultativo.

O critério pode ser a obrigação de a sentença ter que julgar o processo de modo idêntico, uniforme, para todos os litisconsortes; nesse caso o litisconsórcio é denominado unitário, em contraposição ao simples.

Esta classificação não é estanque; as diversas variantes podem combinar entre si.

Desta classificação interessa-nos o litisconsórcio necessário, facultativo, unitário e simples.

6.4 Litisconsórcio facultativo

6.4.1 Conceito

O litisconsórcio facultativo é aquele cuja formação não é obrigatória; não é imposta pela lei. Ele pode formar-se ou não.

[1] Critério [do gr. Kritérion, pelo lat. Criteriu]. Aquilo que serve de norma para julgamento ou apreciação. Sinal que permite reconhecer uma coisa ou uma noção.

A formação do litisconsórcio facultativo atende somente a razões de economia processual. O litisconsórcio facultativo é dispensável e recusável.

6.4.2 Cabimento

Embora a formação seja facultativa, isto não significa que ele possa formar-se pela simples manifestação das partes. Há certas situações para autorizar a sua formação, que estão descritas no art. 46, incisos I a IV do CPC [art. 112, incisos I a IV do Projeto de Lei nº 166 do Senado Federal que cuida do novo CPC]. No mínimo deve haver uma afinidade de questões por um ponto comum de fato ou de direito que justifique o litisconsórcio [inciso IV], como, por exemplo, o litisconsórcio entre contribuintes de um imposto inconstitucional ou vítimas diversas de um único acidente.

Se observarem verão que do inciso I (comunhão de direitos ou obrigações relativamente à lide, *v.g.* coproprietários, composse) até o IV (afinidade de questões por um ponto comum de fato ou de direito) há uma gradação de intensidade decrescente (do mais forte para o mais fraco): da comunhão de direitos, passa pela conexão, mesmo fundamento de fato ou de direito, até afinidade de questões.

Desta forma, cabe litisconsórcio facultativo entre: coproprietários, copossuidores, credores ou devedores solidários (hipótese do inciso I). Cabe ressaltar que esse inciso I, na maioria das vezes, acarretará um litisconsórcio necessário; várias pessoas vítimas de um acidente de trânsito causados por um único responsável (mesmo fundamento de fato) ou quando um contrato atribui direitos a várias pessoas (mesmo fundamento de direito); o credor aciona os codevedores solidários; vários credores solidários acionam o devedor comum (entre as causas houver conexão pelo objeto ou pela causa de pedir); vários contribuintes acionam a Fazenda Pública para haver repetição do pagamento do imposto considerado inconstitucional (ocorrer afinidade de questões por um ponto comum de fato ou de direito).

Alguns denominam litisconsórcio facultativo próprio aquele que repousa na afinidade de questões por um ponto comum de fato ou de direito, e litisconsórcio facultativo impróprio o que decorre da conexão de causas. Ele seria impróprio porque não seria recusável.

6.4.3 Litisconsórcio multitudinário

Denominamos litisconsórcio multitudinário o litisconsórcio facultativo que conta com um grande número de litigantes. Como o litisconsórcio facultativo é recusável, o parágrafo único do art. 46 autoriza o juiz a limitar o número de litigantes todas as vezes que isto puder comprometer a rápida solução do litígio ou dificultar a defesa [art. 112, §1º do Projeto de Lei nº 166 do Senado Federal: "O juiz poderá limitar o litisconsórcio facultativo quanto ao número de litigantes, na fase de conhecimento ou na de execução, quando este comprometer a rápida solução do litígio, dificultar a defesa ou o cumprimento da sentença"].

A limitação decorre de providência tomada de ofício pelo magistrado quando despacha a inicial ou, então, atende ao pedido do réu, deduzido durante o prazo para defesa, sob pena de preclusão, depois de o réu demonstrar a existência de prejuízo ao exercício do seu direito de defesa.

O pedido de limitação feito pelo réu interrompe o prazo para resposta. Deferida ou negada a limitação, recomeça, novamente, o prazo para a resposta. Como se trata de interrupção — e não de suspensão — o prazo decorrido é desconsiderado.

O magistrado pode apenas limitar o número de litisconsortes, mas não recusar o litisconsórcio. A limitação não acarreta a extinção do processo em relação aos litisconsortes recusados; obriga o desmembramento e dará nascimento a outros processos, que poderão, depois, ser reunidos por conexão.

6.5 Litisconsórcio necessário

6.5.1 Conceito

O litisconsórcio necessário é aquele cuja formação se impõe ou em razão da natureza da relação jurídica (entre as partes há comunhão de direitos ou obrigações relativamente à lide — art. 46, I — e não é possível a atuação de uma única pessoa no processo, havendo necessidade de todas), ou, então, por expressa disposição de lei (art. 47), como no caso do art. 10, I do CPC.

Toda pessoa que não é parte no processo, mas que possa sofrer interferência direta em sua esfera jurídica pela sentença que venha a ser proferida, deve integrar a lide como litisconsorte. É o caso do aprovado em concurso público, que terá de integrar a lide como litisconsorte passivo na ação promovida por outro candidato que vise à aprovação e classificação à sua frente.

O litisconsórcio necessário é obrigatório. Ele não pode ser recusado. O litisconsórcio necessário exige que todas as pessoas estejam nos respectivos polos, sob pena de ineficácia da sentença (art. 47 do CPC) [arts. 113 e 114 do Projeto de Lei nº 166 do Senado Federal: Será necessário o litisconsórcio quando, por disposição de lei ou pela natureza da relação jurídica controvertida, a eficácia da sentença depender da citação de todos que devam ser litisconsortes. A sentença de mérito, quando proferida sem a integração do contraditório, será nula, se a decisão deveria ser uniforme em relação a todos que deveriam ter integrado a lide; ineficaz, nos outros casos, apenas para os que não foram citados].

Desta forma, se o magistrado constatar a ausência de algum litisconsorte reputado necessário, deverá determinar que o autor promova a sua citação (art. 47 do CPC) [art. 114, §1º e §2º do Projeto de Lei nº 166 do Senado Federal: Nos casos de litisconsórcio passivo necessário, o juiz determinará ao autor que requeira a citação de todos que devam ser litisconsortes, dentro do prazo que assinar, sob pena de extinção do processo. Quando o juiz identificar terceiros que possam ser atingidos pelos efeitos da sentença, mesmo quando não forem litisconsortes necessários, poderá determinar ao autor que requeira sua citação, para que, querendo, apresente defesa ou pretensão em face do autor, do réu ou de ambos, no prazo de quinze dias].

O litisconsórcio necessário pode ser ativo ou passivo. No caso do ativo, o litisconsorte deverá integrar o polo ativo, sob pena de extinção do processo. Alguns doutrinadores sustentam nesse caso que o litisconsorte deve ser citado para ingressar no polo (ativo ou passivo) que achar conveniente ao seu interesse, a exemplo do que acontece com a ação popular. Tais autores sustentam que extinguir o processo porque o litisconsorte se recusa a ingressar no polo ativo atenta contra a garantia constitucional do direito de ação do autor originário, basta, então, que o litisconsorte venha a ser citado.

6.5.2 Consequências

A falta de promoção da citação do litisconsorte necessário dentro do prazo assinalado pelo magistrado acarreta a extinção do processo (art. 47 parágrafo único) [art. 114, §1º e §2º do Projeto de Lei nº 166 do Senado Federal]. Promover a citação significa requerê-la e providenciar os meios necessários para que ela possa ser efetivada. O fundamento da extinção do processo é a ausência de pressuposto processual, mais precisamente falta de legitimação para o processo (art. 267, IV).

A falta de citação do litisconsórcio necessário acarreta a ineficácia da sentença tanto para o litisconsorte que integrou o processo como para aquele que não integrou. Não há necessidade de anulá-la ou rescindi-la, a eficácia é aferida posteriormente (art. 47, *caput* do CPC). Sentença prolatada na ausência de um litisconsorte necessário é dada inutilmente, salvo se a decisão for favorável ao litisconsorte necessário preterido, porque aí não há interesse processual na sua desconstituição e os limites subjetivos da coisa julgada são ampliados para alcançar também o litisconsorte ausente[2] [o art. 114, II do Projeto de Lei nº 166 do Senado Federal restringe a sanção de ineficácia apenas aos que não foram citados].

6.6 Litisconsórcio unitário

O litisconsórcio unitário é aquele cuja sentença deve ser idêntica para todos os litisconsortes. Não há a possibilidade de a lide ser decidida de modo diverso entre os litisconsortes [art. 115 do Projeto de Lei nº 166 do Senado Federal: "Será unitário o litisconsórcio quando, pela natureza da relação jurídica, o juiz tiver de decidir a lide de modo uniforme para todas as partes litisconsorciadas"].

Normalmente os litisconsórcios formados nas ações constitutivas, positivas ou negativas, são unitários.

6.7 Litisconsórcio simples

O litisconsórcio simples admite que a solução a ser dada pela sentença seja diversa para os litisconsortes. Quer dizer, não é necessário que a sentença resolva o conflito de modo uniforme ou idêntico para todos os litisconsortes. Assim, por exemplo, numa ação de vários contribuintes contra a Fazenda pedindo a restituição de um tributo, a solução pode ser diferente para cada um dos litisconsortes (procedência ou improcedência).

6.8 Regime jurídico do litisconsórcio

Os litisconsortes são os litigantes existentes no polo ativo ou passivo da relação processual, ligados por uma determinada circunstância que os autoriza a litigar em um único processo. Isso, contudo, não quer dizer que eles tenham que agir de modo

[2] MARINONI, p. 133.

idêntico e que o ato de um terá repercussão sobre a esfera jurídica do outro.

A regra é outra: em princípio, os litisconsortes são considerados litigantes distintos, de modo que os atos e omissões de um não prejudicarão nem beneficiarão os outros (art. 48 do CPC) [art. 116 do Projeto de Lei nº 166 do Senado Federal: "Salvo disposição em contrário, os litisconsortes serão considerados, em suas relações com a parte adversa, como litigantes distintos, exceto no litisconsórcio unitário, caso em que os atos e as omissões de um não prejudicarão os outros, mas os poderão beneficiar"]. Assim, a confissão (admissão da verdade de um fato contrário ao seu interesse e favorável ao adversário) de um litisconsorte faz prova apenas contra ele e não prejudica os demais (art. 350 do CPC); o recurso interposto por um litisconsorte não aproveita os demais (art. 509 do CPC, última parte).

A regra é a independência dos litisconsortes (art. 49 do CPC) [art. 116 do Projeto de Lei nº 166 do Senado Federal].

A regra da independência dos litisconsortes tem exceções. Quando o litisconsorte é unitário, isto é, a solução do litígio tem que ser idêntica para todos os litisconsortes, a regra passa a ser a dependência dos litisconsortes [art. 116, 2ª parte do Projeto de Lei nº 166 do Senado Federal]. Desse modo, os atos benéficos praticados por um aproveitam os demais e os atos prejudiciais não prejudicam os demais e nem o próprio litisconsorte que o praticou. Destarte, se o litisconsórcio é unitário e apenas um dos litisconsortes apelou, o recurso de apelação aproveita os demais (art. 509 do CPC). A confissão feita por um dos litisconsortes é válida, mas ineficaz.

Também o litisconsórcio simples entre os litisconsortes, em que há o vínculo da solidariedade passiva, enfraquece o critério da independência, pois o recurso interposto por um aproveita aos demais se as defesas opostas ao credor forem as mesmas.

Outras regras aplicáveis aos litisconsortes: aos litisconsortes que tenham advogados diferentes é concedido o prazo em dobro para contestar, manifestar-se nos autos e recorrer (art. 191 do CPC). Não importa que os advogados sejam companheiros ou sócios do mesmo escritório ou peticionem em conjunto [o art. 198 do Projeto de Lei nº 166 do Senado Federal muda esta orientação doutrinária e jurisprudencial ao prever que apenas os litisconsortes que tiverem diferentes procuradores, de escritórios de advocacia distintos, é que terão prazos contados em dobro para se manifestar nos autos].

A regra do benefício de prazo exige a subsistência do litisconsórcio com procuradores diversos para os litisconsortes no momento em que se dá a intimação para a prática do ato processual.

O prazo em dobro para contestar compreende o prazo em dobro para reconvir, excepcionar, contestar a reconvenção e opor embargos ao mandado monitório e impugnar os embargos do devedor.

Aos executados com procuradores diferentes não se confere o prazo em dobro para por embargos do devedor (art. 738 do CPC), já que eles seriam um misto de ação e defesa.

O prazo para dedução das razões finais orais é de 30 (trinta) minutos, dividido entre o número de litisconsortes (art. 454, §1º). Há uma contradição com o art. 191 do CPC, pois o art. 454, §1º do CPC manda somar o prazo de 20 (vinte) minutos com os 10 (dez) minutos da prorrogação e dividi-lo entre os membros do mesmo grupo.

Capítulo 7

Intervenção de Terceiros

Sumário: **7.1** Da assistência – **7.1.1** Conceito – **7.1.2** Finalidade – **7.1.3** Pressupostos – **7.1.4** Espécies – **7.1.5** Procedimento – **7.1.6** Poderes do assistente – **7.1.6.1** Poderes do assistente simples – **7.1.6.2** Poderes do assistente litisconsorcial – **7.1.7** Efeitos da sentença na esfera jurídica do assistente – **7.2** Da oposição – **7.2.1** Conceito – **7.2.2** Finalidade – **7.2.3** Pressupostos – **7.2.4** Processos em que é admitida – **7.2.5** Espécies – **7.2.6** Procedimento – **7.2.7** Considerações finais – **7.3** Nomeação à autoria – **7.3.1** Conceito – **7.3.2** Finalidade – **7.3.3** Pressuposto – **7.3.4** Titularidade – **7.3.5** Cabimento – **7.3.6** Característica – **7.3.7** Procedimento – **7.3.8** Efeitos – **7.4** Da denunciação da lide – **7.4.1** Conceito – **7.4.2** Finalidade – **7.4.3** Partes – **7.4.4** Pressupostos – **7.4.5** Procedimentos que admitem a denunciação da lide – **7.4.6** Procedimento da denunciação da lide – **7.4.7** Efeitos da denunciação – **7.4.8** Chamamento ao processo – **7.4.8.1** Conceito – **7.4.8.2** Finalidade – **7.4.8.3** Pressupostos – **7.4.8.4** Procedimentos admitidos – **7.4.8.5** Procedimento – **7.4.8.6** Efeitos – **7.5** Do *amicus curiae* (do amigo da corte)

Os institutos da assistência, da oposição, da nomeação à autoria, da denunciação da lide, do chamamento ao processo disciplinam a intervenção de terceiros, isto é, de pessoas que não são partes no processo.

A assistência está deslocada do capítulo destinado à intervenção de terceiros, posto que disciplinada logo a seguir do litisconsórcio. Trata-se, contudo, de modalidade de intervenção de terceiros [no Projeto de Lei nº 166 do Senado Federal que cuida do novo CPC a assistência foi incluída no capítulo relativo à Intervenção de Terceiros].

Deslocado topograficamente teríamos, ainda, o recurso do terceiro prejudicado e os embargos de terceiro.

7.1 Da assistência

7.1.1 Conceito

A assistência é o modo de intervenção de terceiro no processo com o intuito de auxiliar uma das partes, porque tem interesse no seu êxito na demanda (art. 50 do CPC) [art. 308 do Projeto de Lei nº 166 do Senado Federal: "Pendendo uma causa entre duas ou mais pessoas, o terceiro juridicamente interessado em que a sentença seja favorável a uma delas poderá intervir no processo para assisti-la"].

7.1.2 Finalidade

A finalidade da assistência é permitir ao terceiro auxiliar a parte a vencer a demanda.

7.1.3 Pressupostos

a) pendência da lide

Deve haver uma lide, uma ação pendente, isto é, instaurada e comunicada ao réu (CPC, art. 219).

b) interesse jurídico do terceiro

A assistência pressupõe que o terceiro, chamado assistente, tenha interesse jurídico, não moral ou econômico, que uma das partes, autor ou réu, pouco importa, denominado assistido, vença a demanda.

O interesse reputa-se jurídico toda vez que a sentença vier a influir, ainda que indiretamente, na esfera jurídica do assistente. Para evitar essa influência negativa na sua esfera jurídica é que a lei permite que ele atue como auxiliar de uma das partes.

7.1.4 Espécies

O Código de Processo Civil prevê duas espécies de assistência: a primeira denominada simples e a segunda denominada litisconsorcial.

Na assistência simples, o terceiro não será atingido pela eficácia da coisa julgada; apenas terá sua esfera jurídica atingida indiretamente.

Na assistência qualificada, o terceiro terá sua esfera jurídica atingida diretamente pela eficácia da coisa julgada. O terceiro poderia ter sido parte no processo, mas não o foi, de modo que a finalidade da assistência qualificada ou litisconsorcial é permitir o ingresso ulterior do terceiro no processo (art. 54 do CPC) [art. 312 do Projeto de Lei nº 166 do Senado Federal: "Considera-se litisconsorte da parte principal o assistente toda vez que a sentença influir na relação jurídica entre ele e o adversário do assistido"].

Em tese pode ser assistente litisconsorcial todo aquele que, desde o início do processo, poderia ter sido litisconsorte facultativo-unitário da parte assistida.

7.1.5 Procedimento

A assistência cabe em todos os procedimentos de jurisdição contenciosa e em todos os tipos de processo (de conhecimento, de execução ou cautelar, art. 50, parágrafo único do CPC) [art. 308, parágrafo único, do Projeto de Lei nº 166 do Senado Federal: "A assistência tem lugar em qualquer dos tipos de procedimento e em todos os graus de jurisdição, recebendo o assistente o processo no estado em que se encontra"]. Os procedimentos de jurisdição voluntária excluem a assistência, embora ela não possa ser descartada se a decisão de alguma forma atingir ao terceiro.

Alguns processos não a admitem. Não cabe assistência nem na ação declaratória de constitucionalidade nem na ação declaratória de inconstitucionalidade. Também não cabe nos procedimentos dos Juizados Especiais (art. 10 da Lei nº 9.099/95), nos processos baseados no Código de Defesa do Consumidor e na Lei de Ação Civil Pública.

A assistência cabe em todos os graus de jurisdição, mas o assistente recebe o processo no estado em que ele se encontra, impedido, portanto, de praticar atos a cujo respeito se operou a preclusão. (art. 50, parágrafo único do CPC) [art. 308, parágrafo único, do Projeto de Lei nº 166 do Senado Federal].

O pedido de ingresso no processo como assistente está submetido ao crivo do contraditório. Admite impugnação tanto do assistido, como da parte contrária (art. 51 do CPC) [art. 309 do Projeto de Lei nº 166 do Senado Federal: "Não havendo impugnação dentro de cinco dias, o pedido do assistente será deferido, salvo se for caso de rejeição liminar. Se qualquer das partes alegar, no entanto, que falta interesse jurídico ao assistente para intervir a bem do assistido, o juiz admitirá a produção de provas e decidirá o incidente, nos próprios autos e sem suspensão do processo"].

A decisão que a admite ou não a admite é interlocutória e desafia o recurso de agravo [art. 309, parágrafo único, do Projeto de Lei nº 166 do Senado Federal: "Da decisão caberá agravo de instrumento"].

7.1.6 Poderes do assistente

Os poderes do assistente dependem da espécie de assistência.

7.1.6.1 Poderes do assistente simples

O assistente simples tem os mesmos poderes e ônus da parte assistida (art. 52 do CPC) [art. 310 do Projeto de Lei nº 166 do Senado Federal: "O assistente atuará como auxiliar da parte principal, exercerá os mesmos poderes e sujeitar-se-á aos mesmos ônus processuais que o assistido"]. Entretanto, a sua atuação é subordinada à vontade do assistido, de modo que não poderá praticar atos contrários à vontade deste. O assistente pode suprir a omissão do assistido, mas nunca contrariar sua vontade. Assim pode recorrer se o assistido não recorreu, mas não poderá fazê-lo se ele renunciou ao direito de recorrer ou desistiu do recurso interposto.

Há uma série de atos que são proibidos ao assistente simples pela mera razão que sua função é de auxiliar a parte assistida. Assim, ele não pode a) desistir da ação; b) aditar petição inicial ou contestação da parte assistida; c) reconvir; d) modificar a causa de pedir; e) alterar o pedido; f) ajuizar declaratória incidental; g) reconhecer juridicamente o pedido; h) renunciar ao direito sobre o qual se funda a ação; i) transigir sobre o objeto litigioso; j) confessar; l) prestar depoimento pessoal; m) opor exceção de incompetência, se o assistido réu não o fez no prazo da resposta.[1]

O assistido não está impedido de dispor dos seus direitos. Pode, portanto, reconhecer a procedência do pedido, desistir da ação ou efetuar transação. Extinto o processo, cessa a intervenção do assistente (art. 53 do CPC) [art. 311 do Projeto de Lei nº 166 do Senado Federal: "A assistência não obsta a que a parte principal reconheça a procedência do pedido, desista da ação ou transija sobre direitos controvertidos, casos em que, terminando o processo, cessa a intervenção do assistente"]. O assistente não tem como impedir o assistido de dispor dos seus direitos.

A atuação subordinada à atividade do assistido não impede o assistente de, mesmo contra a vontade do assistido, invocar questões de ordem pública que o juiz deva conhecer de ofício. A subordinação do assistente simples à atividade do assistido é relativa apenas às questões de direito disponíveis.

7.1.6.2 Poderes do assistente litisconsorcial

Os poderes do assistente litisconsorcial equivalem ao do litisconsorte e nesse caso ele pode agir com total independência e autonomia; sua atividade não está subordinada à vontade do assistido, como ocorre na assistência simples. O assistente litisconsorcial pode, portanto, agir de modo diverso do assistido.

[1] NERY JUNIOR; NERY, 2008, p. 271.

O regime a ser observado é o da unitariedade. Assim, os atos de disposição praticados pelo assistente somente serão eficazes se acompanhados pelo assistido e vice-versa. Se um dos litisconsortes não concordar com o ato de disposição ele será ineficaz.

7.1.7 Efeitos da sentença na esfera jurídica do assistente

O assistente simples que participou do processo submete-se à justiça da decisão, proibido de discuti-la. Por justiça da decisão entendem-se os fundamentos de fato e direito levados em conta pelo magistrado ao proferir a sentença. Eles vêm descritos na fundamentação e não são cobertos pela eficácia da coisa julgada. No entanto, tornam-se imodificáveis para o assistente; não podem ser discutidos noutro processo.

Assim, uma ação que anulou uma escritura entre A e B acolheu o argumento que C, o Tabelião, agiu com dolo e induziu A, o autor, em erro. "A" anulou a escritura, mas se propor ação de indenização contra C, o Tabelião, este não poderá discutir, de novo, que não agiu com dolo.

A submissão à justiça da decisão deixa de ocorrer se o assistido provar a má gestão processual, conhecida por *exceptio male gesti processus* e cujas situações caracterizadoras são retratadas nos incisos I e II do art. 56 do CPC: I – O estado do processo ou as declarações do assistido impediram-no de produzir provas suscetíveis de influir na sentença. II – O dolo ou a culpa do assistido impediram o assistente de tomar conhecimento de alegações ou provas relevantes. Provada uma dessas duas hipóteses, o assistido poderá discutir a justiça da decisão.

[Art. 313 do Projeto de Lei nº 166 do Senado Federal: "Transitada em julgado a sentença, na causa em que interveio o assistente, este não poderá, em processo posterior, discutir a justiça da decisão, salvo se alegar e provar que: I – pelo estado em que recebera o processo ou pelas declarações e atos do assistido, fora impedido de produzir provas suscetíveis de influir na sentença; II – desconhecia a existência de alegações ou de provas de que o assistido, por dolo ou culpa, não se valeu"].

O assistente litisconsorcial está sujeito à coisa julgada, pois ele é parte na relação jurídica processual.

7.2 Da oposição

[O Projeto de Lei nº 166 do Senado Federal não disciplinou a oposição no capítulo destinado à intervenção de terceiro].

7.2.1 Conceito

A oposição é a forma de um terceiro intervir no processo e deduzir uma pretensão diversa, total ou parcial, da pretensão do autor e do réu, em relação ao objeto daquele processo.

A oposição é a ação de terceiro que intervém na causa para excluir as pretensões do autor e do réu. O opoente — aquele que se opõe — contesta a pretensão do autor e a pretensão do réu, de modo que autor e réu são litisconsortes passivos na oposição (opostos).

7.2.2 Finalidade

A oposição é espontânea e facultativa. O opoente não é obrigado a propô-la. Ele pode deduzir sua pretensão contra o vencedor da demanda em ação autônoma, pois não está sujeito aos efeitos da coisa julgada proferida naquele processo. A finalidade da oposição é o de permitir maior celeridade processual e evitar decisões conflitantes.

7.2.3 Pressupostos

A oposição exige a lide (ação) instaurada. Exige, ainda, a incompatibilidade do direito do opoente com os direitos das partes, de modo que o terceiro, denominado opoente, deduza pretensão simultânea contra o autor e o réu. O juiz da causa deve ser competente em razão da matéria para julgar a oposição.

7.2.4 Processos em que é admitida

Diversamente do que ocorre com a assistência, a oposição não cabe em todos os processos. Trata-se de instituto típico do processo de conhecimento e assim não se admite oposição no processo de execução. Também não se admite a oposição no procedimento sumário (art. 280 do CPC).

7.2.5 Espécies

A oposição pode ser total ou parcial. O terceiro interveniente pode julgar-se com direito, no todo ou em parte (art. 56 do CPC).

7.2.6 Procedimento

A oposição é formulada por uma petição inicial que deve preencher os requisitos dos arts. 282 e 283 do CPC.

A inicial deve ser distribuída por dependência aos autos da ação principal, com o pagamento das custas. A inicial é proposta contra o autor e o réu, de modo que eles são litisconsortes passivos necessários (simples). Não há possibilidade de deduzir a oposição apenas contra uma das partes.

Os opostos devem ser citados na pessoa de seus advogados. A citação não deverá ser feita pela imprensa, mas obedecer a uma das formas previstas: correio, oficial de justiça, por meio eletrônico.

Os opostos devem contestar a oposição no prazo comum de 15 (quinze) dias. Não se lhes aplica o prazo em dobro do art. 191, porque o art. 57 do CPC expressamente afasta essa regra.

O litisconsórcio que se forma entre as partes é simples, de modo que a sentença não precisa ser idêntica, uniforme para eles, pois pode resolver a lide de modo diverso para um e para outro.

Também há inteira liberdade de agir dos litisconsortes; um pode reconhecer juridicamente o pedido do opoente e assim o processo prosseguirá apenas contra o outro, pois, como dito, o litisconsórcio não é unitário, mas simples.

A oposição pode ser apresentada antes ou depois da audiência.

A oposição apresentada antes da audiência é apensada aos autos e tramita simultaneamente com a ação, de modo que oposição e ação serão decididas na mesma sentença, nessa ordem. Primeiro a oposição e depois a ação (arts. 59 c.c 61 do CPC).

A oposição apresentada depois da audiência seguirá procedimento autônomo. Não há processos simultâneos, mas ação com procedimento absolutamente autônomo do procedimento desenvolvido na ação principal. O juiz pode determinar o sobrestamento da ação principal por prazo não superior a 90 (noventa) dias, a fim de julgá-la conjuntamente com a oposição (art. 60 do CPC).

7.2.7 Considerações finais

O termo *ad quem*, isto é, o prazo máximo para oferecimento de oposição é a irrecorribilidade da sentença. A oposição deve ser oferecida sempre no juízo de primeiro grau.

O recurso cabível contra o indeferimento liminar da oposição muda de acordo com o momento do ajuizamento. Antes da audiência, o recurso cabível é o agravo, pois a decisão de indeferimento é interlocutória, já que o processo, constituído por ação e oposição *simultaneus processus*, continua. Depois da audiência, o recurso cabível é o de apelação, pois o indeferimento é sentença que encerra o processo de oposição.

A oposição é ação autônoma; independe da ação originariamente proposta, de modo que a extinção da ação primitiva não obsta o prosseguimento da oposição.

7.3 Nomeação à autoria

[O Projeto de Lei nº 166 do Senado Federal não disciplinou a nomeação à autoria no capítulo destinado à intervenção de terceiro].

7.3.1 Conceito

Nomeação à autoria é o chamamento que o réu faz no processo do proprietário ou do possuidor, para que venha substituí-lo no polo passivo.

7.3.2 Finalidade

A finalidade da nomeação à autoria é permitir a correção do polo passivo da ação, de modo que aquele que julga não ter legitimidade para figurar no polo passivo possa ser substituído por quem a tem.

7.3.3 Pressuposto

A nomeação à autoria, mecanismo corretor do polo passivo, é aplicável a certas demandas, notadamente àquelas que tenham por objeto coisas detidas pelo réu ou ações de indenização em que os danos tenham sido causados por prepostos. Ela pressupõe, portanto, relação de detenção ou preposição.

Detentor é o que detém a coisa em nome alheio. É o fâmulo da posse, como o caseiro.

Preposto é o que recebe ordens de terceiro.

Desta forma, a nomeação à autoria é admissível em qualquer ação que tenha por objeto a coisa detida pelo réu e nas ações de indenização por prejuízos causados por preposto de terceiro, se ele alegar que agira a mando deste.

7.3.4 Titularidade

Apenas o réu pode nomear, o autor não.

7.3.5 Cabimento

O procedimento sumário não admite a nomeação à autoria. Os juizados especiais cíveis também não admitem nomeação à autoria.

7.3.6 Característica

A nomeação à autoria é obrigatória e não facultativa, já que a lei nessas duas hipóteses acima tratadas impõe ao réu o dever de nomear, que, se descumprido, trará para ele a responsabilidade pelas perdas e danos (art. 69 do CPC).

O descumprimento do dever de nomear pode dar-se de dois modos. No primeiro, o réu omite-se e não nomeia e, no segundo, o réu nomeia pessoa diversa daquela que deveria nomear (art. 69, I e II do CPC).

7.3.7 Procedimento

A nomeação é feita no prazo para a resposta em petição separada devidamente fundamentada, instruída com documentos, ou em tópico destacado da contestação. O importante é que seja feita dentro do prazo da resposta e não simultaneamente a ela.

A nomeação suspende o processo. O autor é ouvido no prazo de cinco dias. Ele pode (a) aceitar a nomeação ou (b) recusá-la. Se aceitá-la, deve providenciar a citação do nomeado, se recusá-la, fica sem efeito a nomeação.

O nomeado, por sua vez, deve aceitar a nomeação. Se aceitá-la, o processo prosseguirá contra ele, se recusá-la, o processo continuará contra o nomeante, assinalado a ele novo prazo para responder, na sua integralidade.

A aceitação da nomeação pelo autor e pelo nomeado pode ser expressa ou presumida. A aceitação presumida decorre da omissão de ambos em impugnar a nomeação. A aceitação presumida do autor vem retratada no inciso I do art. 68, e a presumida do nomeado vem retratada no inciso II do art. 68.

7.3.8 Efeitos

A aceitação é, portanto, ato complexo que exige a concordância do autor e do nomeado à autoria. Apenas com a concordância de ambos é que o nomeante poderá retirar-se do processo.

A aceitação da nomeação acarreta a exclusão do nomeante do processo e a sua substituição pelo nomeado.

A não aceitação da nomeação pelo autor acarreta-lhe o risco de ter a ação extinta por ilegitimidade passiva de parte.

A não aceitação da nomeação pelo nomeado acarreta-lhe o dever de indenizar as perdas e danos que causou às partes, autor e réu nomeante. Verificada, posteriormente, a pertinência da nomeação e, consequentemente, extinto o processo sem conhecimento do mérito por ilegitimidade passiva de parte, o nomeado que recusou indevidamente a nomeação responderá, em ação autônoma, pelas perdas e danos que causou às partes.

7.4 Da denunciação da lide

[O Projeto de Lei nº 166 do Senado Federal nominou a denunciação da lide de denunciação em garantia].

7.4.1 Conceito

A denunciação da lide é ato pelo qual o autor ou o réu, procurando resguardar-se de uma eventual decisão de mérito desfavorável, traz aos autos terceiro para litigar ao seu lado, ao mesmo tempo em que deduz contra ele uma pretensão autônoma de indenização, caso se confirme o julgamento desfavorável.

Há duas lides que serão processadas em um único processo e julgadas na mesma sentença, a ação principal e a ação de denunciação.

É o ato através do qual o autor ou o réu chamam a juízo terceira pessoa, que seja garante de seu direito, a fim de resguardá-lo no caso de ser vencido na demanda em que se encontra.

7.4.2 Finalidade

A finalidade da denunciação da lide é a economia processual, na medida em que elimina a propositura de futura ação regressiva autônoma.

7.4.3 Partes

As partes são autor e réu, que podem denunciar. Quando o fazem são denominados denunciantes ou litisdenunciantes. O terceiro, chamado ao processo denomina-se denunciado ou litisdenunciado.

7.4.4 Pressupostos

A denunciação da lide pressupõe uma relação jurídica legal ou contratual entre o denunciante (autor e réu) e denunciado (terceiro), que o obrigue a ressarcir o denunciante dos prejuízos decorrentes de uma sentença de mérito desfavorável.

As hipóteses de cabimento da denunciação da lide estão retratadas no art. 70 do CPC, incisos I, II e III.

O inciso I permite a denunciação do alienante pelo adquirente para que ele possa ser responsabilizado pelo risco da evicção, isto é, perda de um direito por sentença judicial, na ação em que alguém reivindica a coisa, cujo domínio foi transferido pelo denunciado. Assim, se A reivindica a propriedade de B ao argumento de que é o seu legítimo dono, B pode denunciar à lide C, isto é, a pessoa que lhe vendeu o imóvel para que, caso perca a ação, veja-o responsabilizado pelas perdas e danos.

O inciso II permite a denunciação do proprietário ou possuidor indireto pelo réu, quando este for acionado em nome próprio. A hipótese aplica-se aos seguintes casos: o locatário demandado em ação possessória pode denunciar à lide o locador para obter indenização, pois ele tem a obrigação de garantir-lhe a posse e o uso pacífico da coisa dada em locação; o usufrutuário pode denunciar à lide o nu-proprietário.

O inciso III permite a denunciação daquele que por lei ou contrato estiver obrigado a indenizar, em ação regressiva, o prejuízo do que perder a demanda. Assim, o réu numa ação de reparação civil pode denunciar à lide a seguradora, pois ela, por contrato de seguro, está obrigada a reparar os danos.

Na hipótese do inciso III há discussão se o Estado poderia denunciar à lide o funcionário que cometeu o ato que o obrigará a indenizar o autor. A jurisprudência admite que a hipótese do inciso III restringe-se às ações de garantia sem que seja possível introduzir fundamento novo, estranho à lide (culpa quando o fundamento da responsabilidade é objetivo).

[O Projeto de Lei nº 166 do Senado Federal, no art. 314, diminuiu as hipóteses de ocorrência da denunciação em garantia a duas. A do alienante imediato, ou a qualquer dos anteriores na cadeia dominial, na ação relativa à coisa cujo domínio foi transferido à parte, a fim de que esta possa exercer o direito que da evicção lhe resulta e daquele que estiver obrigado, por lei ou pelo contrato, a indenizar, em ação regressiva, o prejuízo do que perder a demanda].

Dessas três hipóteses, apenas a primeira é realmente obrigatória por força do que dispõe o art. 456 do Código Civil, de modo que a falta de denunciação implicará na perda da pretensão de receber as verbas descritas no art. 450 do Código Civil — restituição integral do preço, indenização dos frutos que foi obrigado a restituir, indenização pelas despesas dos contratos e prejuízos diretamente resultantes da evicção, custas judiciais e honorários do advogado por ele constituído — embora a jurisprudência admita que a ausência de denunciação da lide não impede que o adquirente receba de volta o preço pago pela coisa evicta (*RT* 672/126).

Nas hipóteses dos incisos II e III não há perda da pretensão do direito de regresso.

[O Projeto de Lei nº 166 do Senado Federal, no art. 314, põe fim à obrigatoriedade da denunciação ao dispor ser admissível a denunciação e não obrigatória].

7.4.5 Procedimentos que admitem a denunciação da lide

Admite-se a denunciação no processo de conhecimento (ordinário e especial).

Nega-se o uso da denunciação no processo sumário, exceto se estiver fundada em contrato de seguro (art. 280, *caput*, do CPC), no processo de execução e no processo cautelar.

Nega-se o uso da denunciação na Ação Civil Pública porque estaria assentada em responsabilidade objetiva, não sendo o caso de admitir-se a inserção de fundamento novo (culpa) nos autos.

7.4.6 Procedimento da denunciação da lide

Iniciativa da parte: a denunciação é espontânea, pois ela depende da iniciativa da parte.

O autor deverá requerer a denunciação na inicial, sob pena de preclusão. Não basta o pedido, o autor deverá deduzir sua pretensão contra o denunciado. Na verdade ele propõe duas ações: uma contra o réu e a outra contra o denunciado, que fica subordinada ao que acontecer com a ação principal.

O réu deverá solicitar a denunciação na contestação, em ponto destacado. A denunciação deve conter a dedução de uma pretensão indenizatória contra o denunciado.

[O Projeto de Lei nº 166 do Senado Federal, no art. 315, dispõe que "a citação do denunciado em garantia será requerida na petição inicial, se o denunciante for o autor, ou no prazo para contestar, se o denunciante for o réu, devendo ser realizada na forma e nos prazos do art. 320"].

Admite-se, pelo princípio da eventualidade, a denunciação pelo réu, mesmo quando ele alegue ser parte ilegítima.

A ação é proposta no juízo no qual tramita a ação principal. Se o juiz for absolutamente incompetente para julgar a denunciação da lide, ela não será admissível, facultando-se ao garantido ajuizar, autonomamente, a respectiva ação de garantia.[2]

Ordenada a citação, o processo ficará suspenso para que a citação do denunciado seja providenciada no prazo previsto no art. 72. O denunciante tem o ônus de providenciar a citação do denunciado. Se esta não se concretizar, por culpa exclusiva do denunciante e não por falha do serviço, a denunciação será tida por ineficaz (art. 72 do CPC).

Discute-se a hipótese de ocorrer denunciação sucessiva. O denunciado denuncia o alienante e assim sucessivamente. Pelo que dispõe o art. 73 do CPC, a denunciação sucessiva da lide seria permitida. Ela deve ser feita no prazo da resposta. Não há limite quantitativo à utilização da denunciação da lide. Presentes os requisitos é possível sucessiva denunciações.

---

[2] NERY JUNIOR; NERY, 2008, p. 287.

[Segundo o Projeto de Lei nº 166 do Senado Federal o parágrafo único do art. 314 veda as denunciações sucessivas ao estabelecer que "serão exercidos em ação autônoma eventuais direitos regressivos do denunciado contra antecessores na cadeia dominial ou responsáveis em indenizá-lo, ou, ainda, nos casos em que a denunciação for indeferida"].

7.4.7 Efeitos da denunciação

A denunciação produz alguns efeitos. Primeiro ela torna o denunciado assistente do denunciante na relação jurídica processual inicial e principal. O Código, no art. 74, menciona litisconsorte, mas o denunciado torna-se assistente simples, porque (a) ele não tem relação jurídica com adversário do denunciante; (b) ele tem interesse jurídico que o denunciante ganhe a ação para que ele não seja obrigado a indenizá-lo. Aqui há divergências. Alguns entendem que o denunciado é assistente litisconsorcial e outros que o denunciado é litisconsorte unitário. A dúvida teria pertinência na aplicação da regra do art. 191 do CPC. Eles teriam prazo em dobro se forem representados por procuradores diversos? Os que definem o denunciado como assistente simples negam-lhe o benefício do art. 191 enquanto os que o definem como litisconsorte concedem-lhe o benefício do art. 191 [o Projeto de Lei nº 166 do Senado Federal, no art. 316, dispõe que "feita a denunciação pelo autor, o denunciado poderá assumir a posição de litisconsorte do denunciante e acrescentar novos argumentos à petição inicial, procedendo-se em seguida à citação do réu"].

No processo secundário, de pretensão indenizatória, denunciante e denunciado são partes adversas, pois ocupam polos opostos da relação jurídica processual.

Ao prolatar a sentença, o magistrado julgará duas lides. A lide principal condiciona a lide secundária, de modo que a procedência da primeira pode levar à procedência ou improcedência da segunda.

Na verdade, a procedência da lide principal é condição para que seja julgada a lide secundária. Se a ação principal for julgada improcedente ou extinta sem julgamento de mérito, ficará prejudicada a ação de denunciação, porque não há o que indenizar em regresso. A denunciação, nesse caso, deverá ser extinta sem o julgamento do mérito por falta de interesse de agir superveniente (art. 267, VI do CPC) e os honorários imputados ao denunciante, embora Cahali sustente que os honorários devem ser imputados ao adversário do denunciante na lide principal, que, em última análise, teria dado causa à propositura da demanda secundária, com o que concorda Nelson Nery tão somente em se tratando de denunciação da lide obrigatória (art. 70, I, CPC).[3] Agora, se a ação principal for julgada procedente caberá ao juiz analisar a ação secundária e decidir se a denunciação é procedente ou improcedente.

[O Projeto de Lei nº 166 do Senado Federal, no art. 318, dispõe que "sendo o denunciante vencido na ação principal, a sentença passará ao julgamento da denunciação em garantia; se vencedor, a ação de denunciação será declarada extinta, sem prejuízo das verbas de sucumbência"].

Não cabe condenação solidária entre denunciante e denunciado face o adversário do denunciante.

7.4.8 Chamamento ao processo

7.4.8.1 Conceito

O chamamento ao processo é forma de intervenção espontânea que permite ao réu incluir no polo passivo da ação outros réus, com o objetivo de que a sentença defina a exata responsabilidade deles perante o credor, permitindo àquele que quitar a dívida ressarcir-se junto aos outros.

[3] NERY JUNIOR; NERY, 2008, p. 295.

[O Projeto de Lei nº 166 do Senado Federal, no art. 319, dispõe: "É admissível o chamamento ao processo, requerido pelo réu: I – do afiançado, na ação em que o fiador for réu; II – dos demais fiadores, na ação proposta contra um ou alguns deles; III – dos demais devedores solidários, quando o credor exigir de um ou de alguns o pagamento da dívida comum; IV – daqueles que, por lei ou contrato, são também corresponsáveis perante o autor"].

A doutrina divide-se quanto à natureza jurídica do chamamento. Alguns o concebem como mera forma de ampliação subjetiva da relação processual, enquanto outros admitem que ele tenha natureza jurídica de ação condenatória.

Nelson Nery define-o como "a ação condenatória exercida pelo devedor solidário que, acionado sozinho para responder pela totalidade da dívida pretender acertar a responsabilidade do devedor principal ou dos demais co-devedores solidários, estes na proporção de suas cotas".[4]

7.4.8.2 Finalidade

A finalidade do chamamento ao processo é obter do juiz a definição das responsabilidades de cada corréu nas suas relações internas, isto é, um com o outro (art. 78 do CPC).

Apenas o réu pode requerer o chamamento ao processo.

7.4.8.3 Pressupostos

O chamamento ao processo pressupõe uma pluralidade de obrigados, mas a propositura da ação apenas contra um ou alguns.

[4] NERY JUNIOR; NERY, 2008, p. 297.

7.4.8.4 Procedimentos admitidos

Admite-se o chamamento ao processo no processo de conhecimento e nega-se a possibilidade de chamamento ao processo no processo de execução e no processo cautelar.

7.4.8.5 Procedimento

O chamamento deve ser requerido pelo réu no prazo assinalado para a resposta. O juiz está proibido de determinar de ofício o chamamento ao processo.

[O Projeto de Lei nº 166 do Senado Federal, no art. 320, determina que "a citação daqueles que devam figurar em litisconsórcio passivo será requerida pelo réu na contestação, e deve efetivar-se no prazo de trinta dias, sob pena de ser o chamamento tornado sem efeito"].

Deferido o chamamento, o processo fica suspenso, aguardando a citação de todos os chamados.

Os chamados, uma vez citados, poderão contestar o pedido. Eles atuam como litisconsortes.

7.4.8.6 Efeitos

A sentença decidirá as relações de direito entre o autor e os réus e entre os réus, de modo que aquele que satisfazer a dívida poderá exigi-la, por inteiro, do devedor principal ou de cada um dos devedores a respectiva cota.

[O Projeto de Lei nº 166 do Senado Federal, no art. 321, prevê que "a sentença de procedência valerá como título executivo em favor do réu que satisfazer a dívida, a fim de que possa exigi-la, por inteiro, do devedor principal, ou de cada um dos co-devedores a sua cota, na proporção que lhes tocar"].

7.5 Do *amicus curiae* (do amigo da corte)

Previsto no direito norte-americano, o *amicus curiae* (amigo da corte) é um instituto que permite que terceiros passem a integrar a demanda para discutir objetivamente teses jurídicas que vão afetar a sociedade como um todo. Encontramos, entre outros diplomas legislativos, a previsão de atuação do amigo da corte nas ações de controle abstrato de inconstitucionalidade (ADIN) e de constitucionalidade (ADECON), pois a Lei nº 9.868/99, em seu art. 7º, *caput*, embora vede a intervenção de terceiros no processo, no §2º admite que, o relator, considerada a relevância da matéria e a representatividade dos postulantes, admita, por despacho irrecorrível, a manifestação de outros órgãos ou entidades.

[O Projeto de Lei nº 166 do Senado Federal, no art. 322, introduz no CPC a figura do *amicus curiae* ao determinar que o juiz ou o relator, considerada a relevância da matéria, a especificidade do tema objeto da demanda ou a repercussão social da controvérsia, poderá de ofício ou a requerimento das partes, solicitar ou admitir a manifestação de pessoa natural ou jurídica, órgão ou entidade especializada, com representatividade adequada, no prazo de quinze dias da sua intimação].

Capítulo 8

Da Petição Inicial

8.1 Princípios do dispositivo e do impulso oficial

Dois princípios muito importantes informam a constituição e o desenvolvimento do processo. São eles o princípio do dispositivo e o princípio do impulso oficial. Pelo primeiro, a iniciativa do processo é reservada à vontade do autor, de modo que o processo só se instaura se ele manifestar o seu querer em exercer o direito de ação e, pelo segundo, instaurado o processo, este prosseguirá por iniciativa da autoridade.

Ambos os princípios estão retratados no art. 262 do CPC. Ambos admitem exceções. Assim haverá casos em que o magistrado poderá de ofício instaurar um processo, como a abertura do inventário (art. 989 do CPC), a exibição de testamento (art. 1.129 do CPC) ou a arrecadação dos bens da pessoa ausente (art. 1.142 do CPC) e casos em que, inobstante o princípio do impulso oficial, certos atos devem ser praticados pelas partes[1] [dispõe o art. 2º do Projeto de Lei nº 166 do Senado Federal: "O processo começa por iniciativa da parte, nos casos e nas formas legais, salvo exceções prevista em lei, e se desenvolve por impulso oficial"].

8.2 Conceito de petição inicial

A petição inicial é o instrumento posto à disposição do autor para que ele exercite o seu direito de ação e cumpra o princípio do dispositivo, de modo a dar início à relação jurídica processual inicialmente estabelecida entre ele e o Estado, mas que mais tarde se dará entre ele, Estado e réu.

A petição inicial pode ser definida como ato processual escrito pelo qual se exerce o direito de ação, dando início à atividade jurisdicional.[2] Ela é a peça escrita na qual o autor formula o pedido ao órgão judicial. Ela contém a vontade do autor de exercer o seu direito de ação, bem como constitui o ato introdutório do processo.

Segundo Cândido Rangel Dinamarco "petição inicial é a peça escrita em que o demandante formula a demanda a ser objeto de apreciação do juiz e requer a realização do processo até final provimento que lhe conceda a tutela jurisdicional", que tem a dupla função de provocar a instauração do processo e de identificar a demanda sobre a qual o juiz é chamado a pronunciar-se.[3]

A petição inicial atende a algumas finalidades. Ela instaura o processo e deflagra a relação jurídica entre o demandante e

---

[1] Nelson Nery e Rosa Nery manifestaram-se a respeito deste artigo nos seguintes termos: "Salvo em casos excepcionais expressamente previstos em lei (*v.g* CPC 989, 1129, 1142, 1160; CLT 878), o juiz não pode iniciar *ex officio* o processo. Deve sempre aguardar a iniciativa da parte (CPC 2º), em nome dos princípios dispositivo e da inércia da jurisdição.
Uma vez iniciado, o processo se desenvolve por impulso oficial, isto é, por atos do juiz e dos auxiliares da justiça. Há, contudo, atos que devem ser praticados pelas partes ou que exigem sua provocação. Nestes casos, se a parte não der andamento ao processo praticando ato cuja iniciativa lhe competia, ocorre a *contumácia* que, se for do autor, pode ensejar a extinção do processo sem julgamento do mérito (CPC 267 II e III)".

[2] WAMBIER, Luiz Rodrigues; ALMEIDA, Flávio Renato Correia de; TALAMINI, Eduardo. *Curso avançado de processo civil*. 2. ed. São Paulo: Revista dos Tribunais, 1999. v. 1, p. 291.

[3] DINAMARCO, v. 3, p. 354.

o Estado-Juiz, porta os elementos que identificam a demanda (partes, causa de pedir e pedido), determina os termos e os limites do provimento jurisdicional a ser emitido afinal, serve de padrão de confronto com outras demandas já propostas, concorre para determinar a competência, permite verificar a conexão entre causas, possibilita verificar desde logo a ausência de possibilidade jurídica, do interesse de agir ou da legitimidade de uma das partes, influi na determinação do procedimento adequado.[4]

8.3 Requisitos

A manifestação de vontade do autor de exercer o seu direito de ação e dar início ao processo deve observar todos os requisitos que estão descritos no art. 282 do CPC, que têm por objetivo traçar os exatos parâmetros do julgamento. São os chamados requisitos estruturais a que a petição inicial está sujeita.

A par deles, há, ainda, os requisitos puramente formais relacionados aos atos processuais em geral e aos requisitos extrínsecos, que dizem respeito à propositura da demanda, como os documentos que devem acompanhá-la (art. 283 do CPC), a procuração *ad judicia* e o preparo inicial.[5]

[De acordo com o art. 293 do Projeto nº 166 do Senado Federal a petição inicial indicará o juízo ou o tribunal a que é dirigida; os nomes, os prenomes, o estado civil, a profissão, o número no cadastro de pessoas físicas ou o do cadastro nacional de pessoas jurídicas, o endereço eletrônico, o domicilio e a residência do autor e do réu; o fato e os fundamentos jurídicos do pedido; o pedido com as suas especificações; o valor da causa; as provas com que o autor pretende demonstrar a verdade dos fatos alegados; o requerimento para a citação do réu].

4 DINAMARCO, v. 3, p. 354, 355.

5 DINAMARCO, v. 3, p. 356.

8.4 Requisitos formais

A petição inicial deve conter estes requisitos formais, pois, como instrumento de ato processual, subordina-se a requisitos formais de caráter geral.

Ela deve ser feita por escrito, modo que permite documentar a propositura da demanda. A petição inicial integrará os autos do processo, no início, depois do termo de autuação.

Ela deve ser redigida em vernáculo, embora possa conter expressões em latim ou em língua estrangeira, desde que empregados com parcimônia e na medida do conveniente à transmissão das ideias.[6] Cândido Rangel Dinamarco admite como válidas as petições iniciais escritas em versos, desde que contenham de modo inteligível todos os requisitos inerentes ao conteúdo indispensável, como a identificação das partes, a causa de pedir e o pedido.[7]

A petição inicial deve ser assinada por aquele que a apresenta. A assinatura atesta a vontade de realizar o ato e sem ela a petição inicial é inexistente. Nesse caso, o magistrado deve conceder o prazo de 10 (dez) dias para que o advogado supra a omissão e assine a petição.[8]

Além disso, a petição inicial deve indicar:

O órgão a que é dirigida (juiz ou tribunal): trata-se do órgão, isto é, aquela unidade da Justiça que detém os poderes para julgar a lide. De acordo com a doutrina, não se deve dirigir a petição nomeando a autoridade, pois não se trata do nome da autoridade, mas sim do cargo.

As partes e suas qualificações: os nomes, prenomes, estado civil, profissão, domicílio e residência do autor e do réu. A lei exige a perfeita individualização das partes que devam integrar a relação jurídica processual para que a sentença possa obrigar as

---

[6] DINAMARCO, v. 3, p. 357.
[7] DINAMARCO, v. 3, p. 357.
[8] DINAMARCO, v. 3, p. 358.

pessoas certas e identificar os elementos subjetivos da demanda e do processo em formação. A qualificação das partes exigida pelo código consiste na descrição do estado civil, profissão, domicílio e residência de cada uma. Tais informações são relevantes, pois, além de identificar e permitir reconhecer de modo preciso cada uma, podem auxiliar noutras situações. O estado civil pode indicar a necessidade de consentimento do outro cônjuge para litigar. A profissão pode repercutir na forma da citação; o militar, por exemplo, deve ser citado na unidade em que estiver servindo, caso não se conheça sua residência ou nela não for encontrado; pode implicar a dispensa da parte do depoimento pessoal sobre fatos protegidos por sigilo profissional (art. 347, II, do CPC). O domicílio e residência permitem localizar a parte para intimá-la pessoalmente, como no depoimento pessoal.

[De acordo com o art. 293 do Projeto nº 166 do Senado Federal a petição inicial indicará além do domicílio e a residência do autor e do réu o seu endereço eletrônico para viabilizar, segundo dispõe o art. 242 do referido Projeto, a intimação por meio eletrônico].

A Justiça Federal costuma exigir a indicação do CPF ou do CNPJ das partes para facilitar o controle da prevenção, posto que o nome não afaste a possibilidade da existência de homônimo, enquanto que duas pessoas não podem repetir o CPF ou o CNPJ. Inobstante a utilidade da informação de tais registros, a doutrina reluta em aceitá-la por considerá-la contrária à lei e às garantias constitucionais do processo: "É contrária à lei e às garantias constitucionais do processo a exigência, que às vezes tem sido feita, de indicação do número de registros fiscais, como é o caso do CPF. Tais registros são mera finalidade tributária e o juiz não deve comportar-se como servil arrecadador de tributos nem agente da Receita Federal".[9]

[9] DINAMARCO, v. 3, p. 361.

[Com a aprovação definitiva do Projeto nº 166 do Senado Federal que cuida do novo CPC a inserção do número no cadastro de pessoas físicas ou do cadastro nacional de pessoas jurídicas será obrigatória, conforme dispõe o art. 293, inciso II].

Com relação a incapazes, há a necessidade de indicar a qualificação do representante ou do assistente;

Com relação a pessoas jurídicas, há a necessidade de indicar a qualificação de quem a represente, e no que diz respeito aos entes despersonalizados, há a necessidade de indicar quem administra os bens.

8.5 Causa de pedir ou os fatos e fundamentos jurídicos do pedido

A causa de pedir é a exposição dos fatos e dos fundamentos jurídicos do pedido. O Código adotou a teoria da substanciação.

Os fundamentos de fato compõem a causa de pedir próxima. É a ameaça ou a violação do direito (fatos) que caracteriza o interesse processual imediato, isto é, que autoriza o autor a deduzir pedido em juízo.

Os fundamentos jurídicos compõem a causa de pedir remota. É o que autoriza mediatamente o pedido, o direito, o título. Não é necessária a menção aos dispositivos legais que autorizam o pedido, pois presume-se que o juiz conhece o Direito.

A narração dos fatos deve ser clara, congruente e suficiente para que o juiz possa aplicar corretamente o direito ao caso. A narrativa deve conduzir à demonstração do direito que o autor afirma ter antes da conduta inconveniente atribuída ao réu, bem como à existência de uma crise em torno do direito afirmado, o que Cândido Rangel Dinamarco denomina, respectivamente, de causa petendi passiva e causa petendi ativa.[10]

---

[10] DINAMARCO, v. 3, p. 362.

8.6 O pedido

O pedido demonstra o objeto litigioso. Ele expressa o provimento jurisdicional que o autor almeja conseguir, a solução que ele quer àquela dada situação. O pedido é o modelo de sentença que se aguarda. Pelo pedido, o autor revela sua pretensão. É segundo Cândido Rangel Dinamarco "a manifestação da vontade de obter do Estado-Juiz um provimento jurisdicional de determinada natureza, sobre determinado bem da vida. É através dele que o autor externa sua pretensão".[11] Para José Frederico Marques, "em sentido estrito, pedido designa o objeto da ação, ou seja, a formulação do bem jurídico que o autor pretende obter".[12]

O pedido pode ser mediato, o bem jurídico reclamado ou imediato, de cunho processual, o provimento jurisdicional solicitado.

8.6.1 Da importância do pedido

O pedido, em última análise, é aquilo que o autor espera obter da atividade jurisdicional.

O pedido limita a atividade jurisdicional. Pelo princípio da congruência, expresso nos arts. 128 e 460 do CPC, deve haver perfeita identificação entre o pedido e a sentença, no sentido que esta não deve conceder mais (ultra), menos (citra ou infra) ou algo diverso (extra) daquilo que foi pedido.

Inobstante a correlação entre demanda e sentença, a jurisprudência posicionou-se pela não ocorrência de decisão "ultra petita" quando: a) a sentença ou acórdão concede correção monetária; condena ao pagamento dos juros legais (art. 293 do CPC), das despesas e honorários de advogado (art. 20 do CPC), das prestações vincendas (art. 290 do CPC); pela não ocorrência de decisão "extra petita" quando a) a decisão judicial que reintegrar

---

[11] DINAMARCO, v. 3, p. 363.

[12] MARQUES, v. 3, p. 35.

servidor público determinar o pagamento dos direitos e vantagens retroativos à data do afastamento; b) diante do pedido de exoneração total de pensão, defere a redução dos alimentos; c) decreta a dissolução parcial da sociedade anônima quando o autor pede sua dissolução integral.[13]

O pedido deve ser certo e determinado.

Pedido certo é o pedido claro, expresso no tocante ao tipo de provimento almejado (pedido imediato) e ao tipo de bem da vida que se espera obter (pedido mediato). Ex.: condenação (pedido imediato) a pagar importância em dinheiro (indenização ou dinheiro = pedido mediato).

Pedido determinado é o delimitado, definido pelo autor. A determinação é qualidade do pedido mediato e não do pedido imediato, pois este se contenta com a certeza. Ex.: condenar (pedido imediato) a pagar o valor de R$30.000,00 (pedido mediato certo (dinheiro) e determinado (quantitativamente).

O contraposto do pedido determinado é o pedido genérico. Pedido genérico é aquele cujo pedido mediato é certo, mas não determinado e sim determinável. É o que se opõe a pedido líquido e especial. Indeterminado quantitativamente, o pedido genérico deve ser contemplado por ulterior liquidação. Ex.: que o réu seja condenado a pagar indenização cujo montante será apurado em liquidação de sentença.

O art. 286 autoriza o pedido genérico nos seguintes casos:

a) ações universais: aquelas que versam sobre direitos referentes a universalidades, como a herança (ação de petição de herança).[14] Se o autor não especificar desde logo quais os bens integrantes da universalidade é lícito pedir a parcela que por direito lhe toca;

---

[13] NEGRÃO, Theotonio; GOUVÊA, José Roberto F. (Org.). *Código de Processo Civil e legislação processual em vigor*. 40. ed. São Paulo: Saraiva, 2008. p. 557, 558.

[14] A ação que assiste ao herdeiro, legítimo ou testamentário, que tenha sido excluído da sucessão, para haver o quinhão, que lhe compete, com todos os frutos e acessões pertinentes aos bens que o constituem.
Tem caráter reivindicatório, sendo intentada contra o possuidor da herança.

b) nas consequências de ato ou fato ilícito. Ex.: a extensão dos danos físicos depende do tempo;
c) quando a extensão da condenação depender de ato a ser praticado pelo réu, como, por exemplo, ocorre na ação de prestação de contas.

[De acordo com o art. 297 do Projeto nº 166 do Senado Federal o pedido deve ser certo e determinado, sendo lícito, porém, formular pedido genérico nas ações universais, se não puder o autor individuar na petição os bens demandados; quando não for possível determinar, desde logo, as consequências do ato ou do fato ilícito; quando a determinação do objeto ou do valor da condenação depender de ato que deva ser praticado pelo réu].

8.6.2 Pedido cominatório

Pedido cominatório é o pedido de aplicação de uma pena pecuniária que tem o objetivo de coagir o réu a cumprir a obrigação de fazer ou não fazer imposta na sentença.

Cabe nos casos em que a obrigação consiste em fazer ou não fazer personalíssima, isto é, só pode ser prestada por terceiros (art. 287 do CPC).

8.6.3 Pedido alternativo

Pedido alternativo é aquele que versa sobre obrigação alternativa do réu, como a que condena o réu a entregar a carta de crédito ou o automóvel. O pedido alternativo de cumprimento da obrigação deve observar a forma alternativa prevista na lei ou no contrato.

De acordo com o parágrafo único do art. 288 do CPC, mesmo que o autor não tenha formulado pedido alternativo o juiz deverá assegurar o direito ao réu.

[De acordo com o art. 298 do Projeto nº 166 do Senado Federal o pedido será alternativo quando, pela natureza da obrigação, o devedor puder cumprir a prestação de mais de um modo. Quando, pela lei ou pelo contrato, a escolha couber ao devedor, o juiz lhe assegurará o direito de cumprir a prestação de um ou de outro modo, ainda que o autor não tenha formulado pedido alternativo].

8.6.4 Pedidos sucessivos

Pedidos sucessivos significam mais de um pedido em ordem sucessiva, em ordem de preferência. Assim, se o primeiro pedido não for aceito, o juiz deve analisar o segundo e assim sucessivamente (art. 289 do CPC). Há o pedido principal ou subordinante e os demais pedidos subsidiários ou subordinados. Ex.: condenar o réu a restituir a coisa ou, caso isso seja impossível, pagar o valor equivalente.

[Segundo o art. 299 do Projeto nº 166 do Senado Federal é lícito formular mais de um pedido em ordem sucessiva, a fim de que o juiz conheça do posterior, se não acolher o anterior].

Cuida-se de uma cumulação eventual de pedidos.

Os pedidos sucessivos não devem ser confundidos com os pedidos cumulativos. Nestes o autor quer o acolhimento de todos os pedidos.

8.6.5 Pedido de prestações periódicas

O Código no art. 290 abre uma exceção à regra do art. 293 e admite o pedido implícito nas relações jurídicas de trato sucessivo, ou seja, aquelas em que as prestações são periódicas, como alimentos, aluguéis. Periódicas são aquelas prestações sucessivas, nas quais o cumprimento das obrigações perdura no tempo e compreende prestações também deferidas no tempo, repetindo-se em intervalos, regulares ou não.

Assim, todas as prestações vencidas no decorrer do processo serão abrangidas pela sentença. Exemplo é a consignação em pagamento. Uma vez consignada à primeira poderá o autor continuar consignando as demais no mesmo processo, à medida que se forem vencendo. No caso de consignação de aluguéis a regra é a mesma, mas há termo final explícito que é a prolação da sentença.

[Para o art. 300 do Projeto nº 166 do Senado Federal na ação que tiver por objeto cumprimento de obrigação em prestações sucessivas, estas serão consideradas incluídas no pedido, independentemente de declaração expressa do autor; se o devedor, no curso do processo, deixar de pagá-las ou de consigná-las, serão incluídas na condenação, enquanto durar a obrigação].

8.6.6 Pedidos cumulados

Pedidos cumulados é a dedução de mais de um pedido num único processo. O art. 292 permite que o autor cumule pedidos na petição inicial. Todos os pedidos devem ser apreciados. Os pedidos cumulados divergem dos pedidos sucessivos. Cuida-se de cumular mais de uma ação contra o mesmo réu, já que cada pedido autoriza uma ação independente.

[Segundo o art. 302 do Projeto nº 166 do Senado Federal é lícita a cumulação, num único processo, contra o mesmo réu, de vários pedidos, ainda que entre eles não haja conexão, desde que os pedidos sejam compatíveis entre si; o mesmo juízo seja competente para conhecer deles e o tipo de procedimento seja adequado para todos os pedidos].

8.6.6.1 Espécies

A cumulação pode ser homogênea, isto é, quando os pedidos são feitos pela mesma parte e heterogênea, quando a cumulação ocorre no mesmo processo, mas com ações ajuizadas por partes diferentes. Ex.: o réu ajuíza reconvenção ou ação declaratória incidental.

8.6.6.2 Requisitos

Pode haver cumulação de pedidos desde que exista:

a) compatibilidade entre os pedidos: a compatibilidade é requisito exigido apenas da cumulação homogênea;

b) competência: o juiz da causa deve ser o competente materialmente para julgar aqueles pedidos. Não cabe, por exemplo, cumular pedido de usucapião com indenização. É impossível cumular pedidos, se o mesmo juiz não for o competente para o julgamento de todos eles. A não diversidade de juízo compreende o foro e o juízo, de modo que o autor não pode cumular em determinado juízo pedidos da competência de juízos diversos ou de foros diferentes, mas se houver cumulação e a incompetência em relação a um dos pedidos, for de natureza relativa, a falta posterior de exceção declinatória do foro prorrogará a competência;[15]

c) procedimento adequado: os pedidos devem seguir o mesmo procedimento. No caso de procedimentos diversos, a cumulação exige o emprego do procedimento ordinário. Todavia não se aceita a cumulação de pedidos que devam ser formulados em processos distintos, como ordinário e cautelar.

8.6.7 Pedidos implícitos

O pedido deve ser interpretado restritivamente.

Há, no entanto, pedidos implícitos, que mesmo não solicitados devem ser deferidos pelo juiz: a) os juros legais (CPC, art. 293); b) os juros de mora (CPC, art. 219); c) a correção monetária; d) despesas processuais, honorários advocatícios e e) pedido de prestações periódicas vincendas (CPC, art. 290).

---

[15] MARQUES, v. 3, p. 44.

[Segundo o art. 303 do Projeto nº 166 do Senado Federal os pedidos são interpretados restritivamente, compreendendo-se, entretanto, no principal, os juros legais, a correção monetária e as verbas de sucumbência].

8.6.8 Aditamento ao pedido

O autor poderá aditar ou modificar o pedido ou a causa de pedir, independentemente de qualquer autorização, antes da citação. Depois da citação, a modificação está condicionada à prévia autorização do réu (art. 264 do CPC) e, mesmo com autorização do réu, a modificação deve ocorrer antes do saneamento do processo. Com efeito, a modificação do pedido ou da causa de pedir, mesmo com autorização do réu, somente pode ser feita até o término da fase postulatória. Não cabem depois da audiência preliminar prevista no art. 331 do CPC.

[No mesmo sentido o art. 304 do Projeto nº 166 do Senado Federal, de modo que o autor poderá até a citação modificar o pedido ou a causa de pedir, sem o consentimento do réu e até o saneamento do processo, com o consentimento do réu, aditar ou alterar o pedido e a causa de pedir, assegurado o contraditório mediante a possibilidade de manifestação deste no prazo mínimo de quinze dias, facultado o requerimento de prova suplementar].

8.7 O valor da causa

O valor da causa representa a expressão monetária da pretensão deduzida pelo autor logrado êxito com a ação. A sua indicação é obrigatória em toda petição inicial com o propósito de a) servir de base de cálculo para as custas e taxas judiciárias a serem adiantadas por quem demanda e suportadas a final pelo vencido; b) influir no procedimento a ser adotado e indicar a admissibilidade do procedimento sumário e c) serve de base de cálculo para fixação dos honorários advocatícios.

[De acordo com o art. 266 do Projeto nº 166 do Senado Federal a toda causa será atribuído um valor certo, ainda que não tenha conteúdo econômico imediato].

O valor da causa produz ainda outros efeitos menores como limitar os recursos de modo que as sentenças proferidas nas execuções fiscais com valor abaixo do mínimo legal, ou nos embargos opostos a ela, não comportarão recurso de apelação ao tribunal, mas apenas os chamados embargos infringentes a serem julgados pelo próprio juiz da causa (art. 34 da Lei nº 6.830, de 20.09.1980), ou limitar a própria competência, como os juizados especiais cíveis que têm competência limitada ao valor de quarenta salários mínimos (Lei nº 9.099, de 26.09.1995, art. 3º, inciso I).[16]

O art. 259 traz um rol exemplificativo, pois citado artigo retrata critérios legais, de natureza objetiva, que se apoiam em base de cálculo facilmente identificáveis na petição inicial, mas insuficientes para reger todos os casos, motivo pelo qual há causas em que por falta de critério para a determinação do valor econômico postulado, torna-se indispensável o uso de critérios estimativos, dotados de graus de subjetividade do demandante, que lhes declara o valor, ou, ainda, do juiz que os controla.[17]

O critério legal central é o valor do pedido de natureza pecuniária requerido na petição inicial, descrito no inciso I do art. 259 do CPC [art. 267, I do Projeto nº 166 do Senado Federal], enquanto os incisos II a IV do mesmo artigo descrevem regras complementares ao critério do inciso I, todas relacionadas a demandas de caráter pecuniário em valor determinado. Desta forma, se houver cúmulo simples de pedidos devem-se somar os valores de todos eles para chegar-se ao real valor pretendido (art. 259, II) [art. 267, II do Projeto nº 166 do Senado Federal].

---

[16] DINAMARCO, v. 3, p. 370.
[17] DINAMARCO, v. 3, p. 372.

Se houver pedidos alternativos, toma-se em consideração o pedido de maior valor (art. 259, III) [art. 267, III do Projeto nº 166 do Senado Federal]. Se houver pedido subsidiário, considera-se o valor do pedido principal (art. 259, IV) [art. 267, IV do Projeto nº 166 do Senado Federal]. Se a lide versar sobre a existência, validade, cumprimento, modificação ou rescisão do negócio jurídico, o valor do contrato (art. 259, V) [art. 267, V do Projeto nº 166 do Senado Federal]. Na ação de alimentos, a soma de doze (12) prestações mensais, pedidas pelo autor (art. 259, VI) [art. 267, VI do Projeto nº 166 do Senado Federal] e na ação de divisão, de demarcação e de reivindicação, a estimativa oficial para lançamento do imposto [art. 267, VII do Projeto nº 166 do Senado Federal]. Se se pedirem prestações vencidas e vincendas, toma-se em consideração o valor das vencidas e em relação às vincendas a soma igual a doze (12) prestações.

O sistema acolhido pelo Código de Processo Civil, relativamente complexo, deixa algumas lacunas relacionadas a demandas que não se enquadram nos incisos dos arts. 259 e 260 do CPC, o que remete para a solução da razoável estima, prevista no art. 258 do CPC.

Se a lei traz o critério para estipulação do valor da causa, ele não pode ser modificado nem pelo juiz nem pelas partes. Por outro lado, nos casos em que há critério fixado em lei, pode o juiz alterar de ofício o valor da causa, desde que o autor não observe o critério legal.

[De acordo com o §3º do art. 267 do Projeto nº 166 do Senado Federal, o juiz corrigirá, de ofício e por arbitramento, o valor da causa quando verificar: a) que o valor atribuído não corresponde ao conteúdo patrimonial em discussão ou ao proveito econômico perseguido pelo autor, caso em que procederá ao recolhimento das custas correspondentes; b) a causa não tiver conteúdo econômico imediato].

8.7.1 Impugnação ao valor da causa

A impugnação ao valor da causa insere-se dentro do tema do controle judicial do valor da causa. A respeito dele, costuma-se distinguir entre a competência de agir de ofício, em qualquer momento ou fase do procedimento, reconhecida ao magistrado para que ele fiscalize o valor atribuído à causa e determine a correção, se for o caso, ainda que não haja impugnação pelo réu, da competência outorgada ao réu — verdadeiro ônus — e a de impugnar, no prazo da contestação, o valor atribuído à causa pelo autor.

A impugnação deve ser feita por meio de incidente, isto é, em petição autônoma, no prazo da resposta.[18] A impugnação do valor da causa não necessita ser apresentada com a contestação; ela pode ser apresentada depois, desde que no prazo para resposta.[19]

A impugnação será autuada em apenso, e o autor ouvido no prazo de cinco (5) dias, para depois, no prazo de 10 (dez) dias, ser decidida, se necessário, com o auxílio de peritos.

Se o procedimento for sumário, a impugnação deve ser feita na audiência de conciliação, antes mesmo de oferecer a contestação. No caso, o juiz decidirá de plano, e se for o caso converterá o procedimento sumário em ordinário (art. 277, §4º, do CPC).

[O art. 268 do Projeto nº 166 do Senado Federal acaba com a impugnação em apartado e estabelece que "o réu poderá impugnar, em preliminar da contestação, o valor atribuído à causa pelo autor, sob pena de preclusão; o juiz decidirá a respeito, impondo, se for o caso, a complementação das custas"].

---

[18] "Não se conhece de impugnação ao valor da causa, formulada no corpo da contestação" (STJ-1ª seção, AR 164-SP, rel. Min. Adhemar Maciel, j. 28.11.1989, não conheceram), embora "a impugnação ao valor da causa feita erroneamente na contestação não impede, porém, que o juiz a aprecie, nos casos em que esse valor é fixado em desacordo com a lei e, por isso, pode ser alterado de ofício" (*RT* 656/102).

[19] MARINONI, Luiz Guilherme; ARENHART, Sergio Cruz. *Processo de conhecimento*. 7. ed. rev. atual. São Paulo: Revista dos Tribunais, 2008. p. 89.

8.8 As provas que serão produzidas

Não é obrigatório o autor informar, desde logo, todos os itens de prova de que se valerá, mas, tão somente, os meios de prova. A norma impõe a menção dos meios de prova e não a sua especificação. Assim, não há necessidade de arrolar testemunhas ou mencionar o objeto da perícia e apresentar quesitos, exceto se se tratar de procedimento sumário. Tal exigência, que não passa de mero protesto, anúncio ou intenção, constitui ônus tênue para o autor, cuja inobservância não acarreta consequência alguma.[20]

[O art. 296 do Projeto nº 166 do Senado Federal determina que na petição inicial o autor apresentará o rol de testemunhas cuja oitiva pretenda, em número não superior a cinco].

8.9 Requerimento de citação do réu

A citação é o ato pelo qual o réu toma conhecimento da existência da ação contra si e integra a relação processual.

O autor dever requerer a citação do réu e especificar o modo como ela deverá ser feita.

Há quatro meios: correio, por oficial de justiça, edital e meio eletrônico (art. 221 do CPC). A citação por correio de exceção passou a ser regra, incabível apenas nos seguintes casos: a) ações de estado; b) ações contra pessoas jurídicas de direito público; c) processos de execução; d) quando o réu residir em local não atendido pela entrega domiciliar de correspondência; e) quando o autor a requerer de outra forma.

[De acordo com o art. 215 do Projeto nº 166 do Senado Federal a citação será feita pelo correio, por oficial de justiça, pelo escrivão, se o citando comparecer em cartório, por edital, por meio eletrônico, conforme regulado em lei].

A jurisprudência se tem mostrado condescendente quanto à falta desse requisito. A citação do réu sem o requerimento do

---

[20] DINAMARCO, v. 3, p. 377.

autor não seria causa de invalidade do processo ou do indeferimento da inicial. Este dispositivo teria pouca relevância por que o juiz deve ordenar por iniciativa própria a citação do réu indicado na petição inicial. Ademais é intuitivo que o autor ao propor a demanda, indicar o nome do réu na petição inicial e requerer um provimento jurisdicional que atinja a esfera de direitos dele, quer que essa pessoa seja citada.[21]

8.10 Endereço do patrono do autor (art. 39, inc. I)

O CPC exige indique a petição inicial o endereço profissional do advogado do autor onde ele recebe intimações, sob pena de não o fazendo, apesar de intimado, ter o autor decretado contra si a extinção do processo. Basta, no entanto, face o princípio da instrumentalidade das formas, a inscrição desse endereço na procuração outorgada pela parte ao profissional, ou no cabeçalho do papel empregado nas petições.[22]

8.11 Encerramento

É costume encerrar a petição inicial com a inclusão do nome da localidade, a data de sua realização e a assinatura do subscritor. Desses dados apenas a assinatura do subscritor seria imprescindível para a validade da petição inicial, de modo a demonstrar que o ato foi realizado por advogado.

8.12 Juntada dos documentos indispensáveis

A inicial deverá ser instruída com os documentos indispensáveis à propositura da ação (art. 283, CPC). Por documentos indispensáveis, entendem-se aqueles sem os quais o mérito da causa não pode ser julgado.

[21] DINAMARCO, v. 3, p. 378.
[22] DINAMARCO, v. 3, p. 378.

[O art. 294 do Projeto nº 166 do Senado Federal estabelece que a petição inicial será instruída com os documentos indispensáveis à propositura da ação].

8.13 Requisito lógico

A petição inicial deverá preencher um requisito lógico. Os fatos e os fundamentos jurídicos devem guardar correlação lógica com o pedido. Em outras palavras, o pedido deve decorrer como conclusão natural daquilo que foi exposto nos fatos e fundamentos jurídicos. Se não houver essa relação de adequação entre a causa de pedir e o pedido, a petição inicial não terá preenchido o requisito lógico. Diz o art. 295, I, do CPC: A petição inicial será indeferida quando for inepta [art. 305, I, do Projeto nº 166 do Senado Federal]. Por inepta considera-se a inicial, entre outras hipóteses, quando da narração dos fatos não decorrer logicamente a conclusão ou contiver pedido incompatíveis entre si.

8.14 Emenda à inicial

A petição inicial pode não preencher os requisitos formal e lógico vistos acima, o que não conduz à conclusão de que ela deva ser indeferida de plano. O CPC atribui ao juiz o dever de dar ao autor a oportunidade de corrigir os vícios da inicial emendando-a no prazo de dez (10) dias, conforme determina o art. 284 do CPC. Portanto, denomina-se emenda à petição inicial o dever de o juiz conceder ao autor prazo para que sane eventual incorreção ou omissão da petição inicial.

O decurso do prazo de dez (10) dias sem que o autor providencie a emenda autoriza o juiz a indeferir a petição inicial.

Não há limite à oportunidade da emenda. A emenda pode ser determinada mais de uma vez. Se a emenda não satisfaz, pode e deve o juiz repetir o ato, ao invés de extinguir o processo.

[De acordo com art. 295 do Projeto nº 166 do Senado Federal, verificando o juiz que a petição inicial não preenche os requisitos dos arts. 293 e 294, ou que apresenta defeitos e irregularidades capazes de dificultar o julgamento de mérito, determinará que o autor, no prazo de quinze dias, a emende ou a complete, indicando com precisão o que deve ser corrigido. Se o autor não cumprir a diligência, o juiz indeferirá a petição inicial].

8.15 Indeferimento da inicial

Indeferir a inicial significa trancar liminarmente a petição inicial, sem dar prosseguimento ao pretendido pelo autor.

Salvo no caso de pronúncia de decadência, todas as demais hipóteses de indeferimento configuram a extinção do processo sem julgamento de mérito (art. 267, I, CPC).

O momento do indeferimento é o do início do procedimento. Determinada a citação do réu, não mais poderá haver indeferimento da petição inicial, pelo simples motivo de que foi deferida, isto é, mandada processar. Poderá haver extinção do processo sem julgamento do mérito por outro motivo que não o indeferimento da inicial.

As hipóteses que autorizam o indeferimento da petição inicial são de ordem pública, com exceção da questão da prescrição

O indeferimento da inicial pode ocorrer nos seguintes casos (art. 295 do CPC) [art. 305 do Projeto nº 166 do Senado Federal]:

a) inépcia da inicial, isto é, quando faltar pedido ou causa de pedir; quando a inicial contiver pedidos impossíveis ou pedidos incompatíveis;
b) ilegitimidade de parte;
c) falta de interesse processual;
d) quando correr decadência ou prescrição de direitos não patrimoniais;
e) se não for adequado o procedimento escolhido e não for possível adequá-lo;
f) quando não constar o endereço do advogado (art. 39) ou quando o autor não emendar a inicial (art. 284).

8.15.1 Recurso cabível do indeferimento

A decisão que indefere a petição inicial caracteriza-se como sentença, que autoriza o recurso de apelação pelo autor, nos termos do art. 296 do Código de Processo Civil [art. 306 do Projeto nº 166 do Senado Federal].

A novidade está na possibilidade conferida ao juiz no art. 296 do CPC [art. 306 do Projeto nº 166 do Senado Federal] de reformar a sua decisão e determinar o seguimento do processo. Ao admitir o juízo de retratação a norma prevê competência diferida ao juiz de primeiro grau para reformar sua própria sentença: competência definitiva para julgar a apelação é do tribunal, mas fica diferida ao juiz em razão da economia processual. É como se fora o tribunal a apreciar o recurso de apelação. Daí porque pode o magistrado rever toda e qualquer sentença de indeferimento da petição inicial.[23]

O prazo para a retratação é de quarenta e oito horas [3 (três) dias pelo art. 306 do Projeto nº 166 do Senado Federal]. Cuida-se de prazo processual impróprio, pois se descumprido não acarreta consequências processuais relevantes. Admite-se a retratação enquanto os autos, com o recurso de apelação, não subirem ao tribunal ad quem.[24]

O juízo de retratação da sentença cabe apenas no caso de indeferimento liminar da petição inicial. Indeferimento liminar significa negativa de seguimento da petição inicial, por decisão proferida antes da citação do réu. Assim, a extinção do processo sem julgamento de mérito depois da citação do réu não autoriza o juízo de retratação.

O réu não será citado para contra-arrazoar o recurso. Provido o recurso, o réu será citado pra contestar a ação e poderá alegar a matéria que deu causa ao indeferimento da inicial,

---

[23] NERY JUNIOR; NERY, 2008, p. 563.

[24] NERY JUNIOR; NERY, 2008, p. 564.

mesmo depois de o tribunal a haver rejeitado[25] [segundo o §1º do art. 306 do Projeto nº 166 do Senado Federal, se o juiz não a reconsiderar, mandará citar o réu para responder ao recurso].

Da decisão que admite a petição inicial não cabe recurso, pois o réu poderá suscitar no prazo de defesa a matéria que poderia levar ao indeferimento da petição inicial e pleitear a extinção do processo por ausência de pressupostos de constituição ou desenvolvimento válido e regular.[26]

8.16 Da antecipação de tutela

O autor pode requerer, ainda, a concessão de tutela antecipada, modalidade de decisão judicial, de natureza interlocutória, proferida no início do procedimento, antes da oitiva do réu, se houver perigo de lesão, ou, após sua oitiva, que antecipa, total ou parcialmente, os efeitos reversíveis da tutela pretendida no pedido inicial, desde que exista prova inequívoca da verossimilhança da alegação e fundado receio de dano irreparável ou de difícil reparação, ou, ainda, o abuso de direito de defesa ou o manifesto propósito protelatório do réu (art. 273, I e II, do CPC).

A tutela antecipada é a decisão jurisdicional de natureza jurídica mandamental que se efetiva mediante execução *lato sensu* com o objetivo de entregar ao autor, total ou parcialmente, a própria pretensão deduzida em juízo ou os seus efeitos. É tutela satisfativa no plano dos fatos, já que realiza o direito ao dar ao requerente o bem da vida por ele pretendido com a ação de conhecimento.

Toda a ação de conhecimento, seja declaratória, constitutiva, condenatória, mandamental, processada pelo rito comum ou especial admite a tutela antecipada. A tutela antecipada não

---

[25] MARINONI, Luiz Guilherme; ARENHART, Sergio Cruz. *Processo de conhecimento*. 7. ed. rev. atual. São Paulo: Revista dos Tribunais, 2008. v. 2, p. 93.

[26] DINAMARCO, v. 3, p. 402.

cabe em ação cautelar porque a natureza desse tipo de processo permite o deferimento liminar de providência que vise a assegurar o resultado útil do processo, tanto que o CPC no §7º do art. 273 admitiu a fungibilidade entre a tutela antecipada e a tutela cautelar.

Como regra, ao juiz é vedado conceder de ofício a antecipação da tutela, de modo que somente diante de pedido expresso do autor é que pode o juiz conceder a medida. No entanto, admite-se a tutela antecipada de ofício em situações excepcionais graves e manifesta disparidade de posições entre as partes.

O autor pode beneficiar-se da tutela antecipatória. A legitimidade é estendida a todos que deduzem pretensão em juízo, como o denunciante, na denunciação da lide; o opoente na oposição; o autor na ação de declaratória incidental; o réu quando reconvém ou nas ações dúplices. Ao assistente simples, desde que não se oponha o assistido, e ao assistente litisconsorcial. O Ministério Público pode requerê-la, quer atue como parte, quer como fiscal da lei no processo civil, pois tem os mesmos poderes e os mesmos ônus que as partes.

A tutela antecipada pressupõe I – a existência do *periculum in mora*; II – a existência do abuso de direito de defesa do réu, dispensado neste último caso o *periculum in mora*; III – um ou mais pedidos cumulados, ou parcela deles, mostrarem-se incontroverso (CPC, art. 273, §6º). Além disso, os fatos devem ser reversíveis, pois a irreversibilidade dos fatos (ex.: tutela antecipada para derrubar um imóvel cujo tombamento está em discussão) impede a concessão da tutela. Alguns julgados têm, no entanto, sustentado que a simples irreversibilidade da situação criada pela antecipação da tutela não impede sua concessão se o direito do réu não se revestir de nenhuma probabilidade de razão.

A concessão da tutela antecipada não é ato discricionário do magistrado, mas ato vinculado, que deve ser deferido, presentes os pressupostos legais. Deve o magistrado fundamentar com clareza, congruência e de modo suficiente a decisão que concede ou denega a tutela antecipada.

A tutela antecipada pode ser concedida sem a oitiva do réu quando a citação do réu tornar ineficaz a medida, ou quando a urgência indicar a necessidade de concessão imediata. Pode o juiz designar audiência de justificação, devendo, no caso, citar o réu, salvo se o conhecimento da medida por ele a tornar ineficaz.

A execução da tutela antecipada deve utilizar, se necessário, os meios de coerção previstos nos §§3º, 4º e 5º do art. 461 e §3º do art. 461–A do CPC, é provisória e deve obedecer ao art. 588 do CPC.

Havendo razões que justifiquem, a tutela antecipada poderá ser alterada ou mesmo revogada, sempre através de decisão fundamentada, atendido a pedido da parte.

8.16.1 Tutela antecipada contra a Fazenda Pública

A concessão de tutela antecipada nas ações condenatórias movidas contra a Fazenda Pública não implica na dispensa das formalidades exigidas por lei, notadamente a expedição de precatório.

A presunção de legitimidade do ato administrativo e sua autoexecutoriedade não constituem óbice à antecipação da medida.

O duplo grau de jurisdição obrigatório está reservado para a hipótese de sentenças proferidas contra a União, Estado, Municípios e Autarquias, não se estendendo às liminares, cuja execução não comporta delongas ou adiamentos.

A tutela antecipada implica adiantamento provisório de efeitos práticos do provimento de mérito e não da própria eficácia da sentença, razão pela qual não há falar em concessão de providências que esgotem o objeto da ação.

A Lei nº 9.494, de 10.09.1997, considerada constitucional (ADC nº 4-DF), proíbe a concessão de tutela antecipada para:

- reclassificar ou equiparar servidores públicos, conceder aumentos ou estender vantagens (art. 5º da Lei nº 4.348);

- determinar o pagamento de vantagens pecuniárias e vencimentos ao servidor (art. 1º e §4º da Lei nº 5.021, de 09.06.1966).

A Súmula nº 729 do STF determina que "a decisão na ADC-4 não se aplica à antecipação da tutela em causa de natureza previdenciária".

Da decisão que concede a tutela antecipada contra a Fazenda Pública cabe: a) agravo de instrumento; b) pedido de suspensão da execução da liminar dirigida ao Presidente do Tribunal com base no: a) manifesto interesse público; flagrante ilegitimidade; evitar grave lesão à ordem, à saúde, à segurança e à economia públicas (art. 4º da Lei nº 8.437, de 30.06.1992).

[O Projeto de Lei nº 166 do Senado Federal não tratou da tutela antecipada, mas disciplinou as tutelas de urgência e da evidência:

Art. 269. A tutela de urgência e a tutela da evidência podem ser requeridas antes ou no curso do procedimento, sejam essas medidas de natureza cautelar ou satisfativa.

§1º São medidas satisfativas as que visam a antecipar ao autor, no todo ou em parte, os efeitos da tutela pretendida.

§2º São medidas cautelares as que visam a afastar riscos e assegurar o resultado útil do processo.

§3º As medidas satisfativas poderão ser requeridas na petição inicial ou no curso do processo.

§4º As medidas cautelares poderão ser requeridas antecedentemente à causa principal ou incidentalmente.

Art. 270. O juiz poderá determinar as medidas que considerar adequadas quando houver fundado receio de que uma parte, antes do julgamento da lide, cause ao direito da outra lesão grave e de difícil reparação.

Parágrafo único. A medida de urgência poderá ser substituída, de ofício ou a requerimento de qualquer das partes, pela prestação de caução ou outra garantia menos gravosa para o requerido, sempre que adequada e suficiente para evitar a lesão ou repará-la integralmente.

Art. 271. Na decisão que conceder ou negar a tutela de urgência e a tutela da evidência, o juiz indicará, de modo claro e preciso, as razões do seu convencimento.

Parágrafo único. A decisão será impugnável por agravo de instrumento.

Art. 272. A tutela de urgência e a tutela da evidência serão requeridas ao juiz da causa e, quando antecedentes, ao juízo competente para conhecer do pedido principal.

Parágrafo único. Nas ações e nos recursos pendentes no tribunal, perante este será a medida requerida.

Art. 273. A efetivação da medida observará, no que couber, o parâmetro operativo do cumprimento da sentença definitivo ou provisório, no que couber.

Art. 274. Independentemente da reparação por dano processual, o requerente responde o requerido pelo prejuízo que lhe causar a efetivação da medida, se:

I – a sentença no processo principal lhe for desfavorável;

II – obtida liminarmente a medida em caráter antecedente, não promover a citação do requerido dentro de cinco dias;

III – ocorrer a cessação da eficácia da medida em qualquer dos casos legais;

IV – o juiz acolher a alegação de decadência, ou da prescrição da pretensão do autor.

Parágrafo único. A indenização será liquidada nos autos em que a medida tiver sido concedida.

Art. 275. Tramitarão prioritariamente os processos em que tenha sido concedida tutela da evidência ou de urgência, respeitadas outras preferências legais].

Capítulo 9

Citação

Sumário: **9.1** Conceito – **9.2** Efeitos da citação – **9.2.1** Efeitos processuais – **9.2.1.1** Prevenção do juízo – **9.2.1.2** Induzir a litispendência – **9.2.1.3** Tornar litigiosa a coisa – **9.2.2** Efeitos materiais – **9.2.2.1** Constituição em mora – **9.2.2.2** Obstar a decadência – **9.3** Comparecimento espontâneo do réu – **9.4** A pessoalidade – **9.5** Local onde se realiza a citação – **9.6** Casos em que a citação não se realiza – **9.7** Classificação – **9.8** Procedimento – **9.9** Citação ficta – **9.9.1** Espécies – **9.9.1.1** Citação por hora certa – **9.9.1.2** Citação por edital

9.1 Conceito

A citação é ato indispensável para que a relação processual assuma configuração triangular, na medida em que ela dá ciência ao réu de que existe uma demanda proposta contra ele. A finalidade da citação é dar ciência ao réu da existência de demanda proposta contra ele a fim de que ele exercite o seu direito constitucional de defesa. A citação dá ao réu a oportunidade para defender-se.

O art. 213 do CPC define-a como "o ato pelo qual se chama a juízo o réu ou o interessado, a fim de se defender" [o art. 207 do Projeto nº 166 de 2010 do Senado que dispõe sobre a reforma do CPC prevê: "A citação é o ato pelo qual se convocam o réu, o executado ou o interessado para integrar a relação processual"].

A citação é pressuposto processual de existência e de validade. A sua falta acarreta a inexistência do processo, e sua realização em desconformidade com os preceitos legais acarreta a nulidade da citação e dos atos subsequentes. Estabelece o art. 214

do CPC: "Para a validade do processo, é indispensável citação inicial do réu". Essa indispensabilidade é imposta pelo próprio princípio do contraditório [no mesmo sentido o art. 208 do Projeto do Senado: "Para a validade do processo é indispensável a citação inicial do réu ou do executado"].

9.2 Efeitos da citação

Os efeitos da citação válida estão disciplinados no art. 219 do CPC: "A citação válida torna prevento o juízo, induz litispendência e faz litigiosa a coisa; e, ainda quando ordenada por juiz incompetente, constitui em mora o devedor e interrompe a prescrição" [outrossim, o art. 209 do Projeto nº 166 do Senado: "A citação válida induz litispendência e faz litigiosa a coisa e, ainda quando ordenada por juiz incompetente, constitui em mora o devedor e interrompe a prescrição"].

A citação tem o condão de: tornar prevento o juízo; induzir litispendência; tornar a coisa litigiosa; constituir em mora e interromper a prescrição. Esses efeitos classificam-se em efeitos materiais e efeitos processuais.

Os efeitos processuais são: tornar prevento o juízo, induzir litispendência e tornar litigiosa a coisa.

Os efeitos materiais da citação são: constituir em mora o devedor, interromper a prescrição e obstar a decadência.

9.2.1 Efeitos processuais

9.2.1.1 Prevenção do juízo

Prevenir é fixar a competência em um único juízo quando existem dois ou mais competentes para julgar a causa. Há duas maneiras de se prevenir a causa: ou pelo despacho, em primeiro lugar, quando as ações conexas são propostas perante juízos da mesma comarca, ou pela citação, quando as ações conexas são propostas perante juízos de comarcas diferentes.

9.2.1.2 Induzir a litispendência

A citação torna a lide pendente. Considera-se haver processo em curso após a citação. A litispendência aqui não tem o mesmo significado da litispendência no art. 301, §3º, do Código de Processo Civil, que afirma haver litispendência quando se repete ação que está em curso.

9.2.1.3 Tornar litigiosa a coisa

Coisa deve ser entendida como o bem jurídico sobre o qual controvertem as partes. A citação válida vincula o bem jurídico ao resultado do processo, de modo que se ele for alienado, por ato entre vivos, o adquirente não poderá ingressar em juízo, substituindo o alienante ou cedente, sem o consentimento da parte contrária (art. 42 do CPC), além de sujeitar-se aos efeitos da sentença proferida entre as partes.

A orientação é de que "a venda da coisa litigiosa, no curso do processo, não é nula nem anulável, mas apenas ineficaz relativamente àquele processo" (*RSTJ* 19/429).

A citação válida estabiliza subjetivamente a lide. O adquirente ou cessionário não poderá ingressar no processo, substituindo o alienante ou o cedente, a menos que a parte contrária permita. Assim, o alienante que permanecer no processo passará à condição de substituto processual, isto é, será parte que defenderá o direito de outro.

O adquirente que teve o seu ingresso impedido poderá, no entanto, atuar como assistente litisconsorcial, nos termos do art. 54 do CPC.

Esta regra vale, tão somente, para a sucessão por ato entre vivos. Na sucessão por causa *mortis* não há como impedir que os sucessores do falecido o substituam no polo passivo, se a ação for transmissível.

O cessionário poderá, no entanto suceder sem habilitação o alienante falecido.

A litigiosidade obriga as partes a manter a coisa no estado em que se encontra no momento da citação válida. A alteração ilegal no estado de fato é considerado atentado, de modo que a parte que o praticar poderá ser condenada a pagar perdas e danos e restabelecer o estado anterior.

9.2.2 Efeitos materiais

9.2.2.1 Constituição em mora

A citação constitui em mora o devedor. Verifica-se o atraso no cumprimento da obrigação com vencimento certo com a chegada do dia (*dies interpellat pro homine*). Mas se a obrigação não tem vencimento certo, a citação equivale à interpelação e constitui em mora do devedor.

A citação interrompe a prescrição: a citação válida interrompe a prescrição desde a data da propositura da ação. Realizada a citação, o efeito interruptivo da prescrição retroage até a data da distribuição da ação. É a regra do §1º do art. 219 do CPC: "A interrupção da prescrição retroagirá à data da propositura da ação" [o §1º do art. 209 do Projeto nº 166 do Senado preceitua: "A litispendência e a interrupção da prescrição retroagirão à data da propositura da ação"].

A parte deverá providenciar a citação, isto é, por à disposição as cópias necessárias à contrafé e recolher as diligências necessárias.

O réu deverá ser citado no prazo de 10 (dez) a 90 (noventa) dias. Se este prazo não for respeitado por culpa da parte, não se considerará interrompida a prescrição (§4º). Se este prazo não for respeitado por culpa do Poder Judiciário, a parte não será prejudicada e, portanto, a prescrição será considerada interrompida [estabelece o §3º do art. 209 do Projeto nº 166 do Senado: "a parte não será prejudicada pela demora imputável exclusivamente no serviço judiciário"].

A citação válida produz o efeito de interromper a prescrição mesmo que posteriormente o processo no qual ela foi produzida venha a ser extinto sem julgamento do mérito.

9.2.2.2 Obstar a decadência

A citação válida obsta a decadência.

9.3 Comparecimento espontâneo do réu

A citação é pressuposto de existência, e a citação válida é pressuposto processual de validade. O comparecimento espontâneo do réu supre a falta de citação. O seu comportamento pode ser: a) comparecer e contestar o feito e b) apenas arguir a nulidade.

Na hipótese (a) a nulidade está sanada, de acordo com o que dispõe o §1º do art. 214: "O comparecimento espontâneo do réu supre, entretanto, a falta de citação" e na hipótese (b) decretada a nulidade, a citação considerar-se-á feita na data em que o réu ou seu advogado for intimado da decisão, conforme determina o §2º do art. 214: "Comparecendo o réu apenas para argüir a nulidade e sendo esta decretada, considerar-se-á feita a citação na data em que ele ou seu advogado for intimado da decisão" [o Projeto nº 166 do Senado, no §1º do art. 208, dispõe que "o comparecimento espontâneo do réu ou do executado supre a falta ou a nulidade da citação, contando-se a partir de então o prazo para a contestação" e no §2º prevê que "rejeitada a alegação de nulidade, o réu será considerado revel"].

9.4 A pessoalidade

A citação deve ser feita pessoalmente ao réu, ao seu representante legal ou ao procurador legalmente autorizado, conforme determina o art. 215 do CPC: "Far-se-á a citação pessoalmente ao réu, ao seu representante legal ou ao procurador legalmente autorizado" [no mesmo sentido o art. 211 do Projeto nº 166 do Senado: "A citação do réu será feita pessoalmente, ao seu representante legal ou ao procurador legalmente autorizado"].

A citação do réu absolutamente incapaz é feita na pessoa de seu representante. A citação do réu relativamente incapaz é realizada na pessoa dele e de seu assistente.

O procurador legalmente autorizado é aquele que tem poderes expressos para receber citação em nome do réu, de modo que se considera inválida a citação de pessoa física ou jurídica realizada na pessoa sem poderes de representação. Inobstante parte da jurisprudência, com fundamento na teoria da aparência, considerar válida e eficaz a citação recebida por quem se apresenta como representante legal da empresa e recebe a citação sem ressalva quanto à inexistência de poderes de representação em juízo.

A cláusula *ad judicia* não confere poderes ao advogado para receber citação. Exceção a esta regra decorre de lei que autoriza o advogado com cláusula *ad judicia* a receber citação: a) em nome dos opostos (art. 57); b) em nome do reconvindo (art. 316); c) em nome do embargado, na execução (art. 740); d) em nome do embargado, na ação de embargos de terceiro, por interpretação extensiva do CPC, art. 316 e art. 1.057 parágrafo único; e) citação do requerido, na ação de habilitação de herdeiro (CPC, art. 1.057 parágrafo único).

Se o réu estiver ausente, a citação poderá ser feita na pessoa de seu mandatário, administrador, feitor ou gerente, quando a ação se originar de atos por eles praticados, conforme determina o art. 215, §1º, do Código de Processo Civil [o §1º do art. 211 do Projeto nº 166 do Senado repete o dispositivo].

Se a ação for proposta contra locador, se ele se ausentou do país e não cientificou o locatário de que deixou no local do imóvel procurador com poderes para receber citação, ele poderá ser citado na pessoa do administrador do imóvel, encarregado do recebimento dos aluguéis, conforme prevê o art. 215, §2º, do

Código de Processo civil [o §2º do art. 211 do Projeto nº 166 do Senado repete o dispositivo].

9.5 Local onde se realiza a citação

A citação pode ocorrer em qualquer lugar onde o réu for encontrado, conforme determina o art. 216 combinado com o art. 226, ambos do Código de Processo Civil [no mesmo sentido o *caput* do art. 212 do Projeto nº 166 do Senado]. Há quem discorde, como Nelson Nery Junior, para quem a citação deve ser feita no domicílio do réu (*citação ad domum*) e somente na impossibilidade de isto se verificar é que pode ser realizada onde o réu for encontrado.[1]

9.6 Casos em que a citação não se realiza

A citação não deverá ser realizada, no entanto, em algumas situações por significar uma falta de consideração a certos valores, tais como:

I – a quem estiver assistindo a qualquer culto religioso; II – ao cônjuge ou qualquer parente do morto, consangüíneo ou afim, em linha reta ou na linha colateral em segundo grau, no dia do falecimento e nos sete (7) dias seguintes. III – aos noivos, nos três (3) primeiros dias de bodas; IV – aos doentes, enquanto grave o seu estado [no mesmo sentido estabelece o art. 213, *caput* e incisos, do Projeto nº 166 do Senado, apenas com a inclusão do companheiro no inciso II].

A citação também não será feita a quem estiver impossibilitado permanentemente de recebê-la, como nos casos de demência, moléstia permanente como paralisia, cegueira, surdo-mudez, arteriosclerose.

Nesse caso, o procedimento a ser observado na hipótese requer (I) a descrição minuciosa do estado pelo oficial de justiça;

---

[1] NERY JUNIOR; NERY, 2008, p. 466.

(II) a designação de um médico para examinar o citando; (III) a apresentação de um laudo; (IV) a designação de um curador para atuação restrita à causa, observada a ordem estabelecida no art. 1.768 do CC (pai, mãe, cônjuge, qualquer parente). A citação será feita na pessoa do curador, a quem incumbirá a defesa do réu, nos termos do que dispõe o §3º do art. 218. Não há necessidade de prévia interdição do réu, e a interdição posterior não invalida a citação realizada [o art. 214 do Projeto nº 166 do Senado observou a mesma orientação, pois proibiu a citação do réu mentalmente incapaz ou impossibilitado de recebê-la e determinou a descrição e certificação da ocorrência pelo oficial de justiça; a nomeação judicial de médico para inspecionar o citando e apresentar laudo em cinco (5) dias e, reconhecida a impossibilidade, nomear-lhe um curador, observada a preferência estabelecida em lei para atuar na causa].

9.7 Classificação

A citação pode ser classificada em real e ficta.

A citação real assim se denomina porque existe a certeza de que o réu foi cientificado da propositura da ação. A citação real pode efetivar-se pelo correio, por oficial de justiça, por meio eletrônico [o art. 215 do Projeto nº 166 do Senado prevê como modalidades de citação: pelo correio, oficial de justiça e meio eletrônico, conforme regulado em lei. Ainda de acordo com o parágrafo único do art. 215, com exceção das micro e pequenas empresas, ficam obrigadas as empresas privadas ou públicas a criar endereço eletrônico destinado exclusivamente ao recebimento de citações e intimações, as quais serão efetuadas preferencialmente por esse meio].

A citação pelo correio passou a ser a regra. Não se admite, no entanto, em relação às ações que versem sobre questões de estado, como filiação, paternidade; quando o réu for incapaz ou pessoa de direito público; nos processos de execução, quando o réu residir em local não atendido pela entrega domiciliar de correspondência, ou quando o autor a requerer de outra forma [nesse sentido o art. 216 do Projeto nº 166].

A citação pelo correio pode ser feita para qualquer comarca do País. O juiz da causa pode determinar a citação pelo correio de réu domiciliado em outra comarca, sendo desnecessária a expedição de precatória (*RT* 573/157).

Da carta deverá constar o prazo para a resposta e advertência que a ausência de contestação implicará na aplicação dos efeitos da revelia, conforme dispõe a parte final do art. 285 do CPC [nesse sentido o §2º do art. 217 do Projeto nº 166].

A carta deverá ser entregue ao réu, pessoa física. Com efeito, a citação de pessoa física pelo correio deve obedecer ao disposto no art. 223, parágrafo único do Código de Processo Civil, o que torna necessária a entrega direta ao destinatário, de quem o carteiro deve colher o ciente [nesse sentido o §1º do art. 217 do Projeto nº 166 do Senado: "A carta será registrada para entrega ao citando, exigindo-lhe o carteiro, ao fazer a entrega, que assine o recibo. Sendo o réu pessoa jurídica, será válida a entrega a pessoa com poderes de gerência geral ou de administração"]. Porventura, subscrito o aviso por pessoa diversa do réu, incumbe ao autor o ônus de provar que o réu, embora sem assinar o aviso, teve ciência da demanda que foi ajuizada contra ele.

Com relação à pessoa jurídica, a carta deve ser entregue a quem tenha poderes de gerência ou administração, conforme dispõe a parte final do parágrafo único do art. 223 do CPC, embora a jurisprudência mais recente do Superior Tribunal de Justiça tenha relevado essa exigência e admitido como válida a citação postal de pessoa jurídica recebida por empregado, dispensada a existência de poderes de representação.

A citação feita pelo oficial de justiça passa a ser subsidiária; ela não constitui mais a regra e sim a exceção. Cabe a citação por oficial de justiça: a) nos casos em que não cabe a citação pelo correio; b) quando frustrada a citação pelo correio; c) quando a parte assim o requereu [idêntica orientação foi perfilhada pelo art. 218 do Projeto nº 166: "A citação será feita por meio de oficial de justiça nos casos ressalvados neste Código ou na lei, ou quando frustrada a citação pelo correio"].

O mandado de citação a ser cumprido pelo oficial de justiça deve atender aos requisitos previstos no art. 225 do CPC, entre eles: os nomes das partes, os respectivos domicílios ou residências; o fim da citação, com todas as especificações constantes da petição inicial, bem como a advertência a que se refere o art. 285, segunda parte, se o litígio versar sobre direitos disponíveis; a cominação de pena pecuniária, se assim o foi estipulado na decisão; o dia, hora e lugar do comparecimento nas causas de procedimento sumário; a cópia do despacho; o prazo para defesa; a assinatura do escrivão e a declaração de que o subscreve por ordem do juiz. A falta de algum dos requisitos que dificulte ou impossibilite a defesa acarreta a nulidade da citação, o que significa que não é qualquer inobservância que pode levar à nulidade da citação, mas apenas aquela substancial, relevante, que prejudique o exercício do direito de defesa do réu.

9.8 Procedimento

O oficial deve atuar da forma prevista no art. 226 do CPC. Compete-lhe: ler o mandado e entregar a contrafé; declarar se o réu a recebeu ou recusou-se a recebê-la; obter a nota de ciente ou certificar que o réu não a apôs no mandado [idêntica orientação foi acolhida pelo art. 220 do Projeto nº 166 do Senado].

9.9 Citação ficta

Na citação ficta não existe a certeza jurídica, mas a suposição de que a notícia da ação chegou ao conhecimento do réu. São espécies de citação ficta a citação por hora certa e a citação por edital.

9.9.1 Espécies

9.9.1.1 Citação por hora certa

A citação por hora certa pressupõe a frustração da citação pessoal por oficial de justiça. A citação por hora certa deve atender aos seguintes requisitos:

a) o réu deve ter sido procurado em sua residência (citação *ad domum*), ou em seu domicílio, que pode implicar no local de trabalho;

b) a procura pelo réu ocorreu por três vezes, em dias e horários diferentes, de tal sorte que se consolidou alta probabilidade de encontrá-lo em uma das vezes;

c) há a suspeita fundada de que o réu se oculta para evitar a citação;

d) o oficial de justiça deve certificar pormenorizadamente, em que consistiu referida suspeita, de modo a permitir o controle do seu ato pelo juiz;

e) o oficial diante da suspeita de que o réu se oculta para evitar a citação deve intimar a qualquer pessoa da família, ou em sua falta a qualquer vizinho que, no dia imediato voltará, a fim de efetuar a citação na hora que designar;

f) no dia e hora designados, o oficial de justiça comparecerá no local do réu a fim de realizar a diligência, citando-o se estiver presente ou informar-se das razões da ausência, considerando feita a citação;

g) lavrar certidão do ocorrido e deixar contrafé com pessoa da família ou com qualquer vizinho, declarando-lhe o nome. A citação por hora certa deve ser entregue à mesma pessoa que recebeu a intimação do oficial no dia anterior;

h) deve o escrivão remeter ao réu a carta, telegrama ou radiograma, de hora certa lhe dando de tudo ciência, para o aperfeiçoamento da citação, sem o que não é válida, nem regular.

[A mesma orientação restou consignada nos arts. 221 e 222 do Projeto nº 166 do Senado Federal que dispõe sobre a reforma do CPC].

9.9.1.2 Citação por edital

A citação por edital é aquela feita pela imprensa. Ela pressupõe o esgotamento das tentativas de localização pessoal do réu.

A citação por edital cabe nas hipóteses em que o réu é desconhecido ou incerto, está em local ignorado, incerto ou inacessível. Considera-se inacessível, para efeito de citação por edital, o país que recusar o cumprimento de carta rogatória, conforme dispõe o §1º do art. 231 do CPC [idêntica orientação foi perfilhada pelo art. 225 do Projeto nº 166 do Senado Federal].

A citação por edital requer o preenchimento dos requisitos descritos no art. 232 do Código de Processo Civil, entre eles:

A afirmação do autor, ou a certidão do oficial, quanto a ser desconhecido, incerto o réu ou estar ele em local ignorado, incerto ou inacessível: cumpre esclarecer, no entanto, que cabe ao juiz averiguar a afirmação do autor de se encontrar o réu em local incerto e não sabido, se existem elementos nos autos que indiquem o contrário.

Nula, por outro lado, é a citação por edital, embora o oficial de justiça tenha certificado que o réu não foi encontrado no domicílio descrito no contrato, se houver nos autos outros endereços onde o réu poderia ter sido procurado.

A afixação do edital na sede do juízo, certificada pelo escrivão: a ausência de certificação pelo escrivão constitui, no entanto, mera irregularidade que não vicia a citação.

A publicação do edital no prazo máximo de quinze (15) dias, uma vez no órgão oficial e pelo menos duas vezes em jornal local, onde houver: o preceito é obrigatório, nos termos do art. 247 do CPC. Nula a citação por edital se as publicações não forem feitas no prazo de quinze (15) dias [o Projeto nº 166 do Senado, no inciso II do art. 226, determinou fosse o edital publicado no sítio eletrônico do tribunal respectivo, embora no parágrafo único permitiu ao juiz, considerada as peculiaridades da comarca ou da seção judiciária, determinar outros meios de publicação do edital].

A determinação, pelo juiz, do prazo, que variará entre vinte (20) e sessenta (60) dias, correndo da data da primeira publicação.

O edital para ser válido deve conter, no mínimo, o fundamento do pedido e o pedido com suas especificações, de sorte a possibilitar que o réu tome conhecimento do que se pede contra ele e do que deve se defender.

A parte que requerer dolosamente a citação por edital indevida está sujeita a multa de cinco (5) vezes o salário mínimo vigente na sede do juízo, que reverterá em favor do citando, conforme dispõe o art. 233 do Código de Processo Civil, fora a sanção de nulidade do processo a que estará sujeita [a mesma orientação foi acolhida pelo art. 227 do Projeto nº 166 do Senado de reforma do CPC].

Capítulo 10

Da Resposta do Réu

10.1 Considerações gerais

Após a citação o réu pode permanecer inerte ou omisso, situação que será caracterizada como revelia; reconhecer o pedido e, com isso, dar causa à extinção do processo; defender-se; opor-se ao pedido do autor.

A defesa é um direito público subjetivo garantido constitucionalmente como consequência do devido processo legal. Em nada se diferencia do direito de ação, exceto quanto à posição das partes. O autor ataca e o réu se defende. O exercício da defesa é um ônus e não uma obrigação. Também é um direito. Depois de citado, o réu pode opor-se à extinção do processo.

Num sentido amplo, qualquer defesa do réu (processual ou de mérito) pode ser chamada de exceção. *Exceção* é sinônimo de defesa. O CPC utiliza o termo *exceção* para designar a forma de defesa que tem por objetivo assegurar a imparcialidade ou a competência do magistrado, mas que resulta numa dilatação do tempo de duração do processo, pois se aceita e acolhida não irá extinguir a relação jurídica processual, como ocorre com a exceção de incompetência, a exceção de impedimento ou de suspeição do juiz, o termo *contestação* para designar todas as demais defesas contra o processo ou o mérito, que podem ser arguidas pelo réu e o termo *reconvenção* que se caracteriza por ser uma ação do réu contra o autor, desde que haja conexão entre a ação e a reconvenção.

10.2 Exceções

O réu no prazo de resposta poderá alegar vício que afeta a relação jurídica processual, referentemente à figura do juiz ou o órgão do qual ele seja o agente. O réu poderá deduzir por meio de exceção a: incompetência relativa do órgão; a suspeição ou ainda o impedimento do juiz.

10.2.1 Hipóteses

a) *A exceção de incompetência relativa* pode ser apresentada quando o réu constata que o autor promoveu a ação perante juízo considerado relativamente incompetente, em razão do território ou do valor da causa.

b) *A exceção de suspeição* pode ser apresentada na presença de uma das situações subjetivas que indicam presunção relativa de parcialidade do juiz, previstas no art. 135 do CPC. [O Projeto de Lei do Senado nº 166, de 2010, que dispõe sobre a reforma do CPC, no art. 125, subtraiu duas hipóteses de suspeição do CPC/73 — quando alguma das partes for credora ou devedora do magistrado, de seu cônjuge ou companheiro ou de parentes destes, em linha reta até o terceiro grau, inclusive; herdeiro presuntivo, donatário ou empregador de alguma das partes — e as transportou para as hipóteses de impedimento].

c) *A exceção de impedimento* pode ser gerada por elementos definidos em lei com base em motivos objetivos que indicam presunção absoluta de parcialidade do juiz, previstos no art. 134 do CPC: processo de que for parte; em que interveio como mandatário da parte, oficiou como perito, como órgão do ministério público ou prestou depoimento como testemunha; quando nele estiver postulando, como advogado da parte, o seu cônjuge ou qualquer parente seu.
[O Projeto de Lei do Senado nº 166, de 2010, que dispõe sobre a reforma do CPC deslocou duas hipóteses de suspeição no CPC/73 e as transportou para as hipóteses de impedimento, previstas no art. 124 do CPC: quando alguma das partes for credora ou devedora do magistrado, de seu cônjuge ou companheiro ou de parentes destes, em linha reta até o terceiro grau, inclusive; herdeiro presuntivo, donatário ou empregador de alguma das partes].

10.2.2 Procedimento

10.2.2.1 Da exceção de incompetência

A exceção de incompetência no procedimento comum ordinário deverá ser proposta no prazo de resposta ou no prazo preclusivo de 15 (quinze) dias, contados da data do conhecimento do fato, se superveniente.

A exceção de incompetência deverá ser deduzida em peça autônoma, fundamentada e instruída, devendo o excipiente indicar, nesta, o juízo para o qual declina a ação, conforme prevê o art. 307 do CPC, sob pena de a exceção ser considerada inepta e indeferida, se não houver emenda indicadora do foro ou juízo declinado.

A exceção de incompetência manifestamente improcedente pode ser indeferida liminarmente, conforme permite o art. 310 do CPC, e desta decisão cabe o recurso de agravo de instrumento ou retido,[1] que se não for interposto acarretará a prorrogação da competência.

Recebida a exceção de incompetência para discussão, suspende-se o processo e concede-se ao excepto o prazo de 10 (dez) dias para manifestar-se (art. 308 do CPC). A intimação do excepto será feita na pessoa do advogado.

A exceção deverá ser decidida no prazo de 10 (dez) dias. Esse prazo é impróprio, já que o seu descumprimento não acarreta nenhuma sanção.

Aceita a exceção, os autos serão remetidos ao juiz competente (art. 311 do CPC); negada a exceção, os autos permanecerão com o mesmo juiz.

Em um ou noutro caso recomeça a correr, pelo remanescente, o prazo para resposta que sobejar a partir da respectiva intimação.

10.2.2.1.1 Efeitos

Antes de ser julgada, a exceção de incompetência produz apenas o efeito de suspender o curso do processo.

Julgada procedente, a exceção produz o efeito de transferir o julgamento da causa de um juízo a outro (art. 311 do CPC), sem a necessidade de anulação dos atos decisórios praticados, que permanecem válidos.

[1] O VI Encontro Nacional dos Tribunais de Alçada, pelo enunciado 58, deixou assentado que o recurso cabível seria apenas o de agravo de instrumento e não o de agravo retido. Diz o referido enunciado: "O agravo de instrumento é o recurso adequado contra as decisões que julgam a impugnação ao valor da causa, que apreciam a incompetência relativa e que liminarmente indeferem a reconvenção".

[O Projeto de Lei do Senado nº 166, de 2010, que dispõe sobre a reforma do CPC, no art. 327, II, põe fim à exceção de incompetência relativa ao dar-lhe o mesmo tratamento da incompetência absoluta e admitir seja arguida como matéria preliminar na contestação, de modo a eliminar a autuação em apartado. Destarte, aprovado o Projeto ora mencionado, a incompetência relativa não mais deverá ser alegada em apartado, mas como preliminar na contestação].

10.2.2.2 Da exceção de suspeição e impedimento

As exceções de suspeição e de impedimento receberam tratamento unificado pelos arts. 312 a 314 do CPC.

A exceção de impedimento ou suspeição será oferecida no prazo de resposta (art. 297 do CPC) ou no prazo de quinze dias, contado do fato, nas hipóteses de suspeição ou impedimentos supervenientes (art. 305 do CPC).

A petição deverá ser fundamentada e instruída com documentos e rol de testemunhas (art. 312 do CPC).

Diverge a jurisprudência a respeito da necessidade de procuração com poderes específicos para opor exceção de suspeição ou de impedimento. O CPC não exige no art. 38. O CPP, no art. 98, exige. Recomenda-se pelas conotações que envolvem e pelos consectários que dela podem advir.

O juiz ao receber a petição poderá de plano reconhecer-se suspeito ou impedido e remeter os autos ao seu substituto legal (art. 315 do CPC).[2]

[2] "a remessa dos autos ao substituto legal automático não implica negação de competência. Discordando de seu colega, o magistrado destinatário não pode suscitar conflito de competência, pois competente continua sendo o juízo para o qual foi distribuída originariamente a causa, alterando-se apenas a direção do processo. O impedimento e a suspeição são relativos à pessoa física do juiz, ao passo que o conflito de competência é relativo ao órgão jurisdicional. A providência administrativa que decorre dessa remessa é a compensação na distribuição dos autos" (NERY JUNIOR; NERY, 2008, p. 805).

Não pode o juiz indeferir liminarmente a exceção sob o pretexto de ser manifestamente improcedente. Isso porque o juiz excepto não pode julgar o incidente porque é parte, figura no polo passivo da exceção.

O magistrado que não reconhece de plano sua suspeição ou impedimento deve declarar suas razões e remeter os autos da exceção, autuada em apartado (art. 299 do CPC), ao Tribunal.

A decisão do magistrado que remete os autos da exceção para o Tribunal é irrecorrível.

O Tribunal poderá a) desacolher a exceção, arquivando-a ou b) julgá-la procedente, remeter os autos ao substituto legal e condenar o juiz nas custas.

O juiz excepto é parte passiva na exceção. Tem legitimidade para recorrer do acórdão que julgou a exceção, sem a necessidade de contratar advogado.

10.2.3 Ausência de preclusão

A falta do ajuizamento da exceção de suspeição ou de impedimento não gera preclusão para o magistrado que a qualquer tempo pode se declarar suspeito ou impedido.

A exceção por suspeição preclui para a parte, a de impedimento não. A parte pode alegá-la a qualquer momento, embora não mais sob a forma de exceção.

[O Projeto de Lei do Senado nº 166, de 2010, que dispõe sobre a reforma do CPC, no art. 126, cuida do procedimento de alegação de impedimento ou de suspeição, mediante petição específica, dirigida ao juiz da causa, com indicação do fundamento da recusa, documentos que comprovam o alegado e rol de testemunhas.

O protocolo da petição suspende a tramitação do processo (art. 116 §1º).

O juiz ao despachar a petição pode a) reconhecer o impedimento ou a suspeição e ordenar a remessa dos autos ao seu substituto legal; b) recusar o impedimento ou a suspeição, caso em que determinará a autuação em apartado da petição e no prazo de 10 (dez) dias deve dar suas razões, juntar documentos, arrolar testemunhas e remeter os autos ao tribunal (art. 126 §2º).

O tribunal, por sua vez, a) arquivará o procedimento se constatar de plano ser infundada a alegação de impedimento ou de suspeição; b) acolherá o pedido, condenará o juiz a ressarcir as custas e remeterá os autos ao substituto legal; c) declarará a nulidade das decisões praticadas na constância do motivo que deu origem ao impedimento ou suspeição (art. 126 §§3º e 4º)

Os motivos de impedimento e suspeição são aplicados: a) ao membro do Ministério Público; b) ao serventuário da justiça; c) ao perito; d) ao intérprete; e) ao mediador e ao conciliador judicial; f) aos demais sujeitos imparciais do processo (art. 128)].

10.3 Contestação

10.3.1 Conceito

A contestação é a resposta do réu à ação do autor, constitui instrumento formal da defesa do réu contra o processo e contra o mérito. Salvo as poucas defesas processuais que devem ser suscitadas por via de exceção, todas as demais devem ser apresentadas na contestação.

10.3.2 Princípio que a informa

O princípio *da concentração da defesa* na contestação, que *decorre do princípio da eventualidade*, determina deva o réu alegar tudo o que seja útil a sua defesa, sob pena de preclusão.

Segundo o princípio da eventualidade acolhido no CPC, deve o réu aduzir toda a sua defesa na contestação, pois depois ficará impedido de deduzir qualquer outra matéria de defesa, salvo as hipóteses do art. 303 do CPC, consistentes em alegações fundadas em direito superveniente, questões de ordem pública ou quando houver expressa autorização legal, como no caso da prescrição que pode ser alegada em qualquer instância [dispõe o art. 325 do Projeto nº 166 do Senado Federal que "incumbe ao réu alegar, na contestação, toda a matéria de defesa (...)].

10.3.3 Requisitos da contestação

10.3.3.1 Requisitos formais

A contestação pode ser escrita ou oral no procedimento sumário e escrita no procedimento ordinário. A contestação é dirigida ao juiz da causa, da qual constarão os nomes e prenomes das partes, bem como a indicação do cartório para o qual foi distribuída a ação, o instrumento de mandato e o endereço em que o advogado receberá intimação.

[Segundo o Projeto de Lei do Senado nº 166, de 2010, o réu poderá oferecer contestação em petição escrita, no prazo de quinze (15) dias contados da audiência de conciliação ou não a havendo a partir da juntada do instrumento de citação (art. 324)].

10.3.3.2 Requisitos intrínsecos

A contestação deve alegar toda a matéria de defesa, expondo as razões de fato e direito, com que impugna o pedido do autor.

[No Projeto de Lei do Senado nº 166, de 2010, a contestação também está sujeita ao princípio da eventualidade, pois, nos termos do art. 325, incumbe ao réu alegar na contestação toda a matéria de defesa, expor as razões de fato e de direito com que impugna o pedido do autor, especificar as provas que pretende produzir].

A contestação deverá conter manifestação precisa e específica sobre os fatos narrados na petição inicial (CPC, art. 302).

A contestação deve realizar uma *impugnação específica dos fatos arguidos na inicial*, sob pena de presumirem-se verdadeiros.

É proibida a contestação por negação geral, exceto nas situações previstas no art. 302, I, II e III, como:

I – se não for admissível a respeito dos fatos a confissão, como no caso de a lide versar sobre direitos indisponíveis. Nesta categoria encontram-se as questões de estado e capacidade das pessoas, bem como as situações que ensejam a formação de litisconsórcio unitário.

II – se a petição não estiver acompanhada do instrumento público que a lei considerar da substância do ato. A falta de impugnação do réu não acarreta a presunção de veracidade dos fatos que devem ser provados por documentos públicos. Ex.: casamento.

III – se estiverem em contradição com a defesa, considerada em seu conjunto. Cabe ao juiz verificar se entre os fatos alegados pelo autor e pela defesa, em seu conjunto, há contradição, reconhecendo que existe não poderá presumir os fatos não impugnados especificadamente como verdadeiros.

[O Projeto de Lei do Senado nº 166, de 2010, repete este dispositivo no art. 329 ao determinar, como regra, incumbir ao réu manifestar-se precisamente sobre os fatos narrados na petição inicial, pena de serem presumidos verdadeiros, exceto se: a) não for admissível, a seu respeito, a confissão; b) a petição inicial não estiver acompanhada do instrumento público considerada pela lei da substância do ato; c) estiver em contradição com a defesa, considerada em seu conjunto].

Diversas pessoas estão isentas do ônus de impugnar especificadamente os fatos alegados pelo autor. O Código de Processo Civil no art. 302 dispensa do ônus de impugnação específica dos fatos o advogado dativo, o curador especial, o órgão do Ministério Público, por que eles podem não estar ou não ter estado em contato suficiente com a parte contestante.

[O Projeto de Lei do Senado nº 166, de 2010 no parágrafo único do art. 329 dispensa o defensor público, o advogado dativo, o curador especial e o membro do Ministério Público do ônus da impugnação específica].

10.3.4 Formas de defesa

Todo pedido na relação processual deve ser apreciado sob a perspectiva da admissibilidade e a perspectiva da procedência.

Na perspectiva da admissibilidade, temos a *defesa eminentemente processual ou defesa de rito ou defesa contra o processo, v.g.* as preliminares sobre a regularidade do processo ou condições da ação e *a defesa de mérito,* na qual o réu opõe-se à pretensão do autor, que pode ser complementada pelo chamamento ao processo, denunciação da lide e reconvenção.

10.3.4.1 Defesa processual

A defesa processual consiste nas alegações que o réu formula para impedir o julgamento da causa.

10.3.4.1.1 Espécies de defesas processuais

A defesa *processual* pode ser *peremptória,* isto é, se acolhida a defesa põe-se fim ao processo e obriga-se o autor a propor nova ação, como a alegação de falta de condição da ação ou pressupostos processuais.

A *defesa peremptória* classifica-se em *absoluta* quando ela torna impossível, em qualquer hipótese, o exame de mérito, como no caso de litispendência, coisa julgada e perempção; e *relativa* a que obriga que se instaure nova relação processual, mas não impede que em outro processo o juiz decida o mérito do pedido, como nos casos do art. 301, incisos II, VIII, X e XI: inépcia da petição inicial; incapacidade da parte, defeito de representação ou falta de autorização; carência de ação; falta de caução ou de outra prestação, que a lei exige como preliminar.

A defesa processual pode ser *dilatória,* isto é, quando a defesa apenas amplia ou dilata o processo, retardando o pronunciamento sobre o mérito, como a exceção de incompetência absoluta.

[A exemplo do que ocorre no art. 301 do CPC de 1973, o Projeto de Lei do Senado nº 166, de 2010, tem um dispositivo semelhante no art. 327, que repete todas as hipóteses do art. 301, e acrescenta como matéria preliminar a incompetência relativa (II), a incorreção do valor da causa (III), a indevida concessão do benefício da gratuidade de justiça (XIII), para, com isso, reduzir o número de autuações em apartado e incidentes].

10.3.4.2 Defesa de mérito

10.3.4.2.1 Conceito

A defesa de mérito traduz de forma direta e frontal a resistência que o réu opôs extraprocessualmente à prevalência dos interesses do autor e, por isso, constitui a verdadeira e fundamental antítese à pretensão que o autor deduz no pedido.

A defesa de mérito é absolutamente peremptória.

10.3.4.2.2 Espécies

A defesa de mérito pode ser direta quando nega os fatos alegados pelo autor ou os efeitos jurídicos dos fatos por ele pretendidos.

A defesa de mérito ocorre pela refutação dos fatos ou pela refutação dos efeitos jurídicos dos fatos.

A defesa de mérito indireta é a que opõe fatos impeditivos, modificativos ou extintivos do direito do autor.

A defesa de mérito indireta amplia o tema do debate processual e da decisão fixada no pedido.

A contestação deve, ainda, indicar as espécies de prova que pretende produzir, conforme dispõe o art. 300 do CPC.

10.3.4.2.3 Prazo para a contestação

É de 15 (quinze) dias, a contar da citação devidamente cumprida o prazo para contestar a ação. Tal prazo pode ser contado em dobro se houver litisconsortes com procuradores diversos e em quádruplo para a Fazenda Pública e o Ministério Público, conforme determina o art. 188 do Código de Processo Civil.

10.4 Reconvenção

10.4.1 Conceito

A reconvenção é a ação judicial proposta pelo réu contra o autor no mesmo processo e juízo em que é demandado, para modificar ou excluir o pedido constante da inicial.

10.4.2 Requisitos

A reconvenção requer competência do juiz para a causa principal e para a reconvenção, o que indica que só será aceita a reconvenção se o juiz da causa principal também tiver competência para julgar a reconvenção.

Deve haver compatibilidade entre o rito procedimental da ação principal e o rito procedimental da ação reconvencional.

O processo principal deve estar pendente, isto é, não ter recebido solução e haver conexão entre a reconvenção e a ação principal ou algum dos fundamentos da defesa.

10.4.3 Prazo para reconvenção

A reconvenção deve ser deduzida no prazo da resposta. Não há necessidade de o réu contestar a ação para reconvir. Se o réu quiser contestar e reconvir deve fazê-lo *simultaneamente*, isto é, na mesma oportunidade processual, sob pena de ocorrer *preclusão consumativa*. É a regra do art. 299 do CPC: *a contestação e a reconvenção serão oferecidas simultaneamente*.

10.4.4 Forma

A reconvenção deve ser deduzida em peça autônoma da contestação, sob a forma de petição inicial (art. 299 do CPC). Caso a contestação contenha inequivocamente uma reconvenção, pode ser conhecida como tal (*RTJ* 99/671), embora haja quem entenda ser o caso de indeferimento da reconvenção por inépcia. (*JTACivSP* 126/62).

10.4.5 Distribuição por dependência

A petição inicial da ação reconvencional deverá ser despachada pelo juiz da causa principal, que mandará distribuí-la por dependência.

10.4.6 Parte ativa

Somente o réu pode reconvir ao autor. É denominado reconvinte.

Se a reconvenção reclama litisconsórcio necessário ativo deverá o réu associar-se ao litisconsorte para poder ajuizar a demanda reconvencional. Há entendimento contrário que não admite que o reconvinte traga outras pessoas para litigar com o reconvindo.

O assistente simples e o assistente litisconsorcial não podem deduzir pedido autônomo, razão pela qual não têm legitimidade para reconvir.

O curador especial não pode reconvir, o múnus do curador especial é atuar como defensor do réu revel, não lhe sendo atribuída legitimidade para exercer direito ativo de ação.

10.4.7 Parte passiva

O réu da reconvenção é o autor da ação principal.

Não se admite reconvenção contra o autor e contra quem não é parte na ação principal. (Daí porque não se admite numa ação reivindicatória, a reconvenção propondo ação de usucapião porque haveria inclusão de réus diversos dos autores da reivindicatória). Há controvérsias, há os que admitem que possa ser ajuizada reconvenção contra o autor da ação principal e terceiro.

10.4.8 Interesse processual

Não há interesse em reconvir quando o réu puder obter o mesmo bem da vida pleiteado em reconvenção por meio de contestação, como nos casos de ações dúplices: ações possessórias; prestações de contas, renovatórias de locação; procedimento sumaríssimo.

10.4.9 Recurso do indeferimento liminar

Considera-se um único processo a ação principal e a reconvenção. Assim, o indeferimento liminar da reconvenção caracteriza decisão interlocutória, que comporta o recurso de agravo de instrumento.

10.4.10 Contestação do autor reconvindo

A intimação para contestar dar-se-á na pessoa do advogado. Não há necessidade que o advogado tenha poderes especiais para receber a citação.

A não contestação da reconvenção implicará na revelia.

O autor reconvindo pode apresentar resposta ao pedido reconvencional e não apenas contestação.

O autor reconvindo poderá utilizar-se dos institutos da intervenção de terceiros, especialmente da denunciação da lide e do chamamento ao processo, desde que observados os requisitos legais. Não poderia valer-se da nomeação à autoria, porque se afastaria da lide reconvencional, que tramitaria entre o reconvinte e um terceiro que não é parte na ação principal.

10.4.11 Reconvenção de reconvenção

A lei processual não veda, sendo cabível em tese, como uma das formas de resposta do reconvindo.

10.4.12 Autonomia da reconvenção

Existe plena autonomia da reconvenção em relação à ação principal. A extinção da ação principal não obsta ao prosseguimento da reconvenção e vice-versa, conforme dispõe o art. 317 do CPC. A autonomia da reconvenção é um traço distintivo dela com a ação declaratória incidental.

10.4.13 Julgamento conjunto

Dispõe o art. 318 do CPC que a ação principal e a reconvenção devem ser julgadas juntas. Nula é a sentença que julga apenas a ação principal e deixa de julgar a reconvenção.

Admite-se o julgamento antecipado somente se ambas as ações (principal e a reconvenção) estiverem em condições de serem julgadas antecipadamente. Se apenas uma dela estiver apta ao julgamento antecipado, deve-se aguardar.

O vencido na ação de reconvenção suporta o ônus decorrente da sucumbência na demanda secundária, independentemente do resultado e da sucumbência na ação principal.

[O Projeto de Lei do Senado nº 166, de 2010, torna desnecessária e, portanto, não contempla o instituto da reconvenção, pois no art. 326 autoriza o réu formular pedido contraposto para manifestar pretensão própria, conexa com a ação principal ou com o fundamento da defesa, hipótese em que o autor será intimado, na pessoa do seu advogado, para responder, no prazo de quinze (15) dias.

Com o nítido propósito de internalizar na mesma relação jurídica a pretensão conexa contraposta do réu concede seguimento, mesmo quando ocorra a desistência da ação ou a ocorrência de causa extintiva (art. 326 §2º)].

10.5 Revelia

10.5.1 Conceito

A revelia pode ser definida como a consequência jurídica aplicada ao réu que não contesta a ação ou a contesta de forma deficiente, de modo que com ela não se desincumbe do ônus de impugnar especificamente os fatos alegados pelo autor.

[O Projeto de Lei do Senado nº 166, de 2010, no art. 331 cuida da revelia: "Se o réu não contestar a ação, considerar-se-ão verdadeiros os fatos afirmados pelo autor, desde que as alegações deste sejam verossímeis"].

10.5.2 Hipóteses

A revelia pode ser aplicada quando a) o réu não contesta a ação; b) o réu a contesta fora do prazo; c) o réu a contesta, mas não impugna os fatos narrados pelo autor na inicial.

10.5.3 Classificação

A revelia pode ser *total ou parcial*, a depender do fato de o réu deixar de impugnar algum ou alguns dos fatos articulados pelo autor na petição inicial.

A revelia pode ser formal, quando não há a contestação ou *substancial*, quando há contestação, mas o réu a contesta genericamente.

10.5.4 Efeitos da revelia

a revelia produz o efeito de presumir verdadeiros os fatos afirmados pelo autor na petição inicial. Essa presunção é relativa.

A revelia torna desnecessária a intimação do revel dos atos processuais subsequentes.

10.5.5 Não ocorrência dos efeitos da revelia

Nas hipóteses descritas do art. 320 do CPC não ocorre os efeitos da revelia:

a) se houve contestação do corréu, desde que os interesses dos corréus sejam comuns;
b) direito indisponível. Nesse caso o autor deverá provar os fatos constitutivos de seu direito;
c) ausência de documento indispensável à prova do ato;
d) quando houver contestação genérica por curador especial.

[O Projeto de Lei do Senado nº 166, de 2010, com redação parecida à do CPC de 1973, no art. 333, afasta os efeitos da revelia se a) houver pluralidade de réus e algum deles contestar a ação; b) o litígio versar sobre direitos indisponíveis; c) a petição inicial não estiver acompanhada de instrumento público que a lei considere indispensável à prova do ato].

10.5.6 Levantamento da revelia

A intervenção do revel no processo retira os efeitos da revelia. Deve ser intimado a partir daí de todos os atos do processo (art. 322).

[O Projeto de Lei do Senado nº 166, de 2010, que dispõe sobre a reforma do CPC, no art. 333, parágrafo único, prevê que o revel poderá intervir no processo em qualquer fase, recebendo-o no estado em que se encontrar].

Capítulo 11

Das Providências Preliminares

Sumário: **11.1** Considerações gerais – **11.2** Ação declaratória incidental

11.1 Considerações gerais

Após a resposta do réu, os autos são remetidos ao magistrado para que ele tome as providências consideradas preliminares pelo próprio Código de Processo Civil porque necessariamente devem anteceder à instauração da audiência de instrução e julgamento.

No CPC de 1973 diversas providências preliminares foram previstas, algumas de iniciativa do magistrado, como a) a verificação ou não dos efeitos da revelia, com a consequente especificação de provas que o autor pretenda produzir na audiência; b) a abertura de vista para que o autor se manifeste sobre os fatos impeditivos, modificativos e extintivos do seu direito ou sobre preliminares arguidas pelo réu na contestação, enquanto outras de iniciativa do interessado, como a ação declaratória incidental.

[O Projeto de Lei do Senado nº 166, de 2010, no capítulo IX do Livro I, cuida das seguintes "Providências Preliminares e do Saneamento": Da não incidência dos efeitos da revelia, nos arts. 335 e 336; Do fato impeditivo, modificativo ou extintivo do direito do autor, no art. 337; Das alegações do réu, no art. 338].

As providências preliminares de iniciativa do magistrado não demandam maiores esclarecimentos, pois constatado pelo magistrado que os efeitos da revelia não incidem no caso ou que o réu na contestação alegou fatos impeditivos, modificativos, extintivos de sua pretensão ou matérias preliminares, o despacho proferido será o de propiciar vista dos autos para que o autor se manifeste sobre os fatos e preliminares arguidas pelo réu na contestação e para especificar as provas que pretenda produzir. Já as providências preliminares do interessado, como a ação declaratória incidental, requerem alguns esclarecimentos.

11.2 Ação declaratória incidental

Os efeitos da imutabilidade da decisão conhecidos por "coisa julgada" recaem tão somente sobre o dispositivo da sentença, isto é, aquela parte da sentença que determina uma ordem, um comando, uma providência. Os motivos da sentença, isto é, as razões de fato e os fundamentos jurídicos que embasaram o dispositivo da sentença não são atingidos pela imutabilidade da coisa julgada, de modo que eles podem ser contrariados ou considerados diferentes num outro processo.

A exceção a esta regra ocorre quando se trata de assistente que por força do que dispõe o art. 55 do CPC submete-se à justiça da decisão e quando a questão prejudicial é objeto da interposição de ação declaratória incidental prevista nos arts. 5º e 325 do CPC.

Em processo chamamos de ponto a matéria a respeito da qual o juiz deve decidir. O ponto pode ser controvertido, isto é, autor e réu devem divergir sobre ele. O ponto controvertido chama-se questão e, portanto, a questão é matéria sobre a qual autor e réu discordam e que deve ser objeto de decisão do juiz. Só há questão depois de haver contestação do réu; sem contestação não se instaura a controvérsia.

No processo há questões que não se confundem com a questão de mérito. Essas questões são classificadas de prévias por antecederem lógica e cronologicamente o exame do mérito. Cuida-se de ponto controvertido que o magistrado deve analisar antes do mérito.

A questão prévia pode ser preliminar ou prejudicial.

Questão preliminar é aquela cujo exame cronologicamente antecede o exame de mérito, mas não o condiciona; se acolhida impede o exame do mérito, como a falta de uma das condições da ação.

Questão prejudicial é aquela que condiciona o exame do mérito. Ela determina ou condiciona o resultado da decisão de mérito e está associada à negação da causa de pedir remota da ação proposta, como no caso de numa ação de despejo por falta de pagamento o réu negar a existência do contrato de locação e sustentar a existência do contrato de comodato.

A questão prejudicial deverá ser analisada pelo juiz, mas o será *incidenter tantum* e não fará coisa julgada, de modo que pode ser rediscutida noutro. A ação declaratória incidental presta-se, no entanto, a ampliar os limites objetivos da coisa julgada para recair a imutabilidade também sobre os pontos controvertidos constitutivos de questões prejudiciais ao mérito. Não basta, no entanto, como adverte Cassio Scarpinella Bueno, para fins da declaratória incidental, que se trate de uma questão prejudicial qualquer, mas prejudicial ao mérito, à lide, ao objeto litigioso.[1]

A ação declaratória incidental está prevista no art. 5º do CPC. A ação declaratória incidental é pura ação declaratória positiva (é), ou negativa (não é), cujo propósito é fazer com que a questão prejudicial de mérito, que será apreciada *incidenter tantum*, necessariamente, pelo juiz, possa ser abrangida pela coisa julgada. Objetiva-se com ela, como dito, decisão principal sobre a relação jurídica prejudicial que influirá na decisão sobre o mérito, expandido, com isso, os limites objetivos da coisa julgada.[2]

A ação declaratória incidental pressupõe: a) a existência de uma ação e de um pedido que esteja subordinado a uma relação jurídica para a qual não se pede expressamente a declaração. Como ação incidental pressupõe lide pendente (litispendência);

---

[1] BUENO, v. 2, t. I, p. 180.

[2] Nesse sentido Nelson Nery Junior e Rosa Maria de Andrade Nery, *Código de Processo Civil comentado e legislação extravagante*. 10. ed., p. 174.

b) a existência de contestação que impugne a relação jurídica subordinante, isto é, que condiciona o exame do mérito; c) competência. O juiz da causa principal é também competente para a ação declaratória incidental, não se admitindo a declaratória incidental se o juiz for absolutamente incompetente para conhecê-la; d) compatibilidade de procedimento. A ação declaratória incidental deverá seguir o mesmo procedimento da ação principal; e) a existência de uma questão prejudicial

Qualquer uma das partes, autor e réu, opoente e oposto, pode propor a ação declaratória incidental. Os assistentes (simples e litisconsorcial) não têm legitimidade para propor a ação declaratória incidental porque ingressam no processo no estado em que se encontram e não podem fazer pedido próprio.[3]

O prazo para propô-la é o da resposta para os réus[4] e de 10 (dez) dias contados da intimação sobre a contestação do réu para o autor, nos termos do art. 325 do CPC.

A ação declaratória incidental tramita juntamente com a ação principal, em processo simultâneo, e é dependente da ação principal, de modo que a extinção da ação principal acarreta a extinção da ação declaratória incidental.

[O Projeto de Lei do Senado nº 166, de 2010, no capítulo IX do Livro I, cuida das "Providências Preliminares e do Saneamento", no qual disciplina apenas as providências preliminares de iniciativa do magistrado, como da não incidência dos efeitos da revelia, do fato impeditivo, modificativo ou extintivo do direito do autor e das alegações preliminares. Não há nenhuma referência à ação declaratória incidental, que no Projeto foi contemplada no art. 20 no capítulo que trata da Ação: "Se, no curso do processo, se tornar litigiosa relação jurídica de cuja existência ou inexistência depender o julgamento da lide, o juiz, assegurado o contraditório, a declarará por sentença, com força de coisa julgada"].

---

3 NERY JUNIOR; NERY, 2008, p. 175.

4 "não há, pela lei, prazo para que o réu formule o pedido e diante da lacuna a melhor solução é admitir que ele seja formulado no mesmo prazo da contestação" (BUENO, v. 2, t. I, p. 182).

Capítulo 12

Do Julgamento conforme o Estado do Processo, do Julgamento Antecipado da Lide, da Audiência Preliminar e de Conciliação

12.1 Do julgamento conforme o estado do processo

Após a resposta do réu e cumprida ou dispensada as providências preliminares, o magistrado deve observar se não é o caso de julgar o processo no estado em que se encontra, o que é possível nos casos em que cabe a extinção do processo sem resolução do mérito, por uma das situações descritas no art. 267, incisos I a X do CPC, ou com resolução do mérito, por uma das situações previstas no art. 269, inciso II (reconhecimento jurídico do pedido pelo réu) ou V (renúncia ao direito sobre que se funda a ação pelo autor).

Tais hipóteses ensejam o que a doutrina denomina de "extinção anômala do processo" prevista no art. 329 do CPC.[1]

[1] MARINONI; ARENHART, v. 2, p. 236.

[No Projeto nº 166 do Senado Federal foi mantida a extinção do processo. Segundo o art. 340 do referido Projeto "ocorrendo qualquer das hipóteses previstas nos arts. 472 e 474, incisos II a V, o juiz proferirá sentença". No art. 472 temos as hipóteses de julgamento sem resolução de mérito, e no art. 474 as hipóteses de julgamento com resolução de mérito, destacadas as seguintes: reconhecimento pelo réu da procedência do pedido (II); transação das partes (III); reconhecimento pelo juiz da prescrição ou da decadência (IV); renúncia pelo autor do direito que fundamenta sua ação (V)].

12.2 Do julgamento antecipado da lide

Julgar antecipadamente o mérito é decidir sobre a pretensão do autor antes mesmo do momento ordinariamente reservado para isso: ao fim da audiência de instrução e julgamento, prevista no art. 456 do CPC.[2]

Cuida-se, destarte, de solução extraordinária, pois ordinário é provar, e só nos casos estritos de desnecessidade da prova é que se antecipa o julgamento do mérito.[3]

No julgamento antecipado da lide impera a prudência do magistrado no exame da necessidade ou não da realização de prova em audiência, ante as circunstâncias da lide e a necessidade de não desrespeitar o princípio do contraditório. Por essa razão é que se admite, em tese, a determinação de ofício de produção de provas, mesmo que as partes tenham insistido no julgamento antecipado da lide.

Ir além do que dispõe o art. 330 do CPC significa prejudicar a parte em seu direito à prova, constitucionalmente assegurado, o que torna nula a sentença que julga antecipadamente o mérito, sem que estejam presentes os estritos pressupostos exigidos em lei.[4]

---

[2] DINAMARCO, v. 3, p. 554.
[3] DINAMARCO, v. 3, p. 556.
[4] DINAMARCO, v. 3, p. 556.

Inobstante presentes as condições que ensejam o julgamento antecipado da lide, é dever do magistrado assim proceder, de modo que ele não pode por mera conveniência postergar para fase ulterior a prolação da sentença.

O julgamento antecipado da lide pode ocorrer quando a) a questão de mérito for unicamente de direito, ou de direito e de fato, se não houver necessidade de produção de prova em audiência; b) quando ocorrer a revelia e seus efeitos, pois, como visto, as hipóteses descritas no art. 320 do CPC inibem os efeitos da revelia, assim como o comparecimento posterior do réu revel.

A razão pela qual se permite a antecipação do julgamento do mérito é a desnecessidade de produzir provas. Não se antecipa a decisão do mérito quando ainda faltarem esclarecimentos sobre pontos relevantes da demanda ou da defesa, mas apenas quando nenhuma prova lícita, tempestivamente requerida, seja necessária.[5]

Na primeira situação, temos o julgamento antecipado do mérito quando a "questão de mérito for unicamente de direito, ou, sendo de direito e de fato, não houver necessidade de produzir prova em audiência", o que indica caber o julgamento antecipado do mérito quando se discute apenas matéria de direito ou as consequências jurídicas da afirmação de fato, ou ainda quando a afirmação fática está demonstrada através de prova documental.[6]

Na segunda situação, temos o julgamento antecipado do mérito em caso de revelia e incidência de seus efeitos, o que indica a necessidade de distinguir a revelia dos seus efeitos. Assim, não basta a não apresentação de contestação para que ocorra o julgamento antecipado do mérito, mas que da não apresentação da contestação decorra e efeito da presunção de veracidade dos fatos articulados na petição inicial.[7]

---

[5] DINAMARCO, v. 3, p. 555.
[6] MARINONI; ARENHART, v. 2, p. 240.
[7] MARINONI; ARENHART, v. 2, p. 242.

[No Projeto nº 166 do Senado Federal o julgamento antecipado da lide foi previsto no art. 341 para as hipóteses de questão de mérito unicamente de direito ou de direito e de fato, sem necessidade de produção de prova em audiência ou quando ocorrer à revelia e incidirem seus efeitos].

12.3 Audiência preliminar e de conciliação

Se a análise do processo revelar não ser o caso de extinguir o processo, muito menos de julgá-lo antecipado e, ainda, versar a causa sobre direitos patrimoniais disponíveis, o art. 331 do CPC obriga o juiz a designar audiência preliminar e intimar as partes a comparecerem pessoalmente, ou através de advogado com poderes para transigir. Destarte, as hipóteses de aplicação de audiência preliminar resumem-se a: a) não ser o caso de extinguir o processo; b) não ser o caso de julgamento antecipado; c) versar a causa sobre direitos disponíveis.[8]

Cumpre esclarecer, no entanto, que se o juiz assim proceder não precluirá para ele a possibilidade de vir a extinguir o processo mais tarde, o que indica, portanto, que a designação de audiência preliminar, prevista no art. 331 do Código de Processo Civil, não é o resultado necessário de uma convicção definitiva quanto à ausência dos pressupostos para o julgamento antecipado ou para a extinção processual.[9]

As partes devem comparecer pessoalmente ou representadas por advogados com poderes especiais para transigir. A ausência das partes ou de seus procuradores implica frustração da tentativa de conciliação. A lei não estabelece consequência alguma que atinja quaisquer das partes pelo não comparecimento à audiência de conciliação.

---

[8] DINAMARCO, v. 3, p. 558 discorda que a audiência preliminar deva ser designada apenas quando a causa versar sobre direitos indisponíveis, pois, para ele, a audiência preliminar também serviria para decidir eventuais questões processuais remanescentes e para organizar a prova.

[9] DINAMARCO, v. 3, p. 558.

12.4 Utilidade da audiência

A audiência constitui uma oportunidade para que o juiz realize a tentativa de conciliação das partes. É dever de o magistrado tentar conciliar as partes (art. 125, IV, do CPC). A tentativa de conciliar é um dos deveres fundamentais do juiz no moderno processo civil brasileiro a ser cumprido a qualquer momento, sempre que o magistrado sentir a possibilidade de obter uma solução negociada entre as partes. Cuida-se de atividade do juiz destinada a aproximar as partes, aconselhá-las e mostrá-las os males da pendência do processo, com o propósito de obter a autocomposição.[10]

Apesar da manifesta utilidade da audiência de conciliação para o Superior Tribunal de Justiça, a não designação dela não resulta na nulidade do processo, porquanto o CPC assegurou às partes a possibilidade de transigirem a qualquer tempo.

Cândido Rangel Dinamarco discorda que a audiência preliminar deva ser designada apenas quando a causa versar sobre direitos disponíveis, pois, para ele, a audiência preliminar também serve para decidir eventuais questões processuais remanescentes e organizar a prova. Todas essas atividades do juiz na audiência preliminar devem ser realizadas em diálogo com as partes, *verbis*:

> Por conta da inclusão da tentativa de conciliação nessa audiência, prepondera a idéia de que ela não se realiza quando a causa versar sobre *direitos indisponíveis*. A lei aparenta fazer essa distinção (art. 331, *caput*), mas ela não tem razão de ser no sistema: sua aceitação é fruto da má compreensão dos objetivos da audiência preliminar e do valor da conciliação no processo civil moderno (supra, n. 46). Quando a causa versar sobre direitos indisponíveis, a audiência preliminar deve ser também realizada, com a diferença de que conterá somente as atividades descritas no §2º do art. 331, sem se cuidar de conciliar as partes. Há também a orientação, igualmente misoneísta, de excluir a audiência preliminar nos processos em

---

[10] DINAMARCO, v. 3, p. 560.

que a Fazenda Pública seja parte — orientação fundada no mito da indisponibilidade de todos os direitos e interesses do Estado e na falsa idéia de que essa é somente uma *audiência de conciliação*.[11]

Havendo acordo entre as partes, o juiz homologará a transação e encerrará o processo por sentença de mérito (CPC, art. 269, III). Prejudicada a conciliação, passa-se à fase do saneamento do processo.

[No Projeto nº 166 do Senado Federal a audiência de conciliação foi pensada para ser designada logo após a distribuição da petição inicial se ela preencher os requisitos essenciais e o magistrado avaliar que não é o caso de rejeição liminar, nem de conciliação inviável, conforme determina o art. 323: "Se a petição inicial preencher os requisitos essenciais e não for o caso de improcedência liminar do pedido, o juiz designará audiência de conciliação com antecedência mínima de trinta dias".

As pautas de audiência de conciliação serão organizadas separadamente das pautas de audiência de instrução e julgamento e terão prioridade (art. 323, §3º).

As partes devem comparecer à audiência, pois o não comparecimento injustificado é caracterizado como ato atentatório à dignidade da justiça, passível de ser processualmente sancionado com multa de até dois por cento do valor da causa ou da vantagem econômica objetivada, revertida em favor da União ou do Estado (art. 323, §6º)

Obtida a conciliação, o acordo será reduzido a termo e homologado por sentença].

[11] DINAMARCO, v. 3, p. 558.

12.5 Saneamento[12]

No saneamento, mediante prévio diálogo com as partes, o juiz expurgará os vícios do processo, decidirá questões pendentes e, se essa decisão não resultar em extinção do processo, preparará a instrução probatória, mediante a organização da prova, que consiste num complexo de atribuições, dentre elas, a de delimitar o objeto da prova, esclarecer as partes sobre o ônus da prova, determinar os meios probatórios a serem realizados.[13]

A delimitação do objeto da prova se faz com a fixação dos pontos controvertidos. Pontos controvertidos são aqueles firmados pelo autor na petição inicial e expressamente contestado pelo réu. Os pontos não controvertidos não podem ser objeto de prova.

Os esclarecimentos sobre o ônus da prova consistem nas advertências a cada uma das partes sobre os pontos que devem provar, embora, ao fazê-lo, o magistrado não se vincula nem se compromete em relação ao julgamento futuro, mas evita omissões das partes, que poderiam não perceber corretamente os respectivos ônus probatórios.[14]

A par disso, o magistrado designará a audiência de instrução e julgamento, se não houver razão jurídica que a impeça, como a designação de prova pericial, cujo tempo de duração por não ser previsível, recomenda que se adie para depois de sua realização a designação de audiência.

[O art. 342 do Projeto nº 166 do Senado Federal cuida do saneamento do processo: "Não ocorrendo qualquer das hipóteses deste Capítulo, o juiz, em saneamento, decidirá as questões

---

[12] "Na doutrina do processo civil brasileiro, contudo, bem como no linguajar forense, a locução saneamento do processo é ordinariamente empregada para designar o ato com que o juiz o declara regular e portanto em condições de prosseguir. Essa locução é a apresentação moderna do antigo despacho saneador, de notória origem no direito português, que já figurava na legislação anterior ao vigente Código de Processo Civil. Segundo esse uso corrente, o juiz saneia o processo, organizando a prova e designando a audiência, quando reconhece que estão presentes todos os pressupostos de admissibilidade do julgamento do mérito — ou seja, quando nada há a sanar, corrigir, purificar" (DINAMARCO, v. 3, p. 563).

[13] DINAMARCO, v. 3, p. 561.

[14] DINAMARCO, v. 3, p. 561.

processuais pendentes e delimitará os pontos controvertidos sobre os quais incidirá a prova, especificando os meios admitidos de sua produção e, se necessário, designará audiência de instrução e julgamento"].

Capítulo 13

Das Provas

13.1 Considerações gerais

O termo "prova" significa o meio destinado a convencer o juiz acerca da verdade dos fatos alegados no processo, enquanto o termo "provar" indica a atividade a ser desenvolvida pela parte que tem o ônus de demonstrar a verdade dos fatos por ela alegados no processo e que desencadearão as consequências jurídicas pretendidas.

A atividade probatória é de fundamental importância para a relação jurídica processual travada entre as partes e decorre diretamente do princípio do devido processo legal, previsto no art. 5º, inciso LIV, da Constituição Federal, pois, por meio das provas produzidas, e respectivas valorações, o juiz irá fundamentar sua decisão.

Temos a junção de duas ideias. A primeira, a de que a prova é um meio de demonstrar a veracidade dos fatos alegados, e a segunda a de que a prova é o meio de fornecer argumentos para convencer o prolator da decisão e para que ele a fundamente.[1]

Dentre os possíveis sistemas de avaliação das provas, citamos o *sistema da prova legal*, abandonado pelo direito moderno, que estatuía para cada prova um valor inalterável e constante, previamente estabelecido pela lei, que proibia o juiz de avaliar cada prova segundo critérios pessoais e subjetivos de convencimento, de modo diverso daquele que havia sido determinado pela lei e, embora em desuso, deixou resquícios entre nós, como a presunção de veracidade dos fatos decorrente da revelia, as restrições opostas pelo Código aos depoimentos de menores ou de pessoas que a lei considera suspeitas ou impedidas de depor.

Oposto ao sistema da prova legal, temos o *sistema do livre convencimento* no qual o magistrado é totalmente livre para formar a sua convicção a respeito dos fatos da causa, a ponto de poder basear-se em suas impressões pessoais. Nesse sistema, não há limites aos meios de prova de que o juiz se possa valer, nem restrições especiais quanto à origem ou qualidade de certas provas.

Como um sistema intermediário entre o sistema do livre convencimento e o sistema da prova legal, temos o *sistema de persuasão racional* que impõe ao juiz a observância de regras lógicas, máximas de experiência comum e considera ilegítima a convicção do juiz formada exclusivamente com base numa intuição pessoal, incapaz de ser justificada segundo regras lógicas e de senso comum.

---

[1] Filiado a essa segunda vertente parece-nos Marinoni e Arenhart (v. 2, p. 264) que definem prova "como todo meio retórico, regulado pela lei, dirigido a convencer o Estado-juiz da validade das preposições, objeto de impugnação, feitas no processo".

No *sistema de persuasão racional* o juiz tem o dever de fundamentar sua decisão, indicar os motivos e as circunstâncias que o levaram a admitir a veracidade dos fatos em que baseou a decisão. Do sistema de persuasão racional decorre a faculdade de iniciativa probatória que se reconhece, com bastante largueza, ao julgador, como, por exemplo, nos arts. 342, 343, 355.

A atividade do juiz é pautada, como regra, pela persuasão racional ou livre convencimento motivado, o que significa que o magistrado deva apreciar o conjunto de provas produzidas no processo sem estar vinculado a qualquer uma delas, o que não o exime de declinar na decisão as razões que o levaram a decidir daquela maneira.[2]

A atividade probatória sofre intensa influência dos princípios que a orientam, dentre eles podemos citar *o princípio do ônus da prova*, o *princípio da necessidade da prova*, o *princípio da contradição da norma*.

13.2 Princípios fundamentais do direito probatório

13.2.1 Princípio do ônus da prova

Segundo esse princípio, à parte que alega a existência de determinado fato, para dele derivar a existência de algum direito, incumbe o ônus de demonstrar sua existência. O ônus da prova é consequência do ônus de afirmar e está distribuído segundo regras previstas no art. 333, I e II, do CPC.[3]

---

[2] Esclarece Eduardo Arruda Alvim (*Direito processual civil*. 2. ed. São Paulo: Revista dos Tribunais, 2008. p. 456) que "no vigente sistema processual civil, o juiz atribui à prova produzida o valor e o grau que entenda ter para convencê-lo, devendo justificar o porquê de sua convicção, salvo no caso de prova legal, em relação à qual o papel do juiz é o de admitir, dando por existente a prova, a sua força probatória".

[3] De acordo com Silva (p. 345) essa ideia decorre do rígido princípio romano sobre ônus da prova, segundo o qual a prova incumbe invariavelmente a quem alega e nunca a quem nega (*actore non probante reus absolvitur*), sem levar em consideração a maior ou menor verossimilhança dos fatos alegados, sem que ao juiz se permita decidir baseado na normalidade do que acontece, segundo a experiência comum, mantém um grave e profundo compromisso com a estrutura e os princípios formadores do procedimento ordinário, derivado do procedimento de *actio* do direito privado romano. Ao contrário do direito inglês, que dá notável

[O Projeto nº 166 do Senado Federal prevê no art. 357 que o ônus da prova incumbe ao autor, quanto ao fato constitutivo do seu direito e ao réu, quanto à existência de fato impeditivo, modificativo ou extintivo do direito do autor].

Nem todos os fatos, contudo, podem ser provados. Há fatos cuja prova é impossível, como os fatos negativos absolutamente indeterminados ou indefinidos.[4] Também não dependem de prova os fatos notórios, afirmados por uma parte e confessados pela parte contrária, admitidos, no processo, como incontroversos, em cujo favor milita presunção legal de existência ou veracidade, conforme dispõe o art. 334, incisos I *usque* IV.

[O Projeto nº 166 do Senado Federal determina no art. 360 que não dependem de prova os fatos notórios, afirmados por uma parte e confessados pela parte contrária, admitidos no processo como incontroversos, em cujo favor milita presunção legal de existência ou de veracidade].

A necessidade de disciplinar o ônus da prova decorre de princípio geral vigente no direito moderno segundo o qual o juiz não pode eximir-se do dever de decidir a causa, mesmo em caso de dúvida invencível.[5]

A doutrina refere-se a ônus probatório e não a dever probatório porque uma vez não atendido pode acarretar consequências

relevo às provas *prima facie*, liberando o autor do *onus probandi*, quando ele tiver provado a mera verossimilhança dos fatos fundadores de sua pretensão, os sistemas processuais que descendem do direito romano-canônico impõe ao julgador o dever de somente decidir através de critérios objetivos de veracidade, e não de verossimilhança (...)

[4] ALVIM. *Direito processual civil*. 2. ed., p. 469, esclarece-nos que "os chamados fatos negativos, que são não acontecimentos (...) não são, por si sós, impossíveis de ser provados, pois, em muitos casos, uma negativa pode ser convertida facilmente em uma afirmativa. O que torna um fato negativo insuscetível de ser provado é a sua indeterminação ou indefinição, o que, segundo Moacyr Amaral dos Santos, equivaleria à prova negativa absoluta".

[5] SILVA, p. 345, para quem, com apoio na lição de Rosenberg, "a necessidade que o sistema processual tem de regular minuciosamente o ônus da prova decorre de um princípio geral vigente no direito moderno, segundo o qual ao juiz, mesmo em caso de dúvida invencível, decorrente de contradição ou insuficiência das provas existentes nos autos, não é lícito eximir-se do dever de decidir a causa. Se ele julgar igualmente sobre a existência de fatos a respeito dos quais não haja formado convicção segura, é necessário que a lei prescreva qual das partes haverá de sofrer as conseqüências de tal insuficiência probatória".

processuais negativas à parte que não o observou, consistentes na perda da oportunidade processual de provar os fatos supostamente constitutivos da pretensão contida na inicial (art. 333, I do CPC) ou na defesa (art. 333, II do CPC), embora nem sempre isso aconteça, pois o juiz ao julgar a demanda deverá levar em consideração todos os elementos dos autos, ainda que não alegados pelas partes, conforme determina o art. 131 do CPC.[6]

O ônus da prova é regra de juízo, isto é, dirige-se ao juiz que ao proferir a decisão deverá considerar os fatos por não provados se a parte a quem incumbia prová-los não o fez de forma adequada.[7]

Em certas hipóteses, a lei inverte o ônus da parte, como no caso do Código de Defesa do Consumidor no art. 6º, inciso VIII, desde que presentes certos requisitos, como a alegação verossímil e a hipossuficiência.

A doutrina controverte acerca do momento adequado para que ocorra a inversão do ônus da prova. Para alguns, a inversão do ônus da prova será anunciada, somente, no momento do julgamento da causa, enquanto para outros, corrente a que me filio, o momento adequado para inversão é o saneamento do processo.[8]

A doutrina sustenta que em algumas situações pode haver dúvida a respeito da distribuição concreta do ônus da prova, e nesse caso um dos critérios seria a extrema facilidade com que um litigante faria a prova do fato que lhe interessa e correlatamente a extrema dificuldade que essa mesma prova acarretaria

---

[6] ALVIM. *Direito processual civil*. 2. ed., p. 468. Embora a livre apreciação da prova, desde que fundamentada, seja um dos cânones do sistema processual, tal faculdade deve ser exercida com razoabilidade, motivo pelo qual o juiz não deve julgar segundo conhecimento próprio dos fatos ou de parte deles, fora das hipóteses prestigiadas da máxima de experiência ou de fato notórios, sob pena de atuar como testemunha extrajudicial e restar impedido de exercer suas funções jurisdicionais pela ausência de imparcialidade.

[7] ALVIM, 2008, p. 469.

[8] Para Eduardo Arruda Alvim (p. 471) "esse entendimento de que a inversão do ônus da prova diz com ato de juízo, além de ferir o senso comum, é, segundo nos parece, inconstitucional, por violação do princípio do contraditório. E isso porque a regra geral é a do art. 333. Se alterar esta regra, mudando os ônus e as expectativas das partes, dever-se-á sinalizar essa mudança para que a parte sobre a qual venha a pesar o ônus não seja surpreendida pela decisão".

se fosse feita pelo outro litigante, e com isso lançou as bases da *Teoria dinâmica da distribuição do ônus da prova*, segundo a qual, de acordo com as circunstâncias do caso, o magistrado pode afastar a aplicação do art. 333 e determinar a produção de prova necessária à solução do litígio a quem melhor tenha possibilidade de produzi-la.[9]

[O Projeto nº 166 do Senado Federal, no art. 358, conferiu, como regra geral, competência ao magistrado para, em decisão fundamentada, observado o contraditório, distribuir de modo diverso o ônus da prova, impondo-o à parte que estiver em melhores condições de produzi-la, sempre à luz das circunstâncias da causa e as peculiaridades do fato a ser provado.

A alteração do ônus da prova deve ser precedida de comunicação à parte onerada para que ela tenha oportunidade de desempenhar de forma adequada o ônus que lhe foi atribuído (art. 358, §1º).

A inversão do ônus da prova determinada por decisão judicial não altera as regras relativas aos encargos da respectiva produção, dando a entender que a inversão não modifica as regras da distribuição do ônus de suportar os custos da prova (art. 358, §2º)].

13.2.2 Princípio da necessidade da prova

Os fatos afirmados pelas partes hão de ser suficientemente provados no processo, pois o juiz não pode se valer de seu conhecimento privado para dispensar a produção de prova de algum fato de cuja existência ou veracidade esteja ele ciente por alguma razão particular.[10] Este princípio — o de que o juiz não pode valer-se de fatos de seu conhecimento privado — foi defendido por Bentham, para quem o juiz não poderia pronunciar

[9] ALVIM, 2008, p. 472.
[10] SILVA, p. 346.

uma decisão sobre uma determinada questão de fato que não esteja estabelecida por escrito ou provada por testemunhas, assegurado o princípio do contraditório.[11]

Dois provérbios latinos sustentam a regra da necessidade da prova: o juiz só deve decidir com base nos fatos alegados e provados pelas partes (*iudex secundum allegata et probata a partibus iudicare debet*) e o que não está no processo não está no mundo (*quod non est in actis non est in hoc mundo*).[12]

O direito moderno conhece restrições a este princípio ao prever a aplicação pelo juiz das regras de experiência ministradas pela observação do que ordinariamente acontece (art. 335 do CPC) e com relação aos denominados fatos notórios.

[O art. 361 do Projeto nº 166 do Senado Federal determina que "em falta de normas jurídicas particulares, o juiz aplicará as regras de experiência comum subministradas pela observação do que ordinariamente acontece e, ainda, as regras da experiência técnica, ressalvado, quanto a esta, o exame pericial"].

13.2.3 Princípio da contradição da prova

O princípio do contraditório ou da contrariedade em matéria de prova afirma a bilateralidade da audiência e indica que a parte contra quem se produza prova tem direito de conhecê-la, impugná-la, e produzir contra prova, se puder, por este meio, invalidá-la, antes que o juiz a utilize como elemento de convicção em sua sentença.[13]

13.2.4 Princípio da atipicidade das provas

Por este princípio, qualquer meio de prova deve ser admitido, mesmo quando não previsto expressamente, desde que

---

[11] SILVA, p. 346.
[12] SILVA, p. 346.
[13] SILVA, p. 347.

não esteja em desconformidade com os valores do ordenamento jurídico, conforme se deduz do art. 332 do CPC.[14] Assim, todos os meios legais e moralmente legítimos são admitidos como meio de prova.

[O Projeto nº 166 do Senado Federal dispõe, no art. 353, que "as partes têm direito de empregar todos os meios legais, bem como os moralmente legítimos, ainda que não especificados, para provar fatos em que se funda a ação ou a defesa e influir eficazmente na livre convicção do juiz"].

13.2.5 Princípio da cooperação com a atividade probatória

Todos devem cooperar com a atividade probatória, razão pela qual o art. 339 do CPC prevê que "ninguém se exime do dever de colaborar com o Poder Judiciário para o descobrimento da verdade". Além disso, compete às partes, nos termos do art. 340 do CPC, comparecer em juízo e responder ao que lhe for interrogado, submeter-se à inspeção judicial, quando julgada necessária e, ao terceiro, nos termos do art. 341 do CPC, informar ao juiz os fatos e as circunstâncias, de que tenha conhecimento, e exibir coisa ou documento que esteja em seu poder.

[A cooperação pela parte e pelo terceiro com a atividade probatória também foi prestigiada no Projeto nº 166 do Senado Federal nos arts. 364 a 366 ao prever que ninguém se exime do dever de colaborar com o Poder Judiciário para o descobrimento da verdade, bem como compete à parte comparecer em juízo e responder ao que lhe for perguntado; colaborar com o juízo na realização de inspeção judicial, considerada necessária, praticar o ato que lhe for determinado e, ao terceiro, informar ao juiz sobre os fatos e as circunstâncias que tenha conhecimento; exibir coisa ou documento que esteja em seu poder.

[14] BUENO, v. 2, t. I, p. 242.

De acordo com o parágrafo único do art. 366 "poderá o juiz, em caso de descumprimento, determinar, além da imposição de multa, outras medidas indutivas, coercitivas, mandamentais ou sub-rogatórias".

Com relação ao momento de produção de provas, o Projeto nº 166 do Senado Federal, no art. 367, estabeleceu que pode ser requerida a produção antecipada da prova, desde que haja fundado receio de que a prova venha a tornar-se impossível, ou de difícil verificação de certos fatos na pendência da ação. Além dessa hipótese, presente no CPC de 1973, como fundamento da pretensão cautelar de produzir antecipadamente a prova o legislador, no Projeto nº 166, amplia as hipóteses de produção antecipada para os casos em que ela possa viabilizar a tentativa de conciliação ou possa justificar ou evitar o ajuizamento de ação].

13.3 Das provas em espécie

13.3.1 Depoimento pessoal

13.3.1.1 Conceito

O depoimento pessoal é o testemunho prestado em juízo por quem é parte na própria causa. Pertence ao mesmo gênero da prova testemunhal, mas dela se distingue.[15] É o meio de prova que tem por fonte as partes e destina-se a obter destas os informes que tiverem sobre os fatos relevantes para o julgamento da causa.[16] É o meio de prova que tem como principal finalidade fazer com que a parte que o requereu obtenha a confissão, espontânea ou provocada, da parte contrária sobre fatos relevantes à solução da causa.[17]

Pode ser requerido pela parte ou pelo juiz, de ofício, nos termos do art. 343 do CPC [e do art. 371 do Projeto nº 166 do

---

[15] SILVA, p. 361.
[16] DINAMARCO, v. 3, p. 615.
[17] NERY JUNIOR; NERY, p. 619; BUENO, v. 2, t. I, p. 255.

Senado Federal, que trata do Projeto do novo CPC, e prevê que "cabe à parte requerer o depoimento pessoal da outra, a fim de ser interrogada na audiência de instrução e julgamento, sem prejuízo do poder do juiz de ordená-lo de ofício"].

Quem presta depoimento pessoal são as pessoas físicas ou as pessoas jurídicas, por seus representantes legais, qualificadas como partes no processo. Admite-se que esse depoimento seja prestado por procurador com poderes especiais.[18] No caso do Ministério Público, quando atuar como parte, o depoimento pessoal é prestado pelo promotor ou procurador que oficia no processo, tendo conhecimento dos fatos. Como agente estatal responsável pelos interesses públicos, o que disser será tomado em benefício da demanda que sustenta ou contra ela, de acordo com o livre convencimento do magistrado.[19]

Embora o comum seja a parte contrária requerer o depoimento pessoal da outra, o princípio da atipicidade das provas autoriza que a própria parte requeira seu depoimento pessoal para esclarecer os fatos.[20]

No litisconsórcio não há a possibilidade de um litisconsorte exigir o depoimento pessoal de outro, porque entre eles (litisconsortes) não existe lide e, por consequência, não há fatos controvertidos, cuja confissão se quer provocar.[21]

O depoimento pessoal pode ocorrer em duas oportunidades.

Por convocação pelo magistrado para prestar esclarecimentos "sobre fatos da causa", conforme prevê o art. 342 do CPC, hipótese em que o juiz não visa obter a confissão, mas ser esclarecido a respeito de fatos da causa. Denomina-se interrogatório livre ou informal (*interrogatio ad clarificandum*), por meio do qual se permite que o magistrado tenha acesso direto aos fatos da causa, sem a intermediação dos procuradores das partes, possibilitando-lhe,

---

[18] DINAMARCO, v. 3, p. 617.
[19] DINAMARCO, v. 3, p. 617.
[20] Posição sustentada por Bueno (v. 2, t. I, p. 257).
[21] NERY JUNIOR; NERY, p. 619.

assim, o conhecimento da controvérsia em toda a sua pureza originária, sem os retoques dialéticos preparados pelos advogados,[22] embora, durante o interrogatório, possa sobrevir a confissão da parte.

Por convocação pela parte adversa para prestar depoimento pessoal, com fundamento no art. 343 do CPC, com a finalidade de obter do depoente a confissão, isto é, a confirmação da veracidade dos fatos articulados por seu adversário e que lhe sejam desfavoráveis.

13.3.2 Confissão

Confessar é admitir como verdadeiro um fato ou conjunto de fatos desfavoráveis à posição processual do confitente e favoráveis à pretensão do adversário (art. 348 do CPC)[23] [nos termos do art. 375 do Projeto nº 166 do Senado Federal "há confissão judicial ou extrajudicial quando a parte admite a verdade de um fato, contrário ao seu interesse e favorável ao adversário"].

A confissão só pode recair sobre fatos porquanto não se admite que ela recaia sobre a existência de um direito ou de uma relação jurídica. Assim, a aceitação como verdadeira da existência de uma dada relação jurídica não configura uma confissão, mas o reconhecimento ou a admissão. O juiz, no entanto, não se vincula ao reconhecimento que a parte faça da existência de uma determinada relação jurídica. O juiz pode rejeitar a qualificação jurídica dada por ambas as partes.[24]

13.3.2.1 Natureza jurídica

A natureza jurídica da confissão é controversa na doutrina, pois, para alguns, entre eles Moacyr Amaral dos Santos, a

---

[22] SILVA, Ovídio Araújo Baptista da. *Curso de processo civil*. 5. ed. São Paulo: Revista dos Tribunais, 2000. v. 1, p. 362.

[23] SILVA, p. 365.

[24] SILVA, p. 366.

confissão seria negócio jurídico de disposição, que não poderia ser considerado meio de prova, e sim circunstâncias que dispensam a prova sobre o fato confessado, de modo que o juiz teria de aceitá-lo como verdadeiro, não obstante o considerasse não demonstrado, enquanto para outros a confissão seria autêntico meio de prova, sujeita, como os demais, a ser avaliada pelo juiz, de modo que, também quanto à confissão vigoraria o princípio do livre convencimento judicial.[25] Nelson Nery Jr. define-a como meio de prova que tem natureza de negócio jurídico unilateral, não receptício, processual ou não, conforme seja realizada fora do processo ou não, que possui como elementos a capacidade da parte, a declaração de vontade e o objeto possível.[26]

Cândido Rangel Dinamarco diverge de ambos os pontos de vista. Para ele, a confissão não é conceitualmente um meio de prova porque não constitui técnica para extrair de uma fonte informes sobre fatos, e tampouco um negócio jurídico porque não cria direitos e obrigações para as partes, não vincula o juiz e não se confunde com o reconhecimento do pedido ou com a renúncia ao direito.[27] Não obstante, o Código de Processo Civil, além de incluir a confissão entre os meios de prova (arts. 348-354, logo após o depoimento pessoal e antes da prova documental), a considera verdadeiro negócio jurídico em mais de um dispositivo, quando determina que a revogação da confissão prestada por erro, dolo ou coação seja objeto de ação anulatória ou de ação rescisória (art. 352, incisos I e II), ou ao afirmar que a confissão faz prova contra o confitente, mas não pode prejudicar o litisconsorte (art. 350), ou, ainda, ao cogitar da aceitação da confissão pelo adversário (art. 354), posições pertinentes com os atos que regulam direitos e obrigações.[28]

[25] SILVA, p. 367.
[26] SILVA, p. 624.
[27] MARQUES, v. 3, p. 620, 621.
[28] MARQUES, v. 3, p. 623.

Para Cândido Rangel Dinamarco, a natureza jurídica da confissão é a de uma declaração de conhecimento, com a qual a parte reafirma a ocorrência de fatos afirmados pelo adversário, ou nega os fatos antes afirmados por ela própria. São manifestações de uma pessoa destinadas a externar informações sobre o que ela sabe e não a criar ou extinguir vínculos por ela própria ou para outrem. Por outro lado, quem confessa concorre somente para a incontrovérsia relativa ao fato confessado, sem vincular o juiz porque este dará à confissão o valor que ela puder ter no contexto dos fatos e dos elementos de prova existentes nos autos.[29]

A confissão deve incidir sobre fatos relacionados com direitos disponíveis, conforme determina o art. 351 do CPC, *verbis*: "Não vale como confissão a admissão, em juízo, de fatos relativos a direitos indisponíveis".

A confissão requer que a parte seja intimada pessoalmente. A aplicação da pena de confesso exige a intimação pessoal da parte.

A confissão requer capacidade. A parte deve ser capaz de entender o risco da confissão, que a lei lhe impõe. Por isso não vale a confissão feita por quem não esteja na livre administração de sua pessoa e bens, por quem se tornou incapaz.

[De acordo com o art. 378, §1º do Projeto nº 166 a confissão será ineficaz se feita por quem não for capaz de dispor do direito a que se referem os fatos confessados].

Quando não feita pessoalmente pela parte, a confissão exige a outorga de poderes específicos para o mandatário.

[Prestada a confissão por um representante, somente é eficaz nos limites em que este pode vincular o representado, segundo dispõe o §2º do art. 378 do Projeto nº 166 do Senado Federal].

A confissão requer, também, advertência. A parte deve ser previamente advertida do risco de aplicação da pena. Do mandado

[29] DINAMARCO, v. 3, p. 622.

de intimação deve constar que "se presumirão confessados os fatos contra ela alegados, caso não compareça ou, comparecendo, se recuse a depor".

13.3.2.2 Indivisibilidade da confissão

O art. 354 do CPC consagra o princípio da indivisibilidade da confissão, ao dispor ser ela, em regra, indivisível, no sentido de não poder a parte, que a quiser invocar como prova, aceitá-la no tópico que a beneficiar e rejeitá-la no que lhe for desfavorável[30] [no mesmo sentido, o Projeto nº 166 do Senado Federal que, no art. 381, estatuiu que "a confissão é, de regra, indivisível, não podendo a parte que a quiser invocar como prova aceitá-la no tópico que a beneficiar e rejeitá-la no que lhe for desfavorável". Cindir-se-á, todavia, quando o confitente lhe aduzir fatos novos, capazes de constituir fundamento de defesa de direito].

13.3.2.3 Espécies de confissão

A confissão judicial é aquela que ocorre no interior da relação jurídica processual. Ela pode ocorrer a qualquer tempo, por iniciativa da parte, ou durante o depoimento pessoal.

A confissão judicial pode ser espontânea, isto é, declarada por iniciativa exclusiva da parte, ou provocada, isto é, quando o juiz ou a parte contrária, ao interrogar, obtém como resultado a admissão de fatos contrários ao seu interesse ou favorável ao adversário.

A confissão extrajudicial é aquela feita fora da relação processual. Se feita por escrito tem o mesmo valor probatório da confissão judicial. Se for feita oralmente, não poderá versar sobre fatos para os quais a lei considere necessária a forma especial.

---

[30] SILVA, p. 370.

[Segundo o art. 380 do Projeto nº 166 do Senado Federal, "a confissão extrajudicial feita por escrito, à parte ou a quem a represente, tem a mesma eficácia probatória da judicial; feita a terceiro ou contida em testamento, será livremente apreciada pelo juiz. Feita oralmente, só terá eficácia nos casos em que a lei não exija prova literal"].

A confissão pode ser ainda ficta ou presumida, como a que decorre da revelia, isto é, da ausência de contestação que leva a reputar verdadeiros os fatos afirmados pelo autor e a que decorre do não comparecimento da parte regularmente intimada para prestar depoimento pessoal ou a que, comparecendo, se recuse a depor.

13.3.2.4 Invalidação da confissão

A confissão pode ser anulada quando proveniente de erro, dolo ou coação, por ação anulatória, se pendente o processo ou por ação rescisória, depois de transitado em julgado a sentença proferida, conforme dispõe o art. 352 do CPC.

[Segundo o art. 379 do Projeto nº 166 do Senado Federal "a confissão é irrevogável, salvo quando emanar de erro ou coação, hipótese em que pode ser tornada sem efeito por ação anulatória"].

13.3.2.5 Eficácia da confissão

Segundo o art. 334, inciso II, do Código de Processo Civil, o efeito processual da confissão é a incontrovérsia dos fatos afirmados por uma das partes e reafirmado pela outra. Se a parte confessa e admite um fato como verdadeiro, sobre esse fato não há controvérsia, não há questão e, por isso, não integra o objeto da decisão e dispensa a realização de prova.

A citada regra, contudo, não é absoluta e se sujeita a uma interpretação sistemática que a subordina ao livre convencimento do juiz, um dos pilares do direito probatório, de modo que cabe sempre ao juiz aceitar os efeitos da confissão ou exigir prova, segundo sua racional curiosidade, dando à confissão o valor que acreditar pertinente. Por essa razão é que a condição da confissão foi rebaixada de *rainha das provas* a mero elemento de convicção a ser apreciado pelo juiz em conjunto com os demais.[31]

[Para o art. 370 do Projeto nº 166 do Senado Federal, "a confissão judicial faz prova contra o confitente, mas não prejudica, todavia, os litisconsortes"].

13.3.3 Prova documental

O documento é um objeto corporal, produto da atividade humana, que conserva os vestígios, através de sinais gráficos sobre ele impressos, ou por meio da luz ou do som que possa produzir, capaz de representar, de modo permanente, a quem o observe, um fato existente fora de seu conteúdo. Documento é uma coisa que *doce*, isto é, tem em si a virtude de fazer conhecer.[32]

13.3.3.1 Classificação

O documento pressupõe um sujeito que o constitui, denominado autor do documento. A doutrina distingue entre o autor intelectual, isto é, aquele que presta as declarações e o autor material, o que o elabora. Uma mesma pessoa pode reunir as duas qualidades, como ocorre no documento particular ou apenas uma, como ocorre no documento público, dando origem à distinção entre *documento autógrafo*, isto é, o documento produzido materialmente pelo próprio autor intelectual das declarações que contém ou *documento heterógrafo*, quando o autor material é outro, como nas escrituras públicas.[33]

---

[31] DINAMARCO, v. 3, p. 625.

[32] SILVA, p. 378.

[33] DINAMARCO, v. 3, p. 567.

Com relação à origem os documentos podem ser públicos ou privados, conforme sejam produzidos por servidores públicos ou elaborados por particulares.

13.3.3.1.1 Documentos públicos

O documento público abrange o instrumento público e o documento público. O instrumento público é a composição redigida em linguagem escrita, por oficial público, no exercício e de acordo com as atribuições próprias de seu cargo, com o fito de preservar e provar validamente fato, ato ou negócio jurídico em virtude de cuja existência foi confeccionado. Os documentos públicos são escritos, elaborados por oficial público sem o fito de servir de prova, mas podendo, eventualmente, assim ser utilizados.[34]

Segundo o art. 364 do CPC [idem no art. 391 do Projeto nº 166 do Senado Federal] o documento público prova não só sua formação, mas também os fatos que o escrivão, o tabelião ou o funcionário declarar que ocorreram em sua presença. Assim, tratando-se de declarações de um particular, tem-se como certo, em princípio, que foram efetivamente prestadas, mas não que seu conteúdo corresponda à verdade, pois a fé pública não abrange a veracidade da própria declaração, a não ser que o escrivão ou tabelião tenham retratado impressões diretamente recolhida por eles do fato, como ocorre quando o policial comparece ao local do fato e registra o que observa.[35] Desta forma, a presunção de veracidade que envolve os documentos públicos limita-se àquilo que o agente público que o elaborou declarar em seu contexto

---

[34] SILVA, p. 381.

[35] "A descrição que o funcionário faz dos vestígios que encontra no local do acidente tem por si a presunção de veracidade, porque são elementos de fato submetidos à sua observação imediata (*RSTJ* 129/349). Essa espécie de boletim serve como elemento de convicção para o julgamento da causa, não se equiparando com aquele boletim decorrente de relato unilateral da parte (STJ-RT 804/191)" (NEGRÃO, Theotonio; GOUVÊA, José Roberto F. (Org.). *Código de Processo Civil e legislação processual em vigor*. 40. ed. São Paulo: Saraiva, 2008. p. 500).

haver ocorrido em sua presença, como data, local, hora, qualificação dos declarantes e das testemunhas, assim como suas presenças ao ato. A veracidade do conteúdo do documento, isto é, das próprias declarações, não goza da mesma presunção de veracidade.[36]

A lei pode exigir como prova da substância do ato o instrumento público e, assim, nenhuma outra prova, por mais especial que seja, pode suprir-lhe a falta (art. 366 do CPC) [idem no art. 393 do Projeto nº 166 do Senado Federal que trata do novo CPC], como no caso de negócios jurídicos que visem à constituição, transferência, modificação ou renúncia de direitos reais sobre imóveis de valor superior a trinta vezes o maior salário mínimo vigente no País (art. 108 do CC).

Vícios de competência ou forma podem afetar a validade do documento público e reduzir sua eficácia probatória, conforme dispõe o art. 367 do CPC ao dispor que "o documento feito por oficial público incompetente, ou sem a observância das formalidades legais, se subscrito pelas partes, tem a mesma eficácia probatória do documento particular" [idem no art. 394 do Projeto nº 166 do Senado Federal].

13.3.3.1.2 Documento particular

O documento particular abrange o instrumento particular. O instrumento particular é o que é feito e assinado, ou somente assinado, por quem esteja na disposição e administração livre de seus bens (art. 221 do CC).

As declarações constantes do documento particular, escrito e assinado ou somente assinado, presumem-se verdadeiras em relação ao signatário (art. 368, art. 373 do CPC e art. 221 do CC) [idem no art. 395 do Projeto nº 166 do Senado Federal que trata do novo CPC]. Cuida-se, no caso, de presunção relativa de

---

[36] SILVA, p. 382.

veracidade do conteúdo do instrumento particular, invocável apenas em relação aos seus subscritores.

Considera-se o autor do documento particular aquele que o fez e o assinou; aquele, por conta de quem foi feito, estando assinado; aquele que, mandando compô-lo, não o firmou, porque, conforme a experiência comum, não se costuma assinar, como os livros comerciais e assentos domésticos (art. 371 do CPC) [idem no art. 398 do Projeto nº 166 do Senado Federal].

O telegrama, o radiograma ou qualquer outro meio de transmissão tem a mesma eficácia probatória do documento particular, se o original arquivado na estação expedidora estiver assinado pelo remetente (art. 374, *caput*, do CPC) [idem no art. 401, *caput*, do Projeto nº 166 do Senado Federal que trata do novo CPC]. Admite-se, ainda, o reconhecimento da firma do remetente por tabelião [idem no art. 401, parágrafo único, do Projeto nº 166 do Senado Federal], circunstância considerada essencial para o conhecimento de recurso interposto via telex, pois se firmou a jurisprudência do STJ no sentido de que não se conhece de recurso interposto via telex sem a firma reconhecida do remetente.

A data controvertida do documento particular prova-se por todos os meios de direito, isto é, fica ao arbítrio prudente do magistrado admitir qualquer meio de prova para a comprovação da data certa de documento, mas, em relação a terceiros, o CPC, no art. 370, estabelece um rol de situações que presumem a data do documento particular, como no dia em que foi registrado, desde a morte de algum dos signatários, a partir da impossibilidade física que sobreveio a qualquer dos signatários, da sua apresentação em repartição pública ou em juízo, do ato ou fato que estabeleça, de modo certo, a anterioridade da formação do documento [idem no art. 397 do Projeto nº 166 do Senado Federal].

A cópia do documento particular obtida mediante processo de reprodução valerá como certidão sempre que o escrivão portar por fé a sua conformidade com o original (art. 384 do CPC) [igual no art. 411 do Projeto nº 166 do Senado Federal que trata do novo CPC].

A cópia do documento particular poderá ter o mesmo valor probante do original, se não houver impugnação da parte contrária. Se houver impugnação pela parte contrária, o escrivão intimará a parte a apresentar o original e procederá à conferência e conformidade entre a cópia e o original mediante certificação (art. 385 do CPC) [idem nos arts. 410 e 412 do Projeto nº 166 do Senado Federal que trata do novo CPC].

A fotografia terá de ser acompanhada do negativo (art. 385, §1º, do CPC) [caso impugnada a veracidade pela outra parte, conforme inclusão realizada pelo art. 412, §1º do Projeto nº 166 do Senado Federal]. A par disso, se a prova for uma fotografia publicada em jornal, exigir-se-ão o original e o negativo (art. 385, §2º, do CPC) [e apenas um exemplar original do periódico conforme dispõe o art. 412, §2º do Projeto nº 166 do Senado Federal. Em acréscimo, o Projeto, no art. 412, §3º e 4º, admitiu a fotografia digital — *A fotografia digital e as extraídas da rede mundial de computadores, se impugnada sua autenticidade, só terão força probatória quando apoiadas por prova testemunhal ou pericial* — e a forma impressa de mensagem eletrônica].

Também fazem a mesma prova que os originais as certidões textuais de qualquer peça dos autos, subscritas pelo escrivão; os traslados e as certidões extraídas por oficial público, de instrumentos ou documentos lançados em suas notas; as reproduções dos documentos públicos, desde que autenticadas por oficial público ou conferidas em cartório, com os respectivos originais; as cópias reprográficas de peças do próprio processo declaradas autênticas pelo próprio advogado sob sua responsabilidade pessoal, se não lhes for impugnada a autenticidade; os extratos digitais de bancos de dados, públicos e privados, desde que atestado pelo seu emitente, sob as penas da lei, que as informações conferem com o que consta na origem; as reproduções digitalizadas de qualquer documento, público ou particular, quando juntados aos autos pelos órgãos da Justiça e seus auxiliares, pelo Ministério Público e seus auxiliares, pelas procuradorias, pelas repartições públicas em geral e por advogados públicos ou privados, ressalvada a alegação motivada e fundamentada de adulteração antes ou durante o processo de digitalização (art. 365 do CPC) [idem no art. 392 do Projeto nº 166 do Senado Federal].

[O Projeto nº 166 do Senado Federal, nos arts. 425 a 427, tratou dos documentos eletrônicos. Admite-os no processo convencional desde que ocorra sua conversão à forma impressa e seja possível verificar na forma da lei sua autenticidade (art. 425). O documento eletrônico não convertido à forma impressa terá o seu valor probante avaliado pelo juiz (art. 426)].

13.3.3.2 Momento da produção da prova documental

A prova documental preexiste à lide e deve acompanhar a inicial (art. 283 do CPC) ou a contestação (art. 297 do CPC), se for indispensável à propositura da ação ou à defesa do réu (art. 396 do CPC) [idem nos arts. 294 e 421 do Projeto nº 166 do Senado Federal].

Depois, pode a parte juntar documentos novos (art. 397 do CPC) e o autor contrapor com prova documental às preliminares opostas pelo réu (art. 327 do CPC) [idem no art. 422 do Projeto nº 166 do Senado Federal].

Cabe lembrar que apenas os documentos substanciais — exigidos por lei — ou fundamentais — que constituam o fundamento da causa de pedir — é que devem acompanhar a inicial e a defesa. Os demais documentos podem ser juntados em outras fases, até mesmo na via recursal, desde que ouvida a parte contrária e inexistente o propósito de ocultá-los dolosamente. A parte contrária deve ser ouvida da juntada de documentos nos autos (art. 398 do CPC), exceto se se tratar de documento irrelevante [idem no art. 423 do Projeto nº 166 do Senado Federal].

Destarte, não se de deve confundir os documentos essenciais (substanciais ou fundamentais) com documentos necessários ao cumprimento do ônus da prova, que podem ser juntados aos autos durante a fase instrutória.

Também não se deve confundir documentos destinados a provar fatos alegados, que, como visto, podem ser juntados a qualquer tempo (art. 397 do CPC), com fatos novos, que constituem inovações, e em grau de recurso estão condicionadas à demonstração de circunstância impeditiva caracterizadora de força maior, conforme determina o art. 517 do CPC. Portanto, "o direito brasileiro veda o 'novorum iudicium' na apelação, porquanto o juízo recursal é de controle e não de criação ('revisioprioriae instantiae'). Em conseqüência, o art. 517 do CPC interdita a argüição superveniente no segundo grau de jurisdição de fato novo, que não se confunde com o documento novo acerca de fato alegado. A juntada de documentos com apelação é possível, desde que respeitado o contraditório e inocorrente a má-fé, com fulcro no art. 397 do CPC" (STJ 1ª T., Resp nº 466.751-AC, rel. Min Luiz Fux, j. 03.06.2003, *DJU*, p. 255, 23 jun. 2003).

Cândido Rangel Dinamarco, no entanto, sustenta posicionamento mais restritivo e considera excepcional a admissão de documentos novos com as razões ou contrarrazões de recurso, seja porque o contraditório nesse momento já é bem mais restrito, seja porque não comete *erros in judicando* ou *in procedendo* o juiz que julga contrariamente à realidade dos fatos em virtude de omissões probatórias das próprias partes. Nesses momentos mais avançados, prevalece o disposto no art. 387, para que só se admitam documentos (a) *relativos a fatos ocorridos depois*, ou (b) a fatos dos quais a parte tenha tido conhecimento depois e que devam ser tomados em consideração no julgamento (art. 462), ou ainda (c) documentos aos quais a parte só tenha tido acesso depois.[37]

13.3.3.3 Exibição do documento

Às vezes as partes não têm disponibilidade sobre o documento, pois ele se encontra em poder da parte contrária ou

[37] DINAMARCO, v. 3, p. 582.

em poder de terceiro. Nesses casos, a exibição do documento poderá ser ordenada pelo juiz (arts. 355, 360, 382 do CPC). O CPC contempla três modalidades pelas quais se pode requerer a exibição de documento em juízo: a) pedido incidental por uma das partes para que a outra faça a exibição com fundamento nos arts. 355 a 359 do CPC; b) com lide pendente, pedido por ação própria por uma das partes em face de terceiro, com fundamento nos arts. 360 a 362 do CPC; c) sem lide pendente, pedido por ação cautelar, preparatória ou incidental, com fundamento nos arts. 844 e 845 do CPC.

Independentemente da modalidade, como regra, o pedido de exibição de documento deverá individualizar o documento; indicar a finalidade da prova e apontar os fatos relacionados ao documento; indicar as circunstâncias que fazem o requerente presumir que o documento esteja em poder do requerido (art. 356 do CPC) [idem o art. 383 do Projeto nº 166 do Senado Federal].

Caso o requerido tenha o documento solicitado — pode não o ter, hipótese em que o requerente terá que provar que ele mente, conforme dispõe o art. 357 do CPC — é possível que se oponha à exibição com fundamento em uma das razões descritas no art. 363 do CPC relacionadas direta ou indiretamente à privacidade (inciso I), honra (incisos II e III), segredo (inciso IV) [no mesmo sentido o art. 390 do Projeto nº 166 do Senado Federal].

Julgado o pedido, a solução será a) pela não exibição; b) pela exibição.

Caso o juiz decida pela exibição do documento e a parte ou o terceiro não o exiba haverá a imputação de consequências jurídicas.

No caso de a parte ser a desobediente, o magistrado admitirá como verdadeiros os fatos que por meio do documento o requerente pretendia provar (art. 359, *caput*, do CPC) [idem no art. 386 do Projeto nº 166 do Senado Federal]. Há, destarte, o ônus de exibição imposto à parte adversa da parte interessada em obter o documento, sob pena de se admitirem como verdadeiras as alegações que por meio deles a parte pretendia provar, que, como todo ônus, não passa de um imperativo do próprio interesse da parte detentora do documento, o que significa que sua vontade lhe dirá se mais lhe agrada exibi-los ou não[38] [conforme parágrafo único do art. 389 do Projeto nº 166 do Senado Federal o juiz poderá adotar medidas coercitivas, inclusive de natureza pecuniária, para que o documento seja exibido].

No caso de o terceiro ser o desobediente o magistrado, sem prejuízo da responsabilidade pelo crime de desobediência, expedirá mandado de apreensão do documento (art. 362 do CPC). Em relação ao terceiro existe um imperativo de conduta no interesse alheio ou um dever de exibição do documento ou coisa, e, como a conduta exigida é do interesse não só da parte, mas também da Justiça, o descumprimento constitui desobediência, o que obriga ao juiz dispor dos meios coercitivos disponíveis para vencer a resistência do terceiro[39] [art. 389, parte final, do Projeto nº 166 do Senado Federal].

13.3.3.4 Requisição de documentos

A requisição de documentos às repartições públicas disciplinada pelo art. 399 do CPC poderá ocorrer se a parte, por si mesma, não tiver a possibilidade ou a facilidade de obtê-los, razão pela qual o pedido de requisição deve ser precedido da demonstração da impossibilidade de a parte obter diretamente o documento que entende relevante à prova dos fatos por ela alegados. Ensina Cândido Rangel Dinamarco ser "necessária a razoável demonstração de que sem a intercessão do Juízo a parte não lograria obter o documento, pois não seria legítimo por o Estado a serviço desta, na busca de elementos probatórios de seu interesse; mas, comprovada razoavelmente essa necessidade, é

---

[38] DINAMARCO, v. 3, p. 571.
[39] DINAMARCO, v. 3, p. 571.

dever do juiz fazer a requisição, sem a qual se estreitariam indevidamente as possibilidades de obter justiça através do processo. Nessa situação, a providência judicial é um imperativo do direito à prova e sua denegação constitui infração ao art. 399 do Código de Processo Civil e a garantia constitucional desse direito".[40]

[De acordo com o art. 424 do Projeto nº 166 do Senado Federal o juiz requisitará às repartições públicas em qualquer tempo ou grau de jurisdição I – as certidões necessárias à prova das alegações das partes; II – os procedimentos administrativos nas causas em que forem interessados a União, os Estados, o Distrito Federal, os Municípios ou as respectivas entidades da administração indireta.

Recebidos os autos, o juiz mandará extrair, no prazo máximo e improrrogável de um mês, certidões ou reproduções fotográficas das peças indicadas pelas partes ou de ofício; findo o prazo, devolverá os autos à repartição de origem.

As repartições públicas poderão fornecer todos os documentos em meio eletrônico, conforme disposto em lei, certificando, pelo mesmo meio, que se trata de extrato fiel do que consta em seu banco de dados ou do documento digitalizado].

13.3.3.5 Incidente de falsidade

Pode ser que a parte contra quem foi produzido o documento tenha fundadas dúvidas acerca de sua autenticidade material e por isso suscite no prazo de resposta ou no prazo de 10 (dez) dias, contados de sua intimação, o incidente de falsidade, que, segundo o art. 390 do CPC, tem lugar em qualquer tempo e grau de jurisdição [segundo o art. 417 do Projeto nº 166 do Senado Federal a falsidade deve ser suscitada na contestação ou no prazo de cinco dias contados a partir da intimação da juntada aos autos do documento].

---

[40] DINAMARCO, v. 3, p. 569.

O incidente de falsidade tramitará nos próprios autos principais, se arguido antes de encerrada a instrução ou em apenso aos autos principais, se suscitado depois de encerrada a instrução, conforme determina o art. 393 combinado com o art. 391, ambos do CPC.

O incidente de falsidade, uma vez suscitado, suspende o processo principal. A suspensão, denominada imprópria, causada pelo incidente de falsidade limita-se em princípio a retardar a prolação de sentença na causa principal.[41]

A parte contrária será intimada a responder o incidente e em seguida o juiz ordenará o exame pericial, exceto se a parte que juntou o documento aos autos concordar em retirá-lo e a isso não se opuser a outra (art. 392 do CPC) [idem o art. 419 do Projeto nº 166 do Senado Federal].

A sentença que resolver o incidente declarará a falsidade ou autenticidade do documento (art. 395 do CPC). Ela limita-se a declarar a falsidade ou a autenticidade do documento e as repercussões dessa declaração serão analisadas por ocasião da prolação da sentença no processo principal. Com fundamento no art. 162, §1º, do CPC, com a redação dada pela Lei nº 11.232, de 22.12.2005, parece-nos ser qualificável de sentença o provimento jurisdicional que declara a falsidade ou autenticidade do documento, que desafia o recurso de apelação e o de agravo [segundo orientação prevista no art. 420 do Projeto nº 166 do Senado Federal a declaração sobre a falsidade do documento constará da parte dispositiva da sentença, de que, necessariamente, dependerá a decisão da lide, sobre a qual pesará também autoridade de coisa julgada].

---

[41] DINAMARCO, v. 3, p. 580.

13.3.4 Da prova testemunhal

13.3.4.1 Conceito

A prova testemunhal é a que se obtém através da declaração prestada em juízo por pessoa estranha ao litígio, a respeito de fatos percebidos pelos sentidos. É a técnica de obter informes acerca de fatos relevantes para o julgamento mediante perguntas a pessoas estranhas ao processo.[42]

As testemunhas depõem sobre fatos de que tiveram ciência ocasionalmente e sobre fatos da experiência comum, que podem ser percebidos independentemente de qualquer habilitação técnica ou científica especial. A prova testemunhal visa comprovar fatos comuns dos quais a testemunha tenha conhecimento por observação própria ou informação recebida de terceiro, independentemente de sua habilitação ou qualificação técnica ou científica, o que a exclui quando se trata de estabelecer relações de causalidade entre dois ou mais fatos mediante regras científicas, técnicas ou artísticas.[43]

Destarte, a função da testemunha é diversa da função do perito, encarregado de descobrir e explicar fatos em seus aspectos técnicos ou científicos, bem como a relação de causalidade existente entre eles.[44]

O depoimento prestado em juízo pela testemunha, dada sua relevância para a solução da lide, é considerado serviço público, que impede por ela comparecer à audiência a perda de salário ou o desconto no tempo de serviço (art. 419, parágrafo único do CPC) [art. 448 parágrafo único do Projeto nº 166 do Senado Federal].

A testemunha pode requerer ao juiz o pagamento da despesa que efetuou para comparecimento à audiência. O pagamento deve ser feito pela parte que a arrolou mediante depósito do valor

[42] DINAMARCO, v. 3, p. 600.
[43] DINAMARCO, v. 3, p. 600.
[44] DINAMARCO, v. 3, p. 603.

em cartório no prazo de 3 (três) dias (art. 419 do CPC) [art. 448 do Projeto nº 166 do Senado Federal].

A gratuidade do serviço prestado pela testemunha não implica na obrigação de arcar com as despesas para atender à intimação judicial e comparecer à audiência, motivo pelo qual a testemunha tem o direito ao reembolso das despesas e ao ressarcimento dos prejuízos decorrentes do comparecimento, cujo valor será arbitrado pelo juiz, para que a parte que a arrolou o deposite prontamente.[45]

13.3.4.2 Admissibilidade

Como regra, a prova testemunhal é sempre admissível, salvo disposição contrária à da lei (art. 400 do CPC) [de forma igual o art. 428 do Projeto nº 166 do Senado Federal], como ocorre com o art. 401 do CPC [art. 429 do Projeto nº 166 do Senado Federal] que limita o uso da prova exclusivamente testemunhal a contratos cujo valor não exceda o décuplo do maior salário mínimo vigente no país ao tempo em que foram celebrados.

Também não se admite a prova exclusivamente testemunhal para a comprovação e o reconhecimento de exercício de atividade rurícola para a obtenção de benefício previdenciário, conforme dispõe a Súmula nº 149 do STJ.

Inobstante, há uma tendência jurisprudencial para admitir a prova exclusivamente testemunhal em relação não à existência do contrato, mas aos seus efeitos pretéritos; na corretagem e outros contratos de prestação de serviços, cuja contratação não ocorre, usualmente, por escrito; certos contratos, como o agrário, que de acordo com o Decreto nº 59.566, de 14.11.1966, admite prova exclusivamente testemunhal.

A par disso, segundo o art. 402 do CPC [no mesmo sentido o art. 430 do Projeto nº 166 do Senado Federal que trata do novo CPC],

---

[45] DINAMARCO, v. 3, p. 607.

qualquer que seja o valor do contrato é admissível a prova testemunhal quando houver começo de prova por escrito ou quando a parte, na qualidade de credor, não podia, moral ou materialmente, obter a prova escrita da obrigação, em casos como o de parentesco, depósito necessário ou hospedagem em hotel.

13.3.4.3 Sujeitos da prova testemunhal

Testemunha é quem pelos sentidos tomou conhecimento de algum fato; a pessoa física chamada a cooperar com a Justiça e informar ao juiz os fatos e as circunstâncias das quais tenha conhecimento, considerados relevantes para a causa.[46]

Apenas as pessoas físicas podem depor; O testemunho é a narração de um fato percebido através dos sentidos e reproduzido depois perante o juiz, somente um ser capaz de percepção e dotado de memória pode desempenhar a função que se exige da testemunha.

Somente os terceiros que não sejam parte no litígio podem testemunhar no processo, exceto quando se trate de litisconsórcio facultativo comum, determinado por simples afinidade de questões de fato ou de direito, como no caso de três ou mais pessoas que ostentam as condições de vítimas (um pedestre, um ciclista e o proprietário do imóvel) de danos causados em razão de acidente de veículo provocado por culpa do motorista do veículo x.

13.3.4.4 Admissibilidade da prova testemunhal

O CPC mantém inúmeras restrições à admissibilidade da prova testemunhal, que podem ser indicadas como vestígios ainda existentes do antigo sistema de prova legal.

Pelo art. 405 não podem depor como testemunhas os incapazes, as pessoas impedidas e as consideradas suspeitas [no mesmo sentido o art. 433 do Projeto nº 166 do Senado Federal].

---

[46] DINAMARCO, v. 3, p. 603.

São considerados incapazes o interdito por demência, o acometido por enfermidade, ou debilidade mental, ao tempo em que ocorreram os fatos, de modo que não podia discerni-los, ou ao tempo em que deve depor, de modo que não está habilitado a transmitir as percepções; o menor de dezesseis (16) anos; o cego e o surdo, quando a ciência do fato depender dos sentidos que lhes faltam.

São considerados impedidos o cônjuge, o ascendente e o descendente em qualquer grau, ou colateral, até o terceiro grau, de alguma das partes, por consanguinidade ou afinidade, salvo em duas situações: o exigir o interesse público ou tratar-se de causa relativa ao estado da pessoa, de modo que não se possa obter por outro meio a prova que o juiz considere necessária ao julgamento do mérito.

A parte na causa: as partes podem depor, mas nessa condição e não como testemunhas.

O que intervém em nome de uma parte, como o tutor na causa do menor, o representante legal da pessoa jurídica.

O juiz: o juiz da causa quando for arrolado como testemunha deverá, segundo o art. 409 do CPC, declarar-se impedido, se tiver conhecimento de fatos que possam influir na decisão, caso em que será proibido à parte que o arrolou, desistir de seu depoimento, ou se nada souber, mandará excluir o seu nome do rol de testemunhas [com a mesma redação o art. 438 do Projeto nº 166 do Senado Federal que trata do novo CPC].

O advogado: o advogado estará impedido de testemunhar se tiver assistido um dos litigantes e não a ambos, como leva a crer o art. 405, III, do CPC, razão pela qual já se decidiu que "o impedimento do advogado como testemunha não existe apenas quando tenha assistido ambos os litigantes (...), basta que tenha assistido um dos litigantes" (*JTJ* 204/128 – NEGRÃO, Theotonio; GOUVEIA, José Roberto F. (Org.). *Código de Processo Civil*. 40. ed. São Paulo: Saraiva, 2008. p. 519).

Outros que assistam, ou assistiram as partes, como os assistentes técnicos.

São suspeitos: os condenados por crime de falso testemunho por sentença transitada em julgado.

O que, por seus costumes, não for digno de fé.

O inimigo capital da parte, ou o seu amigo íntimo.

O que tiver interesse no litígio.

As pessoas impedidas ou suspeitas podem ser ouvidas como simples informantes, sem prestar o compromisso a que alude o art. 415 do CPC, sempre que o juiz considere indispensável os seus depoimentos [idem o art. 433, §4º do Projeto nº 166 do Senado Federal].

13.3.4.5 Objeto da prova

A prova testemunhal incide sobre fatos. Alguns, no entanto, por disposição legal, não poderão ser objeto de prova testemunhal. Assim, não se admite prova testemunhal (art. 400 do CPC) [da mesma forma o art. 428 do Projeto nº 166 do Senado Federal] quando a inquirição disser respeito a fatos já provados por documentos ou confessados, ou ainda que só por documento ou por exame pericial possam ser provados.

Além disso, a testemunha pode guardar segredo sobre fatos que acarrete grave dano a si, cônjuge e parentes ou a cujo respeito, por estado ou profissão, deva guardar sigilo (art. 406 do CPC) [no mesmo sentido o art. 434 do Projeto nº 166 do Senado Federal].

13.3.4.6 Da produção da prova testemunhal

Como as demais provas, também a prova testemunhal deve ser requerida na petição inicial, quando for o autor a pretender produzi-la e na contestação quando for o réu quem a pretenda (arts. 282, VI e 300 do CPC) [do mesmo modo o art. 296 do Projeto nº 166 do Senado Federal].

No entanto, o procedimento formal da prova documental principia com o vago protesto feito por autor e réu na petição inicial e resposta e, depois, na fase ordinatória, ambas as partes requerem a produção dessa prova, justificando o que requererem (art. 324 do CPC).[47]

O fornecimento ao juízo do nome e qualificação deve ser feito até dez dias antes da audiência designada para a produção de prova (art. 407 do CPC), exceto no procedimento sumário, que impõe que o autor arrole testemunhas na petição inicial no art. 276 do CPC e o réu em audiência, nos termos do art. 278 do CPC.

O prazo de dez (10) dias de antecedência para depósito do rol de testemunhas previsto no art. 407 do CPC deve ser observado mesmo no caso de comparecimento espontâneo das testemunhas, pois uma das finalidades do depósito do rol com antecedência é o de permitir o prévio conhecimento das pessoas que irão depor e o possível preparo com antecedência das razões para contraditá-las.

Depositado o rol de testemunhas, segundo o art. 408 do CPC deverá haver a substituição da testemunha que falecer, que, por enfermidade, não estiver em condições de depor, que, mudado de residência, não for encontrada pelo oficial de justiça, embora se possa considerar livre a substituição se feita dentro do prazo [no mesmo sentido o art. 437 do Projeto nº 166 do Senado Federal].

Em regra, as testemunhas serão ouvidas na audiência de instrução e julgamento, exceto aquelas testemunhas que prestaram depoimento antecipadamente; as que devam ser inquiridas por carta, em local diferente da comarca onde a causa se processa; as que por doença, ou por outro motivo relevante estejam impossibilitadas de comparecer em juízo ou as que tenham prerrogativas (art. 410 do CPC) [da mesma forma o art. 439 do Projeto nº 166 do Senado Federal].

---

[47] DINAMARCO, v. 3, p. 609.

Algumas pessoas, indicadas no art. 411 do CPC, [art. 440 do Projeto nº 166 do Senado Federal] poderão ser inquiridas em sua residência ou onde exercem a sua função, em vez de comparecerem, como as demais testemunhas, ao recinto do fórum para prestar depoimento. Os dignatários referidos no art. 411 do CPC poderão designar o local e a data da inquirição. Segundo o Pleno do STF a prerrogativa de os dignatários referidos no art. 411 do CPC para não se reduzir a mero privilégio, há de ser vista sob a perspectiva dos percalços que, sem ela, poderiam advir ao exercício de suas altas funções (...) (STF, Pleno, HC nº 85.029-4 – NEGRÃO Theotonio; GOUVEIA, José Roberto F. (Org.). *Código de Processo Civil*. 40. ed. São Paulo: Saraiva, 2008. p. 523) [de acordo com o parágrafo único do art. 440 do Projeto nº 166 do Senado Federal "o juiz solicitará à autoridade que designe dia, hora e local a fim de ser inquirida, remetendo-lhe cópia da petição inicial ou da defesa oferecida pela parte que a arrolou como testemunha; passado um mês sem manifestação da autoridade, o juiz designará dia, hora e local para o depoimento, preferencialmente na sede do juízo"].

A intimação da testemunha a comparecer à audiência pode ser feita pelo correio por meio de carta com aviso de recebimento ou por intermédio de oficial de justiça [segundo o art. 441 do Projeto nº 166 do Senado Federal não haverá mais intimação da testemunha pelo Poder Judiciário. "Cabe ao advogado informar a testemunha arrolada do local, do dia e do horário da audiência designada, dispensando-se a intimação do juízo". A intimação da testemunha pelo Poder Judiciário passa a ser medida excepcional devidamente justificada pela parte, conforme determina o §4º do art. 441: Somente se fará a intimação pela via judicial quando essa necessidade for devidamente demonstrada pela parte ao juiz; quando figurar no rol de testemunhas servidor público ou militar, hipótese em que o juiz requisitará ao chefe da repartição ou ao comando do corpo em que servir; a parte estiver representada pela Defensoria Pública].

A testemunha só tem o dever de comparecer e depor, quando intimada. Sua intimação, como qualquer outra, deve ser feita ao menos vinte e quatro horas antes da audiência, sob pena de a testemunha não estar obrigada a comparecer (art. 192 do CPC).[48]

Se a testemunha for servidor público civil ou militar, segundo o art. 412 do CPC, sua intimação deverá ser acompanhada de requisição ao superior imediato [o §4º, inciso II do art. 441 do Projeto nº 166 do Senado Federal manteve a requisição do servidor público ou militar].

A testemunha devidamente intimada que deixar de comparecer à audiência, sem motivo justificado, será conduzida coercitivamente e responderá pelas despesas do adiamento [o §5º do art. 441 do Projeto nº 166 do Senado Federal manteve a requisição do servidor público ou militar].

A parte pode dispensar a intimação da testemunha e comprometer-se a levá-la à audiência, presumindo-se, caso a testemunha não compareça, que a parte desistiu de ouvi-la (art. 412, §1º do CPC). Assim, a parte que dispensou a intimação da testemunha assume o risco de perder o direito de ouvi-la caso ela não compareça voluntariamente, pois não se redesigna a audiência, nem se lhe pode aplicar qualquer sanção pela ausência[49] [no mesmo sentido o §2º do art. 441 do Projeto nº 166 do Senado Federal].

O juiz inquirirá as testemunhas separada e sucessivamente, primeiro as testemunhas do autor e depois as do réu. Uma não deve ouvir o depoimento das outras (art. 413 do CPC) [no mesmo sentido o §5º do art. 441 do Projeto nº 166 do Senado Federal]. Não é permitido ao magistrado inverter a ordem de inquirição das testemunhas, ao menos sem prévia concordância do réu, sob pena de nulidade.

Torna-se difícil o controle do estrito cumprimento dessa exigência quando são expedidas cartas precatórias para a inqui-

---

[48] DINAMARCO, v. 3, p. 611.

[49] DINAMARCO, v. 3, p. 611.

rição de testemunhas arroladas por ambas as partes e no caso de ocorrer a inversão de ordem na oitiva, a nulidade só deverá ser declarada se for demonstrado efetivo prejuízo.

Antes de depor, a testemunha será qualificada, declarará seu nome, profissão, residência e estado civil, bem como se tem relações de parentesco com a parte ou interesse no objeto do processo (art. 414, *caput* do CPC) [idem o art. 443 do Projeto nº 166 do Senado Federal].

Nesta oportunidade é que a parte poderá contraditar a testemunha e objetar-lhe a incapacidade, o impedimento ou a suspeição. A contradita deve ser arguida logo após a qualificação da testemunha e até o momento imediatamente anterior ao início do depoimento, pois iniciado o depoimento estará preclusa a faculdade de contraditar a testemunha [art. 443, §1º do Projeto nº 166 do Senado Federal].

O juiz decidirá a contradita a partir das provas documentais ou testemunhais apresentadas no ato e inquiridas em separado (art. 414, §1º do CPC).

Rejeitada a contradita, a testemunha prestará compromisso. A testemunha compromissada tem o dever de dizer a verdade, sob pena de cometer o crime de falso testemunho (art. 415 do CPC) [do mesmo modo o art. 444 do Projeto nº 166 do Senado Federal].

O dever de *veracidade* é inerente à condição de testemunha e constitui objeto da *advertência* que o juiz lhe faz antes de tomar-lhe o depoimento, quando então deve deixá-la consciente de que mentir constitui crime de falso testemunho (CP, art. 342).[50]

Admitida a contradita, mesmo assim o juiz poderá ouvir a pessoa como informante, dispensado o compromisso de dizer a verdade, o que diminui, a nosso ver, a credibilidade e a força probante do testemunho [art. 443, §1º do Projeto nº 166 do Senado Federal].

---

[50] DINAMARCO, v. 3, p. 607.

O juiz interrogará a testemunha sobre os fatos articulados e admitirá reperguntas, primeiro à parte que a arrolou, depois à parte contrária, e por último ao Ministério Público.

Pelo princípio da imediação as partes e o Ministério Público não reperguntam diretamente às testemunhas, mas o fazem por intermédio do juiz (art. 413 do CPC) [o art. 445 do Projeto nº 166 do Senado Federal permite a inquirição direta da testemunha pelas partes: "As perguntas serão formuladas pelas partes diretamente à testemunha, começando pela que a arrolou, não admitindo o juiz aquelas que puderem induzir a resposta, não tiverem relação com a causa ou importarem repetição de outra já respondida". O juiz poderá, no entanto, inquirir a testemunha antes como depois da inquirição pelas partes, conforme dispõe o art. 445, §1º].

As partes devem tratar as testemunhas com urbanidade; estão proibidas de lhes fazer perguntas ou considerações impertinentes, capciosas ou vexatórias (art. 416, §1º do CPC) [art. 445, §2º do Projeto nº 166 do Senado Federal].

As perguntas indeferidas pelo magistrado serão obrigatoriamente transcritas no termo se a parte o requerer (art. 416, §2º do CPC) [art. 445, §3º do Projeto nº 166 do Senado Federal].

O depoimento da testemunha é reduzido a escrito por meio idôneo — datilografia, digitação, estenotipia —, assinado pelo juiz, depoente, partes e procuradores [art. 446 do Projeto nº 166 do Senado Federal].

O juiz de ofício ou a requerimento da parte pode ordenar a inquirição de testemunhas referidas nas declarações da parte ou das testemunhas ou acarear duas (2) ou mais testemunhas, ou uma delas com a parte, sobre fato determinado, que possa influir na decisão da causa, se divergir as declarações [art. 447, I do Projeto nº 166 do Senado Federal]. Se o fato é inócuo, incapaz de influir no julgamento da causa pelo modo vago como foi relatado, pode o juiz, como condutor da prova, indeferir o pedido de acareação, considerado por ele inútil e protelatório (*RT* 676/93).

13.3.5 Prova pericial

13.3.5.1 Conceito

A prova pericial é a prova destinada a levar ao juiz elementos sobre algum fato que dependa de conhecimentos especiais de ordem técnica. O perito dá sua opinião técnica sobre elementos do litígio para instruir o juiz e ajudar este a formar sua convicção.[51] Cândido Rangel Dinamarco define-a como "o exame feito em pessoas ou coisas, por profissional portador de conhecimentos técnicos e com a finalidade de obter informações capazes de esclarecer dúvidas quanto a fatos. Daí chamar-se perícia, em alusão a qualificação e aptidão do sujeito a quem tais exames são confiados".[52]

13.3.5.2 Espécies

São espécies de prova pericial, o exame, a vistoria e o arbitramento, segundo dispõe o art. 420 do CPC [art. 449 do Projeto nº 166 do Senado Federal].

O exame é a inspeção feita por perito sobre pessoas e coisas móveis e semoventes, inclusive documentos e escritas comerciais para cientificar-se da existência de algum fato ou circunstância que interesse à solução do litígio.[53]

A vistoria é a verificação que o perito faz sobre imóveis.

Avaliação é o exame pericial destinado a verificar o valor em dinheiro de alguma coisa ou obrigação.[54]

13.3.5.3 Admissibilidade

Admite-se a prova pericial quando o fato a ser provado exigir conhecimentos especiais de natureza técnica ou científica.

[51] MARQUES, v. 3, p. 417.

[52] DINAMARCO, v. 3, p. 584.

[53] MARQUES, v. 3, p. 421.

[54] MARQUES, v. 3, p. 421.

A prova pericial não se destina a demonstrar a existência de fatos capazes de serem conhecidos e descritos pelas pessoas comuns através de sua experiência social ordinária. Por essa razão, o juiz está autorizado a indeferir a perícia quando a prova do fato não depender do conhecimento especial de técnico; for desnecessária em vista de outras provas produzidas, conforme prevê o art. 427 do CPC ou a verificação for impraticável [art. 449, parágrafo único do Projeto nº 166 do Senado Federal].

Destarte, o critério central para admissibilidade da prova pericial é dado pelas disposições conjugadas do art. 145 do Código de Processo Civil, segundo o qual "quando a prova depender de conhecimento técnico ou científico, o juiz será assistido por perito" e do art. 335, que autoriza o juiz a valer-se de sua experiência comum e também da eventual experiência técnica razoavelmente acessível a quem não é especializado em assuntos alheios ao direito, mas ressalva os casos em que é de rigor a prova pericial.[55]

Todas essas disposições e considerações dão à prova pericial um caráter residual, de modo que ela não é admitida quando forem suficientes meras noções técnico-científicas ao alcance do homem de cultura geral média, quando por presunção fundada em suas máximas de experiência o juiz puder inferir a verdade dos fatos (art. 335), quando o fato for suscetível de prova por outro meio, como a prova testemunha e documental e quando a descoberta dos fatos por via pericial for impraticável.[56]

13.3.5.4 Sujeitos

A prova pericial é aquela realizada por perito, isto é, pessoa dotada de conhecimento específico, sempre que o fato depender de conhecimentos técnicos ou científicos. Se a perícia for

---

[55] DINAMARCO, v. 3, p. 585.

[56] DINAMARCO. *Instituições de direito processual civil*, v. 3, p. 587.

complexa, admite o art. 431-B do CPC a nomeação pelo juiz de mais de um perito [art. 459 do Projeto nº 166 do Senado Federal: "Tratando-se de perícia complexa que abranja mais de uma área de conhecimento especializado, o juiz poderá nomear mais de um perito e a parte indicar mais de um assistente técnico"].

A função de perito somente pode ser desempenhada por profissionais de nível universitário devidamente inscritos no órgão de classe competente.

Apesar da clareza do dispositivo que exige nomeação sobre pessoa, há alguns julgados que admitem como legal a nomeação de estabelecimento oficial para a realização de perícia médica, sem individuação do perito, caso em que se presume a confiança do magistrado em todos os integrantes do quadro, bem como no critério de escolha e designação de seu diretor (STJ, 4ª T, Ag nº 38.839-5-SP, rel. Min. Sávio de Figueiredo). Na hipótese supra, afasta-se a ideia de que a permissão concedida pelo juiz para que o diretor do órgão distribua pelos peritos dos quadros daquela entidade as solicitações de perícia que o magistrado lhe dirige, não constitui delegação de poderes, vedada pelo art. 6º da CF.

Dispensa-se a regra do art. 145 do CPC em localidades onde não houver profissional qualificado, caso em que caberá ao juiz a livre escolha do perito (art. 145 do CPC).

Na interpretação desses dispositivos, especialmente dos parágrafos do art. 145 do CPC, deve o juiz observar a natureza dos fatos a provar e agir com rigor e minúcia na aferição da circunstância se a perícia reclama conhecimentos específicos de profissionais qualificados e habilitados em lei.

13.3.5.5 Produção da prova pericial

Conforme determina o art. 435 do CPC, o procedimento da prova pericial passa pela nomeação do perito, indicação de assistente técnico, apresentação de quesitos, oferecimento do laudo e se as partes o requererem o comparecimento do perito ou do assistente técnico à audiência de instrução e julgamento para que prestem esclarecimentos a respeito das conclusões constantes do laudo pericial.

Cabe ao juiz indeferir os quesitos impertinentes e formular os quesitos que entender necessários ao esclarecimento da causa, conforme determina o art. 426 do CPC [art. 455 do Projeto nº 166 do Senado Federal].

13.3.5.6 Compromisso

O perito cumprirá escrupulosamente o encargo que lhe foi cometido, independentemente de termo de compromisso (art. 422 do CPC). Como auxiliar do juízo, o perito deve atuar de forma isenta e imparcial, conforme determina, também, o art. 138 do CPC. Cabe-lhe recusar o encargo, se não preencher o pressuposto da imparcialidade (art. 423 do CPC) [art. 451 do Projeto nº 166 do Senado Federal].

A par disso, o perito pode ser substituído, ainda, quando carecer de conhecimento técnico ou científico; quando, sem motivo legítimo, deixar de cumprir o encargo no prazo que lhe foi assinado, hipótese em que o magistrado comunicará o fato à corporação profissional encarregada de fiscalizar a atuação profissional do perito, para que ela tome as providências relacionadas a possível transgressão funcional, bem como imporá multa que leve em conta o valor da causa e o possível prejuízo decorrente do atraso no processo (art. 424, parágrafo único do CPC) [art. 453 do Projeto nº 166 do Senado Federal]. Nesse caso, somos da opinião de que a destituição do perito não poderá ser feita com a dispensa de oportunidade para que ele se manifeste e se defenda.

Para o desempenho da função, o perito e os assistentes técnicos podem utilizar todos os meios necessários, como a oitiva de testemunhas, a vista de documentos, conforme prevê o art. 429 do CPC [art. 457 do Projeto nº 166 do Senado Federal]. No entanto, como o perito é mero auxiliar seus poderes não são suficientes para requisitar documentos ou exercer atos coercitivos. Em caso de necessidade, deve solicitar providências ao Juízo.[57]

O perito deve apresentar o laudo em cartório no prazo fixado pelo juiz, pelo menos vinte dias antes da audiência de instrução e julgamento (art. 433 do CPC) [art. 461 do Projeto nº 166 do Senado Federal]. Se o perito, por motivo justificado, não puder apresentar o laudo dentro do prazo, o juiz lhe assinalará, por uma vez, uma prorrogação (art. 432 do CPC) [art. 460 do Projeto nº 166 do Senado Federal: "Se o perito, por motivo justificado, não puder apresentar o laudo dentro do prazo, o juiz poderá conceder-lhe, por uma vez, prorrogação pela metade do prazo originariamente fixado"].

Laudo, segundo Cândido Rangel Dinamarco, é o trabalho escrito do perito, no qual ele responde aos quesitos, desenvolve seus próprios raciocínios e conclui. As conclusões devem ser objetivas e responder diretamente os pontos indagados, não obstante possa o perito prestar outras informações pertinentes.[58]

As conclusões do perito não são vinculativas para o juiz (art. 436 do CPC) [art. 464 do Projeto nº 166 do Senado Federal]. Na livre apreciação da prova, o juiz não está obrigado a seguir cegamente as conclusões dos laudos oficiais e por isso pode valer-se de outros elementos de provas existentes nos autos, exceto os conhecimentos pessoais, de natureza técnica. O juiz, segundo José Frederico Marques, é o *peritus peritorum* por força mesmo das funções de que está investido. "Se o magistrado tivesse de ficar preso e vinculado às conclusões do laudo pericial, o experto acabaria transformado em verdadeiro juiz da causa, sobretudo nas lides onde o essencial para a decisão depende do que se apurar no exame pericial".[59]

---

[57] DINAMARCO, v. 3, p. 591.

[58] DINAMARCO, v. 3, p. 593.

[59] MARQUES, v. 3, p. 426.

Admite-se a realização de nova perícia, que deverá recair sobre os mesmos fatos objeto da perícia anterior, se entender que a matéria não foi suficientemente esclarecida (arts. 437 e 438 do CPC) [arts. 464 e 465 do Projeto nº 166 do Senado Federal].

A segunda perícia não substitui ou invalida a primeira, cabendo ao juiz apreciá-las livremente (art. 439, parágrafo único) [art. 467, parágrafo único do Projeto nº 166 do Senado Federal].

13.3.6 Inspeção judicial

13.3.6.1 Conceito

A inspeção judicial é o exame que o juiz faz pessoalmente sobre os fatos controvertidos na causa. É a verificação pessoal de pessoas ou coisas, feita pelo juiz.[60] Cuida-se de ato de inspeção pelos sentidos — visão, audição, olfato, paladar ou tato, pelo qual o juiz se certifica do objeto sobre que se agita a questão pendente do seu julgamento.

Cuida-se de meio de prova próximo à perícia, sem, contudo, exigir prévios conhecimentos técnicos, científicos ou especializados. Aduz Cândido Rangel Dinamarco que ao realizar a inspeção judicial, comporta-se o juiz como homem comum e emprega as meras noções técnicas inerentes a sua cultura geral e sensibilidade para, mediante a observação da pessoa ou coisa em exame, captar os elementos de interesse para o julgamento.[61]

13.3.6.2 Objeto da inspeção judicial

Segundo dispõe o art. 440 do CPC a inspeção judicial incide sobre pessoas ou coisas a fim de se esclarecer sobre fato que interessa à decisão da causa [art. 468 do Projeto nº 166 do Senado Federal].

---

[60] DINAMARCO, v. 3, p. 597.
[61] DINAMARCO, v. 3, p. 598.

Cuida-se em relação às partes de verdadeiro dever de cooperação expressamente previsto no art. 340, II do CPC.

13.3.6.3 Procedimento da inspeção judicial

Na inspeção judicial o magistrado desloca-se até o lugar onde as pessoas ou coisas se encontrem ou, sempre que possível, as traz à sede do juízo a fim de serem examinadas por ele. O juiz irá ao local, onde se encontre a pessoa ou coisa quando julgar necessário para a melhor verificação ou interpretação dos fatos que deva observar; a coisa não puder ser apresentada em juízo, sem consideráveis despesas ou graves dificuldades; determinar a reconstituição dos fatos (art. 442 do CPC) [art. 470 do Projeto nº 166 do Senado Federal].

Pode o magistrado ser assistido de um ou mais peritos (art. 441 do CPC) [art. 469 do Projeto nº 166 do Senado Federal].

As partes têm o direito de assistir à inspeção, prestando esclarecimentos e fazendo observações que reputem de interesse para a causa (art. 442, parágrafo único do CPC) [art. 470, parágrafo único do Projeto nº 166 do Senado Federal].

Concluída a diligência, o juiz mandará lavrar auto circunstanciado que deverá registrar tudo quanto for útil ao julgamento da causa (art. 443 do CPC) [art. 471 do Projeto nº 166 do Senado Federal].

O auto conterá o registro daquilo que o juiz tenha observado, mas a valoração dos elementos de prova que ele haja feito não deve constar do auto, uma vez que somente na sentença final deverá o julgado emitir o seu juízo sobre a prova.

A falta de lavratura do auto circunstanciado acarreta a perda do valor de prova da inspeção, segundo orientação jurisprudencial.

Capítulo 14

Audiência

Sumário: **14.1** Considerações gerais – **14.2** Designação – **14.3** Procedimento da audiência

14.1 Considerações gerais

A audiência é ato processual público, salvo exceções previstas no art. 155 do CPC, na qual o juiz pratica uma série de atos processuais, conciliatórios, instrutórios e decisórios, informados pelo princípio da imediatidade e da oralidade.

A audiência é presidida pelo juiz a quem compete dirigir os trabalhos da audiência, realizar direta e pessoalmente à colheita das provas, exortar os advogados e o órgão do Ministério Público a que discutam a causa com elevação e urbanidade (art. 446 do CPC).

Para tanto, o juiz tem poderes de polícia na audiência e lhe compete manter a ordem e o decoro, ordenar a retirada da sala de audiência dos que se comportarem inconvenientemente e, quando necessário, requisitar força policial (art. 445 do CPC) [art. 345 do Projeto nº 166 do Senado Federal].

Ensina Cândido Rangel Dinamarco: "O juiz preside todos os trabalhos que compõem a audiência de instrução e julgamento, na qualidade de agente estatal encarregado do exercício da jurisdição. A ele cabe determinar cada um dos atos a serem realizados, orientar as partes no sentido da conciliação, formular perguntas a serem respondidas pelas testemunhas, transmitir a estas e aos peritos as perguntas formuladas pelos advogados, ouvir as respostas e fazê-las consignar no termo, resolver questões incidentes levantadas pelos defensores, manter a ordem e, finalmente, proferir a sentença".[1]

A finalidade da audiência de instrução e julgamento é possibilitar contato direto do juiz com as partes e seus procuradores. Na audiência são produzidas as provas orais, como interrogatório, os depoimentos pessoais das partes; a inquirição de testemunhas e os esclarecimentos dos peritos. Na audiência é proferida a decisão da lide. Nem sempre, porém, o juiz decide a causa na própria audiência, embora esse seja o procedimento recomendável.

A audiência tem muita importância pela adoção do princípio da oralidade.[2] Ele, contudo, não a transforma em formalidade necessária e imprescindível, em todos os casos, como ocorria na vigência do CPC anterior, no qual o procedimento ordinário não poderia prescindir da realização da audiência de "instrução e julgamento" (art. 296, I do CPC), mesmo que nenhuma prova tivesse de ser nela produzida, dando ensejo ao que se denominou "audiência de reportagem", na qual as partes limitavam-se a reportarem-se ao que já constava dos autos.

14.2 Designação

A audiência é designada na oportunidade em que o juiz profere a decisão que considera saneado o processo (art. 331 do CPC).

14.3 Procedimento da audiência

A audiência realiza-se segundo a ordem estabelecida nos arts. 450-457 do CPC. Inicia-se com o pregão previsto no art. 450

---

[1] DINAMARCO, v. 3, p. 634.

[2] Oralidade: importância da existência de um número expressivo de manifestações das partes sob forma oral, principalmente na audiência. O objetivo: realizar o julgamento com menor número de atos processuais.

do CPC [art. 344 do Projeto nº 166 do Senado Federal], isto é, a comunicação verbal feita em voz alta pelo oficial de justiça ou porteiro que anuncia o início da audiência e convoca as pessoas que devam participar. Segundo Cândido Rangel Dinamarco, "na prática, esse ato extremamente formal consignado em lei é realizado por modo menos formal, limitando-se o juiz a dizer ao auxiliar que é chegado o momento de fazer o pregão, que consiste na chamada das partes e advogados, para que entrem na sala e tomem os assentos que lhes cabem, começando em seguida a audiência; deve ser feito em voz alta e clara e tem a finalidade de evitar eventuais desatenções e caracterizar a ausência dos que não atenderem a ele".[3]

Se o litígio versar sobre direitos patrimoniais de caráter privado deve haver a prévia conciliação, caso em que o juiz, de ofício, determinará o comparecimento das partes ao início da audiência de instrução e julgamento (art. 447 do CPC). A falta de tentativa de conciliação, nas causas que versem sobre direitos patrimoniais de natureza privada, não induz nulidade do processo.

Tanto quanto na audiência preliminar, a conciliação a ser proposta e incentivada pelo juiz na audiência de instrução e julgamento restringe-se aos litígios que envolvam direitos disponíveis ou direitos patrimoniais de caráter privado, aí incluído causas de direito de família nos casos e para os fins em que a lei permite a transação, como as ações de investigação de paternidade nas quais a conciliação é possível para o reconhecimento ou para a determinação dos alimentos eventualmente solicitados.[4]

[De acordo com o parágrafo único do art. 344 do Projeto nº 166 do Senado Federal logo após a instalação da audiência, o juiz tentará conciliar as partes, independentemente de ter ocorrido ou não tentativa anterior].

---

[3] DINAMARCO, v. 3, p. 637.

[4] DINAMARCO, v. 3, p. 638.

O art. 451 do CPC determina que no início da instrução, o juiz, ouvidas as partes, fixe os pontos controvertidos sobre que incidirá a prova. Entretanto, parte da doutrina sustenta ter o citado artigo sido implicitamente revogado pela Lei nº 8.952/94, que deu nova redação ao art. 331 e §§do CPC. No entanto, a fixação dos pontos controvertidos pode ser feita no início da instrução, se o juiz não os fixou na audiência preliminar prevista no art. 331 do CPC.

O ato de fixar os pontos é mero despacho e não comporta recurso algum (art. 162, §3º e 504).[5]

A seguir, ocorrerá a produção de provas sobre os pontos controvertidos, observada a ordem prevista no art. 452 do CPC [art. 346 do Projeto nº 166 do Senado Federal]: a) respostas dos peritos e assistentes técnicos aos esclarecimentos requeridos; b) depoimentos pessoais do autor e do réu; c) testemunhas arroladas pelo autor e pelo réu.

São tomados primeiro os esclarecimentos do perito, depois do assistente-técnico do autor e do indicado pelo réu, se for o caso, mediante solicitação ao perito, para que responda oralmente às perguntas antes formuladas por escrito e das quais ele tenha tido prévio conhecimento. As perguntas são lidas pelo juiz, o perito dá sua resposta e ambos os advogados podem dirigir-lhe outras, sempre através do juiz e desde que relacionadas com as respostas dadas; repergunta primeiro o advogado que formulara o pedido de esclarecimento, depois o adversário. Do mesmo modo são prestados esclarecimentos pelos assistentes, sendo que as reperguntas são feitas em primeiro lugar pelo advogado da parte que indicou o assistente e, em seguida, pelo adversário.[6]

Se requeridos ou considerados importantes pelo magistrado, segue o depoimento pessoal das partes, primeiro do autor, tomado na ausência do réu, que é proibido de assistir a ele (art.

---

[5] DINAMARCO, v. 3, p. 639.

[6] DINAMARCO, v. 3, p. 639.

452, II e 344, parágrafo único, ambos do CPC). As perguntas são feitas pelo juiz e pelo advogado contrário; não se admitem perguntas de um advogado a serem respondidas pelo próprio constituinte. Após ter prestado depoimento, o autor pode permanecer na sala de audiência e acompanhar o depoimento do réu.[7]

Depois, depõem as testemunhas arroladas pelo autor, na ordem indicada por ele e depois as testemunhas arroladas pelo réu, que deverão permanecer incomunicáveis antes de depor, isto é, proibidas de, antes de depor, assistir ao depoimento das demais ou serem informadas do teor desse depoimento (art. 413 do CPC).[8]

Poderá ser dispensada pelo juiz a produção das provas requeridas pela parte cujo advogado ou defensor público não tenha comparecido à audiência, aplicando-se a mesma regra ao Ministério Público [art. 347, §2º do Projeto nº 166 do Senado Federal].

Antes de encerrar a instrução, os juízes costumam instar as partes sobre se ainda pretendem formular algum requerimento. É este o último momento para a parte postular por produção de prova, como juntar documento novo (CPC, art. 397) a respeito de alegações feitas, ou postular a ouvida de testemunhas referidas (CPC, art. 418, I) ou a acareação de testemunhas (CPC, art. 418, II). O silêncio da parte faz com que se opere a preclusão do direito de produzir a prova posteriormente.

Encerrada a instrução, as partes devem apresentar suas alegações finais oralmente; primeiro o advogado do autor e depois o advogado do réu, por aproximadamente vinte minutos, prorrogáveis por mais dez (art. 450 do CPC) [art. 348 do Projeto nº 166 do Senado Federal].

Admite-se, nas causas complexas, a substituição das alegações orais por alegações escritas, denominadas memoriais.

---

7 DINAMARCO, v. 3, p. 640.

8 DINAMARCO, v. 3, p. 640.

Não há um direito das partes a esse modo de fazer as alegações finais: o grau de complexidade será avaliado pelo juiz, a quem compete deferir ou indeferir o pedido de apresentação de memoriais, segundo sua própria sensibilidade[9] [art. 348, §2º do Projeto nº 166 do Senado Federal]. Deve-se fixar prazo sucessivo para a juntada de memoriais e não simultâneo, pois senão haverá inversão da ordem de manifestação das partes e violação ao contraditório, conforme lição de Rogério Cruz e Tucci publicada na *RT* 662/24 [nesse sentido o §2º do art. 348 do Projeto nº 166 do Senado Federal].

Encerrado o debate ou oferecidos os memoriais, o juiz proferirá a sentença desde logo ou no prazo de 10 (dez) dias (CPC, art. 456) [o art. 350 do Projeto nº 166 do Senado Federal determina o prazo de vinte dias].

Pelo art. 455 do CPC, a audiência é una e contínua. Se não houver condições de encerrar a instrução naquele dia em que ela foi designada, a audiência deverá continuar presidida pelo mesmo juiz, em dia próximo, o mais breve possível [o art. 349 do Projeto nº 166 do Senado Federal determina também que a audiência é una e contínua, e não sendo possível concluí-la, num só dia, a instrução, o debate e o julgamento, o juiz marcará o seu prosseguimento para a data mais próxima possível, em pauta preferencial].

A continuidade da audiência significa que toda a atividade deve começar e terminar numa assentada, evitadas as interrupções prejudiciais à concentração dos atos processuais que possam comprometer o bom entendimento dos elementos da instrução.[10] Justificam o prolongamento da audiência: a) o adiantado da hora (art. 172 do CPC); o volume das provas orais a serem produzidas em audiência; a eventual ausência justificada de parte, de testemunha, bem como a oitiva de testemunhas referidas (art. 418, I).

[9] DINAMARCO, v. 3, p. 641.
[10] DINAMARCO, v. 3, p. 644.

A audiência poderá ser adiada pelas razões expostas no art. 453 do Código Civil, como a convenção das partes; a ausência justificada do perito, das partes, das testemunhas, dos advogados [o art. 347 do Projeto nº 166 do Senado Federal lista como causas de adiamento da audiência a convenção das partes, a ausência justificada de pessoa que dela deveria participar, o atraso injustificado de seu início superior a trinta minutos do horário marcado].

Capítulo 15

Da Sentença

Sumário: **15.1** Conceito – **15.2** Requisitos – **15.3** Da verba honorária e despesas processuais – **15.4** Encerramento do ofício jurisdicional

15.1 Conceito

A sentença era definida tradicionalmente como todo ato jurisdicional que punha termo ao processo, decidindo ou não o mérito da causa (art. 162, §1º do CPC). O citado artigo teve sua redação alterada pela Lei nº 11.232, de 22.12.2005, que a definiu como "ato do juiz que implica alguma das situações previstas nos arts. 267 e 269 do CPC". A alteração foi feita porque nem toda sentença põe fim ao processo, como a sentença condenatória que apenas finaliza a fase de conhecimento, posto que o processo continua com a fase de cumprimento.[1] Além disso, segundo pertinente observação de Cândido Rangel Dinamarco, o processo só se extinguirá realmente se contra a sentença não vier a ser interposto recurso e a causa não for daquelas sujeitas ao necessário duplo grau de jurisdição, razão pela qual ele conceitua a sentença como *ato que põe fim ao procedimento em primeiro grau de jurisdição* no processo de conhecimento, com ou sem julgamento de mérito.[2] A par disso, a alteração legislativa teve por objetivo

[1] ALVIM, Eduardo Arruda. *Direito processual civil*. 2. ed. São Paulo: Revista dos Tribunais, 2008. p. 603.

[2] DINAMARCO, v. 3, p. 650.

permitir a reunião dos processos de conhecimento e de execução em um único processo com duas fases distintas, de modo que a sentença pode não encerrar o processo, porém colocar fim apenas à fase de conhecimento.[3]

Existem quatro espécies de sentenças no processo civil brasileiro: as que examinam a causa e concluem pela procedência, improcedência ou procedência parcial da demanda, que podem ser qualificadas de autênticas sentenças de mérito (arts. 459 e 469, I do CPC); as que se pronunciam sobre a decadência; as que homologam o reconhecimento do pedido, a transação ou a renúncia do direito, todas classificadas como sentenças de mérito; e as sentenças terminativas, que extinguem o processo sem julgamento de mérito.[4]

15.2 Requisitos

Submete-se a sentença, como todo ato processual e jurídico, a requisitos de forma, que se expressam no modo como deve ser composta, no lugar de sua realização e no momento adequado para ser proferida.[5]

A sentença é um ato escrito em vernáculo. A forma escrita é indispensável para sua documentação e conservação na memória para fins de recurso, liquidação e execução.[6]

A sentença deve ser proferida em audiência, mediante ditado do juiz ao escrivão. Ela constará, assim, por extenso, do termo de audiência e será trasladada para os autos com cópia autêntica

---

[3] MARINONI; ARENHART, v. 2, p. 411.

[4] DINAMARCO, v. 3, p. 650. Segundo o autor, "mérito é o objeto do processo e reside no *petitum* contido na demanda, o qual por sua vez expressa duas pretensões a serem decididas pelo juiz. Ao extinguir o processo sem julgamento do mérito este está rejeitando a primeira dessas pretensões, a saber, a pretensão ao provimento, sem chegar a manifestar-se sobre a pretensão ao bem. Ao extingui-lo com o julgamento de mérito, ele está acolhendo a pretensão ao provimento, tanto que o emite; e a pretensão ao bem da vida estará sendo acolhida ou rejeitada, conforme o juiz julgue a demanda procedente ou improcedente".

[5] DINAMARCO, v. 3, p. 654.

[6] DINAMARCO, v. 3, p. 654.

do aludido termo. Se a sentença não é proferida em audiência, o juiz a elaborará por escrito e ao dispositivo segue-se a data e a assinatura, que constituem a parte autenticadora da decisão. Sentença não assinada é decisão inexistente.[7]

A sentença deve ser publicada para que se torne um ato processual completo e formalizado. Enquanto não publicada, a sentença não tem valor algum, pois não é ato processual, mas mero trabalho de seu prolator. A publicidade é que lhe imprime a existência jurídica como ato do processo.[8]

A publicação da sentença se dá por prolação, quando se tratar de sentença proferida oralmente, e mediante publicação em sentido estrito, se a sentença escrita é publicada em audiência ou juntada aos autos por ato do escrivão. Quando publicada a sentença em audiência, o termo desta documentará a publicação, quando não publicada em audiência, é a juntada aos autos que a integra ao processo, o termo de juntada, além disso, documenta a data da publicação.[9]

À publicação segue-se a intimação, para que as partes conheçam da sentença e fique documentado nos autos, através do respectivo termo, que se lhes deu ciência do que foi decidido. Na sentença proferida em audiência, publicação e intimação ocorrem simultaneamente.[10]

A par disso, em sua estrutura, a sentença tem requisitos essenciais, descritos no art. 458 do CPC, entre eles o relatório, a fundamentação e o dispositivo, que devem ser observados sob pena de nulidade, especialmente da sentença de mérito [no Projeto nº 166 do Senado Federal o art. 476 considera como requisitos essenciais da sentença o relatório, os fundamentos e o dispositivo]. Segundo Cândido Rangel Dinamarco, é indispensável que o relatório, a motivação e o decisório se harmonizem, de modo a

[7] MARQUES, v. 3, p. 467.
[8] MARQUES, v. 3, p. 467.
[9] MARQUES, v. 3, p. 468.
[10] MARQUES, v. 3, p. 468.

demonstrar a quem os lê uma coerência interna do próprio ato. O juiz que relata com clareza os principais acontecimentos do processo e desenvolve fundamentos apoiados nesses elementos e nos preceitos ditados pelo direito, para afinal decidir de acordo com o raciocínio assim desenvolvido, demonstra seriedade no exame da causa e favorece o exame crítico da própria sentença pelas partes e pelos tribunais.[11]

O relatório é a parte da sentença na qual se reproduz a qualificação das partes, o resumo do pedido do autor e da resposta do réu e o registro das principais ocorrências havidas no andamento do processo. O relatório, se elaborado pelo juiz, prepara-o para decidir a causa, pois lhe impõe a leitura atenta dos autos e desperta sua atenção para as principais controvérsias da causa.

As principais ocorrências no andamento processual que devem integrar o relatório são aquelas que tenham relevância para a decisão refletida na sentença. Nas autênticas sentenças de mérito, nas quais o juiz conclui pela razão de uma das partes, o relatório deve aludir aos incidentes surgidos, defesas opostas, meios de prova empregados e conteúdo das alegações finais das partes; nas sentenças homologatórias dispensa-se a alusão à prova e aos fundamentos da defesa, porque os atos autocompositivos das partes vinculam o juiz, e a este não cabe decidir sobre quem tinha ou não razão, e nas sentenças terminativas basta descrever os fatos e fundamentos jurídicos que conduzem à extinção sem julgamento do mérito.[12]

A fundamentação é a parte da sentença na qual o juiz analisa as questões de fato e de direito controvertidas pelas partes e as resolve com a clara explicitação dos argumentos. Motivação é o enunciado das razões em que se apoiará a decisão da causa.[13]

[O parágrafo único do art. 476 do Projeto nº 166 do Senado Federal não considera fundamentada a decisão, sentença ou

---

[11] DINAMARCO, v. 3, p. 655.

[12] DINAMARCO, v. 3, p. 657.

[13] DINAMARCO, v. 3, p. 658.

acórdão que se limita a indicação, à reprodução ou à paráfrase de ato normativo, empregue conceitos jurídicos indeterminados sem explicar o motivo concreto de sua incidência no caso, invoque motivos que se prestariam a justificar qualquer outra decisão, não enfrenta todos os argumentos deduzidos no processo capazes de, em tese, infirmar a conclusão adotada pelo julgador].

Na fundamentação ou motivação o juiz soluciona questões de fato e de direito *incidenter tantum*, em caráter instrumental com relação ao dispositivo e sem se projetar para fora do processo. Coloca pressupostos para decidir a causa, mas não decide esta, motivo pelo qual o que ele afirma ou nega na fundamentação não será coberta pelos efeitos da coisa julgada material, o que possibilita a rediscussão das mesmas questões de fato ou de direito numa nova demanda que não seja mera repetição parcial ou total da ação que foi ajuizada.[14]

A fundamentação deve ser exauriente na sentença de mérito, isto é, deve examinar todas as questões de fato e de direito relevantes para a solução da demanda, segundo a prova dos fatos e os preceitos de direito material, mas pode ser concisa na sentença processual que extingue o processo sem julgamento do mérito, conforme autoriza a parte final do art. 459 do CPC. Com efeito, nas sentenças terminativas dispensa-se a motivação quanto ao mérito porque ele não será objeto de pronunciamento no decisório, mas nelas deve haver o exame dos pontos referentes aos pressupostos de admissibilidade do julgamento.[15]

A fundamentação é um requisito necessário da sentença que atende às exigências racionais. Direito fundamental consagrado no inciso IX do art. 93 da Constituição permite o controle da correção da sentença pelas partes e terceiros interessados; serve para convencer as partes do acerto ou da justiça da decisão e exige do julgador um cuidado maior na elaboração da sentença.

---

[14] DINAMARCO, v. 3, p. 658.

[15] DINAMARCO, v. 3, p. 659.

[O Projeto nº 166 do Senado Federal, no parágrafo único do art. 477, estabelece que fundamentada a sentença em regras que contiverem conceitos jurídicos indeterminados, cláusulas gerais ou princípios jurídicos, o juiz deve expor, analiticamente, o sentido em que as normas foram compreendidas].

Os tribunais distinguem entre sentença mal motivada e não motivada e toleram eventuais omissões de fundamentação no tocante a pontos não essenciais ou de importância menor para o julgamento da causa.[16]

O dispositivo, por sua vez, é a parte da sentença em que o juiz, com base na fundamentação desenvolvida e explicitada, acata ou rejeita os pedidos apresentados e resolve as questões que as partes lhe submeteram e aquelas que podem ser conhecidas de ofício pelo magistrado. O dispositivo contém a ordem, o comando. O dispositivo deve guardar coerência com a fundamentação desenvolvida. O dispositivo é o preceito concreto e imperativo ditado pelo juiz em relação à causa.[17]

A decisão contida na sentença compõe-se de partes distintas, mas entrelaçadas, que podem ser chamadas de capítulos de sentença, definidos como "as partes em que ideologicamente se decompõem o decisório de uma sentença ou acórdão, cada um deles contendo o julgamento de uma pretensão distinta",[18] de relevância fundamental na definição dos limites dos recursos, na disciplina das nulidades da sentença, na distribuição dos encargos da sucumbência, nos limites da coisa julgada, na ação rescisória ou na execução de sentença.[19]

A ausência de relatório ou de fundamentação configura nulidade e enseja a propositura de ação rescisória, porém dependem da efetiva ocorrência de prejuízo para que possam ser suscitadas, enquanto a ausência da parte dispositiva da sentença é algo mais

[16] DINAMARCO, v. 3, p. 658.
[17] DINAMARCO, v. 3, p. 661.
[18] DINAMARCO, v. 3, p. 663.
[19] DINAMARCO, v. 3, p. 665.

grave, que caracteriza a própria inexistência da sentença, pois sobre ela deveria recair a eficácia da imutabilidade decorrente do instituto da coisa julgada.[20]

Deve haver correlação entre pedido, causa de pedir e sentença, na medida em que o magistrado é proibido de proferir sentença que esteja acima (ultra), fora (extra) ou abaixo (citra ou infra) do pedido (art. 460 do CPC) [o Projeto nº 166 do Senado Federal, no art. 479, proíbe ao juiz proferir sentença de natureza diversa da pedida, bem como condenar a parte em quantidade superior ou em objeto diverso do que lhe foi demandado].

A sentença *citra* ou *infra petita* (abaixo) contém uma omissão e por isso pode ser corrigida por meio de embargos de declaração.

A sentença *extra* (fora) *petita* é nula por decidir causa diversa da que foi posta em juízo, de modo que o tribunal, diante da imposição de recurso, deve anulá-la.

A sentença *ultra petita* (acima) não pode ser corrigida por embargos de declaração, mas só por apelação. Cumpre ao tribunal, ao julgar o recurso, reduzi-la aos limites do pedido.

Admite-se, entretanto, possa o magistrado considerar, de ofício, no momento de decidir, fato superveniente, que possa influir na solução da controvérsia, sem que isso seja visto como um julgamento fora ou além do pedido [art. 480 do Projeto nº 166 do Senado Federal].

15.3 Da verba honorária e despesas processuais

A parte vencida, que não teve sua pretensão acolhida, deve arcar com as despesas processuais e ser condenada a pagar honorários advocatícios, observados os limites quantitativos previstos nos art. 20, §3º, do CPC, mínimo de 10% (dez por cento) e o máximo de 20% (vinte por cento) sobre o valor, ou, segundo

---

[20] ALVIM, Eduardo Arruda. *Direito processual civil*. 2. ed. São Paulo: Revista dos Tribunais, 2008. p. 604.

os critérios de análise qualitativos, previstos nas alíneas "a" *usque* "c" do art. 20, §3º, do CPC, aplicados nas causas de pequeno valor, de valor inestimável, naquelas em que não houver condenação ou for vencida a Fazenda Pública, de acordo com apreciação equitativa do magistrado [a matéria foi disciplinada no art. 87 do Projeto nº 166 do Senado Federal].

15.4 Encerramento do ofício jurisdicional

Publicada a sentença o juiz cumpre e acaba o ofício jurisdicional. A sentença não pode ser mais alterada. Trata-se do princípio da inalterabilidade da sentença pelo juiz (art. 463 do CPC) [idem no art. 481 do Projeto nº 166 do Senado Federal].

A atividade do juiz após a prolação da sentença é a de apenas verificar os pressupostos de admissibilidade do recurso interposto contra a sentença.

Exceção a esta regra encontramos no art. 463 do CPC. Cabe-lhe corrigir a sentença, de ofício ou a requerimento, quando ela contiver inexatidões materiais ou erros de cálculo, ou por meio de embargos de declaração.

O erro de cálculo pode ser corrigido a todo tempo, ainda quando a sentença haja transitado em julgado. Como erro de cálculo, porém, se entende apenas o erro aritmético, como é a inclusão de parcela indevida ou a exclusão, por omissão ou equívoco de parcela devida. Destarte, não constitui erro material, corrigível de ofício, o que resulta de errônea aplicação de determinado critério ou ponto de vista [idem no art. 481 do Projeto nº 166 do Senado Federal].

Capítulo 16

Recursos

Sumário: **16.1** Conceito – **16.2** Espécies – **16.3** Efeitos dos recursos – **16.4** Juízo de admissibilidade e juízo de mérito – **16.4.1** Juízo de admissibilidade – **16.4.1.1** Decisão recorrível – **16.4.1.2** Adequação do recurso – **16.4.1.3** Legitimação – **16.4.1.4** Tempestividade – **16.4.1.5** Regularidade formal – **16.4.1.6** Preparo – **16.4.2** Juízo de mérito – **16.5** Princípios fundamentais dos recursos – **16.5.1** Duplo grau de jurisdição – **16.5.2** O princípio da taxatividade – **16.5.3** O princípio da singularidade – **16.5.4** Princípio da fungibilidade – **16.5.5** Princípio da proibição da reformatio in pejus – **16.6** Recurso em espécie – **16.6.1** Apelação – **16.6.1.1** Conceito – **16.6.1.2** Juízo de admissibilidade – **16.6.1.3** Efeitos do recurso de apelação – **16.6.2** Agravos – **16.6.2.1** Conceito – **16.6.2.2** Espécies – **16.6.2.3** Poderes do relator – **16.6.2.4** Efeitos do agravo de instrumento – **16.6.2.5** Agravo retido – **16.6.3** Embargos de declaração – **16.6.3.1** Conceito – **16.6.3.2** Cabimento – **16.6.3.3** Objeto do recurso – **16.6.3.4** Finalidade do recurso – **16.6.3.5** Efeitos – **16.6.3.6** Procedimento – **16.6.4** Embargos infringentes – **16.6.4.1** Conceito – **16.6.4.2** Pressupostos – **16.6.4.3** Efeitos do recurso de embargos infringentes – **16.6.4.4** O problema do voto vencido e não declarado – **16.6.4.5** Processamento dos embargos infringentes – **16.6.5** Recurso ordinário constitucional – **16.6.6** Recurso especial – **16.6.6.1** Hipóteses de cabimento – **16.6.6.2** Prequestionamento – **16.6.6.2.1** Espécies de prequestionamento – **16.6.6.3** Efeitos do recurso especial – **16.6.6.4** Multiplicidade de recursos com fundamento em idêntica controvérsia – **16.6.7** Recurso Extraordinário – **16.6.7.1** Histórico – **16.6.7.2** Competência – **16.6.7.3** Cabimento – **16.6.7.4** Pressupostos – **16.6.7.5** Efeitos do recurso extraordinário – **16.6.7.6** Processamento dos recursos extraordinário e especial – **16.6.8** Dos embargos de divergência

16.1 Conceito

Podemos conceituar recurso como o ato por intermédio do qual a parte, ou quem esteja legitimado a intervir na causa, provoca o reexame das decisões judiciais, a fim de que elas sejam invalidadas ou reformadas pelo próprio magistrado que as proferiu ou por algum órgão de jurisdição superior.

A ideia de reexame explica o vocábulo recurso, originário do verbo *recursare*, que em latim significa correr para trás ou correr para o lugar de onde se veio (re + cursus).

José Frederico Marques cita Pedro Batista Martins que definiu recurso como "o poder que se reconhece à parte vencida em qualquer incidente ou no mérito da demanda de provocar o reexame da questão decidida, pela mesma autoridade judiciária, ou por outra de hierarquia superior".[1]

Por esta definição integram o conceito de recurso a) *sua condição de remédio voluntário*, o que exclui do conceito de recurso determinadas formas de revisão de sentenças judiciais não queridas voluntariamente pelas partes, como o reexame necessário; b) *a circunstância de ter lugar na mesma relação processual*, o que exclui do conceito de recurso formas de impugnação a decisões provenientes de outra relação processual simultânea ou posterior, tal como os embargos de terceiro (art. 1.046 do CPC) ou a ação rescisória (art. 485 do CPC). Explica-nos José Frederico Marques que "com o recurso, não se abre nova relação processual. O que se denomina de 'segunda instância' é a mesma relação processual projetada no Juízo de segundo grau. O que surge do recurso é um novo procedimento, isto é, o procedimento recursal".[2]

16.2 Espécies

Entre as espécies de recursos, temos a) os *recursos de fundamentação livre ou ilimitada ou recursos normais* que pressupõem apenas a sucumbência do recorrente, *como a apelação ou agravo*; b) *os recursos de fundamentação vinculada ou limitada ou recursos especiais* que pressupõem além da sucumbência outros requisitos de admissibilidade, como o recurso extraordinário que exige que a decisão contrarie dispositivo da Constituição ou que declare a

[1] MARQUES, v. 4, p. 2.
[2] MARQUES, v. 4, p. 2.

inconstitucionalidade de tratado ou lei federal, e o recurso especial que exige que a decisão contrarie o tratado ou a lei federal ou negue-lhe vigência.

16.3 Efeitos dos recursos

Dentre seus efeitos, os recursos:

a) *prolongam a pendência da causa* e, com isso, evitam a formação da coisa julgada ou da preclusão, que pressupõe a irrecorribilidade da decisão;

b) *devolvem* (*efeito devolutivo*) ou transferem a um órgão de jurisdição superior o conhecimento da matéria decidida pelo magistrado de grau inferior, o que importa em confiar a competência para o reexame da causa a um órgão ou tribunal diferente daquele que proferiu a decisão impugnada.

Destarte, a entrega do exame da controvérsia contida no recurso ao próprio magistrado prolator da decisão impugnada, como na hipótese dos embargos de declaração, não configura o efeito devolutivo. Para a nossa doutrina entende-se por efeito devolutivo a circunstância de confiar-se o reexame da decisão recorrida a um órgão de hierarquia superior.[3] Frederico Marques discorda, ele considera que todos os recursos têm efeito devolutivo, mesmo quando a decisão impugnada é entregue ao mesmo juiz que a proferiu, a fim de que ele próprio a reexamine. Assim, haveria devolução quando houvesse pedido de reexame, não importando a quem a lei atribua a competência para o julgamento da controvérsia suscitada no recurso.[4]

O efeito devolutivo faz com que a apreciação da matéria seja devolvida ao tribunal, nos limites da impugnação. É manifestação do princípio dispositivo que permite ao tribunal julgar

[3] SILVA, Ovídio A. Baptista da. *Curso de processo civil*. Rio de Janeiro: Forense, 2005. v. 1, p. 413.

[4] MARQUES, v. 4, p. 74.

apenas o que estiver contido nas razões de recurso (*tantum devolutum quantum appelatum*). Daí porque o recurso não pode ser interposto genericamente, deve apresentar razões de recurso explícitas e concretas.

Nelson Nery Jr. e Rosa Nery apontam como exceção ao princípio do efeito devolutivo a possibilidade de o tribunal conhecer de questões discutidas e debatidas no processo, ainda que a sentença não as tenha julgado por inteiro (CPC, art. 515, §1º) e de todos os fundamentos da ação ou defesa (CPC, art. 515, §2º), configurando uma espécie de benefício comum que dá ao efeito devolutivo um caráter bilateral, cujo limite é a proibição da *reformatio in pejus*.[5]

c) *suspendem* os efeitos da decisão proferida (*efeito suspensivo*), pois o recurso impede que os efeitos da decisão impugnada se produzam desde logo. O efeito suspensivo impede, temporariamente, a execução, ainda que provisória, da decisão, que somente pode ocorrer nos casos em que o recurso não produza o denominado efeito suspensivo.

Ter ou não efeito suspensivo depende de cada recurso.

A apelação, como regra geral, é recebida no duplo efeito: devolutivo e suspensivo. As exceções ficam por conta do art. 520 do Código de Processo Civil que enumera as hipóteses em que a apelação será recebida tão somente no efeito devolutivo, como nos casos em que a sentença: a) homologar a divisão ou a demarcação; b) condenar à prestação de alimentos; c) decidir o processo cautelar; d) rejeitar liminarmente os embargos à execução ou julgá-los improcedentes; e) julgar procedente o pedido de instituição de arbitragem; f) confirmar a antecipação dos efeitos da tutela.

Além dessas hipóteses previstas internamente no sistema do CPC existem outras que estão previstas em leis extravagantes como:

[5] *Código de Processo Civil comentado*. 4. ed. São Paulo: Revista dos Tribunais, 1999. p. 965.

1. sentença proferida em ações de despejo, qualquer que seja o fundamento (Lei nº 8.245, art. 58, V);
2. da sentença proferida no pedido de assistência judiciária, quando processado em apartado (LAJ, art. 17);[6]
3. da sentença proferida na ação discriminatória de terras devolutas (LAD, art. 21);[7]
4. da sentença proferida na ação de busca e apreensão de bens alienados fiduciariamente, seja de procedência ou improcedência do pedido (LAF, art. 3º, §5º);[8]
5. da sentença que fixa o preço na ação de desapropriação quando o recurso for interposto pelo expropriado (LD, art. 28);[9]
6. da sentença proferida nas ações da justiça da infância e da juventude (ECA, art. 198, VI);[10]
7. das sentenças proferidas no sistema da Lei nº 8.213/91.

[No Projeto nº 166 do Senado, de reforma do CPC, o efeito suspensivo passa a ser exceção, conforme determina o art. 949:

[6] Art. 17 da Lei nº 1.060, de 05.02.1950: Caberá apelação das decisões proferidas em consequência da aplicação desta lei; a apelação será recebida somente no efeito devolutivo quando a sentença conceder o pedido. Aplica-se esse artigo na hipótese de o benefício ser postulado em procedimento à parte, pois a decisão proferida em procedimento realizado no próprio processo desafia recurso de agravo de instrumento.

[7] Art. 21. Da sentença proferida caberá apelação somente no efeito devolutivo, facultada a execução provisória.

[8] A sentença de que cabe apelação apenas no efeito devolutivo não impedirá a venda extrajudicial do bem alienado fiduciariamente e consolidará a propriedade e a posse plena e exclusiva nas mãos do proprietário fiduciário. De acordo com Nery Junior e Nery (p. 1699), "a apelação é sempre recebida no efeito devolutivo, seja para impugnar sentença de procedência como de improcedência do pedido de busca e apreensão. Julgado procedente, a apelação do devedor não impede a venda extrajudicial do bem alienado fiduciariamente, nem a consolidação da propriedade e posse nas mãos do credor fiduciário. A recíproca é verdadeira: julgado improcedente, a apelação do credor não impede a consolidação da posse nas mãos do devedor, restando automaticamente revogada a liminar eventualmente concedida (STF 405), porque sua manutenção é incompatível com o julgamento de improcedência do pedido de busca e apreensão. Essa é a única interpretação que se coaduna com o princípio constitucional da isonomia".

[9] Art. 28 do Decreto Lei nº 3.365: Da sentença que fixar o preço da indenização caberá apelação com efeito simplesmente devolutivo, quando interposta pelo expropriado, e com ambos os efeitos quando o for pelo expropriante.

[10] Art. 198, VI: A apelação será recebida em seu efeito devolutivo. Será também conferido efeito suspensivo quando interposta contra sentença que deferir a adoção por estrangeiro e, a juízo da autoridade judiciária, sempre que houver perigo de dano irreparável ou de difícil reparação.

"Os recursos, salvo disposição legal em sentido diverso, não impedem a eficácia da decisão". A eficácia da decisão poderá ser suspensa pelo relator se demonstrada a probabilidade de provimento do recurso, ou, sendo relevante a fundamentação, houver risco de dano grave ou difícil reparação. O pedido de efeito suspensivo do recurso será dirigido ao tribunal, em petição autônoma, que terá prioridade e tornará prevento o relator. É irrecorrível a decisão do relator que conceder o efeito suspensivo].

d) *eventualmente expandir os efeitos da decisão recorrida*, (*efeito expansivo*) *que ocorre* quando o julgamento do recurso der ensejo a decisão mais abrangente do que o reexame da matéria impugnada.

O efeito expansivo objetivo interno se dá quando o recurso é provido e atinge todo o ato impugnado.

O efeito expansivo objetivo externo se dá quando o recurso é provido e atinge o ato impugnado e os atos processuais posteriores, como, *v.g.*, o provimento do agravo que atinge todos os atos processuais que foram praticados posteriormente à sua interposição.

O efeito expansivo subjetivo ocorre quando o julgamento do recurso atinge a outros além do recorrente e do recorrido, como o recurso interposto por um dos litisconsortes sob o regime da unitariedade (CPC, art. 509).

e) *o de transladar* para o tribunal (*efeito translativo*) questões de ordem pública e outras que devam ser conhecidas de ofício, mesmo que não alegadas nas razões ou contrarrazões do recurso;

f) *o de permitir a retratação* da decisão pelo prolator (*efeito de retratação*), que existe quando o recurso é interposto a fim de que o próprio juiz prolator da decisão recorrida reexamine o que fora decidido por ele, possibilitando revê-la ou modificá-la.

Pode ocorrer que ao lado do efeito de retratação o recurso tenha, igualmente, o efeito devolutivo, que, no caso, fica diferido para o momento subsequente após o juízo de retratação. Trata-se do efeito devolutivo diferido. Era o que acontecia com o agravo de instrumento antes da reforma introduzida pela Lei nº 9.139/95 e é o que acontece, ainda, com o recurso em sentido estrito no processo penal. Isto é, antes de se devolver a apreciação da matéria ao juízo recursal, o juízo prolator da decisão recorrida tem a oportunidade de revê-la.

g) *o de substituir* a decisão recorrida (*efeito substitutivo*). A decisão sobre o mérito do recurso substitui integralmente a decisão recorrida. Somente haverá efeito substitutivo quando o recurso for conhecido. O efeito substitutivo só atingiria a parte que for conhecida.

16.4 Juízo de admissibilidade e juízo de mérito

16.4.1 Juízo de admissibilidade

O exame do recurso comporta dois juízos. O primeiro juízo é o de admissibilidade do recurso, e o segundo juízo é o do exame do mérito do recurso, que muitas vezes é uma simples questão processual, quando, por exemplo, recorre-se de uma decisão que indeferiu a produção de uma prova.

No juízo de admissibilidade importa verificar se o recurso é possível e o sendo se aquele que o interpôs atendeu a todos os requisitos exigidos por lei.

O juízo de admissibilidade na generalidade dos recursos *tem lugar nos dois graus de jurisdição*: naquele no qual se recorre (juízo *a quo*) e no juízo recursal (*ad quem*). A admissibilidade do recurso pelo órgão jurisdicional inferior não passa de um simples juízo de encaminhamento, provisório, que não vincula o tribunal superior.

Os *requisitos de admissibilidade* podem ser classificados em intrínsecos e extrínsecos.

Dentre os requisitos intrínsecos citamos o cabimento do recurso, isto é, a admissão no sistema de que aquele provimento judicial pode ser impugnado por meio de recurso; adequação do recurso; a legitimação do concorrente para interpô-lo; o interesse no recurso; a inexistência de algum fato impeditivo ou extintivo do direito de recorrer.

Vejamos.

16.4.1.1 Decisão recorrível

No sistema recursal brasileiro todas as decisões proferidas no processo são recorríveis, com exceção dos despachos de mero expediente, sem qualquer conteúdo decisório (art. 504 do CPC) [art. 955 do Projeto nº 166 do Senado Federal: "Dos despachos não cabe recurso"].

A par de uma decisão recorrível exige-se a *existência de um prejuízo* que a parte entenda ter-lhe produzido a decisão contra a qual recorre e que *decorre da sucumbência*, isto é, da desconformidade entre o que a parte pretendia e aquilo que foi decidido. Em última análise exige-se uma diversidade prejudicial para a parte.

Note-se, no entanto, que a sucumbência pode resultar de prejuízo advindo a quem foi revel, e em tal caso não se pode identificar a sucumbência com a rejeição do que pleiteou uma das partes ou litigante. A parte nesse caso foi simplesmente vencida.

A sucumbência pode ser *múltipla*, quando há mais de um vencido. A *sucumbência múltipla é paralela* quando prejudica simultaneamente interesses idênticos (litisconsortes); e *recíproca* quando a decisão causa gravame simultâneo a interesses opostos de duas partes.

A sucumbência pode ser *direta*, quando o vencido é uma das partes do litígio, ou *reflexa*, quando a decisão reflete-se de maneira prejudicial, em relação a terceiro, como no caso da ação de despejo proferida contra o locatário em relação ao sublocatário.

A sucumbência pode ser total ou parcial conforme fique desatendido, no todo ou em parte, o interesse da parte litigante.

O gravame pode decorrer de sentença ou de decisão.

Não há gravame processual quando a parte sai vencedora em razão de fundamentos diversos dos que apresentou. Não há sucumbência se o juiz repele o argumento da parte, mas acolhe no dispositivo o pedido por ela formulado em conclusão a outros argumentos deduzidos. O que importa, para a fixação da sucumbência, é a parte dispositiva e não os motivos de decidir.

16.4.1.2 Adequação do recurso

Exige-se que o recurso interposto seja o indicado para aquela hipótese. Assim, a sentença desafia o recurso de apelação ou de embargos de declaração e a decisão interlocutória desafia o recurso de agravo ou de embargos de declaração.

Diz-se adequado o recurso indicado para o reexame da decisão que se impugna.

16.4.1.3 Legitimação

O recurso pode ser interposto pela parte vencida, pelo terceiro prejudicado e pelo Ministério Público (art. 499 do CPC) [art. 950 do Projeto nº 166 de reforma do CPC].

O legitimado natural é aquele que sofreu o gravame decorrente da decisão que pretende impugnar. Compreende a parte, o litisconsorte e os terceiros intervenientes.

O terceiro prejudicado é o estranho ao processo. É aquele que podia intervir no feito na condição de assistente simples ou litisconsorte, mas não o fez e está sujeito a sofrer algum efeito reflexo do julgado [pelo parágrafo único do art. 950 do Projeto nº 166 de reforma do CPC "cumpre ao terceiro demonstrar a possibilidade de a decisão sobre a relação jurídica submetida à apreciação judicial atingir direito de que seja titular"].

O *Ministério Público*, no caso, não é parte na causa, mas atuou como *custos legis*.

Dentre os requisitos extrínsecos temos a tempestividade, a regularidade formal e o preparo.

16.4.1.4 Tempestividade

O recurso deve ser interposto dentro do prazo previsto na lei, o recurso interposto fora desse prazo será intempestivo e rejeitado.

[No Projeto nº 166 do Senado, excetuados os embargos de declaração, o prazo para interpor e responder os recursos é de quinze dias (art. 948, §1º)].

16.4.1.5 Regularidade formal

Os recursos estão sujeitos à disciplina legal quanto à forma para sua interposição; à disciplina legal prescrita para os demais atos processuais. Como regra deve ser interposto mediante petição escrita, dirigida à autoridade judiciária prolatora da decisão recorrida, devidamente fundamentado com as razões de fato e de direito em que o recorrente se baseia para pedir a modificação do julgado.

16.4.1.6 Preparo

Corresponde ao recolhimento das taxas judiciárias incidentes sobre o recurso. A falta do recolhimento das taxas judiciárias pode levar ao não conhecimento do recurso, julgado deserto. A deserção só será decretada se o recorrente intimado a complementar o valor do preparo não o fizer no prazo de cinco dias.

[Pelo art. 961 do Projeto nº 166 de reforma do CPC no ato de interposição do recurso o recorrente comprovará, quando exigido pela legislação pertinente, o respectivo preparo, inclusive porte de remessa e de retorno, sob pena de deserção, observado o seguinte: a) o Ministério Público, a União, Distrito Federal, Estados, Municípios e respectivas autarquias gozam de isenção legal e são dispensados de preparar os recursos interpostos por eles; b) a insuficiência no valor do preparo implicará deserção, se o recorrente, intimado, não vier a supri-lo no prazo de cinco dias;

c) o equívoco no preenchimento da guia de custas não resultará na aplicação da pena de deserção, se houver o saneamento do vício pelo recorrente no prazo de cinco dias, contados da intimação].

16.4.2 Juízo de mérito

Presentes os requisitos, o Tribunal declara o recurso cabível e passa a examinar-lhe o mérito para julgá-lo procedente ou improcedente.

16.5 Princípios fundamentais dos recursos

Os princípios fundamentais dos recursos são o princípio do duplo grau de jurisdição, o da taxatividade, o da singularidade, o da fungibilidade e o da proibição da *reformatio in pejus*.

16.5.1 Duplo grau de jurisdição

O princípio do duplo grau de jurisdição, fixado pela Revolução Francesa, determina o trânsito da causa, normalmente pela cognição de dois tribunais sucessivamente e constituiria uma garantia da reta administração da justiça.[11]

O princípio do duplo grau de jurisdição seria uma exigência constitucional — a Constituição Brasileira do Império consagrava-o expressamente no art. 158 — e consequência do princípio do devido processo legal. Por ele, permite-se a impugnação da decisão que seria, então, reexaminada por outro órgão de jurisdição ou pelo mesmo.[12]

As principais vantagens do referido princípio seriam a de permitir o reexame da correção da decisão recorrida; a maior experiência, as melhores condições atribuídas aos magistrados

[11] MARQUES, v. 4, p. 4.
[12] MARQUES, v. 4, p. 4.

do Tribunal e obrigar o magistrado de primeiro grau a ter maior cuidado na elaboração da decisão.

16.5.2 O princípio da taxatividade

Os recursos são limitados àqueles previstos no CPC ou em leis especiais. Eles são descritos em rol exaustivo, como, por exemplo, o faz o art. 496 do CPC [art. 948 do Projeto nº 166 do Senado Federal].

16.5.3 O princípio da singularidade

Cada decisão jurídica recorrível admite um único tipo de recurso, de modo que a parte estaria, em tese, impedida de ajuizar mais de um tipo de recurso contra a mesma decisão. Este princípio não impede que contra a mesma decisão judicial sejam interpostos recursos da mesma espécie, como ocorre quando ambas as partes são vencidas e ambas ingressam com o recurso de apelação.

16.5.4 Princípio da fungibilidade

O princípio da fungibilidade permite a interposição de um recurso em lugar de outro quando haja dúvida objetiva sobre qual seja o recurso cabível contra determinada decisão (isto é, a doutrina e a jurisprudência divergem a respeito do recurso considerado correto).

O denominado *princípio da fungibilidade* dos recursos, embora sem previsão legal, é admitido no sistema e seria uma exceção ao pressuposto da adequação do recurso. Por este princípio admite-se a interposição de um recurso por outro, desde que interposto no prazo do recurso correto e que não configure erro grosseiro da parte que o interpôs. Nelson Nery Jr. e Rosa Nery têm entendimento diverso. Para eles "é o princípio pelo qual se permite a troca de um recurso por outro: o tribunal pode conhecer do recurso erroneamente interposto. A troca deve ser entendida e aplicada em seu sentido mais amplo, recebendo-se, *v.g.*, a apelação como se agravo fosse com todos os requisitos e circunstâncias do recurso efetivamente interposto, vale dizer, principalmente dentro do prazo legal de 15 (quinze) dias. Exigir-se que a apelação seja interposta no prazo "menor", em 10 (dez) dias é deixar de aplicar o princípio da fungibilidade, configurando ofensa ao princípio constitucional do acesso à justiça".[13]

O princípio da fungibilidade da interposição dos recursos era previsto no art. 810 do Código de 1939: "salvo a hipótese de má-fé[14] ou erro grosseiro, a parte não será prejudicada pela interposição de um recurso por outro, devendo os autos ser enviados à Câmara ou turma, a que competir o julgamento". O objetivo era evitar o formalismo excessivo no conhecimento dos recursos.

Era imprescindível, no entanto, que o recurso de que se lançou mão erradamente tivesse sido interposto dentro do prazo para a interposição do que seria cabível na espécie. Do contrário, não se conhecia do recurso que por erro foi apresentado. O erro não prejudicava o conhecimento do recurso; mantinha-se, porém, a exigência da tempestividade, pois o contrário seria outorgar privilégio à parte que utilizou recurso incabível.

16.5.5 Princípio da proibição da *reformatio in pejus*

O princípio da *reformatio in pejus* proíbe o recurso interposto de agravar a situação jurídica da parte recorrente, exceto em matéria conhecível de ofício.

[13] *Código de Processo Civil comentado*. 4. ed. São Paulo: Revista dos Tribunais, 1999. p. 961.

[14] Para Pontes de Miranda, constitui má-fé que desautoriza o conhecimento do recurso: a) usar de recurso impróprio de maior prazo, por ter perdido o prazo do recurso cabível; b) valer-se do recurso de maior devolução para escapar à coisa julgada formal; c) protelar o processo, como se lança mão de recurso mais demorado.

Na remessa necessária, segundo Nelson Nery Jr. e Rosa Nery não se aplica *o princípio da reformatio in pejus*, permitido ao tribunal, no reexame obrigatório, modificar total ou parcialmente a sentença reexaminanda da forma como entender adequado, podendo piorar a situação da Fazenda Pública. Este, contudo, não é o entendimento da Súmula nº 45 do STJ.[15]

16.6 Recurso em espécie

16.6.1 Apelação

16.6.1.1 Conceito

Apelação é o recurso cabível contra as sentenças, isto é, o provimento judicial através do qual o juiz decide ou não o mérito da causa, conforme dispõe as situações previstas nos arts. 267 e 269 do CPC (art. 162, §1º).

16.6.1.2 Juízo de admissibilidade

A apelação será interposta através de petição escrita dirigida ao juiz da causa, com o nome e a qualificação das partes, os fundamentos de fato e de direitos justificadores da inconformidade do apelante e o pedido de nova decisão [art. 964 do Projeto nº 166 de reforma do CPC].

O juízo de admissibilidade ocorre originariamente no juízo recorrido, pois lhe cabe verificar os requisitos de admissibilidade do recurso de apelação, e se eles não estiverem presentes, indeferir o recurso.

Este juízo de admissibilidade é provisório, e da decisão que rejeita a apelação deverá ser interposto o recurso de agravo de instrumento.

---

[15] *Código de Processo Civil comentado*. 4. ed. São Paulo: Revista dos Tribunais, 1999. p. 961.

16.6.1.3 Efeitos do recurso de apelação

Ressalvadas as hipóteses previstas no art. 520 do CPC, e aquelas constantes de leis especiais, a apelação terá sempre efeito suspensivo.

Presente qualquer das hipóteses do art. 520 do CPC, a apelação será recebida apenas no efeito devolutivo, de modo que o vitorioso poderá, se for o caso, promover a execução provisória do julgado.

O juiz deverá ao receber a apelação declarar os efeitos em que a recebe e se o fizer erroneamente, a parte poderá agravar desta decisão.

[O Anteprojeto nº 166 de reforma do CPC atribui ordinariamente efeito devolutivo à apelação no art. 965. O efeito suspensivo passa a ser exceção, conforme determina o art. 949: "Os recursos, salvo disposição legal em sentido diverso, não impedem a eficácia da decisão". O efeito suspensivo na apelação não será concedido pelo juiz, mas pelo relator do recurso no Tribunal em pedido a ele dirigido em petição autônoma, que será distribuído prioritariamente e tornará prevento o relator. No caso de recurso de apelação, o protocolo do pedido impede a eficácia da sentença até que seja apreciado pelo relator].

O efeito devolutivo na apelação segue o princípio segundo o qual *tantum devolutum quantum appellatum* (tanto devolvido quanto apelado), de modo a impedir a *reformatio in peius* (a reforma para pior). É a regra do art. 515 do CPC: "A apelação devolverá ao tribunal o conhecimento da matéria impugnada" e apenas da matéria impugnada, vedado ao tribunal o exame das outras questões não compreendidas na apelação, sobre as quais o silêncio das partes fez com que se consumasse a coisa julgada. Destarte, a apelação transfere ao conhecimento do tribunal a matéria impugnada, nos limites dessa impugnação, salvo matérias examináveis de ofício (*RSTJ* 128/366).

[No art. 965 do Anteprojeto nº 166 de reforma do CPC a apelação devolverá ao tribunal o conhecimento da matéria impugnada. Serão, porém, objeto de apreciação e julgamento pelo tribunal todas as questões suscitadas e discutidas no processo, resolvidas ou não pela sentença. Quando o pedido ou a defesa tiver mais de um fundamento e o juiz acolher apenas um deles, a apelação devolverá ao tribunal o conhecimento dos demais].

16.6.2 Agravos

Os agravos foram criados pelos portugueses como uma forma de aliviar os problemas decorrentes da proibição de apelar de decisões interlocutórias

16.6.2.1 Conceito

Agravo é o recurso cabível contra todas as decisões interlocutórias proferidas no processo. Não podem ser objeto do recurso de agravo nem os despachos de mero expediente nem as sentenças que são impugnáveis por apelação.

16.6.2.2 Espécies

Temos três espécies de agravos: o de instrumento, o retido e os denominados regimentais ou inominados.

O *agravo de instrumento* deve ser proposto diretamente no tribunal competente para o julgamento, através de petição em que o recorrente exporá o fato e o direito, bem como as razões do pedido de reforma da decisão agravada e dos documentos mínimos indispensáveis indicados no art. 524 do CPC.

[Segundo o art. 969 do Anteprojeto nº 166 de reforma do CPC cabe agravo de instrumento contra as decisões interlocutórias que versarem sobre: a) tutelas de urgência ou da evidência; b) o mérito da causa; c) rejeição da alegação de convenção de arbitragem; d) o incidente de resolução de desconsideração da personalidade jurídica; e) a gratuidade de justiça; f) a exibição ou posse de documento ou coisa; g) exclusão de litisconsorte por ilegitimidade; h) a limitação de litisconsórcio; i) a admissão ou inadmissão de intervenção de terceiros; j) decisões interlocutórias proferidas na fase de liquidação de sentença; k) cumprimento de sentença, no processo de execução e no processo de inventário; l) outros casos expressamente referidos em lei].

O prazo para interposição do agravo de instrumento é de dez dias no protocolo do tribunal, podendo ser postada no correio sob registro com aviso de recebimento (art. 522 do CPC).

[No Projeto nº 166 de reforma do CPC excetuados os embargos de declaração, o prazo para interpor e responder os recursos é de quinze dias (art. 948, §1º)].

O preparo do agravo de instrumento é condição de sua admissibilidade, devendo o respectivo comprovante de pagamento acompanhar a petição recursal (art. 525, §1º do CPC).

[No Projeto nº 166 de reforma do CPC, segundo o art. 971, §1º, acompanhará a petição o pagamento das respectivas custas e do porte de retorno, quando devidos, conforme tabela publicada pelos tribunais].

O agravo de instrumento conserva o juízo de retratação na medida em que o agravante deverá comunicar o juízo de primeira instância da interposição do agravo no prazo de três dias, a contar do ajuizamento do agravo (art. 526 do CPC). O descumprimento do art. 526 acarreta a inadmissibilidade do recurso, conforme dispõe o parágrafo único do art. 526 do CPC.

[No Projeto nº 166 de reforma do CPC, segundo o art. 972, o agravante poderá requerer a juntada aos autos do processo, de cópia da petição do agravo de instrumento e do comprovante de sua interposição, assim como a relação dos documentos que instruíram o recurso, com exclusivo objetivo de provocar a retratação. Nota-se, portanto, ser comunicação da interposição do agravo de instrumento uma faculdade e não um dever, diferente do que dispõe o CPC de 1973].

16.6.2.3 Poderes do relator

O Código de Processo Civil dotou o relator de inúmeros poderes. Cabe-lhe:

a) determinar a intimação do agravado, por intermédio de seu procurador, para que responda ao recurso no prazo de 10 (dez) dias, conforme dispõe o inciso V do art. 527 do CPC. Dispensada a intimação para responder se o agravo ataca decisão proferida antes da citação da parte contrária;

b) requisitar informações ao juiz da causa, que as prestará no prazo de dez dias (art. 527, I do CPC);

c) negar seguimento ao agravo quando o mesmo lhe parecer manifestamente inadmissível, improcedente, prejudicado ou contrário à súmula do respectivo tribunal ou de algum tribunal superior (art. 557 do CPC);

d) dar efeito suspensivo ao recurso ou atribuir liminarmente a providência denegada pela decisão agravada (art. 527, III do CPC);

e) converter o agravo de instrumento em agravo retido, salvo quando se tratar de decisão suscetível de causar à parte lesão grave de difícil reparação, ou nos casos de inadmissão da apelação e nos relativos aos efeitos em que a apelação é recebida (art. 527, II do CPC).

[O art. 973 do Projeto nº 166 do Senado Federal atribui ao relator o poder de: a) atribuir efeito suspensivo ao recurso ou deferir, em antecipação de tutela, a pretensão recursal total ou parcialmente; b) intimar o agravado, por ofício dirigido ao seu advogado, sob registro e com aviso de recebimento, para que responda no prazo de quinze dias; c) intimar, por meio eletrônico, o Ministério Público, nos casos em que intervêm, para que se pronuncie no prazo de dez dias].

16.6.2.4 Efeitos do agravo de instrumento

O agravo de instrumento permite o reexame da matéria impugnada pelo juiz prolator da decisão recorrida (efeito de retratação), devolve ao Tribunal o julgamento da matéria impugnada (efeito devolutivo) e excepcionalmente admite atribuição de efeito suspensivo ao agravo (arts. 497, 527, II e 558 do CPC).

16.6.2.5 Agravo retido

O agravo retido é recurso interposto contra decisão interlocutória que permanece nos autos e somente será apreciado pelo órgão *ad quem* se por ocasião da interposição do recurso de apelação o recorrente manifestar o desejo de que o agravo seja conhecido antes do julgamento da apelação, como preliminar.

O agravo retido evita a imodificabilidade da decisão proferida sobre a questão, denominada preclusão, na medida em que permite a reapreciação da questão pelo órgão judicante superior.

O CPC não mais atribui liberdade à parte para decidir se o agravo interposto é o de instrumento ou o retido, pois a redação do art. 522, *caput*, do CPC, pela Lei nº 11.187/05, *acolhe o agravo retido* como a forma ordinária ou comum, e *o agravo de instrumento* como forma excepcional, nos casos em que a decisão for suscetível de causar à parte lesão grave e de difícil reparação, ou nos casos de inadmissão da apelação e nos relativos aos efeitos em que a apelação é recebida.

A exceção da inadmissão da apelação não esgota as possíveis situações em que o recurso cabível será, tão somente, o agravo de instrumento e nunca o agravo retido. Desta forma, se o recurso é recebido, tão somente, no efeito devolutivo, o inconformismo da parte deverá ser manifestado por agravo de instrumento e não por agravo retido, como bem exemplificou Eduardo Arruda Alvim.[16]

[16] *Curso de direito processual civil*, v. 2, p. 156: "Conquanto a lei excepcione dessa regra geral apenas a decisão que inadmite a apelação, cabe interpretar o dispositivo teleologicamente

A regra a prevalecer é o interesse da parte em afastar o provável dano processual que a decisão recorrível possa lhe acarretar, conferindo-lhe o direito de agravar de instrumento toda a vez o que o agravo retido mostrar-se, em tese, inoperante para afastar, de pronto, esse dano. O agravo retido mostra-se adequado ao reexame de decisões interlocutórias em que não há o interesse em que sejam revistas de imediato pelo Tribunal.

O conhecimento da matéria ventilada no agravo retido pressupõe que a parte tenha reiterado na preliminar da apelação o pedido para que as razões deduzidas no agravo sejam conhecidas.

O agravo retido torna-se dependente do recurso de apelação. O agravo retido dispensa o preparo, mas a apelação não, de modo que se o apelo for julgado deserto, por falta de preparo, o órgão *ad quem* estará impedido de pronunciar-se sobre as razões do agravo.

O agravo retido pode ser interposto oralmente, na hipótese prevista no art. 523, §3º, isto é, quando a decisão interlocutória for proferida em audiência. No caso, as razões de recurso devem ser expostas sucintamente. O agravo retido pode ser interposto, também, por escrito.

O juiz pode realizar o exame de admissibilidade do agravo retido e não recebê-lo se os pressupostos não estiverem presentes, pois não mais vigora a regra do art. 528 que impedia o magistrado de negar seguimento ao recurso de agravo.

A decisão que não conhece do agravo retido constitui, por sua vez, outra decisão interlocutória a possibilitar, igualmente, a interposição de outro recurso, desta feita na modalidade de instrumento.

O agravado deve ser ouvido, em cinco (5) dias. Ele deve ser intimado a manifestar sua contrariedade às razões do recurso interposto. Parte da doutrina, representada por Teresa Arruda

---

para incluir na exceção, também o agravo com que se impugnem os efeitos nos quais o juiz recebe a apelação".

Alvim Wambier e Carreira Alvim, exigem a prévia oitiva do agravado somente se o magistrado antever a possibilidade de no exercício do juízo de retratação modificar a decisão interlocutória recorrida. Outra corrente da qual Eduardo Arruda Alvim é exemplo exige, sempre, a prévia manifestação do agravado, independente da predisposição do magistrado de rever a decisão, pois a uma o juiz poderá analisar com maior profundidade o pedido do agravante e a duas evitam-se futuros problemas, como a do agravante vir a ser o vencedor da demanda e requerer em contrarrazões de apelação o conhecimento condicional do recurso no caso de o Tribunal prover o recurso de apelação interposto pela parte contrária, vencida na demanda.[17]

16.6.3 Embargos de declaração

16.6.3.1 Conceito

Os embargos de declaração são o recurso interposto ao mesmo órgão prolator da decisão com o objetivo de eliminar obscuridade ou contradição e a sanar omissão. A ideia que o dirige é que as partes têm o direito a uma decisão clara, completa e congruente.

Alguns negam aos embargos de declaração a natureza de recurso porque ele não está sujeito a preparo e é apreciado pelo mesmo órgão que prolatou a decisão impugnada, enquanto outros o conceituam como recurso.

16.6.3.2 Cabimento

Cabem embargos de declaração nas hipóteses previstas no art. 535, I e II do CPC, isto é, quando a decisão contenha obscuridade, contradição ou omissão.

[O art. 976 do Projeto nº 166 do Senado Federal admite embargos de declaração contra qualquer decisão monocrática ou

---

[17] *Curso de direito processual civil*, v. 2, p. 160

colegiada para I – esclarecer obscuridade ou eliminar contradição; II – suprir omissão de ponto sobre o qual devia pronunciar-se o juiz ou tribunal; III – corrigir erro material].

Decisão obscura é aquela, total ou parcialmente, ininteligível, incompreensível, confusa. A obscuridade pode situar-se tanto no fundamento quanto no decisório.

Decisão contraditória é aquela logicamente incongruente, insustentável, como a que julga procedente a ação, mas condena o autor a pagar honorários advocatícios. A contradição pode localizar-se tanto nos fundamentos, no decisório, entre os fundamentos e o decisório ou, ainda, entre a ementa e o corpo do acórdão.

Decisão omissa é aquela que não se pronunciou sobre ponto controvertido existente ou argumento deduzido pela parte considerado, relevante para o deslindar da ação. A omissão pode estar tanto no fundamento quanto no decisório.

Antigamente, antes da edição da Lei nº 8.950/94, o CPC admitia a interposição de embargos de declaração no caso de dúvida. A citada lei eliminou esta hipótese considerada excessivamente aberta.

16.6.3.3 Objeto do recurso

O CPC admite a interposição de embargos de declaração de sentença e acórdão. Contudo, a jurisprudência alargou a incidência dos embargos de declaração, estendendo-o para toda e qualquer decisão interlocutória, de modo que qualquer decisão judicial interlocutória ou terminativa do processo (sentença ou acórdão) comporta embargos de declaração. Parte da doutrina, segundo Luiz Rodrigues Wambier, sustenta serem cabíveis embargos de declaração de despachos.[18]

---

[18] *Curso avançado de processo civil*, v. 1, p. 711.

16.6.3.4 Finalidade do recurso

A finalidade dos embargos de declaração é a de *aclarar ou complementar a decisão recorrida*. Os embargos não se prestam, a exemplo do que ocorre com o agravo ou com a apelação, a modificar a decisão em prol do recorrente. Portanto, como regra, deve-se negar aos embargos de declaração o caráter infringente, isto é, modificativo, razão pela qual não são admitidos quando a parte não aponta contradição, obscuridade, ou omissão, mas pretende, com o recurso, rediscutir o que foi decidido e com isso alterar o resultado do julgamento.

Admite-se, excepcionalmente, caráter infringente ou o caráter modificativo aos embargos de declaração quando do aclaramento da decisão ou do suprimento da omissão decorrer irremediável alteração do julgado, como no caso de reconhecimento da prescrição, cuja alegação não fora apreciada. Outra hipótese que admite efeito modificativo aos embargos de declaração é o seu uso como instrumento para correção de erro material existente na decisão.

[O parágrafo único do art. 976 do Projeto nº 166 do Senado prevê que eventual efeito modificativo dos embargos de declaração somente poderá ocorrer em virtude de correção do vício, desde que ouvida a parte contrária no prazo de cinco dias].

Outra finalidade tem sido reconhecida aos embargos de declaração: *a de prequestionar a matéria a fim de possibilitar a interposição de recursos especiais*, como o recurso especial, dirigido ao Superior Tribunal de Justiça, ou o recurso extraordinário, dirigido ao Supremo Tribunal Federal. Estes recursos exigem como pressuposto de admissibilidade que a matéria afete a sua competência recursal — uniformidade da lei no âmbito nacional e guarda da Constituição — tenha sido questionada e discutida nas instâncias inferiores. Como afirma Eduardo Arruda Alvim, *sem o prévio debate da matéria que se pretende discutir nas instâncias superiores, o recurso não pode ser conhecido.*[19]

[19] *Curso de direito processual civil*, v. 2, p. 185.

Na interpretação jurisprudencial majoritária, quando se trate de acórdão, os embargos de declaração prestam-se a última oportunidade para que ocorra o prequestionamento. A doutrina, no entanto, tece sérias críticas a este posicionamento, pois, em última análise, ele equivale ao seguinte juízo: há dois tipos de embargos declaratórios: os que servem para aclarar ou eliminar omissões da decisão e os que servem para prequestionar. Este juízo, no entanto, não está autorizado pela lei. Mesmo quando utilizados com a finalidade de prequestionar, os embargos declaratórios devem cumprir os requisitos do art. 535 do CPC, não sendo possível admiti-los só para o prequestionamento, se a decisão não for omissa, contraditória ou obscura. É o posicionamento de Eduardo Arruda Alvim, com base na lição de José Miguel Garcia Medina — o prequestionamento nos recursos extraordinário e especial — *verbis*: "...ainda que sejam utilizados os embargos declaratórios para fins de prequestionamento, os mesmos somente poderão ser acolhidos se realmente existir alguma omissão na decisão; não basta simplesmente opor os embargos para prequestionar matéria federal ou constitucional, se a mesma não tiver sido tratada (vale dizer prequestionada) em momento anterior do processo, havendo, pois, omissão apta a ser suprida pela via dos embargos declaratórios. Em realidade, matéria prequestionada quer, efetivamente, dizer matéria decidida ou pré-decidida".[20]

Como o prequestionamento significa matéria decidida ou pré-decidida não basta à parte provocar o juízo com os embargos de declaração, mas há necessidade de que os embargos sejam conhecidos, entendimento retratado na Súmula nº 211 do STJ: *Inadmissível recurso especial quanto à questão que, a despeito da oposição de embargos declaratórios, não foi apreciada pelo Tribunal a quo*. Se, por acaso, o juiz ou a turma não enfrentar as questões apresentadas nos embargos de declaração, novos embargos devem ser oferecidos, e

[20] *Ibidem*, p. 185.

se a omissão persistir cabe a interposição de recurso especial por violação ao art. 535 do CPC para anular o acórdão.

[O art. 979 do Projeto nº 166 de reforma do CPC altera este entendimento e o simplifica ao considerar incluídos no acórdão os elementos que o embargante pleiteou, para fins de prequestionamento, ainda que os embargos de declaração, não sejam admitidos, caso o tribunal superior considere existentes omissão, contradição ou obscuridade].

16.6.3.5 Efeitos

Opostos embargos de declaração há interrupção dos prazos para interposição de outros recursos, sejam quais forem (art. 538 do CPC). O prazo para a interposição destes recursos recomeça a correr por inteiro a contar da publicação da decisão dos embargos. Pouco importa que os embargos de declaração não sejam conhecidos, isto é, não sejam admitidos. Apenas a interposição de embargos de declaração fora do prazo é que não interrompe o prazo dos outros recursos.

A oposição de embargos de declaração por qualquer das partes interrompe o prazo recursal tanto para as partes como para eventuais terceiros, pois com o julgamento dos embargos, a decisão anterior pode ser alterada e, com isso, poderá surgir interesse recursal diverso daquele que existia com a decisão anterior.[21]

[Segundo o art. 980 do Projeto nº 166 do Senado Federal, que cuida da reforma do CPC, os embargos de declaração não têm efeito suspensivo e interrompem o prazo para a interposição de outros recursos por qualquer das partes. Quando intempestivos, a interrupção do prazo não aproveitará ao embargante].

---

[21] NEGRÃO, Theotonio; GOUVÊA, José Roberto F. (Org.). *Código de Processo Civil e legislação processual em vigor*. 40. ed. São Paulo: Saraiva, 2008. p. 730. (STJ, 3ª T., Resp nº 712.319, rel. Min. Nancy Andrighi, j. 25.09.2006).

Os embargos de declaração interpostos em decorrência de sentença proferida no juizado especial não têm efeitos interruptivos, mas apenas efeitos suspensivos, pois, nesse caso, eles apenas suspendem o prazo para outros recursos, o que quer dizer que a sua interposição não faz com que os prazos recomecem a correr por inteiro, pois será levado em conta o tempo decorrido anteriormente à suspensão.

16.6.3.6 Procedimento

Os embargos de declaração deverão ser opostos no prazo de cinco (5) dias a contar da intimação da decisão embargável por intermédio de petição dirigida ao juiz ou ao relator, indicado o ponto obscuro, contraditório ou omisso, com o pedido de supressão de tais vícios. O art. 536, parte final, dispensa o embargante do preparo.

Os embargos devem ser julgados pelo juiz em cinco dias e pelo tribunal na sessão subsequente (art. 537, CPC). Trata-se de prazo impróprio que se descumprido não acarreta consequências. A composição da turma julgadora, no caso de embargos de declaração contra decisões proferidas no tribunal, não precisa ser a mesma que prolatou o acórdão.

Para a doutrina não há necessidade da oitiva da parte contrária ao embargante, pois o aclaramento ou a supressão da omissão interessa a ambas as partes, a não ser que o embargante pretenda efeito modificativo da decisão, hipótese em que se aconselha a oitiva da parte contrária, como advoga Sônia Marcia Hase de Almeida Baptista: quando os embargos de declaração assumem o caráter modificativo do julgado, para que a parte não seja surpreendida, é de ser aplicado o princípio do contraditório, devendo o juiz dar vista à parte contrária, para contra-arrazoar o recurso interposto.[22]

---

[22] *Dos embargos de declaração*. São Paulo: Revista dos Tribunais, 1991. p. 150.

O Código de Processo Civil permite punir a parte que interpõe embargos de declaração manifestamente protelatórios com multa que não exceda a 1% (um por cento) do valor da causa e que pode chegar a 10% (dez por cento) no caso de reiteração dos embargos de declaração. Segundo a Súmula nº 98 do STJ os embargos de declaração manifestados com notório propósito de prequestionamento não têm caráter protelatório.

[Segundo o §3º do art. 980 do Projeto nº 166 do Senado Federal "quando manifestamente protelatórios os embargos, o juiz ou o tribunal condenará o embargante a pagar ao embargado multa não excedente a cinco por cento sobre o valor da causa". Ainda segundo o §4º do art. 980 "não serão admitidos novos embargos declaratórios, se os anteriores houverem sido considerados protelatórios"].

16.6.4 Embargos infringentes

[Os embargos infringentes foram abolidos do rol de recursos previstos no art. 948 do Projeto nº 166 do Senado Federal, provavelmente por serem considerados contrários ao princípio da celeridade processual].

16.6.4.1 Conceito

Conceitua-se os embargos infringentes como o recurso interposto contra acórdão proferido em julgamento de apelação que houver reformado a sentença de mérito, ou em julgamento de procedência de ação rescisória em caso de votação não unânime, com fundamento no voto discordante, objetivando a reforma do acórdão para adequá-lo aos termos do voto vencido.

16.6.4.2 Pressupostos

(I) Os embargos infringentes podem ser interpostos de acórdão, isto é, decisão colegiada proferida por Órgão Jurisdicional de 2º grau no exame de apelação ou de ação rescisória. Portanto, não cabem embargos infringentes de acórdão proferido em recurso especial, recurso extraordinário e em agravo, retido ou de instrumento.

Com relação ao agravo, retido ou de instrumento, admite-se excepcionalmente a interposição de embargos infringentes quando o recurso de agravo insurge-se contra o não colhimento, pelo juízo de primeira instância, de matéria — pressupostos processuais ou condições da ação — que aceita leva à extinção do processo. Nesse caso, se o Tribunal, por maioria, der provimento ao agravo e extinguir o processo sem julgamento de mérito deve-se admitir, excepcionalmente, a interposição de embargos infringentes.[23]

(II) Não há a obrigatoriedade que o acórdão tenha se pronunciado a respeito do mérito do pedido. Cabem embargos infringentes mesmo quando o acórdão tenha se pronunciado a respeito de questões exclusivamente processuais.

(III) Deve tratar-se de julgamento não unânime, cuja divergência exista na parte dispositiva da decisão. O exame da divergência se dá, portanto, pelo exame das conclusões do voto e não pelo exame dos fundamentos dos votos proferidos, pois, em última análise, pode haver concordância na conclusão dos votos e discordância nos fundamentos. Somente a divergência nas conclusões do voto pode levar à interposição dos embargos infringentes.

Eduardo Arruda Alvim cita situações em que esta regra pode ser excepcionada e nas quais se admite a interposição de embargos infringentes por divergência localizada nos

---

[23] Para Nelson Nery Junior e Rosa Maria Andrade Nery (*Código de Processo Civil anotado*, p. 776): Excepcionalmente se admitem os embargos infringentes em acórdão não unânime proferido no julgamento de agravo de instrumento, quando o tribunal, ao dar provimento ao agravo, extingue o processo sem conhecimento do mérito. Nesse caso o julgamento do agravo é final, porque encerra o processo, tendo conteúdo e fazendo às vezes de sentença (CPC, art. 162, §1º). O resultado do julgamento do agravo, portanto, o equipara ao recurso de apelação, razão pela qual deve ser dado ao caso o mesmo tratamento que se dá à apelação, vale dizer, admitindo-se o cabimento dos embargos se o acórdão não for unânime.

fundamentos e não na conclusão dos votos. É o caso da ação popular, a qual a Lei nº 4.717/65, no art. 18, empresta importante consequência à fundamentação da decisão. Assim caberia, em tese, embargos infringentes de apelação proferida em ação popular que a julgue improcedente majoritariamente por falta de provas e minoritariamente em razão do ato questionado não ser ilegal. Como a ação popular julgada improcedente por falta de provas não obsta a sua repropositura, o réu poderá interpor embargos infringentes para que prevaleça o voto minoritário que reputou legal o ato administrativo impugnado.[24]

A divergência pode ser qualitativa (dar provimento versus negar provimento) ou meramente quantitativa (fixar em 10% ou fixar em 20% o valor da verba honorária).

(IV) O acórdão não unânime deve ter reformado, em grau de apelação, a sentença de mérito, ou julgado procedente a ação rescisória.

16.6.4.3 Efeitos do recurso de embargos infringentes

Os embargos infringentes obstam a formação de coisa julgada em relação à matéria recorrida.

Os embargos infringentes *têm efeito devolutivo restrito*. Eles devolvem a discussão da matéria que tenha sido objeto de divergência, mas somente esta. Nos embargos infringentes, o efeito devolutivo encontra-se previamente delimitado pelo objeto da divergência. O objeto da divergência pode ser delimitado ainda mais pela vontade do recorrente, que pode conformar-se com parte da decisão contrária a ele, mas nunca ampliado.[25]

---

[24] *Curso de direito processual civil*, p. 195.

[25] ARAGÃO, E. D. Moniz de. *Embargos infringentes*. São Paulo: Saraiva, p. 110 esclarece-nos: "Compete ao embargante esclarecer os lindes em que se conterá o julgamento dos embargos e muito embora tenha por limite máximo a área do voto vencido, nada lhe impede, contudo, de aceitar uma parte do julgado, impugnando-o em menos do que o teor do pronunciamento que lhe é benéfico. E o tribunal, ao julgar os embargos, como é óbvio, não poderá extravasar as extremas que o próprio embargante marcou para o recurso, pena de decidir além do pedido, o que vicia a decisão".

Há uma discussão acerca da possibilidade de o Tribunal ao julgar os embargos infringentes reapreciar de ofício questões atinentes às condições de ação e pressupostos processuais, tendo em vista o disposto na parte final do art. 530, que restringe o âmbito da devolução à matéria que tiver sido objeto de divergência. Ernane Fidélis dos Santos defende o ponto de vista que em grau de embargos, a não ser que faça parte da matéria em desacordo, não pode o tribunal conhecer nem daquela que seria de interesse público e que, na apelação, exigiria os conhecimentos de ofício, como as nulidades absolutas, os pressupostos processuais, incluindo coisa julgada, litispendência e perempção (art. 257, §3º).[26] Arruda Alvim, Gisele Heloisa da Cunha e Nelson Nery Junior e Rosa Nery, citados por Eduardo Arruda Alvim, admitem que as questões de ordem pública possam ser examinadas pelo Tribunal quando do julgamento dos embargos infringentes, mesmo que não tenham sido objeto de divergência.[27] O Superior Tribunal de Justiça admite a reapreciação de matérias cognoscíveis de ofício, ainda que não tenham sido objeto de divergência.

16.6.4.4 O problema do voto vencido e não declarado

Nem sempre o voto vencido é declarado e nesse caso surge a questão acerca de qual o âmbito dos embargos infringentes.

Há os que sustentam que se não for declarado o voto vencido, devem ser opostos embargos de declaração objetivando suprimir a omissão, sob pena de não cabimento dos embargos infringentes, como reconheceu o Supremo Tribunal Federal no RE nº 95.861-SP, Rel. Min. Moreira Alves, *RTJ* 104/796: "Se, no acórdão embargado, há voto vencido parcialmente, sem que seja possível determinar em que parte o foi, por ser acórdão absolutamente omisso a esse respeito, é indispensável que essa

[26] *Manual de direito processual civil*. 4. ed. v. 1, p. 543.
[27] *Curso de direito processual civil*, p. 205.

omissão seja suprida por meios de embargos declaratórios. Se tais embargos declaratórios não tiverem sido interpostos, não há como conhecer-se dos embargos infringentes, por impossibilidade de se determinar o âmbito da divergência parcial, o que é indispensável para a observância da Segunda parte do art. 530 do CPC".

O Superior Tribunal de Justiça, no entanto, já decidiu que é lícito à parte protestar pela juntada do voto vencido. Feita a arguição, vindo aos autos tal voto e republicado o acórdão, conta-se a partir da republicação o prazo para embargar.

Existe, ainda, orientação de que se o voto vencido não for declarado, presume-se que foi totalmente divergente, de modo que a devolução dos embargos infringentes é total.

Eduardo Arruda Alvim entende como mais adequada a opinião que demanda a *oposição de embargos declaratórios com vistas à supressão da omissão* e caso a omissão não seja suprida, a interposição de recurso especial visando à anulação do acórdão por violação ao art. 535 do CPC.

A interposição de embargos de declaração torna-se necessária se não for possível compreender a extensão da divergência do voto vencido pela ementa ou certidão de julgamento. Sendo possível aferir esta divergência, torna-se desnecessária a interposição de embargos de declaração.

16.6.4.5 Processamento dos embargos infringentes

Os embargos infringentes são dirigidos ao órgão encarregado de julgá-lo, sendo que o relator do acórdão originário efetuará um primeiro juízo de admissibilidade do recurso, admitindo-o ou não.

Antes, o recorrido será intimado a apresentar contrarrazões (art. 531 do CPC). Apenas depois é que será realizado o juízo de admissibilidade do recurso (art. 531 do CPC).

Da decisão do relator que não admite os embargos infringentes cabe agravo no prazo de 5 (cinco) dias ao órgão competente para o julgamento do recurso, indicado no regimento interno do tribunal.

Admitindo-o, mandando-o processar, um novo relator é sorteado (art. 533 do CPC), se possível entre juízes que não tenham participado do julgamento anterior. Da decisão admitindo os embargos infringentes não cabe recurso.

Abre-se prazo para impugnação e após os autos serão conclusos ao relator e ao revisor pelo prazo de quinze (15) dias, seguindo-se o julgamento (art. 534 do CPC).

16.6.5 Recurso ordinário constitucional

O recurso ordinário constitucional é um recurso dirigido ao Supremo Tribunal Federal e ao Superior Tribunal de Justiça nas hipóteses descritas, respectivamente, nos arts. 102, II e 105, II da CF e que foram reproduzidas no art. 539, I e II do CPC com a redação dada pela Lei nº 8.950/94.

O recurso ordinário constitucional para o STF tem previsão nas hipóteses de decisões denegatórias proferidas em mandado de segurança, *habeas data* e mandado de injunção, em única instância, pelos tribunais superiores (art. 539, I do CPC), naquelas matérias em que estes tribunais têm competência originária para delas conhecer.

O recurso ordinário constitucional para o STJ cabe contra as decisões denegatórias em mandado de segurança proferidas em última instância pelos TRFs ou pelos Tribunais dos Estados e do Distrito Federal (art. 539, II, "a" do CPC) quando se tratar de mandado de segurança da competência originária destes tribunais — bem como contra as decisões proferidas nas causas em que forem partes, de um lado, Estado estrangeiro ou organismo internacional e, de outro lado, Município ou pessoa residente ou domiciliada no País.[28]

[28] A decisão do relator que indefere, liminarmente, mandado de segurança deve ser impugnada por agravo regimental e não recurso ordinário. Caso não seja provido o agravo regimental contra a decisão do relator que denegou liminarmente a segurança, é que caberá recurso ordinário.

Apenas as decisões denegatórias desafiam o recurso ordinário. As decisões concessivas devem ser impugnadas por recurso especial ou extraordinário.

[Idêntica orientação foi mantida pelo art. 981 do Projeto nº 166 de reforma do CPC. Serão julgados em recurso ordinário pelo Supremo Tribunal Federal, os mandados de segurança, os *habeas data* e os mandados de injunção decididos em única instância pelos tribunais superiores, quando denegatória a decisão, e pelo Superior Tribunal de Justiça os mandados de segurança decididos em única instância pelos Tribunais Regionais Federais ou pelos Tribunais dos Estados e do Distrito Federal e Territórios, quando denegatória a decisão].

A *finalidade do recurso ordinário constitucional* é a de permitir um segundo grau de jurisdição a determinadas ações que são processadas originariamente nos tribunais e pode objetivar a reforma do acórdão, por *error in judicando*, ou a invalidação, em caso de *error in procedendo*.

O processamento do recurso ordinário constitucional é idêntico ao processamento do recurso de apelação. Ele, portanto, devolve ao STF ou STJ o conhecimento de toda a matéria impugnada.

[De acordo com o art. 982 do Projeto nº 166 do Senado Federal ao recurso ordinário aplica-se, quanto aos requisitos de admissibilidade e ao procedimento no juízo de origem, as disposições relativas à apelação, observando-se, no Supremo Tribunal Federal e no Superior Tribunal de Justiça, o disposto nos regimentos internos].

O recurso ordinário constitucional deve ser proposto no prazo de 15 (quinze) dias e dirigido ao relator do acórdão recorrido.

O prequestionamento não é requisito de admissibilidade do recurso ordinário.

16.6.6 Recurso especial

A função do recurso especial é a de uniformizar a interpretação do direito federal em todo o País. O recurso especial permite ao STJ zelar pela correta, adequada e uniforme aplicação da lei federal em todo o território nacional pelos demais tribunais.

Trata-se de recurso especial de competência exclusiva do STJ.

Pode ser objeto de recurso especial todo e qualquer acórdão de tribunal local, proferido em sede de apelação, embargos infringentes ou em agravo de instrumento.

Exige-se que o acórdão tenha sido proferido em *única ou última instância*, o que significa que há a necessidade de esgotarem-se todos os recursos ordinários possíveis, como os embargos infringentes. Cabe o recurso especial quando não cabe mais na justiça de origem recurso ordinário da decisão impugnada.

O julgamento há de ser proferido em única ou última instância *por tribunal local*. Portanto, descabe recurso especial contra:

a) decisão proferida pelas turmas de recursos dos juizados especiais (Lei nº 9.099/95, art. 41).

Esse mesmo critério não pode ser observado para o recurso extraordinário, pois para este basta haver decisão proferida por única ou última instância. Cabe recurso extraordinário de decisão de juízo de primeiro grau, desde que esgotada essa instância ordinária, como no caso da Lei nº 6.830, com o uso dos embargos infringentes para o mesmo juízo.

b) as decisões proferidas pelos Tribunais das Justiças Especializadas (Trabalho, Eleitoral e Militar), que possuem tribunais superiores próprios com competência semelhante.

16.6.6.1 Hipóteses de cabimento

As hipóteses de cabimento do recurso especial estão previstas nas alíneas "a", "b"e "c" do art. 105, III da CF.

Trata-se de recurso de fundamentação vinculada. As hipóteses de cabimento estão descritas taxativamente na CF.

A alínea "a" do art. 105 admite recurso especial na hipótese de contrariedade ou negativa de vigência a tratado ou lei federal.

Contrariar representa toda e qualquer forma de ofensa ao texto legal, quer deixando de aplicá-lo às hipóteses que a ele devem subsumir-se, quer aplicando-o de forma errônea ou, ainda, interpretando-o de modo não adequado e diferente da interpretação correta, no sentir do STJ.

O STJ não aplica a Súmula nº 400 do STF ao julgamento do recurso especial (Súmula nº 400: "Decisão que deu razoável interpretação à lei, ainda que não seja a melhor, não autoriza o recurso extraordinário"). Assim, a interpretação razoável da lei federal não impede o conhecimento do recurso especial.

O recurso especial não admite a discussão de direito local (municipal ou estadual), apenas federal. Entende-se por lei federal, a lei, o decreto, o regulamento federal, a lei estrangeira quando aplicável por força de norma de direito internacional e as medidas provisórias do executivo federal. A contrariedade a circulares, portarias, resoluções administrativas, ainda que de origem federal, não rendem ensejo a recurso especial.

O STJ exige que o recorrente indique expressamente o dispositivo ou os dispositivos de lei federal que foram violados. A falta de indicação do preceito legal considerado violado tem acarretado o não conhecimento do recurso.

Pela Súmula nº 513 do STF a decisão que enseja a interposição de recurso ordinário ou extraordinário não é a do plenário que resolve o incidente de inconstitucionalidade, mas a do órgão que completa o julgamento do feito.

Não se admite recurso especial por alegação de ofensa a súmula do STF.

A alínea "b" admite recurso especial quando tenha sido julgada lei ou ato de governo local em face de lei federal.

Para que o recurso especial seja admitido com fundamento na alínea "b" do art. 105, III da CF, basta que a lei ou ato de governo local aplicados pelo tribunal *a quo* tenha sido contestado nos autos em face da lei federal. Não se questiona sobre o acerto ou erro da decisão recorrida. Basta que lei ou ato local tenha sido contestado frente a uma lei federal para que se considere cabível o recurso.

Se o tribunal *a quo* concluiu pela invalidade da lei local ou do ato de governo local, porque considerados contrários à lei federal, não cabe recurso especial pela parte vencida, que requeria a aplicação da lei ou ato local, encerrada a questão definitivamente no âmbito do tribunal *a quo*.

Na alínea "c" o fundamento da admissibilidade do recurso especial está na divergência jurisprudencial. O acórdão recorrido dá à questão federal solução diferente da que lhe tenha dado qualquer outro tribunal da federação.

Deve haver confronto de acórdãos, indicadas as circunstâncias que assemelhem os acórdãos confrontados. A forma de demonstração da divergência é aquela prevista no parágrafo único do art. 541 do CPC. Trata-se de exigência que, não obedecida, acarreta o não conhecimento do recurso, por falta de regularidade formal. Firmou-se o entendimento no STJ que não é suficiente para configurar o dissídio jurisprudencial a simples transcrição de ementas.

[O §1º do art. 983 do Projeto nº 166 do Senado Federal estabelece que "quando o recurso fundar-se em dissídio jurisprudencial, o recorrente fará a prova da divergência mediante certidão, cópia ou citação do repositório de jurisprudência, oficial ou credenciado, inclusive em mídia eletrônica, em que tiver sido publicada a decisão divergente, ou ainda pela reprodução do julgado disponível na Internet, com indicação da respectiva fonte, mencionando, em qualquer caso, as circunstâncias que identifiquem ou assemelhem os casos confrontados"].

A divergência deve ser atual. Aplica-se a Súmula nº 83 do STJ: "Não se conhece do recurso especial pela divergência, quando a orientação do tribunal se formou no mesmo sentido da decisão recorrida".

A divergência deve ocorrer entre dois ou mais tribunais. Súmula nº 13: "A divergência entre julgados do mesmo tribunal não enseja recurso especial".

16.6.6.2 Prequestionamento

A questão federal deve ter sido apreciada pelo tribunal local, para que tenha cabimento o recurso especial. A matéria deve constar do acórdão recorrido e ter sido por ela decidida.

Cabem embargos de declaração para suprir a omissão na apreciação da questão federal suscitada. Persistindo a omissão, a parte deverá interpor recurso especial e pedir a anulação do acórdão por desrespeito ao art. 535, II do CPC para o fim de que outro seja proferido, sanada a omissão antes apontada. O Supremo Tribunal Federal adota posicionamento mais brando e contenta-se com a interposição de embargos de declaração, ainda que a omissão não tenha sido suprida.

16.6.6.2.1 Espécies de prequestionamento

O prequestionamento pode ser explícito ou implícito. No prequestionamento explícito a questão federal foi objeto de apreciação pelo acórdão local, enquanto no prequestionamento implícito a matéria decorre do contexto das alegações formuladas pelas partes. Diz-se numérico o prequestionamento que cumpre, apenas, a exigência que o dispositivo da lei federal conste da decisão local.

16.6.6.3 Efeitos do recurso especial

Devolutivo: O efeito devolutivo no recurso especial tem extensão qualitativamente menor do que o efeito devolutivo da apelação já que o reexame da matéria fática é proibido.

Suspensivo: O recurso especial não tem efeito suspensivo, salvo, excepcionalmente, pela concessão com base no poder geral de cautela do presidente ou vice-presidente do tribunal recorrido ou do relator do recurso especial.

16.6.6.4 Multiplicidade de recursos com fundamento em idêntica controvérsia

O art. 543-C do CPC disciplina a multiplicidade de recursos com fundamento em idêntica questão de direito [em igual sentido o art. 990 do Projeto nº 166 do Senado Federal que trata do novo CPC ao estatuir que *sempre que houver multiplicidade de recursos com fundamento em idêntica questão de direito, o recurso extraordinário ou especial será processado nos termos deste artigo*].

Neste caso, a análise do mérito do recurso ocorrerá por amostragem, mediante a escolha de recursos que representem de maneira adequada a controvérsia a ser solucionada, isto é, que abordem as questões nas mais diversas perspectivas argumentativas.

[Segundo o art. 991 do Projeto nº 166 do Senado Federal caberá ao presidente do tribunal de origem selecionar um ou mais recursos representativos da controvérsia, os quais serão encaminhados ao Supremo Tribunal Federal ou ao Superior Tribunal de Justiça, independentemente de juízo de admissibilidade, ficando suspensos os demais recursos até o pronunciamento definitivo do tribunal superior.

Não adotada a providência descrita, o relator, no tribunal superior, ao identificar que sobre a questão de direito já existe jurisprudência dominante ou que a matéria já está afeta ao colegiado, poderá determinar a suspensão dos recursos nos quais a controvérsia esteja estabelecida].

Não cabe recurso da decisão que escolheu o recurso como paradigma representativo da controvérsia.

Os recursos não escolhidos que versem sobre o mesmo assunto terão a tramitação suspensa na origem, no aguardo do pronunciamento do Superior Tribunal de Justiça nos recursos eleitos como paradigmas.

[De acordo com o §3º do art. 991 do Projeto nº 166 do Senado Federal os processos em que se discute idêntica controvérsia de direito e *que estiverem em primeiro grau de jurisdição* ficam suspensos por período não superior a doze meses, salvo decisão fundamentada do relator. Há destarte uma ampliação da extensão da suspensão que se projeta também para os processos não julgados em primeiro grau de jurisdição, pelo menos pelo prazo de doze meses].

Julgado o recurso paradigma, a decisão projeta efeitos nos recursos especiais suspensos na origem. Se o acórdão recorrido convergir com a orientação do Superior Tribunal de Justiça, o recurso especial terá o seguimento denegado (art. 543-C, §7º, I do CPC), mas se o acórdão recorrido divergir da orientação do Superior Tribunal de Justiça, o tribunal de origem pelo órgão competente, turma ou câmara, reexaminará a controvérsia para manter a decisão divergente ou adaptá-la à orientação do Superior Tribunal de Justiça (art. 543-C, §7º, II e §8º do CPC).

[Para o art. 993 do Projeto nº 166 do Senado Federal, decidido o recurso representativo da controvérsia, os órgãos fracionários declararão prejudicados os demais recursos que versam sobre idêntica controvérsia ou os decidirão segundo a tese. A eficácia do recurso representativo da controvérsia passa a ser vinculante para os órgãos judicantes inferiores, embora o §1º do art. 994 do Projeto nº 166 do Senado Federal conflite com o afirmado ao prever o exame de admissibilidade do recurso especial ou extraordinário no caso de manutenção do acórdão divergente pelo tribunal de origem.

De acordo com o art. 995 do Projeto, sobrevindo, durante a suspensão do processo, decisão da instância superior a respeito do mérito da controvérsia, o juiz proferirá sentença e aplicará a tese firmada].

16.6.7 Recurso extraordinário

16.6.7.1 Histórico

O Recurso extraordinário surgiu no Brasil logo após a proclamação da República pelo Decreto nº 848, de 11.10.1890, pela necessidade de garantir a supremacia da lei federal e da Constituição, em toda a Federação, que se instaurava no país inspirada no sistema norte-americano.

16.6.7.2 Competência

É um recurso de competência exclusiva do Supremo Tribunal Federal, órgão de cúpula do Poder Judiciário e a quem compete, entre outras coisas, zelar pela observância da Constituição em todos os níveis do Poder Judiciário.

16.6.7.3 Cabimento

As hipóteses de cabimento do recurso extraordinário estão descritas nas alíneas "a", "b" e "c" do art. 102, III da CF, que o admitem quando a decisão recorrida:

a) contrariar dispositivo desta Constituição;
b) declarar a inconstitucionalidade de tratado ou lei federal;
c) julgar válida lei ou ato de governo local contestado em face desta Constituição.

16.6.7.4 Pressupostos

São pressupostos do Recurso Extraordinário:

1. *A decisão tenha sido proferida em única ou última instância.* Aqui se admite a interposição de recurso extraordinário contra

decisão de primeiro grau, como a proferida nos casos de embargos infringentes da Lei nº 6.830/80 e as decisões irrecorríveis da Justiça do trabalho. Admite-se ainda a interposição de Recurso Extraordinário das decisões proferidas pela turma recursal dos Juizados Especiais.

2. *O esgotamento dos recursos ordinários*.

3. *A repercussão geral*. A repercussão geral é um requisito intrínseco de admissibilidade do recurso extraordinário, que se aplica a todos os recursos extraordinários, independentemente da natureza da matéria versada (STF, Pleno, QO no Ag. nº 664-567/RS, rel. Min Sepúlveda Pertence, j. em 18.06.2007, *DJ* 06.09.2007, p. 37). Cumpre a função de selecionar os recursos que devem ser conhecidos pelo Supremo Tribunal Federal, porquanto apenas os recursos em que a questão constitucional apresente repercussão geral devem ser conhecidos pelo Supremo Tribunal Federal.[29]

[Segundo o art. 989 do Projeto nº 166 do Senado, que propõe a reforma do CPC, o Supremo Tribunal Federal, em decisão irrecorrível, não conhecerá do recurso extraordinário quando a questão constitucional nele versada não oferecer repercussão geral. Para efeito da repercussão geral, será considerada a existência ou não de questões relevantes do ponto de vista econômico, político, social ou jurídico, que ultrapassem os interesses subjetivos da causa].

Existe repercussão geral no recurso extraordinário quando a causa constitucional nele debatida apresenta relevância e transcendência, que deve ser aferida dos pontos de vista econômico, político, social ou jurídico, como, por exemplo, as causas que envolvem as limitações constitucionais ao poder de tributar, a judicialização de políticas públicas, a reserva de cotas em universidades federais, a extensão do direito fundamental à saúde.[30]

---

[29] MARINONI, Luiz Guilherme; MITIDIERO, Daniel Francisco. *Código de Processo Civil*: comentado artigo por artigo. 2. ed. rev. atual. ampl. 2. tir. São Paulo: Revista dos Tribunais, 2010. p. 572.

[30] MARINONI, Luiz Guilherme; MITIDIERO, Daniel Francisco. *Código de Processo Civil*: comentado artigo por artigo. 2. ed. rev. atual. ampl. 2. tir. São Paulo: Revista dos Tribunais, 2010. p. 573.

[Ainda, segundo o art. 989 do Anteprojeto nº 166 do Senado, haverá repercussão geral sempre que o recurso a) impugnar decisão contrária à súmula ou jurisprudência dominante do Supremo Tribunal Federal; b) contrariar tese fixada em julgamento de casos repetitivos; c) questionar decisão que tenha declarado a inconstitucionalidade de tratado ou lei federal, nos termos do art. 97 da Constituição da República.

Negada a repercussão geral, a decisão valerá para todos os recursos sobre matéria idêntica, que serão indeferidos liminarmente, salvo revisão da tese, nos termos do Regimento Interno do Supremo Tribunal].

A repercussão geral da questão debatida deve ser apresentada em preliminar recursal, isto é, articulada em tópico próprio. A fundamentação da preliminar de repercussão geral não vincula o Supremo Tribunal Federal que pode admitir o recurso extraordinário por fundamento diverso daquele apresentado pelo recorrente.[31]

Cabe apenas ao Supremo Tribunal Federal apreciar a existência ou a inexistência de repercussão geral da questão debatida no recurso extraordinário. O Plenário do Supremo Tribunal Federal deve manifestar-se por dois terços de seus membros para inadmitir o recurso extraordinário por ausência de repercussão geral da questão nele debatida, e bastam quatro votos, tomados nas próprias turmas para admitir a existência de repercussão geral, dispensada, no caso, a remessa ao Plenário para o debate da questão.[32]

O relator pode analisar todos os requisitos de admissibilidade do recurso extraordinário. Superado o juízo de admissibilidade pelo relator, a turma aprecia a existência ou não de

[31] MARINONI, Luiz Guilherme; MITIDIERO, Daniel Francisco. *Código de Processo Civil*: comentado artigo por artigo. 2. ed. rev. atual. ampl. 2. tir. São Paulo: Revista dos Tribunais, 2010. p. 574.

[32] MARINONI, Luiz Guilherme; MITIDIERO, Daniel Francisco. *Código de Processo Civil*: comentado artigo por artigo. 2. ed. rev. atual. ampl. 2. tir. São Paulo: Revista dos Tribunais, 2010. p. 574.

repercussão geral. Admitida, por 4 (quatro) de seus membros, a turma aprecia o mérito do recurso. Não alcançado esse quórum, o plenário deverá manifestar-se a respeito da existência ou não de repercussão geral.[33]

A decisão que nega a existência de repercussão geral tem eficácia fora dos autos, vale para todos os recursos de idêntica controvérsia, de modo que a Presidência do Supremo ou o Relator poderá não conhecer liminarmente do recurso extraordinário.[34]

A razão de decidir pela existência ou inexistência de repercussão geral pode ser revista, nos termos do Regimento Interno do Supremo Tribunal Federal.

4. *O prequestionamento.*

5. *Fundamento de matéria de direito e constitucional.*

16.6.7.5 Efeitos do recurso extraordinário

Não há efeito suspensivo no recurso extraordinário, salvo, excepcionalmente, pela concessão com base no poder geral de cautela do presidente ou vice-presidente do tribunal recorrido ou do relator do recurso extraordinário.

16.6.7.6 Processamento dos recursos extraordinário e especial

O prazo de interposição de ambos os recursos é de quinze dias, de acordo com o disposto no art. 508 do CPC.

O prazo é independente para cada recurso (extraordinário e especial). Não há preclusão consumativa se a parte, por exemplo, interpuser primeiro um ou outro recurso.

---

[33] MARINONI, Luiz Guilherme; MITIDIERO, Daniel Francisco. *Código de Processo Civil*: comentado artigo por artigo. 2. ed. rev. atual. ampl. 2. tir. São Paulo: Revista dos Tribunais, 2010. p. 574.

[34] MARINONI, Luiz Guilherme; MITIDIERO, Daniel Francisco. *Código de Processo Civil*: comentado artigo por artigo. 2. ed. rev. atual. ampl. 2. tir. São Paulo: Revista dos Tribunais, 2010. p. 574.

Os recursos devem ser interpostos em petições distintas dirigidas ao presidente ou ao vice-presidente do tribunal do qual emana a decisão recorrida, ou ao órgão monocrático no caso do recurso extraordinário interposto contra decisão de primeiro grau.

Na petição de interposição deve o recorrente apresentar a exposição do fato e do direito, a demonstração do cabimento do recurso e as razões do pedido de reforma ou de anulação da decisão recorrida.

Os recursos serão recebidos apenas no efeito devolutivo.

Se ambos os recursos forem interpostos contra a mesma decisão e assim admitidos na origem, o recurso especial deverá ser julgado em primeiro lugar, pois da decisão do especial, se de procedência, poderá restar totalmente prejudicado o extraordinário.

Pode ocorrer, no entanto, que a matéria versada no extraordinário seja prejudicial e nesse caso o julgamento do especial é sobrestado e os autos remetidos ao STF para o julgamento do recurso extraordinário [no mesmo sentido os §§1º e 2º do art. 985 do Projeto nº 166 do Senado Federal].

Negada a admissibilidade do recurso especial ou extraordinário cabe, no prazo de 10 (dez) dias, agravo de instrumento para o STJ ou STF, que deverá ser instruído com as peças previstas no art. 544, §1º do CPC.

[O art. 996 do Projeto nº 166 do Senado chama o agravo interposto da decisão que não aceita o recurso especial ou extraordinário de agravo de admissão: "Não admitido o recurso extraordinário ou o recurso especial, caberá agravo de admissão para o Supremo Tribunal Federal ou para o Superior Tribunal de Justiça, conforme o caso"].

Cabe ao relator do agravo examinar a admissibilidade e o mérito do agravo. A decisão negativa de mérito ou de admissibilidade dá ensejo a novo agravo para a turma julgadora, no prazo de cinco dias (art. 545 do CPC).

Provido o agravo, pela turma ou relator, o tribunal pode julgar o mérito do recurso especial ou extraordinário nos próprios autos do instrumento de agravo, sem a necessidade da subida dos autos principais que se encontram no tribunal de origem.

16.6.8 Dos embargos de divergência

Os embargos de divergência destinam-se a eliminar a divergência acerca de um tema, de mérito ou não, existente entre os diversos órgãos judicantes dos tribunais, nas causas de competência originária, ou nos recursos especiais.

Destarte, [segundo o art. 997 do Projeto nº 166 do Senado Federal] cabem embargos de divergência da decisão de turma que *em recurso especial*, divergir do julgamento de outra turma, da seção ou do órgão especial, sendo as decisões, embargada e paradigma, relativas ao juízo de admissibilidade, de mérito, ou, *nas causas de competência originária*, divergir do julgamento de outra turma, seção ou órgão especial.

O procedimento do recurso de embargos de divergência será o estabelecido no regimento interno.

Capítulo 17

Da Coisa Julgada

Sumário: **17.1** Conceito – **17.2** Limites subjetivos e objetivos da coisa julgada

17.1 Conceito

A coisa julgada pode ser formal ou material.

A coisa julgada formal representa o esgotamento de todos os recursos possíveis contra a sentença ou acórdão proferidos na intimidade da relação jurídica processual, de modo que a parte não mais pode recorrer. Decorre do esgotamento dos recursos cabíveis e opera efeitos exclusivamente endoprocessuais, enquanto a coisa julgada material, vista como a imutabilidade agregada ao comando da sentença que a torna indiscutível (art. 467 do CPC) [art. 489 do Projeto nº 166 do Senado Federal] projeta efeitos panprocessuais, porquanto o dispositivo da sentença será indiscutível no processo em que a sentença foi prolatada ou em outro qualquer.[1]

A coisa julgada material decorre da coisa julgada formal e do trânsito em julgado, isto é, da certificação nos autos que daquela sentença ou acórdão não foi interposto recurso ou que ele foi considerado intempestivo, desde que a sentença ou o acórdão tenham enfrentado e resolvido o mérito da causa, porquanto decisões meramente processuais não produzem coisa julgada.

[1] ALVIM, 2008, p. 617.

A coisa julgada material agrega imutabilidade ao comando que emerge da sentença e a torna indiscutível.

Do trânsito em julgado conta-se o início do prazo decadencial de 2 (dois) anos para distribuição da ação rescisória, conforme dispõe a Súmula nº 401 do Superior Tribunal de Justiça: "O prazo decadencial da ação rescisória só se inicia quando não for cabível qualquer recurso do último pronunciamento judicial". Assim, firmou-se orientação no sentido de que a coisa julgada se forma no instante em que prolatada decisão no processo da qual não caiba mais recurso, por isso qualificada de última.

A par disso, para nós, a sentença ou o acórdão é indivisível, de modo a não se admitir o fracionamento da sentença ou do acórdão por capítulos a fim de cindir-se os termos do trânsito em julgado, e por consequência o de início de contagem do prazo decadencial da ação rescisória, como admite expressamente Cândido Rangel Dinamarco: "se dentro do prazo de um dos capítulos recorríveis vier a ser efetivamente impugnado por recurso, não o sendo o outro, ou outros, é claro que passam em julgado estes e não passa aquele".[2]

17.2 Limites subjetivos e objetivos da coisa julgada

A coisa julgada submete-se a limites subjetivos e a limites objetivos.

Os limites subjetivos tratam dos sujeitos atingidos pelos efeitos da coisa julgada. Segundo o art. 472 do CPC as partes e os litisconsortes é que são atingidos pelos efeitos da coisa julgada, excluídos, destarte, os terceiros: "A sentença faz coisa julgada às partes entre as quais é dada, não beneficiando, nem prejudicando terceiros" [art. 493 do Projeto nº 166 do Senado Federal].

Não é, contudo, a orientação acolhida por outros sistemas, como o das ações coletivas previstas no Código de Defesa do

[2] Capítulos de sentença, p. 119, *in*: ALVIM, Eduardo Arruda. *Direito processual civil*. 2. ed. São Paulo: Revista dos Tribunais, 2008. p. 624.

Consumidor, Lei nº 8.078/90, em que em certas situações a coisa julgada material projeta efeitos contra todos (*erga omnes*).

Os limites objetivos da coisa julgada dizem respeito ao conjunto de questões decididas sobre o qual recai a imutabilidade. De acordo com o art. 468 do CPC, a coisa julgada recai sobre as questões decididas, de modo que nenhum juiz, segundo dispõe o art. 471 do CPC [art. 492 do Projeto nº 166 do Senado Federal], pode decidir, novamente, as questões decididas, salvo se versarem sobre relação jurídica continuada e sobrevier modificação no estado de fato ou de direito, caso em que a parte poderá pedir revisão. As questões não decididas, mas relacionadas ao mérito da causa, consideram-se preclusas, conforme determina o art. 474 do CPC [arts. 494 e 495 do Projeto nº 166 do Senado Federal].

A par disso, não fazem coisa julgada, segundo o art. 469 do CPC, os motivos, ainda que importantes para determinar o alcance da parte dispositiva da sentença; a verdade dos fatos, estabelecida como fundamento da sentença e a apreciação da questão prejudicial decidida incidentalmente no processo, salvo se a parte propôs ação declaratória incidental, conforme dispõe o art. 470 do CPC [art. 491 do Projeto nº 166 do Senado Federal].

Exceção à regra da imutabilidade da sentença como decorrência da coisa julgada encontramos no parágrafo único do art. 741 do CPC, que torna inexigível título judicial fundado em lei ou ato normativo declarados inconstitucionais pelo Supremo Tribunal Federal ou fundado em aplicação ou interpretação da lei ou ato normativo tidas pelo Supremo Tribunal Federal como incompatíveis com a Constituição Federal. Nesse caso, o legislador infraconstitucional pesou os princípios da coisa julgada e o da supremacia da Constituição e, segundo orientação do STJ, expressa no REsp nº 783.500/SC, relatoria do Min. Teori Zavascki, agregou ao sistema um mecanismo com eficácia rescisória de sentenças inconstitucionais. Adverte, contudo, Luiz Guilherme Marinoni, que o título executivo judicial só será inexigível se restar demonstrado pelo arguente que o magistrado, para reconhecer a obrigação descrita na sentença, valeu-se decisivamente da norma reputada posteriormente inconstitucional.[3]

Registre-se, ainda, movimento doutrinário e jurisprudencial adepto da relativização da coisa julgada material nas situações em que o que restou decidido desrespeita regras, princípios ou valores constitucionais, especialmente o da moralidade.

[3] MARINONI; MITIDIERO, p. 717.

Referências

ALVIM, Arruda. *Manual de direito processual civil*. 10. ed. São Paulo: Revista dos Tribunais, 2006. 2 v.

ALVIM, Eduardo Arruda. *Curso de direito processual civil*. São Paulo: Revista dos Tribunais, 2000. v. 2.

ALVIM, Eduardo Arruda. *Direito processual civil*. 2. ed. São Paulo: Revista dos Tribunais, 2008.

ARAGÃO, E. D. Moniz de. *Embargos infringentes*. São Paulo: Saraiva, 1974.

BAPTISTA, Sônia Marcia Hase de Almeida. *Dos embargos de declaração*. São Paulo: Revista dos Tribunais, 1991.

BUENO, Cassio Scarpinella. *Curso sistematizado de direito processual civil*: procedimento comum: ordinário e sumário. São Paulo: Saraiva, 2007. v. 2, t. I.

DINAMARCO, Cândido Rangel. *Instituições de direito processual civil*. São Paulo: Malheiros, 2001. 3 v.

MARINONI, Luiz Guilherme; ARENHART, Sérgio Cruz. *Curso de processo civil*. 7. ed. São Paulo: Revista dos Tribunais, 2008. (Processo de conhecimento, v. 2).

MARINONI, Luiz Guilherme; ARENHART, Sergio Cruz. *Processo de conhecimento*. 7. ed. rev. atual. São Paulo: Revista dos Tribunais, 2008.

MARINONI, Luiz Guilherme; MITIDIERO, Daniel Francisco. *Código de Processo Civil*: comentado artigo por artigo. 2. ed. rev. atual. ampl. 2. tir. São Paulo: Revista dos Tribunais, 2010.

MARQUES, José Frederico. *Instituições de direito processual civil*. Campinas: Millennium, 2000. 5 v.

NEGRÃO, Theotonio; GOUVÊA, José Roberto F. (Org.). *Código de Processo Civil e legislação processual em vigor*. 40. ed. São Paulo: Saraiva, 2008.

NERY JUNIOR, Nelson; NERY, Rosa Maria de Andrade. *Código de Processo Civil comentado*. 4. ed. São Paulo: Revista dos Tribunais, 1999.

NERY JUNIOR, Nelson; NERY, Rosa Maria de Andrade. *Código de Processo Civil comentado e legislação extravagante*. 9. ed. São Paulo: Revista dos Tribunais, 2006.

NERY JUNIOR, Nelson; NERY, Rosa Maria de Andrade. *Código de Processo Civil comentado e legislação extravagante*. 10. ed. São Paulo: Revista dos Tribunais, 2008.

SANTOS, Moacyr Amaral. *Primeiras linhas de direito processual civil*. 25. ed. São Paulo: Saraiva, 2008. v. 1.

SANTOS, Ernane Fidélis dos. *Manual de direito processual civil*. 4. ed. São Paulo: Saraiva, 1996. 3 v.

SILVA, Ovídio Araújo Baptista da. *Curso de processo civil*. 5. ed. São Paulo: Revista dos Tribunais, 2000. (Processo de conhecimento, v. 1).

WAMBIER, Luiz Rodrigues; ALMEIDA, Flávio Renato Correia de; TALAMINI, Eduardo. *Curso avançado de processo civil*. 2. ed. São Paulo: Revista dos Tribunais, 1999. v. 1.

ANEXO

Emenda nº 1 – CTRCPC – Substitutivo (ao Projeto de Lei do Senado nº 166, de 2010)

Código de Processo Civil.

O CONGRESSO NACIONAL decreta:

LIVRO I
PARTE GERAL

TÍTULO I
PRINCÍPIOS E GARANTIAS, NORMAS PROCESSUAIS, JURISDIÇÃO E AÇÃO

CAPÍTULO I
DOS PRINCÍPIOS E DAS GARANTIAS FUNDAMENTAIS DO PROCESSO CIVIL

Art. 1º O processo civil será ordenado, disciplinado e interpretado conforme os valores e os princípios fundamentais estabelecidos na Constituição da República Federativa do Brasil, observando-se as disposições deste Código.
Art. 2º O processo começa por iniciativa da parte, nos casos e nas formas legais, salvo exceções previstas em lei, e se desenvolve por impulso oficial.
Art. 3º Não se excluirá da apreciação jurisdicional ameaça ou lesão a direito, ressalvados os litígios voluntariamente submetidos à solução arbitral, na forma da lei.
Art. 4º As partes têm direito de obter em prazo razoável a solução integral da lide, incluída a atividade satisfativa.
Art. 5º As partes têm direito de participar ativamente do processo, cooperando com o juiz e fornecendo-lhe subsídios para que profira decisões, realize atos executivos ou determine a prática de medidas de urgência.
Art. 6º Ao aplicar a lei, o juiz atenderá aos fins sociais a que ela se dirige e às exigências do bem comum, observando sempre os princípios da dignidade da pessoa humana, da razoabilidade, da legalidade, da impessoalidade, da moralidade, da publicidade e da eficiência.
Art. 7º É assegurada às partes paridade de tratamento em relação ao exercício de direitos e faculdades processuais, aos meios de defesa, aos ônus, aos deveres e à aplicação de sanções processuais, competindo ao juiz velar pelo efetivo contraditório.
Art. 8º As partes e seus procuradores têm o dever de contribuir para a rápida solução da lide, colaborando com o juiz para a identificação das questões de fato e de direito e abstendo-se de provocar incidentes desnecessários e procrastinatórios.
Art. 9º Não se proferirá sentença ou decisão contra uma das partes sem que esta seja previamente ouvida, salvo se se tratar de medida de urgência ou concedida a fim de evitar o perecimento de direito.
Art. 10. O juiz não pode decidir, em grau algum de jurisdição, com base em fundamento a respeito do qual não se tenha dado às partes oportunidade de se manifestar, ainda que se trate de matéria sobre a qual tenha que decidir de ofício.
Parágrafo único. O disposto no *caput* não se aplica aos casos de tutela de urgência e nas hipóteses do art. 307.
Art. 11. Todos os julgamentos dos órgãos do Poder Judiciário serão públicos, e fundamentadas todas as decisões, sob pena de nulidade.
Parágrafo único. Nos casos de segredo de justiça, pode ser autorizada somente a presença das partes, de seus advogados ou defensores públicos, ou ainda, quando for o caso, do Ministério Público.
Art. 12. Os juízes deverão proferir sentença e os tribunais deverão decidir os recursos obedecendo à ordem cronológica de conclusão.

§1º A lista de processos aptos a julgamento deverá ser permanentemente disponibilizada em cartório, para consulta pública.
§2º Estão excluídos da regra do *caput*:
I – as sentenças proferidas em audiência, homologatórias de acordo ou de improcedência liminar do pedido;
II – o julgamento de processos em bloco para aplicação da tese jurídica firmada em incidente de resolução de demandas repetitivas ou em recurso repetitivo;
III – a apreciação de pedido de efeito suspensivo ou de antecipação da tutela recursal;
IV – o julgamento de recursos repetitivos ou de incidente de resolução de demandas repetitivas;
V – as preferências legais.

CAPÍTULO II
DAS NORMAS PROCESSUAIS E DA SUA APLICAÇÃO

Art. 13. A jurisdição civil será regida unicamente pelas normas processuais brasileiras, ressalvadas as disposições específicas previstas em tratados ou convenções internacionais de que o Brasil seja signatário.
Art. 14. A norma processual não retroagirá e será aplicável imediatamente aos processos em curso, respeitados os atos processuais praticados e as situações jurídicas consolidadas sob a vigência da lei revogada.
Art. 15. Na ausência de normas que regulem processos penais, eleitorais ou administrativos, as disposições deste Código lhes serão aplicadas supletivamente.

CAPÍTULO III
DA JURISDIÇÃO

Art. 16. A jurisdição civil é exercida pelos juízes em todo o território nacional, conforme as disposições deste Código.

CAPÍTULO IV
DA AÇÃO

Art. 17. Para propor a ação é necessário ter interesse e legitimidade.
Art. 18. Ninguém poderá pleitear direito alheio em nome próprio, salvo quando autorizado pelo ordenamento jurídico.
Parágrafo único. Havendo substituição processual, o juiz determinará que seja dada ciência ao substituído da pendência do processo; nele intervindo, cessará a substituição.
Art. 19. O interesse do autor pode limitar-se à declaração:
I – da existência ou da inexistência de relação jurídica;
II – da autenticidade ou da falsidade de documento.
Parágrafo único. É admissível a ação declaratória ainda que tenha ocorrido a violação do direito.
Art. 20. Se, no curso do processo, se tornar litigiosa relação jurídica de cuja existência ou inexistência depender o julgamento da lide, o juiz, assegurado o contraditório, a declarará por sentença, com força de coisa julgada.

TÍTULO II
LIMITES DA JURISDIÇÃO BRASILEIRA E COOPERAÇÃO INTERNACIONAL

CAPÍTULO I
DOS LIMITES DA JURISDIÇÃO NACIONAL

Art. 21. Cabe à autoridade judiciária brasileira processar e julgar as ações em que:
I – o réu, qualquer que seja a sua nacionalidade, estiver domiciliado no Brasil;
II – no Brasil tiver de ser cumprida a obrigação;
III – o fundamento seja fato ocorrido ou ato praticado no Brasil.
Parágrafo único. Para o fim do disposto no inciso I, considera-se domiciliada no Brasil a pessoa jurídica estrangeira que aqui tiver agência, filial ou sucursal.
Art. 22. Também caberá à autoridade judiciária brasileira processar e julgar as ações:
I – de alimentos, quando:
a) o credor tiver seu domicílio ou sua residência no Brasil;
b) o réu mantiver vínculos pessoais no Brasil, tais como posse de bens, recebimento de renda ou obtenção de benefícios econômicos.
II – decorrentes de relações de consumo, quando o consumidor tiver domicílio ou residência no Brasil;

III – em que as partes, expressa ou tacitamente, se submeterem à jurisdição nacional.

Art. 23. Cabe à autoridade judiciária brasileira, com exclusão de qualquer outra:

I – conhecer de ações relativas a imóveis situados no Brasil;

II – em matéria de sucessão hereditária, proceder a inventário e partilha de bens situados no Brasil, ainda que o autor da herança seja de nacionalidade estrangeira ou tenha domicílio fora do território nacional.

Art. 24. A ação proposta perante tribunal estrangeiro não induz litispendência e não obsta a que a autoridade judiciária brasileira conheça da mesma causa e das que lhe são conexas, ressalvadas as disposições em contrário de tratados internacionais e acordos bilaterais em vigor no Brasil.

Parágrafo único. A pendência da causa perante a jurisdição brasileira não impede a homologação de sentença judicial ou arbitral estrangeira.

CAPÍTULO II
DA COOPERAÇÃO INTERNACIONAL

Seção I
Das Disposições Gerais

Art. 25. A cooperação jurídica internacional será regida por tratado do qual a República Federativa do Brasil seja parte.

Parágrafo único. Na ausência de tratado, a cooperação jurídica internacional poderá realizar-se com base em reciprocidade, manifestada por via diplomática.

Art. 26. A cooperação jurídica internacional prestada a Estados estrangeiros ou organismos internacionais poderá ser executada por procedimentos administrativos ou judiciais.

Art. 27. Os pedidos de cooperação jurídica internacional serão executados por meio de:

I – carta rogatória;

II – ação de homologação de sentença estrangeira; e

III – auxílio direto.

Parágrafo único. Quando a cooperação não decorrer de cumprimento de decisão de autoridade estrangeira e puder ser integralmente submetida à autoridade judiciária brasileira, o pedido seguirá o procedimento de auxílio direto.

Art. 28. O pedido de cooperação jurídica internacional terá por objeto:

I – comunicação de atos processuais;

II – produção de provas;

III -medidas de urgência, tais como decretação de indisponibilidade, sequestro, arresto, busca e apreensão de bens, documentos, direitos e valores;

IV – perdimento de bens, direitos e valores;

V – reconhecimento e execução de outras espécies de decisões estrangeiras;

VI – obtenção de outras espécies de decisões nacionais, inclusive em caráter definitivo;

VII – informação de direito estrangeiro;

VIII – prestação de qualquer outra forma de cooperação jurídica internacional não proibida pela lei brasileira.

Art. 29. A utilização da prova obtida por meio de cooperação jurídica internacional ativa observará as condições e limitações impostas pelo Estado que a forneceu.

Seção II
Do Procedimento

Art. 30. Os pedidos de cooperação jurídica internacional ativa serão encaminhados à autoridade central para posterior envio ao Ministério das Relações Exteriores, salvo se disposto de outro modo em tratado.

§1º Na ausência de designação específica, o Ministério da Justiça exercerá as funções de autoridade central.

§2º Compete à autoridade central verificar os requisitos de admissibilidade formais dos pedidos de cooperação jurídica internacional.

Art. 31. Os pedidos de cooperação ativa, bem como os documentos anexos, serão encaminhados à autoridade central, traduzidos para a língua oficial do Estado requerido.

Art. 32. O pedido passivo de cooperação jurídica internacional será recusado se configurar manifesta ofensa à ordem pública.

Art. 33. Consideram-se autênticos os documentos que instruem

os pedidos de cooperação jurídica internacional, inclusive as traduções para a

língua portuguesa, quando encaminhados ao Estado brasileiro por meio de autoridades centrais ou pelas vias diplomáticas, dispensando-se ajuramentações, autenticações ou quaisquer procedimentos de legalização.
Parágrafo único. A norma prevista no *caput* deste artigo não impede, quando necessária, a aplicação pelo Estado brasileiro do princípio da reciprocidade de tratamento.

Seção III
Do auxílio direto

Art. 34. Os pedidos de auxílio direto, baseados em tratado ou em compromisso de reciprocidade, tramitarão pelas autoridades centrais dos países envolvidos.
Art. 35. A autoridade central brasileira comunicar-se-á diretamente com as suas congêneres, e, se necessário, com outros órgãos estrangeiros responsáveis pela tramitação e execução de pedidos de cooperação enviados e recebidos pelo Estado brasileiro, respeitadas disposições específicas constantes de tratado.
Art. 36. No caso de auxílio direto para a prática de atos que, segundo a lei brasileira, não necessitem de prestação jurisdicional, a autoridade central adotará as providências necessárias para o seu cumprimento.
Art. 37. Recebido o pedido de auxilio direto passivo, a autoridade central o encaminhará à Advocacia-Geral da União, que requererá em juízo a medida solicitada.
Art. 38. A competência das autoridades internas para o início do procedimento de auxílio direto será definida pela lei do Estado requerido, salvo previsão diversa em tratado.
Art. 39. Compete ao juiz federal, do lugar em que deva ser executada a medida, apreciar os pedidos de auxílio direto passivo que demandem prestação jurisdicional.
Art. 40. Se houver parte interessada, será ela citada para, no prazo de quinze dias, manifestar sobre o auxílio direto solicitado.
Parágrafo único. Não se aplica o disposto no *caput* se o pedido de auxilio direto demandar ação em que haja procedimento específico.
Art. 41. A cooperação jurídica internacional para o reconhecimento e execução de decisões estrangeiras será cumprida por meio de carta rogatória ou ação de homologação de sentença estrangeira.
§1º A carta rogatória e a ação de homologação de sentença estrangeira seguirão o regime previsto neste Código.
§2º O procedimento de homologação de sentença estrangeira obedecerá ao disposto no regimento interno do tribunal competente.

TÍTULO III
DA COMPETÊNCIA INTERNA

CAPÍTULO I
DA COMPETÊNCIA

Seção I
Disposições gerais

Art. 42. As causas cíveis serão processadas e decididas pelos órgãos jurisdicionais nos limites de sua competência, ressalvada às partes a faculdade de instituir juízo arbitral, na forma da lei.
Art. 43. Determina-se a competência no momento em que a ação é proposta, sendo irrelevantes as modificações do estado de fato ou de direito ocorridas posteriormente, salvo quando suprimirem o órgão judiciário ou alterarem a competência absoluta.

Seção II
Da competência em razão do valor e da matéria

Art. 44. A competência em razão do valor e da matéria é regida pelas normas de organização judiciária, ressalvados os casos expressos neste Código ou em legislação especial.

Seção III
Da competência funcional

Art. 45. A competência funcional dos juízos e tribunais é regida pelas normas da Constituição da República e de organização judiciária, assim como, no que couber, pelas normas das Constituições dos Estados.

Parágrafo único. É do órgão especial, onde houver, ou do tribunal pleno, a competência para decidir incidente de resolução de demandas repetitivas.

Art. 46. Tramitando o processo perante outro juízo, os autos serão remetidos ao juízo federal competente, se nele intervier a União ou suas autarquias, agências, empresas públicas e fundações de direito público, além dos conselhos de fiscalização profissional, na condição de parte ou de terceiro interveniente, exceto:

I – a recuperação judicial, as causas de falência e acidente de trabalho;

II – as causas sujeitas à Justiça Eleitoral e à Justiça do Trabalho;

III – os casos previstos em lei.

Parágrafo único. Excluído do processo o ente federal, cuja presença levara o juízo estadual a declinar a competência, deve o juízo federal restituir os autos sem suscitar o conflito.

Seção IV
Da competência territorial

Art. 47. A ação fundada em direito pessoal ou em direito real sobre bens móveis será proposta, em regra, no foro do domicílio do réu.

§1º Tendo mais de um domicílio, o réu será demandado no foro de qualquer deles.

§2º Sendo incerto ou desconhecido o domicílio do réu, ele será demandado onde for encontrado ou no foro do domicílio do autor.

§3º Quando o réu não tiver domicílio nem residência no Brasil, a ação será proposta no foro do domicílio do autor. Se este também residir fora do Brasil, a ação será proposta em qualquer foro.

§4º Havendo dois ou mais réus com diferentes domicílios, serão demandados no foro de qualquer deles, à escolha do autor.

Art. 48. Nas ações fundadas em direito real sobre imóveis é competente o foro da situação da coisa.

Parágrafo único. O autor pode, entretanto, optar pelo foro do domicílio ou pelo foro de eleição, se o litígio não recair sobre direito de propriedade, de vizinhança, de servidão, de posse, de divisão e de demarcação de terras e nunciação de obra nova.

Art. 49. O foro do domicílio do autor da herança, no Brasil, é o competente para o inventário, a partilha, a arrecadação, o cumprimento de disposições de última vontade e todas as ações em que o espólio for réu, ainda que o óbito tenha ocorrido no estrangeiro.

Parágrafo único. É, porém, competente o foro:

I – da situação dos bens, se o autor da herança não possuía domicílio certo;

II – do lugar em que ocorreu o óbito, se o autor da herança não tinha domicílio certo e possuía bens em lugares diferentes.

Art. 50. As ações em que o ausente for réu correm no foro de seu último domicílio, que é também o competente para a arrecadação, o inventário, a partilha e o cumprimento de disposições testamentárias.

Art. 51. A ação em que o incapaz for réu se processará no foro do domicílio de seu representante.

Art. 52. As causas em que a União for autora serão movidas no domicílio do réu; sendo ré a União, poderá a ação ser movida no domicílio do autor, onde ocorreu o ato ou o fato que deu origem à demanda, onde esteja situada a coisa ou no Distrito Federal.

Art. 53. É competente o foro:

I – do último domicílio do casal para o divórcio, a anulação de casamento, o reconhecimento ou dissolução de união estável; caso nenhuma das partes resida no antigo domicílio do casal, será competente o foro do domicílio do guardião de filho menor, ou, em último caso, o domicílio do réu;

II – do domicílio ou da residência do alimentando, para a ação em que se pedem alimentos;

III – do lugar:

a) onde está a sede, para a ação em que for ré a pessoa jurídica;

b) onde se acha a agência ou sucursal, quanto às obrigações que a pessoa jurídica contraiu;

c) onde exerce a sua atividade principal, para a ação em que for ré a sociedade sem personalidade jurídica;

d) onde a obrigação deve ser satisfeita, para a ação em que se lhe exigir o cumprimento;

e) de moradia do idoso, nas causas que versem direitos individuais no respectivo estatuto;
IV – do lugar do ato ou do fato:
a) para a ação de reparação de dano;
b) para a ação em que for réu o administrador ou o gestor de negócios alheios.
Parágrafo único. Nas ações de reparação do dano sofrido em razão de delito ou acidente de veículos, será competente o foro do domicílio do autor ou do local do fato.

Seção V
Das modificações da competência

Art. 54. A competência relativa poderá modificar-se pela conexão ou pela continência, observado o disposto nesta Seção.
Art. 55. Reputam-se conexas duas ou mais ações, quando lhes for comum o objeto ou a causa de pedir.
§1º Na hipótese do *caput*, os processos serão reunidos para decisão conjunta, salvo se um deles já tiver sido sentenciado.
§2º Aplica-se o disposto no *caput* à execução de título extrajudicial e à ação de conhecimento relativas ao mesmo negócio jurídico.
Art. 56. Dá-se a continência entre duas ou mais ações, sempre que houver identidade quanto às partes e à causa de pedir, mas o objeto de uma, por ser mais amplo, abrange o das outras.
Art. 57. Quando houver continência e a ação continente tiver sido proposta anteriormente, o processo relativo à ação contida será extinto sem resolução de mérito; caso contrário, as ações serão necessariamente reunidas.
Art. 58. A reunião das ações propostas em separado se fará no juízo prevento onde serão decididas simultaneamente.
Art. 59. A distribuição da petição inicial torna prevento o juízo.
Art. 60. Se o imóvel se achar situado em mais de um Estado, comarca ou seção judiciária, o foro será determinado pela prevenção, estendendo-se a competência sobre a totalidade do imóvel.
Art. 61. A ação acessória será proposta no juízo competente para a ação principal.
Art. 62. Se o conhecimento da lide depender necessariamente da verificação da existência de fato delituoso, o juiz pode mandar suspender o processo até que se pronuncie a justiça criminal.
Parágrafo único. Se a ação penal não for exercida dentro de noventa dias contados da intimação do despacho de suspensão, cessará o efeito deste, incumbindo ao juiz cível examinar incidentalmente a questão prejudicial.
Art. 63. A competência em razão da matéria e da função é inderrogável por convenção das partes; mas estas podem modificar a competência em razão do valor e do território, elegendo foro onde serão propostas as ações oriundas de direitos e obrigações.
§1º O acordo, porém, só produz efeito quando constar de contrato escrito e aludir expressamente a determinado negócio jurídico.
§2º O foro contratual obriga os herdeiros e sucessores das partes.
§3º É vedada a eleição de foro nos contratos de adesão e naqueles em que uma das partes, quando firmado o contrato, esteja em situação que lhe impeça ou dificulte opor-se ao foro contratual.
§4º A nulidade da cláusula de eleição de foro, em contrato de adesão, pode ser declarada de ofício pelo juiz, que declinará de competência para o juízo de domicílio do réu, salvo anuência expressa deste, manifestada nos autos, confirmando o foro eleito.

Seção VI
Da incompetência

Art. 64. A incompetência, absoluta ou relativa, será alegada como preliminar de contestação, que poderá ser protocolada no juízo do domicílio do réu.
§1º A incompetência absoluta deve ser declarada de ofício.
§2º Declarada a incompetência, serão os autos remetidos ao juízo competente.
§3º Salvo decisão judicial em sentido contrário, conservar-se-ão os efeitos das decisões proferidas pelo juízo incompetente, até que outra seja proferida, se for o caso, pelo juízo competente.
Art. 65. Prorrogar-se-á a competência relativa, se o réu não alegar a incompetência em preliminar de contestação.

Parágrafo único. A incompetência relativa poderá ser suscitada pelo Ministério Público nas causas em que atuar como parte ou como interveniente.

Art. 66. Há conflito de competência quando:

I – dois ou mais juízes se declaram competentes;

II – dois ou mais juízes se consideram incompetentes, atribuindo um ao outro a competência;

III – entre dois ou mais juízes surge controvérsia acerca da reunião ou da separação de processos.

1º O juiz que não acolher a competência declinada terá, necessariamente, que suscitar o conflito, salvo se a atribuir a um outro juízo.

2º O Ministério Público será ouvido, em quinze dias, nos conflitos de competência suscitados nos processos em que deve atuar.

CAPÍTULO II
DA COOPERAÇÃO NACIONAL

Art. 67. Ao Poder Judiciário, estadual ou federal, especializado ou comum, de primeiro ou segundo grau, assim como a todos os tribunais superiores, por meio de seus magistrados e servidores, cabe o dever de recíproca cooperação, a fim de que o processo alcance a desejada efetividade.

Art. 68. Os juízos poderão formular um ao outro pedido de cooperação para a prática de qualquer ato processual.

Art. 69. Os pedidos de cooperação jurisdicional devem ser prontamente atendidos, prescindem de forma específica e podem ser executados como:

I – auxílio direto;

II – reunião ou apensamento de processo;

III – prestação de informações;

IV – atos concertados entre os juízes cooperantes.

§1º As cartas de ordem, precatória e arbitral seguirão o regime previsto neste Código.

§2º A carta arbitral atenderá, no que couber, aos requisitos da citação por mandado e será instituída com a convenção de arbitragem, a prova da nomeação do árbitro e a prova da aceitação da função pelo árbitro.

TÍTULO IV
DAS PARTES E DOS PROCURADORES

CAPÍTULO I
DA CAPACIDADE PROCESSUAL

Art. 70. Toda pessoa que se acha no exercício dos seus direitos tem capacidade para estar em juízo.

Art. 71. Os incapazes serão representados ou assistidos por seus pais, tutores ou curadores, na forma da lei.

Art. 72. O juiz nomeará curador especial:

I – ao incapaz, se não tiver representante legal ou se os interesses deste colidirem com os daquele;

II – ao réu preso, bem como ao revel citado por edital ou com hora certa.

Parágrafo único. A função de curador especial será exercida pela Defensoria Pública, salvo se não houver defensor público na comarca ou subseção judiciária, hipótese em que o juiz nomeará advogado para desempenhar aquela função.

Art. 73. O cônjuge somente necessitará do consentimento do outro para propor ações que versem sobre direitos reais imobiliários, salvo quando o regime for da separação absoluta de bens.

§1º Ambos os cônjuges serão necessariamente citados para as ações:

I – que versem sobre direitos reais imobiliários, salvo quando casados sob o regime de separação absoluta de bens;

II – resultantes de fatos que digam respeito a ambos os cônjuges ou de atos praticados por eles;

III – fundadas em dívidas contraídas por um dos cônjuges a bem da família;

IV – que tenham por objeto o reconhecimento, a constituição ou a extinção de ônus sobre imóveis de um ou de ambos os cônjuges.

§2º Nas ações possessórias, a participação do cônjuge do autor ou do réu somente é indispensável nos casos de composse ou de atos por ambos praticados.

§3º Aplica-se o disposto no §1º à união estável comprovada por prova documental da qual tenha ciência o autor.

Art. 74. A autorização do marido ou da mulher pode suprir-se judicialmente

quando um cônjuge a recuse ao outro sem justo motivo ou lhe seja impossível concedê-la.
Parágrafo único. A falta, não suprida pelo juiz, da autorização, quando necessária, invalida o processo.
Art. 75. Serão representados em juízo, ativa e passivamente:
I – a União, os Estados, o Distrito Federal e os Territórios, por seus procuradores;
II – o Município, por seu prefeito ou procurador;
III – as mesas do Senado Federal, da Câmara dos Deputados, das Assembléias Legislativas, da Câmara Legislativa do Distrito Federal e das Câmaras Municipais, pelos respectivos órgãos de assessoramento jurídico, quando existentes;
IV – a massa falida e a massa falida civil do devedor insolvente, pelo administrador judicial;
V – a herança jacente ou vacante, por seu curador;
VI – o espólio, pelo inventariante;
VII – as pessoas jurídicas, por quem os respectivos atos constitutivos designarem ou, não havendo essa designação, por seus diretores;
VIII – as sociedades sem personalidade jurídica, pela pessoa a quem couber a administração dos seus bens;
IX – a pessoa jurídica estrangeira, pelo gerente, representante ou administrador de sua filial, agência ou sucursal aberta ou instalada no Brasil;
X – o condomínio, pelo administrador ou pelo síndico.
§1º Quando o inventariante for dativo, todos os herdeiros e sucessores do falecido serão autores ou réus nas ações e que o espólio for parte.
§2º As sociedades sem personalidade jurídica, quando demandadas, não poderão opor a irregularidade de sua constituição.
§3º O gerente da filial ou agência presume-se autorizado pela pessoa jurídica estrangeira a receber citação para qualquer processo.
Art. 76. Verificada a incapacidade processual ou a irregularidade da representação das partes, o juiz suspenderá o processo, marcando prazo razoável para ser sanado o defeito.
§1º Descumprida a determinação, caso os autos estejam em primeiro grau, o juiz:
I – extinguirá o processo, se a providência couber ao autor;
II – aplicará as penas da revelia, se a providência couber ao réu;
III – considerará o terceiro revel ou o excluirá do processo, dependendo do pólo em que se encontre.
§2º Descumprida a determinação, caso o processo esteja em segundo grau, no Superior Tribunal de Justiça ou no Supremo TribunalFederal, o relator:
I – não conhecerá do recurso, se a providência couber ao recorrente;
II – determinará o desentranhamento das contrarrazões, se a providência couber ao recorrido.

CAPÍTULO II
DO INCIDENTE DE DESCONSIDERAÇÃO DA PERSONALIDADE JURÍDICA

Art. 77. Em caso de abuso da personalidade jurídica, caracterizado na forma da lei, o juiz pode, em qualquer processo ou procedimento, decidir, a requerimento da parte ou do Ministério Público, quando lhe couber intervir no processo, que os efeitos de certas e determinadas obrigações sejam estendidos aos bens particulares dos administradores ou dos sócios da pessoa jurídica ou aos bens de empresa do mesmo grupo econômico.
Parágrafo único. O incidente da desconsideração da personalidade jurídica:
I – pode ser suscitado nos casos de abuso de direito por parte do sócio;
II – é cabível em todas as fases do processo de conhecimento, no cumprimento de sentença e também na execução fundada em título executivo extrajudicial.
Art. 78. Requerida a desconsideração da personalidade jurídica,
o sócio ou o terceiro e a pessoa jurídica serão citados para, no prazo comum de quinze dias, se manifestar e requerer as provas cabíveis.
Art. 79. Concluída a instrução, se necessária, o incidente será resolvido por decisão interlocutória impugnável por agravo de instrumento.

CAPÍTULO III
DOS DEVERES DAS PARTES E DOS SEUS PROCURADORES

Seção I
Dos deveres

Art. 80. São deveres das partes, de seus procuradores, e de todos aqueles que de qualquer forma participam do processo:
I – expor os fatos em juízo conforme a verdade;
II – proceder com lealdade e boa-fé;
III – não formular pretensões, nem alegar defesa, cientes de que são destituídas de fundamento;
IV – não produzir provas, nem praticar atos inúteis ou desnecessários à declaração ou à defesa do direito;
V – cumprir com exatidão as decisões de caráter executivo ou mandamental e não criar embaraços à efetivação de pronunciamentos judiciais, de natureza antecipatória ou final;
VI – declinar o endereço, residencial ou profissional, em que receberão intimações, atualizando essa informação sempre que ocorrer qualquer modificação temporária ou definitiva.
§1º A violação ao disposto no inciso V do *caput* deste artigo constitui ato atentatório ao exercício da jurisdição, devendo o juiz, sem prejuízo das sanções criminais, civis e processuais cabíveis, aplicar ao responsável multa em montante a ser fixado de acordo com a gravidade da conduta e não superior a vinte por cento do valor da causa.
§2º O valor da multa prevista no §1º deverá ser depositado em juízo no prazo a ser fixado pelo juiz. Não sendo paga no prazo estabelecido, a multa será inscrita como dívida ativa da União ou do Estado.
§3º A multa prevista no §1º poderá ser fixada independentemente da incidência daquela prevista no art. 509, §1º e da periódica prevista no art. 522.
§4º Quando o valor da causa for irrisório ou inestimável, a multa referida no §1º poderá ser fixada em até o décuplo do valor das custas processuais.
§5º Aos advogados públicos ou privados, aos membros da Defensoria Pública e do Ministério Público não se aplica o disposto nos §§1º a 4º, devendo sua responsabilização ser apurada pelos orgãos de classe respectivos, aos quais o juiz oficiará.
Art. 81. É vedado às partes, aos advogados públicos e privados, aos juízes, aos membros do Ministério Público e da Defensoria Pública e a qualquer pessoa que participe do processo empregar expressões injuriosas nos escritos apresentados, cabendo ao juiz ou ao tribunal, de ofício ou a requerimento do ofendido, mandar riscá-las.
Parágrafo único. Quando expressões injuriosas forem manifestadas oralmente, o juiz advertirá o ofensor de que não as deve usar, sob pena de lhe ser cassada a palavra.

Seção II
Da responsabilidade das partes por dano processual

Art. 82. Responde por perdas e danos aquele que pleitear de má-fé como autor, réu ou interveniente.
Art. 83. Considera-se litigante de má-fé aquele que:
I – deduzir pretensão ou defesa contra texto expresso de lei ou fato incontroverso;
II – alterar a verdade dos fatos;
III – usar do processo para conseguir objetivo ilegal;
IV – opuser resistência injustificada ao andamento do processo;
V – proceder de modo temerário em qualquer incidente ou ato do processo;
VI – provocar incidentes manifestamente infundados;
VII – interpuser recurso com intuito manifestamente protelatório.
Art. 84. O juiz ou tribunal, de ofício ou a requerimento, condenará o litigante de má-fé a pagar multa que não deverá ser inferior a dois por cento, nem superior a dez por cento, do valor corrigido da causa e a indenizar a parte contrária dos prejuízos que esta sofreu, além de honorários advocatícios e de todas as despesas que efetuou.
§1º Quando forem dois ou mais os litigantes de má-fé, o juiz condenará cada um na proporção do seu respectivo interesse na causa ou solidariamente aqueles que se coligaram para lesar a parte contrária.

§2º O valor da indenização será desde logo fixado pelo juiz, em quantia sobre o valor da causa, ou, caso não seja possível mensurá-la desde logo, liquidada por arbitramento ou pelo procedimento comum.
§3º Quando o valor da causa for irrisório ou inestimável, a multa referida no *caput* poderá ser fixada em até dez vezes o valor do salário mínimo.

Seção III
Das despesas, dos honorários advocatícios e das multas

Art. 85. Salvo as disposições concernentes à gratuidade de justiça, cabe às partes prover as despesas dos atos que realizarem ou requererem no processo, antecipando-lhes o pagamento, desde o início até sentença final ou, na execução, até a plena satisfação do direito reconhecido no título.
Parágrafo único. Incumbe ao autor adiantar as despesas relativas a atos cuja realização o juiz determinar de ofício ou a requerimento do Ministério Público, quando sua intervenção ocorrer como fiscal da ordem jurídica.
Art. 86. As despesas abrangem não só as custas dos atos do processo, como também a indenização de viagem, a remuneração do assistente técnico e a diária de testemunha.
Art. 87. A sentença condenará o vencido a pagar honorários ao advogado do vencedor.
§1º A verba honorária de que trata o *caput* será devida também no pedido contraposto, no cumprimento de sentença, na execução resistida ou não e nos recursos interpostos, cumulativamente.
§2º Os honorários serão fixados entre o mínimo de dez e o máximo de vinte por cento sobre o valor da condenação, do proveito, do benefício ou da vantagem econômica obtidos, conforme o caso, atendidos:
I – o grau de zelo do profissional;
II – o lugar de prestação do serviço;
III – a natureza e a importância da causa;
IV – o trabalho realizado pelo advogado e o tempo exigido para o seu serviço.
§3º Nas causas em que a Fazenda Pública for parte, os honorários serão fixados dentro seguintes percentuais, observando os referenciais do §2º:
I – mínimo de dez e máximo de vinte por cento nas ações de até duzentos salários mínimos;
II – mínimo de oito e máximo de dez por cento nas ações de duzentos até dois mil salários mínimos;
III – mínimo de cinco e máximo de oito por cento nas ações de dois mil até vinte mil salários mínimos;
IV – mínimo de três e máximo de cinco por cento nas ações de vinte mil até cem mil salários mínimos;
V – mínimo de um e máximo de três por cento nas ações acima de cem mil salários mínimos.
§4º Nas causas em que for inestimável ou irrisório o proveito, o benefício ou a vantagem econômica, o juiz fixará o valor dos honorários advocatícios em atenção ao disposto no §2º;
§5º Nas ações de indenização por ato ilícito contra pessoa, o percentual de honorários incidirá sobre a soma das prestações vencidas com mais doze prestações vincendas.
§6º Nos casos de perda do objeto, os honorários serão devidos por quem deu causa ao processo.
§7º A instância recursal, de ofício ou a requerimento da parte, fixará nova verba honorária advocatícia, observando-se o disposto nos §§2º e 3º e o limite total de vinte e cinco por cento para a fase de conhecimento.
§8º Os honorários referidos no §7º são cumuláveis com multas e outras sanções processuais, inclusive as do art. 80.
§9º As verbas de sucumbência arbitradas em embargos à execução rejeitados ou julgados improcedentes, bem como em fase de cumprimento de sentença, serão acrescidas no valor do débito principal, para todos os efeitos legais.
§10. Os honorários constituem direito do advogado e têm natureza alimentar, com os mesmos privilégios dos créditos oriundos da legislação do trabalho, sendo vedada a compensação em caso de sucumbência parcial.
§11. O advogado pode requerer que o pagamento dos honorários que lhe cabem seja efetuado em favor da sociedade de advogados que integra na qualidade de sócio, aplicando-se também a essa hipótese o disposto no §10.

§12. Os juros moratórios sobre honorários advocatícios incidem a partir da data do pedido de cumprimento da decisão que os arbitrou.

§13. Os honorários também serão devidos nos casos em que o advogado atuar em causa própria.

Art. 88. Se cada litigante for, em parte, vencedor e vencido, serão proporcionalmente distribuídas entre eles as despesas.

Parágrafo único. Se um litigante sucumbir em parte mínima do pedido, o outro responderá, por inteiro, pelas despesas e honorários.

Art. 89. Concorrendo diversos autores ou diversos réus, os vencidos respondem proporcionalmente pelas despesas e pelos honorários.

Art. 90. Nos procedimentos não contenciosos, as despesas serão adiantadas pelo requerente, mas rateadas entre os interessados.

Art. 91. Nos juízos divisórios, não havendo litígio, os interessados pagarão as despesas proporcionalmente aos seus quinhões.

Art. 92. Se o processo terminar por desistência ou reconhecimento do pedido, as despesas e os honorários serão pagos pela parte que desistiu ou reconheceu.

§1º Sendo parcial a desistência ou o reconhecimento, a responsabilidade pelas despesas e pelos honorários será proporcional à parte de que se desistiu ou que se reconheceu.

§2º Havendo transação e nada tendo as partes disposto quanto às despesas, estas serão divididas igualmente.

Art. 93. As despesas dos atos processuais efetuados a requerimento da Fazenda Pública serão pagas ao final pelo vencido, exceto as despesas periciais, que deverão ser pagas de plano por aquele que requerer a prova.

Art. 94. Quando, a requerimento do réu, o juiz declarar extinto o processo sem resolver o mérito, o autor não poderá propor de novo a ação sem pagar ou depositar em cartório as despesas e os honorários em que foi condenado.

Art. 95. As despesas dos atos que forem adiados ou tiverem de repetir-se ficarão a cargo da parte, do serventuário, do órgão do Ministério Público ou do juiz que, sem justo motivo, houver dado causa ao adiamento ou à repetição.

Art. 96. Se o assistido ficar vencido, o assistente será condenado nas custas em proporção à atividade que houver exercido no processo.

Art. 97. Cada parte pagará a remuneração do assistente técnico que houver indicado; a do perito será paga pela parte que houver requerido a perícia ou será rateada quando a perícia for determinada de ofício ou requerida por ambas as partes.

§1º O juiz poderá determinar que a parte responsável pelo pagamento dos honorários do perito deposite em juízo o valor correspondente a essa remuneração.

§2º A quantia recolhida em depósito bancário à ordem do juízo e com correção monetária será entregue ao perito após a apresentação do laudo, facultada a sua liberação parcial, quando necessária.

§3º Quando se tratar de processo em que o Poder Público seja parte ou a prova pericial for requerida por beneficiário da gratuidade de justiça, ela será realizada preferencialmente por instituição pública ou por perito da administração.

§4º Na hipótese de não existir órgão oficial ou perito da administração pública, o valor da prova pericial requerida pelo beneficiário da gratuidade de justiça será fixado conforme tabela do Conselho Nacional de Justiça e pago, desde logo, pelo Poder Público.

§5º Se, ao final, o beneficiário da gratuidade de justiça for vencedor, o Poder Público promoverá a execução para reaver do vencido os valores adiantados para pagamento da perícia.

Art. 98. O valor das sanções impostas aos litigantes de má-fé reverterão em benefício da parte contrária; as impostas aos serventuários pertencerão ao Estado ou a União.

Seção IV
Da gratuidade de justiça

Art. 99. A pessoa natural ou jurídica, brasileira ou estrangeira, com insuficiência de recursos para pagar as custas e as despesas processuais e os honorários de advogado gozará dos benefícios da gratuidade de justiça, na forma da lei.

§1º O juiz poderá determinar de ofício a comprovação da insuficiência de que trata o *caput*, se houver nos autos elementos que evidenciem a falta dos requisitos legais da gratuidade de justiça.
§2º Das decisões relativas à gratuidade de justiça, caberá agravo de instrumento, salvo quando a decisão se der na sentença.

CAPÍTULO IV
DOS PROCURADORES

Seção I
Disposições gerais

Art. 100. A parte será representada em juízo por advogado ou membro da Defensoria Pública regularmente inscrito na Ordem dos Advogados do Brasil.
Parágrafo único. É lícito à parte postular em causa própria quando tiver habilitação legal.
Art. 101. O advogado não será admitido a postular em juízo sem instrumento de mandato, salvo para evitar decadência ou prescrição, bem como para praticar atos considerados urgentes.
§1º Nos casos previstos na segunda parte do *caput*, o advogado se obrigará, independentemente de caução, a exibir o instrumento de mandato no prazo de quinze dias, prorrogável por igual período, por despacho do juiz.
§2º Os atos não ratificados serão havidos por juridicamente inexistentes, respondendo o advogado por despesas e perdas e danos.
Art. 102. A procuração geral para o foro conferida por instrumento público ou particular assinado pela parte habilita o advogado a praticar todos os atos do processo, exceto receber citação inicial, confessar, reconhecer a procedência do pedido, transigir, desistir, renunciar ao direito sobre o qual se funda a ação, receber, dar quitação, firmar compromisso e assinar declaração de hipossuficiência econômica, que devem constar de cláusula específica.
Parágrafo único. A procuração pode ser assinada digitalmente, na forma da lei.
Art. 103. Incumbe ao advogado ou à parte, quando postular em causa própria:
I – declarar, na petição inicial ou na contestação, o endereço em que receberá intimação;
II – comunicar ao juízo qualquer mudança de endereço.
§1º Se o advogado não cumprir o disposto no inciso I, o juiz, antes de determinar a citação do réu, mandará que se supra a omissão no prazo de cinco dias, sob pena de indeferimento da petição.
§2º Se o advogado infringir o previsto no inciso II, serão consideradas válidas as intimações enviadas, em carta registrada, para o endereço constante dos autos.
Art. 104. O advogado tem direito a:
I – examinar, em cartório de justiça e secretaria de tribunal, autos de qualquer processo, salvo nas hipóteses de segredo de justiça, nas quais apenas o advogado constituído terá acesso aos autos;
II – requerer, como procurador, vista dos autos de qualquer processo pelo prazo de cinco dias;
III – retirar os autos do cartório ou secretaria, pelo prazo legal, sempre que lhe couber falar neles por determinação do juiz, nos casos previstos em lei.
§1º Ao receber os autos, o advogado assinará carga no livro próprio.
§2º Sendo o prazo comum às partes, os procuradores poderão retirar os autos somente em conjunto ou mediante prévio ajuste por petição nos autos.
§3º É lícito também aos procuradores, no caso do §2º, retirar os autos pelo prazo de duas horas, para obtenção de cópias, independentemente de ajuste e sem prejuízo da continuidade do prazo.
§4º No caso de não devolução dos autos no prazo de duas horas, o procurador perderá, no mesmo processo, o direito a que se refere o §3º

Seção II
Da Advocacia Pública

Art. 105. Incumbe à Advocacia Pública, na forma da lei, defender e promover os interesses públicos da União, dos Estados, do Distrito Federal e dos Municípios, por meio da representação judicial, em todos os âmbitos federativos, das pessoas jurídicas de direito público que integram a Administração direta e indireta.

§1º No caso dos Municípios desprovidos de procuradorias jurídicas, a Advocacia Pública poderá ser exercida por advogado com procuração.
§2º As verbas sucumbenciais recebidas em decorrência da atuação dos advogados públicos, inclusive quando devidas por quaisquer entes públicos, serão destinadas ao fundo respectivo, para o fim exclusivo de aparelhamento do órgão e capacitação profissional de seus membros e servidores.
Art. 106. A União, os Estados, o Distrito Federal, os Municípios e suas respectivas autarquias e fundações de direito público gozarão de prazo em dobro para todas as suas manifestações processuais, cuja contagem terá início a partir da vista pessoal dos autos.

CAPÍTULO V
DA SUCESSÃO DAS PARTES E DOS PROCURADORES

Art. 107. Só é lícita, no curso do processo, a sucessão voluntária das partes nos casos expressos em lei.
Art. 108. A alienação da coisa ou do direito litigioso, a título particular, por ato entre vivos não altera a legitimidade das partes.
§1º O adquirente ou o cessionário não poderá ingressar em juízo, sucedendo o alienante ou o cedente, sem que o consinta a parte contrária.
§2º O adquirente ou o cessionário poderá, no entanto, intervir no processo, assistindo o alienante ou o cedente.
§3º A sentença proferida entre as partes originárias estende os seus efeitos ao adquirente ou ao cessionário.
Art. 109. Ocorrendo a morte de qualquer das partes, dar-se-á a sucessão pelo seu espólio ou pelos seus sucessores, observado o disposto no art. 288.
Parágrafo único. Na ausência de sucessores conhecidos, será nomeado curador especial.
Art. 110. A parte que revogar o mandato outorgado ao seu advogado constituirá, no mesmo ato, outro que assuma o patrocínio da causa.
Parágrafo único. Não sendo constituído novo procurador no prazo de quinze dias, observar-se-á o art. 76.
Art. 111. O advogado poderá, a qualquer tempo, renunciar ao mandato, provando, na forma prevista neste Código, que comunicou a renúncia ao mandante, a fim de que este nomeie sucessor.
§1º Durante os dez dias seguintes, o advogado continuará a representar o mandante, desde que necessário para lhe evitar prejuízo.
§2º Dispensa-se a comunicação referida no *caput* deste artigo, quando a procuração tiver sido outorgada a vários advogados e a parte, apesar da renúncia, continuar representada por outro.

TÍTULO V
DO LITISCONSÓRCIO

Art. 112. Duas ou mais pessoas podem litigar, no mesmo processo, em conjunto, ativa ou passivamente, quando:
I – entre elas houver comunhão de direitos ou de obrigações relativamente à lide;
II – os direitos ou as obrigações derivarem do mesmo fundamento de fato ou de direito;
III – entre as causas houver conexão pelo objeto ou pela causa de pedir;
IV – ocorrer afinidade de questões por um ponto comum de fato ou de direito.
§1º O juiz poderá limitar o litisconsórcio facultativo quanto ao número de litigantes, na fase de conhecimento ou na de execução, quando este comprometer a rápida solução do litígio, dificultar a defesa ou o cumprimento da sentença.
§2º O requerimento de limitação interrompe o prazo para manifestação ou resposta, que recomeça da intimação da decisão que o solucionar.
§3º Do indeferimento do pedido de limitação de litisconsórcio cabe agravo de instrumento.
Art. 113. Será necessário o litisconsórcio quando, por disposição de lei ou pela natureza da relação jurídica controvertida, a eficácia da sentença depender da citação de todos que devam ser litisconsortes.
Art. 114. A sentença de mérito, quando proferida sem a integração do contraditório, será:
I – nula, se a decisão deveria ser uniforme em relação a todos que deveriam ter integrado a lide;

II – ineficaz, nos outros casos, apenas para os que não foram citados.

§1º Nos casos de litisconsórcio passivo necessário, o juiz determinará ao autor que requeira a citação de todos que devam ser litisconsortes, dentro do prazo que assinar, sob pena de extinção do processo.

§2º Quando o juiz identificar terceiros que possam ser atingidos pelos efeitos da sentença, mesmo quando não forem litisconsortes necessários, poderá determinar ao autor que requeira sua citação, para que, querendo, apresente defesa ou pretensão em face do autor, do réu ou de ambos, no prazo de quinze dias.

Art. 115. Será unitário o litisconsórcio quando, pela natureza da relação jurídica, o juiz tiver de decidir a lide de modo uniforme para todas as partes litisconsorciadas.

Art. 116. Salvo disposição em contrário, os litisconsortes serão considerados, em suas relações com a parte adversa, como litigantes distintos, exceto no litisconsórcio unitário, caso em que os atos e as omissões de um não prejudicarão os outros, mas os poderão beneficiar.

Art. 117. Cada litisconsorte tem o direito de promover o andamento do processo, e todos devem ser intimados dos respectivos atos.

TÍTULO VI
DO JUIZ E DOS AUXILIARES DA JUSTIÇA

CAPÍTULO I
DOS PODERES, DOS DEVERES E DA RESPONSABILIDADE DO JUIZ

Art. 118. O juiz dirigirá o processo conforme as disposições deste Código, incumbindo-lhe:

I – promover o andamento célere da causa;

II – prevenir ou reprimir qualquer ato contrário à dignidade da justiça e indeferir postulações impertinentes ou meramente protelatórias, aplicando de ofício as medidas e as sanções previstas em lei;

III – determinar todas as medidas indutivas, coercitivas, mandamentais ou subrogatórias necessárias para assegurar o cumprimento de ordem judicial, inclusive nas ações que tenham por objeto prestação pecuniária;

IV – tentar, prioritariamente e a qualquer tempo, compor amigavelmente as partes, preferencialmente com auxílio de conciliadores emediadores judiciais;

V – dilatar os prazos processuais e alterar a ordem de produção dos meios de prova adequando-os às necessidades do conflito, de modo a conferir maior efetividade à tutela do bem jurídico;

VI – determinar o pagamento ou o depósito da multa cominada liminarmente, desde o dia em que se configure o descumprimento de ordem judicial;

VII – exercer o poder de polícia, requisitando, quando necessário, força policial, além da segurança interna dos fóruns e tribunais;

VIII – determinar, a qualquer tempo, o comparecimento pessoal das partes, para ouvi-las sobre os fatos da causa, caso em que não incidirá a pena de confesso;

IX – determinar o suprimento de pressupostos processuais e o saneamento de outras nulidades processuais.

Art. 119. O juiz não se exime de decidir alegando lacuna ou obscuridade do ordenamento jurídico, cabendo-lhe, no julgamento, aplicar os princípios constitucionais, as regras legais e os princípios gerais de direito, e, se for o caso, valer-se da analogia e dos costumes.

Art. 120. O juiz só decidirá por equidade nos casos previstos em lei.

Art. 121. O juiz decidirá a lide nos limites propostos pelas partes, sendo-lhe vedado conhecer de questões não suscitadas a cujo respeito a lei exige a iniciativa da parte.

Art. 122. Convencendo-se, pelas circunstâncias da causa, de que autor e réu se serviram do processo para praticar ato simulado ou conseguir fim vedado por lei, o juiz proferirá sentença que obste aos objetivos das partes, aplicando, de ofício, as penalidades da litigância de má-fé.

Art. 123. O juiz responderá por perdas e danos quando:

I – no exercício de suas funções, proceder com dolo ou fraude;

II – recusar, omitir ou retardar, sem justo motivo, providência que deva ordenar de ofício ou a requerimento da parte.

Parágrafo único. As hipóteses previstas no inciso II somente serão verificadas depois que a parte requerer ao juiz que determine a providência e o pedido não for apreciado no prazo de dez dias.

CAPÍTULO II
DOS IMPEDIMENTOS E DA SUSPEIÇÃO

Art. 124. Há impedimento do juiz, sendo-lhe vedado exercer suas funções no processo:

I – em que interveio como mandatário da parte, oficiou como perito, funcionou como membro do Ministério Público ou prestou depoimento como testemunha;

II – de que conheceu em primeiro grau de jurisdição, tendo-lhe proferido sentença ou decisão;

III – quando nele estiver postulando, como defensor, advogado ou membro do Ministério Público, seu cônjuge ou companheiro, ou qualquer parente, consanguíneo ou afim, em linha reta ou colateral, até o terceiro grau, inclusive;

IV – quando ele próprio ou seu cônjuge, companheiro ou parente, consanguíneo ou afim, em linha reta ou colateral, até o terceiro grau, inclusive, for parte no feito;

V – quando for órgão de direção ou de administração de pessoa jurídica parte na causa;

VI – quando alguma das partes for sua credora ou devedora, de seu cônjuge ou companheiro ou de parentes destes, em linha reta até o terceiro grau, inclusive;

VII – herdeiro presuntivo, donatário ou empregador de alguma das partes.

§1º No caso do inciso III, o impedimento só se verifica quando advogado, defensor ou membro do Ministério Público já estavam exercendo o patrocínio da causa antes do início da atividade judicante do magistrado.

§2º É vedado criar fato superveniente a fim de caracterizar o impedimento do juiz.

§3º O impedimento a que se refere o inciso III também se verifica no caso de mandato conferido a membro de escritório de advocacia que tenha em seus quadros advogado que individualmente ostente a condição nele prevista, mesmo que não intervenha diretamente no processo.

Art. 125. Há suspeição do juiz:

I – amigo íntimo ou inimigo de qualquer das partes;

II – que receber, das pessoas que tiverem interesse na causa, presentes antes ou depois de iniciado o processo, aconselhar alguma das partes acerca do objeto da causa ou subministrar meios para atender às despesas do litígio;

III – interessado no julgamento da causa em favor de uma das partes.

Parágrafo único. Poderá o juiz declarar-se suspeito por motivo de foro íntimo, sem necessidade de declarar suas razões.

Art. 126. A parte alegará, no prazo de quinze dias a contar do conhecimento do fato, impedimento ou suspeição em petição específica dirigida ao juiz da causa, indicando o fundamento da recusa, podendo instruí-la com documentos em que se fundar a alegação e com rol de testemunhas.

§1º Protocolada a petição, o processo ficará suspenso.

§2º Despachando a petição, se reconhecer o impedimento ou a suspeição, o juiz ordenará a remessa dos autos ao seu substituto legal; em caso contrário, determinará a atuação em apartado da petição e, dentro de dez dias, dará as suas razões, acompanhadas de documentos e de rol de testemunhas, se houver, ordenando a remessa dos autos ao tribunal.

§3º Verificando que a alegação de impedimento ou de suspeição é infundada, o tribunal determinará o seu arquivamento; caso contrário, tratando-se de impedimento ou de manifesta suspeição, condenará o juiz nas custas e remeterá os autos ao seu substituto legal.

§4º O tribunal pode declarar a nulidade dos atos do juiz, se praticados quando já presente o motivo de impedimento ou de suspeição.

Art. 127. Quando dois ou mais juízes forem parentes, consanguíneos ou afins, em linha reta e colateral, até terceiro grau, o primeiro que conhecer da causa no tribunal impede que o outro atue no processo, caso em que o segundo se escusará, remetendo os autos ao seu substituto legal.

Art. 128. Aplicam-se também os motivos de impedimento e de suspeição:

I – ao membro do Ministério Público, quando atuar na condição de fiscal da ordem jurídica;
II – ao serventuário de justiça;
III – ao perito;
IV – ao intérprete;
V – ao mediador e ao conciliador judicial;
VI – aos demais sujeitos imparciais do processo.

CAPÍTULO III
DOS AUXILIARES DA JUSTIÇA

Art. 129. São auxiliares da Justiça, além de outros cujas atribuições são determinadas pelas normas de organização judiciária, o escrivão, o chefe de secretaria judicial, o oficial de justiça, o perito, o depositário, o administrador, o intérprete, o tradutor, o mediador e o conciliador judicial.

Seção I
Do serventuário e do oficial de justiça

Art. 130. Em cada juízo haverá um ou mais oficiais de justiça cujas atribuições serão determinadas pelas normas de organização judiciária.
Art. 131. Incumbe ao escrivão:
I – redigir, em forma legal, os ofícios, os mandados, as cartas precatórias e mais atos que pertencem ao seu ofício;
II – executar as ordens judiciais, promover citações e intimações, bem como praticar todos os demais atos que lhe forem atribuídos pelas normas de organização judiciária;
III – comparecer às audiências ou, não podendo fazê-lo, designar para substituí-lo escrevente juramentado;
IV – ter, sob sua guarda e responsabilidade, os autos, não permitindo que saiam do cartório, exceto:
a) quando tenham de subir à conclusão do juiz;
b) com vista aos procuradores, à Defensoria Pública, ao Ministério Público ou à Fazenda Pública;
c) quando devam ser remetidos ao contador ou ao partidor;
d) quando, modificando-se a competência, forem transferidos a outro juízo;
V – dar, independentemente de despacho, certidão de qualquer ato ou termo do processo, observadas as disposições referentes a segredo de justiça;
VI – praticar, de ofício, os atos meramente ordinatórios.
Art. 132. No impedimento do escrivão, o juiz convocará substituto e, não o havendo, nomeará pessoa idônea para o ato.
Art. 133. Incumbe ao oficial de justiça:
I – fazer pessoalmente as citações, as prisões, as penhoras, os arrestos e as demais diligências próprias do seu ofício, certificando no mandado o ocorrido, com menção de lugar, dia e hora, e realizando-as, sempre que possível, na presença de duas testemunhas;
II – executar as ordens do juiz a quem estiver subordinado;
III – entregar, em cartório, o mandado logo depois de cumprido;
IV – estar presente às audiências e auxiliar o juiz na manutenção da ordem;
V – efetuar avaliações.
Art. 134. O escrivão e o oficial de justiça são civilmente responsáveis:
I – quando, sem justo motivo, se recusarem a cumprir dentro do prazo os atos impostos pela lei ou pelo juiz a que estão subordinados;
II – quando praticarem ato nulo com dolo ou culpa.

Seção II
Do perito

Art. 135. Quando a prova do fato depender de conhecimento técnico ou científico, o juiz será assistido por perito.
§1º Os peritos serão escolhidos preferencialmente entre profissionais de nível universitário, devidamente inscritos no órgão de classe competente, respeitado o disposto neste Código.
§2º Os peritos comprovarão sua especialidade na matéria sobre a qual deverão opinar mediante certidão do órgão profissional em que estiverem inscritos.
§3º Nas localidades onde não houver profissionais qualificados que preencham os requisitos dos parágrafos anteriores, a indicação dos peritos será de livre escolha do juiz.

Art. 136. O perito tem o dever de cumprir o ofício no prazo que lhe assinar o juiz, empregando toda a sua diligência; pode, todavia, escusar-se do encargo alegando motivo legítimo.

§1º A escusa será apresentada dentro de cinco dias contados da intimação ou do impedimento superveniente, sob pena de se considerar renunciado o direito a alegá-la.

§2º Será organizada lista de peritos na vara ou na secretaria, com disponibilização dos documentos exigidos para habilitação à consulta dos interessados, para que a nomeação seja distribuída de modo equitativo, observadas a capacidade técnica e a área de conhecimento.

Art. 137. O perito que, por dolo ou culpa, prestar informações inverídicas responderá pelos prejuízos que causar à parte e ficará inabilitado
por dois anos para atuar em outras perícias independentemente das demais sanções previstas em lei, devendo o juiz comunicar o fato ao respectivo órgão de classe para a adoção das medidas que entender cabíveis.

Seção III
Do depositário e do administrador

Art. 138. A guarda e a conservação de bens penhorados, arrestados, sequestrados ou arrecadados serão confiadas a depositário ou a administrador, não dispondo a lei de outro modo.

Art. 139. O depositário ou o administrador perceberá, por seu trabalho, remuneração que o juiz fixará, atendendo à situação dos bens, ao tempo do serviço e às dificuldades de sua execução.

Parágrafo único. O juiz poderá nomear, por indicação do depositário ou do administrador, um ou mais prepostos.

Art. 140. O depositário ou o administrador responde pelos prejuízos que, por dolo ou culpa, causar à parte, perdendo a remuneração que lhe foi arbitrada, mas tem o direito a haver o que legitimamente despendeu no exercício do encargo.

Parágrafo único. O depositário infiel responderá civilmente pelos prejuízos causados, sem prejuízo da responsabilidade penal.

Seção IV
Do intérprete

Art. 141. O juiz nomeará intérprete toda vez que o considerar necessário para:

I – analisar documento de entendimento duvidoso, redigido em língua estrangeira;

II – verter para o português as declarações das partes e das testemunhas que não conhecerem o idioma nacional;

III – traduzir a linguagem mímica dos surdos-mudos que não puderem transmitir a sua vontade por escrito.

Art. 142. Não pode ser intérprete quem:

I – não tiver a livre administração dos seus bens;

II – for arrolado como testemunha ou servir como perito no processo;

III – estiver inabilitado ao exercício da profissão por sentença penal condenatória, enquanto durar o seu efeito.

Art. 143. O intérprete, oficial ou não, é obrigado a prestar o seu ofício, aplicando-se-lhe o disposto nos arts. 136 e 137.

Seção V
Dos conciliadores e dos mediadores judiciais

Art. 144. Cada tribunal pode criar setor de conciliação e mediação ou programas destinados a estimular a autocomposição.

§1º A conciliação e a mediação são informadas pelos princípios da independência, da neutralidade, da autonomia da vontade, da confidencialidade, da oralidade e da informalidade.

§2º A confidencialidade se estende a todas as informações produzidas ao longo do procedimento, cujo teor não poderá ser utilizado para fim diverso daquele previsto por expressa deliberação das partes.

§3º Em virtude do dever de sigilo, inerente à sua função, o conciliador e o mediador e sua equipe não poderão divulgar ou depor acerca de fatos ou elementos oriundos da conciliação ou da mediação.

Art. 145. A realização de conciliação ou mediação deverá ser estimulada por magistrados, advogados, defensores públicos e membros do Ministério Público, inclusive no curso do processo judicial.

§1º O conciliador poderá sugerir soluções para o litígio, sendo vedada a utilização de qualquer tipo de constrangimento ou intimidação para que as partes conciliem.

§2º O mediador auxiliará as pessoas interessadas a compreenderem as questões e os interesses envolvidos no conflito e posteriormente identificarem, por si mesmas, alternativas de benefício mútuo.

Art. 146. O conciliador ou o mediador poderá ser escolhido pelas partes de comum acordo, observada a legislação pertinente.

Parágrafo único. Não havendo acordo, haverá distribuição a conciliador ou o mediador entre aqueles inscritos no registro do tribunal, observada a respectiva formação.

Art. 147. Os tribunais manterão um registro de conciliadores e mediadores, que conterá o cadastro atualizado de todos os habilitados por área profissional.

§1º Preenchendo os requisitos exigidos pelo tribunal, entre os quais, necessariamente, a capacitação mínima, por meio de curso realizado por entidade credenciada, o conciliador ou o mediador, com o certificado respectivo, requererá inscrição no registro do tribunal.

§2º Efetivado o registro, caberá ao tribunal remeter ao diretor do foro da comarca ou da seção judiciária onde atuará o conciliador ou o mediador os dados necessários para que o nome deste passe a constar do rol da respectiva lista, para efeito de distribuição alternada e aleatória, obedecendo-se rigorosa igualdade.

§3º Do registro de conciliadores e mediadores constarão todos os dados relevantes para a sua atuação, tais como o número de causas de que participou, o sucesso ou o insucesso da atividade, a matéria sobre a qual versou a controvérsia, bem como quaisquer outros dados que o tribunal julgar relevantes.

§4º Os dados colhidos na forma do §3º serão classificados sistematicamente pelo tribunal, que os publicará, ao menos anualmente, para conhecimento da população e fins estatísticos, bem como para o fim de avaliação da conciliação, da mediação, dos conciliadores e dos mediadores.

§5º Os conciliadores e mediadores cadastrados na forma do *caput*, se inscritos na Ordem dos Advogados do Brasil, estão impedidos de exercer a advocacia nos limites da competência do respectivo tribunal e de integrar escritório de advocacia que o faça.

Art. 148. Será excluído do registro de conciliadores e mediadores aquele que:

I – tiver sua exclusão motivadamente solicitada por qualquer órgão julgador do tribunal;

II – agir com dolo ou culpa na condução da conciliação ou da mediação sob sua responsabilidade;

III – violar os deveres de confidencialidade e neutralidade;

IV – atuar em procedimento de mediação, apesar de impedido.

§1º Os casos previstos no *caput* serão apurados em regular processo administrativo.

§2º O juiz da causa, verificando atuação inadequada do conciliador ou do mediador, poderá afastá-lo motivadamente de suas atividades no processo, informando ao tribunal, para instauração do respectivo processo administrativo.

Art. 149. No caso de impedimento, o conciliador ou o mediador devolverá os autos ao juiz, que realizará nova distribuição; se a causa de impedimento for apurada quando já iniciado o procedimento, a atividade será interrompida, lavrando-se ata com o relatório do ocorrido e a solicitação de distribuição para novo conciliador ou mediador.

Art. 150. No caso de impossibilidade temporária do exercício da função, o conciliador ou o mediador informará o fato ao tribunal para que, durante o período em que perdurar a impossibilidade, não haja novas distribuições.

Art. 151. O conciliador ou o mediador fica impedido, pelo prazo de um ano contado a partir do término do procedimento, de assessorar, representar ou patrocinar qualquer dos litigantes.

Art. 152. O conciliador e o mediador perceberão por seu trabalho remuneração prevista em tabela fixada pelo tribunal, conforme parâmetros estabelecidos pelo Conselho Nacional de Justiça.

Art. 153. As disposições desta Seção não excluem outras formas de conciliação e mediação extrajudiciais vinculadas a órgãos institucionais ou realizadas por intermédio de profissionais independentes.

TÍTULO VII
DO MINISTÉRIO PÚBLICO

Art. 154. O Ministério Público atuará na defesa da ordem jurídica, do regime democrático e dos interesses sociais e individuais indisponíveis.
Art. 155. O Ministério Público exercerá, em todos os graus, o direito de ação em conformidade com suas atribuições constitucionais.
Art. 156. O Ministério Público será intimado para, no prazo de trinta dias, intervir como fiscal da ordem jurídica:
I – nas causas que envolvam interesse público ou social;
II – nas causas que envolvam o estado das pessoas e o interesse de incapazes;
III – nas causas que envolvam litígios coletivos pela posse de terra rural;
IV – nas demais hipóteses previstas em lei ou na Constituição da República.
Parágrafo único. A participação da Fazenda Pública não configura por si só hipótese de intervenção do Ministério Público.
Art. 157. Nos casos de intervenção como fiscal da ordem jurídica, o Ministério Público:
I – terá vista dos autos depois das partes, sendo intimado de todos os atos do processo;
II – poderá produzir provas, requerer as medidas processuais pertinentes e recorrer.
Art. 158. O Ministério Público, seja como parte, seja como fiscal da ordem jurídica, gozará de prazo em dobro para se manifestar nos autos, que terá início a partir da sua intimação pessoal.
Parágrafo único. Findo o prazo para manifestação do Ministério Público sem o oferecimento de parecer, o juiz requisitará os autos e lhe dará andamento.
Art. 159. O membro do Ministério Público será civilmente responsável quando, no exercício de suas funções, agir com dolo ou fraude.

TÍTULO VIII
DA DEFENSORIA PÚBLICA

Art. 160. A Defensoria Pública exercerá a orientação jurídica, a promoção dos direitos humanos e a defesa, em todos os graus, dos direitos individuais e coletivos, de forma integral e gratuita, aos necessitados.
Parágrafo único. A representação processual pela Defensoria Pública gera a presunção de hipossuficiência da parte.
Art. 161. A Defensoria Pública gozará de prazo em dobro para todas as suas manifestações processuais.
§1º O prazo tem início com a intimação pessoal do defensor público.
§2º Quando necessário, a intimação a que se refere o §1º será acompanhada da vista pessoal dos autos.
§3º O juiz determinará a intimação pessoal da parte patrocinada, a requerimento da Defensoria Pública, no caso de o ato processual depender de providência ou informação que somente por ela possa ser prestada.
§4º O disposto no *caput* deste artigo se aplica aos escritórios de prática jurídica das faculdades de direito reconhecidas na forma da lei e às entidades que prestam assistência jurídica gratuita em razão de convênios firmados com a Ordem dos Advogados do Brasil.
Art. 162. O membro da Defensoria Pública será civilmente responsável quando, no exercício de suas funções, agir com dolo ou fraude.

TÍTULO IX
DOS ATOS PROCESSUAIS

CAPÍTULO I
DA FORMA DOS ATOS PROCESSUAIS

Seção I
Dos atos em geral

Art. 163. Os atos e os termos processuais não dependem de forma determinada, senão quando a lei expressamente a exigir, considerando-se válidos os que, realizados de outro modo, lhe preencham a finalidade essencial.

§1º Os tribunais, no âmbito de sua competência, poderão disciplinar a prática e a comunicação oficial dos atos processuais por meios eletrônicos, atendidos os requisitos de autenticidade, integridade, validade jurídica e interoperabilidade observada a hierarquia de chaves públicas unificada nacionalmente, nos termos da lei.
§2º Os processos podem ser total ou parcialmente eletrônicos, de forma a permitir que todos os atos e os termos do processo sejam produzidos, transmitidos, armazenados e assinados por meio eletrônico, na forma da lei.
§3º Os tribunais disponibilizarão as informações eletrônicas constantes do seu sistema de automação, em primeiro e segundo graus de jurisdição, em página própria na rede mundial de computadores, cumprindo aos interessados obter a tecnologia necessária para acessar os dados constantes do mesmo sistema.
§4º O procedimento eletrônico deve ter sua sistemática unificada em todos os tribunais, cumprindo ao Conselho Nacional de Justiça a edição de ato que incorpore e regulamente os avanços tecnológicos que forem se verificando.
Art. 164. Os atos processuais são públicos. Correm, todavia, em segredo de justiça os processos:
I – em que o exigir o interesse público;
II -que dizem respeito a casamento, separação de corpos, divórcio, união estável, filiação, alimentos e guarda de crianças e adolescentes;
III – em que constem dados protegidos pelo direito constitucional à intimidade;
IV – que dizem respeito ao cumprimento de carta arbitral, desde que a confidencialidade estipulada na arbitragem seja comprovada perante o juízo.
§1º O direito de consultar os autos de processos que correm em segredo de justiça e de pedir certidões de seus atos é restrito às partes e a seus procuradores. O terceiro que demonstrar interesse jurídico pode requerer ao juiz certidão do dispositivo da sentença, bem como de inventário e partilha resultante de separação judicial ou divórcio.
§2º O processo eletrônico assegurará às partes sigilo, na forma deste artigo.
Art. 165. Em todos os atos e termos do processo é obrigatório o uso da língua portuguesa.
Art. 166. Só poderá ser juntado aos autos documento redigido em língua estrangeira quando acompanhado de versão para a língua portuguesa firmada por tradutor juramentado.

Seção II
Dos atos da parte

Art. 167. Os atos das partes consistentes em declarações unilaterais ou bilaterais de vontade produzem imediatamente a constituição, a modificação ou a extinção de direitos processuais.
Parágrafo único. A desistência da ação só produzirá efeito depois de homologada por sentença.
Art. 168. As partes poderão exigir recibo de petições, arrazoados, papéis e documentos que entregarem em cartório.
Art. 169. É vedado lançar nos autos cotas marginais ou interlineares, as quais o juiz mandará riscar, impondo a quem as escrever multa correspondente à metade do salário mínimo.

Seção III
Dos pronunciamentos do juiz

Art. 170. Os pronunciamentos do juiz consistirão em sentenças, decisões interlocutórias e despachos.
§1º Ressalvadas as previsões expressas nos procedimentos especiais, sentença é o pronunciamento por meio do qual o juiz, com fundamento nos arts. 472 e 474, põe fim à fase cognitiva do procedimento comum, bem como o que extingue a execução.
§2º Decisão interlocutória é todo pronunciamento judicial de natureza decisória que não se enquadre na descrição do §1º.
§3º São despachos todos os demais pronunciamentos do juiz praticados no processo, de ofício ou a requerimento da parte.
§4º Os atos meramente ordinatórios, como a juntada e a vista obrigatória, independem de despacho, devendo ser praticados de ofício pelo servidor e revistos pelo juiz quando necessário.

Art. 171. Recebe a denominação de acórdão o julgamento colegiado proferido pelos tribunais.

Art. 172. Os despachos, as decisões, as sentenças e os acórdãos serão redigidos, datados e assinados pelos juízes.

§1º Quando os pronunciamentos de que trata o *caput* forem proferidos oralmente, o taquígrafo, o datilógrafo ou o digitador os registrará, submetendo-os aos juízes para revisão e assinatura.

§2º A assinatura dos juízes, em todos os graus de jurisdição, pode ser feita eletronicamente, na forma da lei.

§3º A suma de despachos e decisões interlocutórias, a parte dispositiva das sentenças e a ementa dos acórdãos serão publicadas no Diário de Justiça Eletrônico.

Seção IV
Dos atos do escrivão

Art. 173. Ao receber a petição inicial de qualquer processo, o escrivão a autuará, mencionando o juízo, a natureza do feito, o número de seu registro, os nomes das partes e a data do seu início, e deverá proceder do mesmo modo quanto aos volumes que se forem formando.

Art. 174. O escrivão numerará e rubricará todas as folhas dos autos.

Parágrafo único. Às partes, aos advogados, aos órgãos do Ministério Público, aos peritos e às testemunhas é facultado rubricar as folhas correspondentes aos atos em que intervieram.

Art. 175. Os termos de juntada, de vista, de conclusão e outros semelhantes constarão de notas datadas e rubricadas pelo escrivão.

Art. 176. Os atos e os termos do processo serão digitados, datilografados ou escritos com tinta escura e indelével, assinando-os as pessoas que neles intervieram ou, quando estas não puderem ou não quiserem firmá-los, certificando o escrivão a ocorrência nos autos.

§1º Quando se tratar de processo total ou parcialmente eletrônico, os atos processuais praticados na presença do juiz poderão ser produzidos e armazenados de modo integralmente digital em arquivo eletrônico inviolável, na forma da lei, mediante registro em termo, que será assinado digitalmente pelo juiz e pelo escrivão, bem como pelos advogados das partes.

§2º No caso do §1º, eventuais contradições na transcrição deverão ser suscitadas oralmente no momento da realização do ato, sob pena de preclusão, devendo o juiz decidir de plano, e mandar registrar a alegação e a decisão no termo.

Art. 177. É lícito o uso da taquigrafia, da estenotipia ou de outro método idôneo em qualquer juízo ou tribunal.

Art. 178. Não se admitem nos atos e nos termos espaços em branco, bem como entrelinhas, emendas ou rasuras, salvo se aqueles forem inutilizados e estas expressamente ressalvadas.

CAPÍTULO II
DO TEMPO E DO LUGAR DOS ATOS PROCESSUAIS

Seção I
Do tempo

Art. 179. Os atos processuais serão realizados em dias úteis, das seis às vinte horas.

§1º Serão, todavia, concluídos depois das vinte horas os atos iniciados antes, quando o adiamento prejudicar a diligência ou causar grave dano.

§2º Independentemente de autorização judicial, as citações, intimações e penhoras poderão realizar-se em domingos e feriados ou nos dias úteis fora do horário estabelecido neste artigo, observado o disposto no art. 5º, inciso XI, da Constituição da República.

§3º Quando o ato tiver que ser praticado em determinado prazo por meio de petição, esta deverá ser apresentada no protocolo, dentro do seu horário de funcionamento, nos termos da lei de organização judiciária local.

Art. 180. Os atos processuais eletrônicos serão praticados em qualquer horário.

Art. 181. Durante as férias forenses, onde as houver, e nos feriados não se praticarão atos processuais, excetuando-se:

I – a produção urgente de provas;

II – a citação, a fim de evitar o perecimento de direito;

III – as providências judiciais de urgência.

Art. 182. Processam-se durante as férias, onde as houver, e não se suspendem pela superveniência delas:
I – os procedimentos não contenciosos, bem como os necessários à conservação de direitos, quando possam ser prejudicados pelo adiamento;
II – as causas de nomeação ou remoção de tutores e curadores;
III – todas as causas que a lei federal determinar.
Art. 183. Além dos declarados em lei, são feriados, para efeito forense os sábados e os domingos e os dias em que não haja expediente forense.

Seção II
Do lugar

Art. 184. Os atos processuais realizam-se de ordinário na sede do juízo, ou em outro lugar em razão de deferência, de interesse da justiça ou de obstáculo arguido pelo interessado e acolhido pelo juiz.

CAPÍTULO III
DOS PRAZOS

Seção I
Disposições gerais

Art. 185. Os atos processuais serão realizados nos prazos prescritos em lei.
Parágrafo único. Quando a lei for omissa, o juiz determinará os prazos tendo em conta a complexidade da causa.
Art. 186. Na contagem de prazo em dias, estabelecido pela lei ou pelo juiz, computar-se-ão somente os úteis.
§1º Não são intempestivos atos praticados antes da ocorrência do termo inicial do prazo.
§2º Não se aplica o benefício da contagem em dobro, quando a lei estabelecer, de forma expressa, prazo próprio para a Fazenda Pública, o Ministério Público ou a Defensoria Pública.
Art. 187. Suspende-se o curso do prazo processual nos dias compreendidos entre 20 de dezembro e 20 de janeiro, inclusive.
§1º Ressalvadas as férias individuais e os feriados instituídos por lei, os juízes, os membros do Ministério Público, da Defensoria Pública e os auxiliares da Justiça exercerão suas atribuições durante o período a que se refere ao *caput*.
§2º Durante o prazo a que se refere o *caput*, não serão realizadas audiências ou julgamentos por órgão colegiado.
Art. 188. Suspende-se o curso do prazo por obstáculo criado pelaparte ou ocorrendo qualquer das hipóteses do art. 288, inciso I, casos em que o prazo será restituído por tempo igual ao que faltava para a sua complementação.
Art. 189. As partes podem, de comum acordo, reduzir ou prorrogar o prazo dilatório, mas a convenção só tem eficácia se, requerida antes do vencimento do prazo, se fundar em motivo legítimo.
§1º O juiz fixará o dia do vencimento do prazo da prorrogação.
§2º As custas acrescidas ficarão a cargo da parte em favor de quem foi concedida a prorrogação.
Art. 190. É vedado às partes, ainda que todas estejam de acordo, reduzir ou prorrogar os prazos peremptórios. O juiz poderá, nas comarcas e nas seções judiciárias onde for difícil o transporte, prorrogar quaisquer prazos, mas nunca por mais de sessenta dias.
Parágrafo único. Em caso de calamidade pública, poderá ser excedido o limite previsto neste artigo para a prorrogação de prazos.
Art. 191. Transcorrido o prazo, extingue-se, independentemente de declaração judicial, o direito de praticar ou emendar o ato processual, ficando assegurado, porém, à parte provar que o não realizou por justa causa.
§1º Considera-se justa causa o evento alheio à vontade da parte e que a impediu de praticar o ato por si ou por mandatário.
§2º Verificada a justa causa, o juiz permitirá à parte a prática do ato no prazo que lhe assinar.
§3º O disposto no *caput* se aplica ao Ministério Público inclusive quando atuar como fiscal da ordem jurídica.
Art. 192. Salvo disposição em contrário, os prazos serão contados excluindo o dia do começo e incluindo o do vencimento.
§1º Considera-se prorrogado o prazo até o primeiro dia útil, se o vencimento cair em dia em que:

I – for determinado o fechamento do fórum;
II – o expediente forense for encerrado antes ou iniciado depois da hora normal ou houver interrupção da comunicação eletrônica.
§2º Considera-se como data da publicação o primeiro dia útil seguinte ao da disponibilização da informação no Diário da Justiça físico ou eletrônico.
§3º Os prazos terão início no primeiro dia útil após a intimação.
Art. 193. Não havendo preceito legal nem outro prazo assinado pelo juiz, será de cinco dias o prazo para a prática de ato processual a cargo da parte.
Art. 194. A parte poderá renunciar ao prazo estabelecido exclusivamente em seu favor, desde que o faça de maneira expressa.
Art. 195. Em qualquer grau de jurisdição, havendo motivo justificado, pode o juiz exceder, por igual tempo, aos prazos que este Código lhe estabelece.
Art. 196. O juiz proferirá:
I – os despachos de expediente no prazo de cinco dias;
II – as decisões no prazo de dez dias;
III – as sentenças no prazo de vinte dias.
Art. 197. Incumbirá ao serventuário remeter os autos conclusos no prazo de um dia e executar os atos processuais no prazo de cinco dias contados:
I – da data em que houver concluído o ato processual anterior, se lhe foi imposto pela lei;
II – da data em que tiver ciência da ordem, quando determinada pelo juiz.
§1º Ao receber os autos, certificará o serventuário o dia e a hora em que ficou ciente da ordem referida no inciso II.
§2º Tratando-se de processo eletrônico, a movimentação da conclusão deverá ser imediata.
Art. 198. Independentemente de pedido, os litisconsortes que tiverem diferentes procuradores, de escritórios de advocacia distintos, terão prazos contados em dobro para se manifestar nos autos.
Art. 199. Quando a lei não assinalar outro prazo, as intimações somente obrigarão a comparecimento depois de decorridas vinte e quatro horas.

Seção II
Da verificação dos prazos e das penalidades

Art. 200. Incumbe ao juiz verificar se o serventuário excedeu, sem motivo legítimo, os prazos que este Código estabelece.
§1º Constatada a falta, o juiz mandará instaurar procedimento administrativo, na forma da lei.
§2º Qualquer das partes, o Ministério Público ou a Defensoria Pública poderá representar ao juiz contra o serventuário que excedeu os prazos previstos em lei.
Art. 201. Os advogados públicos ou privados, o defensor público e o membro do Ministério Público devem restituir os autos no prazo do ato a ser praticado, sob pena de o juiz determinar, de ofício, o desentranhamento das petições, manifestações e documentos que apresentar.
Art. 202. É lícito a qualquer interessado cobrar os autos ao advogado que exceder ao prazo legal.
§1º Se, intimado, o advogado não devolver os autos dentro de um dia, perderá o direito à vista fora de cartório e incorrerá em multa correspondente à metade do salário mínimo.
§2º Verificada a falta, o juiz comunicará o fato à seção local da Ordem dos Advogados do Brasil para o procedimento disciplinar.
Art. 203. Aplicam-se ao Ministério Público, à Defensoria Pública e à Advocacia Pública os arts. 201 e 202; a multa, se for o caso, será aplicada ao agente público responsável pelo ato.
Parágrafo único. Apurada a falta, o juiz comunicará o fato ao órgão competente responsável pela instauração de procedimento disciplinar contra o membro que atuou no feito.
Art. 204. Qualquer das partes, o Ministério Público ou a Defensoria Pública poderá representar ao presidente do Tribunal de Justiça contra o juiz que excedeu os prazos previstos em lei.
§1º Distribuída a representação ao órgão competente, será instaurado procedimento para apuração da responsabilidade.
§2º O presidente do tribunal, conforme as circunstâncias, poderá avocar os

autos em que ocorreu excesso de prazo, remetendo-os ao substituto legal do juiz contra o qual se representou, sem prejuízo das providências administrativas.

CAPÍTULO IV
DAS COMUNICAÇÕES DOS ATOS

Seção I
Disposições gerais

Art. 205. Os atos processuais serão cumpridos por ordem judicial ou requisitados por carta, conforme tenham de realizar-se dentro ou fora dos limites territoriais da comarca ou da seção judiciária.
Parágrafo único. Admite-se a prática de atos processuais por meio de videoconferência ou outro recurso tecnológico de transmissão de sons e imagens em tempo real.
Art. 206. Será expedida carta:
I – de ordem para que juiz de grau inferior pratique ato relativo a processo em curso em tribunal;
II – rogatória, para que autoridade judiciária estrangeira pratique ato relativo a processo em curso perante órgão da jurisdição nacional;
III – precatória, para que órgão jurisdicional nacional pratique ou determine o cumprimento, na área de sua competência territorial, de ato equisitado por juiz de competência territorial diversa;
IV – arbitral, para que o órgão jurisdicional nacional pratique ou determine o cumprimento, na área de sua competência territorial, de ato solicitado por árbitro.

Seção II
Da citação

Art. 207. A citação é o ato pelo qual são convocados o réu, o executado ou o interessado para integrar a relação processual.
Art. 208. Ressalvadas as hipóteses de improcedência liminar do pedido, para a validade do processo é indispensável a citação inicial do réu ou do executado.
§1º O comparecimento espontâneo do réu ou do executado supre a falta ou a nulidade da citação, contando-se a partir de então o prazo para a contestação ou para embargos à execução.
§2º Rejeitada a alegação de nulidade, tratando-se de processo de:
I – conhecimento, o réu será considerado revel;
II – execução, o feito terá seguimento.
Art. 209. A citação válida produz litispendência e faz litigiosa a coisa e, ainda quando ordenada por juiz incompetente, interrompe a prescrição e constitui em mora o devedor, ressalvado o disposto no art. 397 do Código Civil.
§1º A litispendência e a interrupção da prescrição retroagirão à data da propositura da ação.
§2º Incumbe à parte adotar as providências necessárias para a citação do réu nos dez dias subsequentes ao despacho que a ordenar, sob pena de não se considerar interrompida a prescrição e instaurada litispendência na data da propositura.
§3º A parte não será prejudicada pela demora imputável exclusivamente ao serviço judiciário.
§4º O efeito retroativo do §1º aplica-se à decadência e aos demais prazos extintivos previstos em lei.
Art. 210. Transitada em julgado a sentença de mérito proferida em favor do réu antes da citação, cabe ao escrivão comunicá-lo do resultado do julgamento.
Art. 211. A citação do réu será feita pessoalmente, ao seu representante legal ou ao procurador legalmente autorizado.
§1º Estando o réu ausente, a citação será feita na pessoa de seu mandatário, administrador, feitor ou gerente, quando a ação se originar de atos por eles praticados.
§2º O locador que se ausentar do Brasil sem cientificar o locatário de que deixou na localidade onde estiver situado o imóvel procurador com poderes para receber citação será citado na pessoa do administrador do imóvel encarregado do recebimento dos aluguéis.
Art. 212. A citação poderá ser feita em qualquer lugar em que se encontre o réu ou o executado.
Parágrafo único. O militar em serviço ativo será citado na unidade em que estiver servindo, se não for conhecida a sua residência ou nela não for encontrado.
Art. 213. Não se fará a citação, salvo para evitar o perecimento do direito:

I – a quem estiver assistindo a ato de culto religioso;
II – ao cônjuge, companheiro ou a qualquer parente do morto, consanguíneo ou afim, em linha reta ou na linha colateral em segundo grau, no dia do falecimento e nos sete dias seguintes;
III – aos noivos, nos três primeiros dias seguintes ao casamento;
IV – aos doentes, enquanto grave o seu estado.
Art. 214. Também não se fará citação quando se verificar que o réu ou executado é mentalmente incapaz ou está impossibilitado de recebê-la.
§1º O oficial de justiça descreverá e a certificará minuciosamente a ocorrência.
§2º O juiz nomeará médico para examinar o citando, que apresentará laudo em cinco dias.
§3º Reconhecida a impossibilidade, o juiz dará ao citando um curador, observando, quanto à sua escolha, a preferência estabelecida na lei e restringindo a nomeação à causa.
§4º A citação será feita na pessoa do curador, a quem incumbirá a defesa do réu.
Art. 215. A citação será feita:
I – pelo correio;
II – por oficial de justiça;
III – pelo escrivão, se o citando comparecer em cartório;
IV – por edital;
V – por meio eletrônico, conforme regulado em lei.
Parágrafo único. Com exceção das micro e pequenas empresas, ficam obrigadas as empresas privadas ou públicas a criar endereço eletrônico destinado exclusivamente ao recebimento de citações e intimações, as quais serão efetuadas preferencialmente por esse meio.
Art. 216. A citação será feita pelo correio para qualquer comarca do país, exceto:
I – nas ações de estado;
II – quando for ré pessoa incapaz;
III – quando for ré pessoa de direito público;
IV – quando o réu residir em local não atendido pela entrega domiciliar de correspondência;
V – quando o autor, justificadamente, a requerer de outra forma.
Art. 217. Deferida a citação pelo correio, o escrivão remeterá ao citando cópias da petição inicial e do despacho do juiz e comunicará o prazo para a resposta, o endereço do juízo e o respectivo cartório.
§1º A carta será registrada para entrega ao citando, exigindo-lhe o carteiro, ao fazer a entrega, que assine o recibo. Sendo o réu pessoa jurídica, será válida a entrega a pessoa com poderes de gerência geral ou de administração, ou, ainda, a funcionário responsável pelo recebimento de correspondências.
§2º Da carta de citação no processo de conhecimento constarão os requisitos do art. 209.
Art. 218. A citação será feita por meio de oficial de justiça nos casos ressalvados neste Código ou na lei, ou quando frustrada a citação pelo correio.
Art. 219. O mandado que o oficial de justiça tiver de cumprir conterá:
I – os nomes do autor e do réu, bem como os respectivos domicílios ou residências;
II – o fim da citação, com todas as especificações constantes da petição inicial, bem como a menção do prazo para contestação, a ser apresentada sob pena de revelia;
III – a cominação, se houver;
IV – se for o caso, a intimação do réu para o comparecimento, com a presença de advogado ou defensor público, à audiência de conciliação;
V – a menção do dia, a hora e o lugar do comparecimento;
VI – a cópia da petição inicial, do despacho ou da decisão que deferir tutela de urgência ou da evidência;
VII – a assinatura do escrivão e a declaração de que o subscreve por ordem do juiz.
Art. 220. Incumbe ao oficial de justiça procurar o réu e, onde o encontrar, citá-lo:
I – lendo-lhe o mandado e entregando-lhe a contrafé;
II – portando por fé se recebeu ou recusou a contrafé;
III – obtendo a nota de ciente ou certificando que o réu não a apôs no mandado.
Art. 221. Quando, por três vezes, o oficial de justiça houver procurado o réu em seu domicílio ou residência sem o encontrar, deverá, havendo suspeita de ocultação, intimar qualquer pessoa da família ou, em

sua falta, qualquer vizinho de que, no dia imediato, voltará a fim de efetuar a citação, na hora que designar.
Art. 222. No dia e na hora designados, o oficial de justiça, independentemente de novo despacho, comparecerá ao domicílio ou à residência do citando a fim de realizar a diligência.
§1º Se o citando não estiver presente, o oficial de justiça procurará informar-se das razões da ausência, dando por feita a citação, ainda que o citando se tenha ocultado em outra comarca ou seção judiciária.
§2º Da certidão da ocorrência, o oficial de justiça deixará contrafé com pessoa da família ou com qualquer vizinho, conforme o caso, declarando-lhe o nome.
Art. 223. Feita a citação com hora certa, o escrivão enviará ao réu carta, telegrama ou correspondência eletrônica, dando-lhe de tudo ciência.
Art. 224. Nas comarcas contíguas de fácil comunicação e nas que se situem na mesma região metropolitana, o oficial de justiça poderá efetuar citações, intimações, penhoras e quaisquer outros atos executivos em qualquer delas.
Art. 225. A citação por edital será feita:
I – quando desconhecido ou incerto o réu;
II – quando ignorado, incerto ou inacessível o lugar em que se encontrar;
III – nos casos expressos em lei.
§1º Considera-se inacessível, para efeito de citação por edital, o país que recusar o cumprimento de carta rogatória.
§2º No caso de ser inacessível o lugar em que se encontrar o réu, a notícia de sua citação será divulgada também pelo rádio, se na comarca houver emissora de radiodifusão.
Art. 226. São requisitos da citação por edital:
I – a afirmação do autor ou a certidão do oficial informando a presença das circunstâncias autorizadoras;
II – a publicação do edital no sítio eletrônico do tribunal respectivo, certificada nos autos;
III – a determinação, pelo juiz, do prazo, que variará entre vinte dias e sessenta dias, correndo da data da publicação única, ou, havendo mais de uma, a contar da primeira;
IV – a advertência sobre os efeitos da revelia, se o litígio versar sobre direitos disponíveis.
Parágrafo único. O juiz, levando em consideração as peculiaridades da comarca ou da seção judiciária, poderá determinar que a publicação do edital seja feita também em jornal local de ampla circulação ou por outros meios.
Art. 227. A parte que requerer a citação por edital, alegando dolosamente os requisitos para a sua realização, incorrerá em multa de cinco vezes o salário mínimo.
Parágrafo único. A multa reverterá em benefício do citando.
Art. 228. Serão publicados editais:
I – na ação de usucapião;
II – nas ações de recuperação ou substituição de título ao portador;
III – em qualquer ação em que seja necessária, por determinação legal, a provocação, para participação no processo, de interessados incertos ou desconhecidos.
Parágrafo único. Na ação de usucapião, os confinantes serão citados pessoalmente, salvo quando versar sobre unidades autônomas de prédios em condomínio, onde é dispensada.

Seção III
Das cartas

Art. 229. São requisitos essenciais da carta de ordem, da carta precatória e da carta rogatória:
I – a indicação dos juízes de origem e de cumprimento do ato;
II – o inteiro teor da petição, do despacho judicial e do instrumento do mandato conferido ao advogado;
III – a menção do ato processual que lhe constitui o objeto;
IV – o encerramento com a assinatura do juiz.
§1º O juiz mandará trasladar na carta quaisquer outras peças, bem como instruí-la com mapa, desenho ou gráfico, sempre que esses documentos devam ser examinados, na diligência, pelas partes, pelos peritos ou pelas testemunhas.
§2º Quando o objeto da carta for exame pericial sobre documento, este será remetido em original, ficando nos autos reprodução fotográfica.

§3º As cartas de ordem, precatória e rogatória deverão, preferencialmente, ser expedidas por meio eletrônico, caso em que a assinatura do juiz deverá ser eletrônica, na forma da lei.
Art. 230. Em todas as cartas declarará o juiz o prazo dentro do qual deverão ser cumpridas, atendendo à facilidade das comunicações e à natureza da diligência.
Art. 231. A carta tem caráter itinerante; antes ou depois de lhe ser ordenado o cumprimento, poderá ser apresentada a juízo diverso do que dela consta, a fim de se praticar o ato.
Art. 232. Havendo urgência, serão transmitidas a carta de ordem e a carta precatória por qualquer meio eletrônico ou por telegrama.
Art. 233. A carta de ordem e a carta precatória por meio de correio eletrônico, por telefone ou por telegrama conterão, em resumo substancial, os requisitos mencionados no art. 219, especialmente no que se refere à aferição da autenticidade.
Art. 234. O secretário do tribunal ou o escrivão do juízo deprecante transmitirá, por telefone, a carta de ordem ou a carta precatória ao juízo em que houver de cumprir-se o ato, por intermédio do escrivão do primeiro ofício da primeira vara, se houver na comarca mais de um ofício ou de uma vara, observando-se, quanto aos requisitos, o disposto no art. 233.
§1º O escrivão, no mesmo dia ou no dia útil imediato, telefonará ou enviará mensagem eletrônica ao secretário do tribunal ou ao escrivão do juízo deprecante, lendo-lhe os termos da carta e solicitando-lhe que os confirme.
§2º Sendo confirmada, o escrivão submeterá a carta a despacho.
Art. 235. Serão praticados de ofício os atos requisitados por meio de correio eletrônico e de telegrama, devendo a parte depositar, contudo, na secretaria do tribunal ou no cartório do juízo deprecante, a importância correspondente às despesas que serão feitas no juízo em que houver de praticar-se o ato.
Art. 236. O juiz recusará cumprimento à carta precatória ou arbitral, devolvendo-a com despacho motivado:
I – quando não estiver revestida dos requisitos legais;
II – quando faltar-lhe competência em razão da matéria ou da hierarquia;
III – quando tiver dúvida acerca de sua autenticidade.
Parágrafo único. No caso de incompetência em razão da matéria ou da hierarquia, o juiz deprecado, conforme o ato a ser praticado, poderá remeter a carta ao juiz ou ao tribunal competente.
Art. 237. As cartas rogatórias ativas obedecerão, quanto à sua admissibilidade e ao modo de seu cumprimento, ao disposto em convenção internacional; à falta desta, serão remetidas a autoridade judiciária estrangeira, por via diplomática, depois de traduzidas para a língua do país em que há de praticar-se o ato.
Parágrafo único. O requerimento de carta rogatória deverá estar acompanhado da tradução dos documentos necessários para seu processamento ou de protesto por sua apresentação em prazo razoável.
Art. 238. As cartas rogatórias passivas poderão ter por objeto, entre outros:
I – citação e intimação;
II – produção de provas;
III – medidas de urgência;
IV – execução de decisões estrangeiras.
Art. 239. O presidente do Superior Tribunal de Justiça, observado o disposto no Regimento Interno, concederá exequatur às cartas rogatórias provenientes do exterior, salvo se lhes faltar autenticidade ou se a medida solicitada, quanto à sua natureza, atentar contra a ordem pública nacional.
Art. 240. Cumprida a carta, será devolvida ao juízo de origem no prazo de dez dias, independentemente de traslado, pagas as custas pela parte.

Seção IV
Das intimações

Art. 241. Intimação é o ato pelo qual se dá ciência a alguém dos atos e dos termos do processo.
§1º É facultado aos advogados promover a intimação do advogado da outra parte por meio do correio, juntando aos autos, a seguir, cópia do ofício de intimação e do aviso de recebimento
§2º O ofício de intimação deverá se instruído com cópia do despacho, da decisão ou da sentença.

Art. 242. As intimações realizam-se, sempre que possível, por meio eletrônico, na forma da lei.
Art. 243. O juiz determinará de ofício as intimações em processos pendentes, salvo disposição em contrário.
Art. 244. Consideram-se feitas as intimações pela publicação dos atos no órgão oficial.
§1º Os advogados poderão requerer que, na intimação a eles dirigida, figure apenas o nome da sociedade a que pertencem, desde que devidamente registrada na Ordem dos Advogados do Brasil.
§2º É indispensável, sob pena de nulidade, que da publicação constem os nomes das partes, de seus advogados, com o respectivo número da inscrição na Ordem dos Advogados do Brasil, ou, se assim requerido, da sociedade de advogados.
§3º O advogado que retirar os autos em carga do cartório ou da secretaria considera-se intimado de qualquer decisão contida no processo retirado, ainda que pendente de publicação.
Art. 245. Onde não houver publicação em órgão oficial, caberá ao escrivão intimar de todos os atos do processo os advogados das partes:
I – pessoalmente, se tiverem domicílio na sede do juízo;
II – por carta registrada, com aviso de recebimento, quando forem domiciliados fora do juízo.
Art. 246. Não dispondo a lei de outro modo, as intimações serão feitas às partes, aos seus representantes legais, aos advogados e aos demais sujeitos do processo pelo correio ou, se presentes em cartório, diretamente pelo escrivão.
Parágrafo único. Presumem-se válidas as comunicações e as intimações dirigidas ao endereço constante dos autos, ainda que não recebidas pessoalmente pelo interessado, se a modificação temporária ou definitiva não tiver sido devidamente comunicada, fluindo os prazos a partir da juntada aos autos do comprovante de entrega da correspondência no primitivo endereço.
Art. 247. A intimação será feita por oficial de justiça quando frustrada a realização por meio eletrônico ou pelo correio.
§1º A certidão de intimação deve conter:
I – a indicação do lugar e a descrição da pessoa intimada, mencionando, quando possível, o número de sua carteira de identidade e o órgão que a expediu;
II – a declaração de entrega da contrafé;
III – a nota de ciente ou a certidão de que o interessado não a apôs no mandado.
§2º Caso necessário, a intimação poderá ser efetuada por hora certa, na forma do art. 221 a 223.
Art. 248. Os prazos para as partes, os procuradores e o Ministério Público serão contados da intimação.
Parágrafo único. As intimações, inclusive as eletrônicas, consideram-se realizadas no primeiro dia útil seguinte, se tiverem ocorrido em dia em que não houve expediente forense.
Art. 249. Ressalvado o disposto no art. 324, começa a correr o prazo, obedecida a contagem somente nos dias úteis:
I – quando a citação ou a intimação for pelo correio, da data de juntada aos autos do aviso de recebimento;
II – quando a citação ou a intimação for por oficial de justiça, da data de juntada aos autos do mandado cumprido;
III – quando houver vários réus, da data de juntada aos autos do último aviso de recebimento ou mandado de citação cumprido;
IV – quando o ato se realizar em cumprimento de carta de ordem, precatória ou rogatória, da data de sua juntada aos autos devidamente cumprida;
V – quando a citação ou intimação for por edital, do dia seguinte ao da publicação única, ou, havendo mais de uma, a contar da primeira, e finda a dilação assinada pelo juiz;
VI – na intimação eletrônica, do dia seguinte ao da publicação.
Art. 250. O prazo para a interposição de recurso conta-se da data em que os advogados são intimados da decisão, da sentença ou do acórdão.
§1º Consideram-se intimados em audiência quando nesta é publicada a decisão ou a sentença.
§2º Havendo antecipação da audiência, o juiz, de ofício ou a requerimento da parte, mandará intimar pessoalmente os advogados para ciência da nova designação.

CAPÍTULO V
DAS NULIDADES

Art. 251. Quando a lei prescrever determinada forma sob pena de nulidade, a decretação desta não pode ser requerida pela parte que lhe deu causa.

Art. 252. Quando a lei prescrever determinada forma, o juiz considerará válido o ato se, realizado de outro modo, lhe alcançar a finalidade.

Art. 253. A nulidade dos atos deve ser alegada na primeira oportunidade em que couber à parte falar nos autos, sob pena de preclusão.

Parágrafo único. Não se aplica esta disposição às nulidades que o juiz deva decretar de ofício, nem prevalece a preclusão provando a parte legítimo impedimento.

Art. 254. É nulo o processo quando o membro do Ministério Público não for intimado a acompanhar o feito em que deva intervir.

§1º Se o processo tiver tramitado sem conhecimento do membro do Ministério Público, o juiz o anulará a partir do momento em que ele deveria ter sido intimado.

§2º A nulidade só pode ser decretada após a oitiva do Ministério Público, que se manifestará sobre a existência ou a inexistência de prejuízo.

Art. 255. As citações e as intimações serão nulas quando feitas sem observância das prescrições legais.

Art. 256. Anulado o ato, consideram-se de nenhum efeito todos os subsequentes que dele dependam; todavia, a nulidade de uma parte do ato não prejudicará as outras que dela sejam independentes.

Art. 257. Ao pronunciar a nulidade, o juiz declarará que atos são atingidos e ordenará as providências necessárias a fim de que sejam repetidos ou retificados.

§1º O ato não se repetirá nem sua falta será suprida quando não prejudicar a parte.

§2º Quando puder decidir o mérito a favor da parte a quem aproveite a declaração da nulidade, o juiz não a pronunciará nem mandará repetir o ato ou suprir-lhe a falta.

Art. 258. O erro de forma do processo acarreta unicamente a anulação dos atos que não possam ser aproveitados, devendo praticar-se os que forem necessários a fim de se observarem as prescrições legais.

Parágrafo único. Dar-se-á o aproveitamento dos atos praticados desde que não resulte prejuízo à defesa.

CAPÍTULO VI
DA DISTRIBUIÇÃO E DO REGISTRO

Art. 259. Todos os processos estão sujeitos a registro, devendo ser distribuídos onde houver mais de um juiz.

Art. 260. A distribuição, que poderá ser eletrônica, será alternada e aleatória, obedecendo-se rigorosa igualdade.

Art. 261. Serão distribuídas por dependência as causas de qualquer natureza:

I – quando se relacionarem, por conexão ou continência, com outra já ajuizada;

II – quando, tendo sido extinto o processo, sem resolução de mérito, for reiterado o pedido, ainda que em litisconsórcio com outros autores ou que sejam parcialmente alterados os réus da demanda;

III – quando houver ajuizamento de ações idênticas ao juízo prevento.

Parágrafo único. Havendo intervenção de terceiro, pedido contraposto ou pedido de declaração incidente, o juiz, de ofício, mandará proceder à respectiva anotação pelo distribuidor.

Art. 262. A petição deve vir acompanhada do instrumento de mandato, que conterá o endereço físico e eletrônico do advogado, para recebimento de intimações.

Parágrafo único. Dispensa-se a juntada de instrumento de mandato se:

I – a parte postular em causa própria;

II – no caso previsto no art. 101;

III – a parte estiver representada pela Defensoria Pública.

Art. 263. O juiz, de ofício ou a requerimento do interessado, corrigirá o erro ou a falta de distribuição, compensando-a.

Art. 264. A distribuição poderá ser fiscalizada pela parte, por seu procurador, pelo Ministério Público e pela Defensoria Pública.

Art. 265. Será cancelada a distribuição do feito se a parte, intimada na pessoa de seu advogado, não realizar o pagamento das custas e despesas de ingresso em quinze dias.

CAPÍTULO VII
DO VALOR DA CAUSA

Art. 266. A toda causa será atribuído um valor certo, ainda que não tenha conteúdo econômico imediato.
Art. 267. O valor da causa constará da petição inicial ou do pedido contraposto e será:
I – na ação de cobrança de dívida, a soma monetariamente corrigida do principal, dos juros de mora vencidos e de outras penalidades, se houver, até a data da propositura da ação;
II – havendo cumulação de pedidos, a quantia correspondente à soma dos valores de todos eles;
III – sendo alternativos os pedidos, o de maior valor;
IV – se houver também pedido subsidiário, o valor do pedido principal;
V – quando o litígio tiver por objeto a existência, a validade, o cumprimento, a modificação ou a rescisão de negócio jurídico, o valor do contrato ou o de sua parte controvertida;
VI – na ação de alimentos, a soma de doze prestações mensais pedidas pelo autor;
VII – na ação de divisão, de demarcação e de reivindicação o valor de avaliação da área ou bem objeto do pedido;
VIII – nas ações indenizatórias por dano moral, o valor pretendido;
§1º Quando se pedirem prestações vencidas e vincendas, tomar-se-á em consideração o valor de umas e outras.
§2º O valor das prestações vincendas será igual a uma prestação anual, se a obrigação for por tempo indeterminado ou por tempo superior a um ano; se, por tempo inferior, será igual à soma das prestações.
§3º O juiz corrigirá, de ofício e por arbitramento, o valor da causa quando:
I – verificar que o valor atribuído não corresponde ao conteúdo patrimonial em discussão ou ao proveito econômico perseguido pelo autor, caso em que se procederá ao recolhimento das custas correspondentes;
II – a causa não tiver conteúdo econômico imediato.
Art. 268. O réu poderá impugnar, em preliminar da contestação, o valor atribuído à causa pelo autor, sob pena de preclusão; o juiz decidirá a respeito, impondo, se for o caso, a complementação das custas.

TÍTULO IX
TUTELA DE URGÊNCIA E TUTELA DA EVIDÊNCIA

CAPÍTULO I
DISPOSIÇÕES GERAIS

Seção I
Das disposições comuns

Art. 269. A tutela de urgência e a tutela da evidência podem ser requeridas antes ou no curso do procedimento, sejam essas medidas de natureza cautelar ou satisfativa.
§1º São medidas satisfativas as que visam a antecipar ao autor, no todo ou em parte, os efeitos da tutela pretendida.
§2º São medidas cautelares as que visam a afastar riscos e assegurar o resultado útil do processo.
§3º As medidas satisfativas poderão ser requeridas na petição inicial ou no curso do processo.
§4º As medidas cautelares poderão ser requeridas antecedentemente à causa principal ou incidentalmente.
Art. 270. O juiz poderá determinar as medidas que considerar adequadas quando houver fundado receio de que uma parte, antes do julgamento da lide, cause ao direito da outra lesão grave e de difícil reparação.
Parágrafo único. A medida de urgência poderá ser substituída, de ofício ou a requerimento de qualquer das partes, pela prestação de caução ou outra garantia menos gravosa para o requerido, sempre que adequada e suficiente para evitar a lesão ou repará-la integralmente.
Art. 271. Na decisão que conceder ou negar a tutela de urgência e a tutela da evidência, o juiz indicará, de modo claro e preciso, as razões do seu convencimento.
Parágrafo único. A decisão será impugnável por agravo de instrumento.
Art. 272. A tutela de urgência e a tutela da evidência serão requeridas ao juiz da causa e, quando antecedentes, ao juízo competente para conhecer do pedido principal.

Parágrafo único. Nas ações e nos recursos pendentes no tribunal, perante este será a medida requerida.

Art. 273. A efetivação da medida observará, no que couber, o parâmetro operativo do cumprimento da sentença definitivo ou provisório, no que couber.

Art. 274. Independentemente da reparação por dano processual, o requerente responde o requerido pelo prejuízo que lhe causar a efetivação da medida, se:

I – a sentença no processo principal lhe for desfavorável;

II – obtida liminarmente a medida em caráter antecedente, não promover a citação do requerido dentro de cinco dias;

III – ocorrer a cessação da eficácia da medida em qualquer dos casos legais;

IV – o juiz acolher a alegação de decadência, ou da prescrição da pretensão do autor.

Parágrafo único. A indenização será liquidada nos autos em que a medida tiver sido concedida.

Art. 275. Tramitarão prioritariamente os processos em que tenha sido concedida tutela da evidência ou de urgência, respeitadas outras preferências legais.

Seção II
Da tutela de urgência cautelar e satisfativa

Art. 276. Para a concessão de tutela de urgência, serão exigidos elementos que evidenciem a plausibilidade do direito, bem como a demonstração de risco de dano irreparável ou de difícil reparação.

Parágrafo único. Na concessão liminar da tutela de urgência, o juiz poderá exigir caução real ou fidejussória idônea para ressarcir os danos que o requerido possa vir a sofrer, ressalvada a impossibilidade da parte economicamente hipossuficiente.

Art. 277. Em casos excepcionais ou expressamente autorizados por lei, o juiz poderá conceder medidas de urgência de ofício.

Seção III
Da tutela da evidência

Art. 278. Será dispensada a demonstração de risco de dano irreparável ou de difícil reparação quando:

I – ficar caracterizado o abuso de direito de defesa ou o manifesto propósito protelatório do requerido;

II – um ou mais dos pedidos cumulados ou parcela deles mostrar-se incontroverso, caso em que a solução será definitiva;

III – a inicial for instruída com prova documental irrefutável do direito alegado pelo autor a que o réu não oponha prova inequívoca; ou

IV – a matéria for unicamente de direito e houver jurisprudência firmada em julgamento de casos repetitivos ou súmula vinculante.

Parágrafo único. Independerá igualmente de prévia comprovação de risco de dano a ordem liminar, sob cominação de multa diária, de entrega do objeto custodiado, sempre que o autor fundar seu pedido reipersecutório em prova documental adequada do depósito legal ou convencional.

CAPÍTULO II
DO PROCEDIMENTO DAS MEDIDAS CAUTELARES

Seção I
Das medidas cautelares requeridas em caráter antecedente

Art. 279. A petição inicial da medida cautelar requerida em caráter antecedente indicará a lide, seu fundamento e a exposição sumária do direito ameaçado e do receio de lesão.

Art. 280. O requerido será citado para, no prazo de cinco dias, contestar o pedido e indicar as provas que pretende produzir.

§1º Do mandado de citação constará a advertência de que, não impugnada decisão ou medida liminar eventualmente concedida, esta continuará a produzir efeitos independentemente da formulação de um pedido principal pelo autor.

§2º Conta-se o prazo a partir da juntada aos autos do mandado:

I – de citação devidamente cumprido;

II – de intimação do requerido de haver-se efetivado a medida, quando concedida liminarmente ou após justificação prévia.

Art. 281. Não sendo contestado o pedido, os fatos alegados pelo requerente presumir-se-ão aceitos pelo requerido como

verdadeiros, caso em que o juiz decidirá dentro de cinco dias.
§1º Contestada a medida no prazo legal, o juiz designará audiência de instrução e julgamento, caso haja prova a ser nela produzida.
§2º Concedida a medida em caráter liminar e não havendo impugnação, após sua efetivação integral, o juiz extinguirá o processo, conservando a sua eficácia.
Art. 282. Impugnada a medida liminar, o pedido principal deverá ser apresentado pelo requerente no prazo de trinta dias ou em outro prazo que o juiz fixar.
§1º O pedido principal será apresentado nos mesmos autos em que tiver sido veiculado o requerimento da medida de urgência, não dependendo do pagamento de novas custas processuais quanto ao objeto da medida requerida em caráter antecedente.
§2º A parte será intimada para se manifestar sobre o pedido principal, por seu advogado ou pessoalmente, sem necessidade de nova citação.
§3º A apresentação do pedido principal será desnecessária se o réu, citado, não impugnar a liminar.
§4º Na hipótese prevista no §3º, qualquer das partes poderá propor ação com o intuito de discutir o direito que tenha sido acautelado.
Art. 283. As medidas conservam a sua eficácia na pendência do processo em que esteja veiculado o pedido principal, mas podem, a qualquer tempo, ser revogadas ou modificadas, em decisão fundamentada.
§1º Salvo decisão judicial em contrário, a medida de urgência conservará a eficácia durante o período de suspensão do processo.
§2º Nas hipóteses previstas no art. 282, §§2º e 3º, as medidas cautelares conservarão seus efeitos enquanto não revogadas por decisão de mérito proferida em ação ajuizada por qualquer das partes.
Art. 284. Cessa a eficácia da medida concedida em caráter antecedente, se:
I – tendo o requerido impugnado a medida liminar, o requerente não deduzir o pedido principal no prazo do *caput* do art. 282;
II – não for efetivada dentro de um mês;
III – o juiz julgar improcedente o pedido apresentado pelo requerente ou extinguir o processo em que esse pedido tenha sido veiculado sem resolução de mérito.
Parágrafo único. Se por qualquer motivo cessar a eficácia da medida, é vedado à parte repetir o pedido, salvo sob novo fundamento.
Art. 285. O indeferimento da medida não obsta a que a parte deduza o pedido principal, nem influi no julgamento deste, salvo se o motivo do indeferimento for a declaração de decadência ou de prescrição.

Seção II
Das medidas cautelares requeridas em caráter incidental

Art. 286. As medidas de que trata este Capítulo podem ser requeridas incidentalmente no curso da causa principal, nos próprios autos, independentemente do pagamento de novas custas.
Parágrafo único. Aplicam-se às medidas concedidas incidentalmente as disposições relativas às requeridas em caráter antecedente, no que couber.

TÍTULO X
FORMAÇÃO, SUSPENSÃO E EXTINÇÃO DO PROCESSO

CAPÍTULO I
DA FORMAÇÃO DO PROCESSO

Art. 287. Considera-se proposta a ação quando a petição inicial for protocolada. A propositura da ação, todavia, só produz quanto ao réu os efeitos mencionados no art. 209 depois que for validamente citado.

CAPÍTULO II
DA SUSPENSÃO DO PROCESSO

Art. 288. Suspende-se o processo:
I – pela morte ou pela perda da capacidade processual de qualquer das partes, de seu representante legal ou de seu procurador;
II – pela convenção das partes;
III – pela arguição de impedimento ou suspeição;
IV – pela admissão de incidente de resolução de demandas repetitivas;

V – quando a sentença de mérito:
a) depender do julgamento de outra causa ou da declaração da existência ou da inexistência da relação jurídica ou de questão de estado que constitua o objeto principal de outro processo pendente;
b) não puder ser proferida senão depois de verificado determinado fato ou de produzida certa prova, requisitada a outro juízo;
VI – por motivo de força maior;
VII – nos demais casos que este Código regula.
§1º No caso de morte ou de perda da capacidade processual de qualquer das partes ou de seu representante legal, o juiz suspenderá o processo.
§2º No caso de morte do procurador de qualquer das partes, ainda que iniciada a audiência de instrução e julgamento, o juiz marcará, a fim de que a parte constitua novo mandatário, o prazo de quinze dias. Findo o prazo o juiz extinguirá o processo sem resolução de mérito, se o autor não nomear novo mandatário, ou mandará prosseguir no processo à revelia do réu, tendo falecido o advogado deste.
§3º A suspensão do processo por convenção das partes de que trata o inciso II nunca poderá exceder a seis meses.
§4º Nos casos enumerados no inciso V, o período de suspensão nunca poderá exceder a um ano.
§5º Findos os prazos referidos nos §§3º e 4º, o juiz determinará o prosseguimento do processo.
Art. 289. Durante a suspensão é vedado praticar qualquer ato processual; poderá o juiz, todavia, salvo no caso de arguição de impedimento e suspeição, determinar a realização de atos urgentes a fim de evitar dano irreparável.
Parágrafo único. Nos casos de impedimento e suspeição, as medidas urgentes serão requeridas ao substituto legal.

CAPÍTULO III
DA EXTINÇÃO DO PROCESSO

Art. 290. A extinção do processo se dará por sentença.
Art. 291. Antes de proferir sentença sem resolução de mérito, o juiz deverá conceder à parte oportunidade para, se possível, corrigir o vício.

LIVRO II
PROCESSO DE CONHECIMENTO E CUMPRIMENTO DE SENTENÇA

TÍTULO I
DO PROCEDIMENTO COMUM

CAPÍTULO I
DAS DISPOSIÇÕES GERAIS

Art. 292. Aplica-se a todas as causas o procedimento comum, salvo disposição em contrário deste Código ou de lei.
Parágrafo único. Também se aplica o procedimento comum, aos procedimentos especiais e ao processo de execução, naquilo que não se ache diversamente regulado.

CAPÍTULO II
DA PETIÇÃO INICIAL

Seção I
Dos requisitos da petição inicial

Art. 293. A petição inicial indicará:
I – o juízo ou o tribunal a que é dirigida;
II – os nomes, os prenomes, o estado civil, a profissão, o número no cadastro de pessoas físicas ou do cadastro nacional de pessoas jurídicas, o endereço eletrônico, o domicílio e a residência do autor e do réu;
III – o fato e os fundamentos jurídicos do pedido;
IV – o pedido com as suas especificações;
V – o valor da causa;
VI – as provas com que o autor pretende demonstrar a verdade dos fatos alegados;
VII – o requerimento para a citação do réu.
Art. 294. A petição inicial será instruída com os documentos indispensáveis à propositura da ação.
Art. 295. Verificando o juiz que a petição inicial não preenche os requisitos dos arts. 293 e 294 ou que apresenta defeitos e irregularidades capazes de dificultar o julgamento de mérito, determinará que o autor, no prazo de quinze dias, a emende ou a complete, indicando com precisão o que deve ser corrigido.
Parágrafo único. Se o autor não cumprir a diligência, o juiz indeferirá a petição inicial.

Art. 296. Na petição inicial, o autor apresentará o rol de testemunhas cuja oitiva pretenda, em número não superior a cinco.

Seção II
Do pedido

Art. 297. O pedido deve ser certo e determinado, sendo lícito, porém, formular pedido genérico:
I – nas ações universais, se não puder o autor individuar na petição os bens demandados;
II – quando não for possível determinar, desde logo, as consequências do ato ou do fato ilícito;
III – quando a determinação do objeto ou do valor da condenação depender de ato que deva ser praticado pelo réu.
Parágrafo único. O disposto neste artigo aplica-se ao pedido contraposto.
Art. 298. O pedido será alternativo quando, pela natureza da obrigação, o devedor puder cumprir a prestação de mais de um modo.
Parágrafo único. Quando, pela lei ou pelo contrato, a escolha couber ao devedor, o juiz lhe assegurará o direito de cumprir a prestação de um ou de outro modo, ainda que o autor não tenha formulado pedido alternativo.
Art. 299. É lícito formular mais de um pedido em ordem sucessiva, a fim de que o juiz conheça do posterior, se não acolher o anterior.
Art. 300. Na ação que tiver por objeto cumprimento de obrigação em prestações sucessivas, estas serão consideradas incluídas no pedido, independentemente de declaração expressa do autor; se o devedor, no curso do processo, deixar de pagá-las ou de consigná-las, serão incluídas na condenação, enquanto durar a obrigação.
Art. 301. Na obrigação indivisível com pluralidade de credores, aquele que não participou do processo receberá a sua parte, deduzidas as despesas na proporção de seu crédito.
Art. 302. É lícita a cumulação, num único processo, contra o mesmo réu, de vários pedidos, ainda que entre eles não haja conexão.
§1º São requisitos de admissibilidade da cumulação:
I – que os pedidos sejam compatíveis entre si;
II – que seja competente para conhecer deles o mesmo juízo;
III – que seja adequado para todos os pedidos o tipo de procedimento.
§2º Quando, para cada pedido, corresponder tipo diverso de procedimento, será admitida a cumulação, se o autor empregar o procedimento comum e for este adequado à pretensão.
Art. 303. Os pedidos são interpretados restritivamente, compreendendo-se, entretanto, no principal, os juros legais, a correção monetária e as verbas de sucumbência.
Art. 304. O autor poderá:
I – até a citação, modificar o pedido ou a causa de pedir, independentemente do consentimento do réu;
II – até o saneamento do processo, com o consentimento do réu, aditar ou alterar o pedido e a causa de pedir, assegurado o contraditório mediante a possibilidade de manifestação deste no prazo mínimo de quinze dias, facultado o requerimento de prova suplementar.
Parágrafo único. Aplica-se o disposto neste artigo ao pedido contraposto e à respectiva causa de pedir.

Seção III
Do indeferimento da petição inicial

Art. 305. A petição inicial será indeferida quando:
I – for inepta;
II – a parte for manifestamente ilegítima;
III – o autor carecer de interesse processual;
IV – não atendidas as prescrições dos arts. 103 e 295.
Parágrafo único. Considera-se inepta a petição inicial quando:
I – lhe faltar pedido ou causa de pedir;
II – da narração dos fatos não decorrer logicamente a conclusão;
III – contiver pedidos incompatíveis entre si.
Art. 306. Indeferida a petição inicial, o autor poderá apelar, facultado ao juiz, no prazo de três dias, reformar sua sentença.
§1º Se o juiz não a reconsiderar, mandará citar o réu para responder ao recurso.

§2º Sendo a sentença reformada pelo tribunal, o prazo para a contestação começará a correr a contar da intimação do retorno dos autos.

CAPÍTULO III
DA IMPROCEDÊNCIA LIMINAR DO PEDIDO

Art. 307. O juiz julgará liminarmente improcedente o pedido que se fundamente em matéria exclusivamente de direito, independentemente da citação do réu, se este:
I – contrariar súmula do Supremo Tribunal Federal ou do Superior Tribunal de Justiça;
II – contrariar acórdão proferido pelo Supremo Tribunal Federal ou pelo Superior Tribunal de Justiça em julgamento de recursos repetitivos;
III – contrariar entendimento firmado em incidente de resolução de demandas repetitivas ou de assunção de competência.
§1º O juiz também poderá julgar liminarmente improcedente o pedido se verificar, desde logo, a ocorrência a decadência ou a prescrição.
§2º Não interposta a apelação, o réu será intimado do trânsito em julgado da sentença.
§3º Aplica-se a este artigo, no que couber, o disposto no art. 306.

CAPÍTULO IV
DA INTERVENÇÃO DE TERCEIROS

Seção I
Da assistência

Art. 308. Pendendo uma causa entre duas ou mais pessoas, o terceiro juridicamente interessado em que a sentença seja favorável a uma delas poderá intervir no processo para assisti-la.
Parágrafo único. A assistência tem lugar em qualquer dos tipos de procedimento e em todos os graus da jurisdição, recebendo o assistente o processo no estado em que se encontra.
Art. 309. Não havendo impugnação dentro de cinco dias, o pedido do assistente será deferido, salvo se for caso de rejeição liminar. Se qualquer das partes alegar, no entanto, que falta interesse jurídico ao assistente para intervir a bem do assistido, o juiz admitirá a produção de provas e decidirá o incidente, nos próprios autos e sem suspensão do processo.
Parágrafo único. Da decisão caberá agravo de instrumento.
Art. 310. O assistente atuará como auxiliar da parte principal, exercerá os mesmos poderes e sujeitar-se-á aos mesmos ônus processuais que o assistido.
Parágrafo único. Sendo revel o assistido, o assistente será considerado seu gestor de negócios.
Art. 311. A assistência não obsta a que a parte principal reconheça a procedência do pedido, desista da ação ou transija sobre direitos controvertidos, casos em que, terminando o processo, cessa a intervenção do assistente.
Art. 312. Considera-se litisconsorte da parte principal o assistente toda vez que a sentença influir na relação jurídica entre ele e o adversário do assistido.
Parágrafo único. Aplica-se ao assistente litisconsorcial, o disposto no art. 309, quanto ao pedido de intervenção, sua impugnação e o julgamento do incidente.
Art. 313. Transitada em julgado a sentença, na causa em que interveio o assistente, este não poderá, em processo posterior, discutir ajustiça da decisão, salvo se alegar e provar que:
I – pelo estado em que recebera o processo ou pelas declarações e atos do assistido, fora impedido de produzir provas susceptíveis de influir na sentença;
II – desconhecia a existência de alegações ou de provas de que o assistido, por dolo ou culpa, não se valeu.

Seção II
Da denunciação em garantia

Art. 314. É admissível a denunciação em garantia, promovida por qualquer das partes:
I – do alienante imediato, ou a qualquer dos anteriores na cadeia dominial, na ação relativa à coisa cujo domínio foi transferido à parte, a fim de que esta possa exercer o direito que da evicção lhe resulta;

II – daquele que estiver obrigado, por lei ou pelo contrato, a indenizar, em ação regressiva, o prejuízo do que perder a demanda.
Parágrafo único. Serão exercidos em ação autônoma eventuais direitos regressivos do denunciado contra antecessores na cadeia dominial ou responsáveis em indenizá-lo, ou, ainda, nos casos em que a denunciação for indeferida.
Art. 315. A citação do denunciado em garantia será requerida na petição inicial, se o denunciante for o autor, ou no prazo para contestar, se o denunciante for o réu, devendo ser realizada na forma e nos prazos do art. 320.
Art. 316. Feita a denunciação pelo autor, o denunciado poderá assumir a posição de litisconsorte do denunciante e acrescentar novos argumentos à petição inicial, procedendo-se em seguida à citação do réu.
Art. 317. Feita a denunciação pelo réu:
I – se o denunciado contestar o pedido formulado pelo autor, o processo prosseguirá tendo, na ação principal, em litisconsórcio, denunciante e denunciado;
II – se o denunciado for revel, sendo manifesta a procedência da ação de denunciação, pode o denunciante abster-se de oferecer contestação, ou abster-se de recorrer;
III – se o denunciado confessar os fatos alegados pelo autor na ação principal, o denunciante poderá prosseguir em sua defesa ou, aderindo a tal reconhecimento, pedir apenas a procedência da ação de regresso;
IV – procedente o pedido da ação principal, pode o autor, se for caso, requerer o cumprimento da sentença também contra o denunciado, nos limites da condenação deste na ação regressiva.
Art. 318. Sendo o denunciante vencido na ação principal, a sentença passará ao julgamento da denunciação em garantia; se vencedor, a ação de denunciação será declarada extinta, sem prejuízo das verbas de sucumbência.

Seção III
Do chamamento ao processo

Art. 319. É admissível o chamamento ao processo, requerido pelo réu:
I – do afiançado, na ação em que o fiador for réu;
II – dos demais fiadores, na ação proposta contra um ou alguns deles;
III – dos demais devedores solidários, quando o credor exigir de um ou de alguns o pagamento da dívida comum;
IV – daqueles que, por lei ou contrato, são também corresponsáveis perante o autor.
Art. 320. A citação daqueles que devam figurar em litisconsórcio passivo será requerida pelo réu na contestação, e deve efetivar-se no prazo de trinta dias, sob pena de ser o chamamento tornado sem efeito.
§1º Caso o chamado resida em outra comarca, ou em lugar incerto, o prazo será de sessenta dias.
§2º Ao deferir a citação, o juiz suspenderá o processo.
Art. 321. A sentença de procedência valerá como título executivo em favor do réu que satisfizer a dívida, a fim de que possa exigi-la, por inteiro, do devedor principal, ou de cada um dos co-devedores a sua cota, na proporção que lhes tocar.

Seção IV
Do amicus curiae

Art. 322. O juiz ou o relator, considerando a relevância da matéria, a especificidade do tema objeto da demanda ou a repercussão social da controvérsia, poderá, de ofício ou a requerimento das partes, solicitar ou admitir a manifestação de pessoa natural ou jurídica, órgão ou entidade especializada, com representatividade adequada, no prazo de quinze dias da sua intimação.
Parágrafo único. A intervenção de que trata o *caput* não importa alteração de competência, nem autoriza a interposição de recursos.

CAPÍTULO V
DA AUDIÊNCIA DE CONCILIAÇÃO

Art. 323. Se a petição inicial preencher os requisitos essenciais e não for o caso de improcedência liminar do pedido, o juiz designará audiência de conciliação com antecedência mínima de trinta dias.
§1º O conciliador ou mediador, onde houver, atuará necessariamente na audiência

de conciliação, observando o previsto nos artigos 144 e 145, bem como as disposições da lei de organização judiciária.

§2º Poderá haver mais de uma sessão destinada à mediação e à conciliação, não excedentes a sessenta dias da primeira, desde que necessárias à composição das partes.

§3º As pautas de audiências de conciliação, que respeitarão o intervalo mínimo de vinte minutos entre um e outro ato, serão organizadas separadamente das de instrução e julgamento e com prioridade em relação a estas.

§4º A intimação do autor para a audiência será feita na pessoa de seu advogado.

§5º A audiência não será realizada se uma das partes manifestar, com dez dias de antecedência, desinteresse na composição amigável. A parte contrária será imediatamente intimada do cancelamento do ato.

§6º O não comparecimento injustificado do autor ou do réu é considerado ato atentatório à dignidade da justiça e será sancionado com multa de até dois por cento do valor da causa ou da vantagem econômica objetivada, revertida em favor da União ou do Estado.

§7º As partes deverão se fazer acompanhar de seus advogados ou defensores públicos.

§8º A parte poderá fazer-se representar por preposto, devidamente credenciado, com poderes para transigir.

§9º Obtida a transação, será reduzida a termo e homologada por sentença.

CAPÍTULO VI
DA CONTESTAÇÃO

Art. 324. O réu poderá oferecer contestação por petição, no prazo de quinze dias contados da audiência de conciliação ou da última sessão de conciliação ou mediação.

§1º Não havendo designação de audiência de conciliação, o prazo da contestação observará o disposto no art. 249.

§2º Sendo a audiência de conciliação dispensada, o prazo para contestação será computado a partir da intimação da decisão respectiva.

Art. 325. Incumbe ao réu alegar, na contestação, toda a matéria de defesa, expondo as razões de fato e de direito com que impugna o pedido do autor e especificando as provas que pretende produzir.

Parágrafo único. Na contestação, o réu apresentará o rol de testemunhas cuja oitiva pretenda, em número não superior a cinco.

Art. 326. É lícito ao réu, na contestação, formular pedido contraposto para manifestar pretensão própria, conexa com a ação principal ou com o fundamento da defesa, hipótese em que o autor será intimado, na pessoa do seu advogado, para responder a ele no prazo de quinze dias.

§1º O pedido contraposto observará regime idêntico de despesas àquele formulado na petição inicial.

§2º A desistência da ação ou a ocorrência de causa extintiva não obsta ao prosseguimento do processo quanto ao pedido contraposto.

Art. 327. Incumbe ao réu, antes de discutir o mérito, alegar:

I – inexistência ou nulidade da citação;
II – incompetência absoluta e relativa;
III – incorreção do valor da causa;
IV – inépcia da petição inicial;
V – perempção;
VI – litispendência;
VII – coisa julgada;
VIII – conexão;
IX – incapacidade da parte, defeito de representação ou falta de autorização;
X – convenção de arbitragem;
XI – ausência de legitimidade ou de interesse processual;
XII – falta de caução ou de outra prestação que a lei exige como preliminar;
XIII – indevida concessão do benefício da gratuidade de justiça.

§1º Verifica-se a litispendência ou a coisa julgada quando se reproduz ação anteriormente ajuizada.

§2º Uma ação é idêntica à outra quando têm as mesmas partes, a mesma causa de pedir e o mesmo pedido.

§3º Há litispendência quando se repete ação que está em curso; há coisa julgada quando se repete ação que já foi decidida por sentença ou acórdão de que não caiba recurso.

§4º Excetuada a convenção arbitral e a incompetência relativa, o juiz conhecerá de ofício das matérias enumeradas neste artigo.

Art. 328. Alegando o réu, na contestação, ser parte ilegítima ou não ser o responsável pelo prejuízo invocado na inicial, o juiz facultará ao autor, em quinze dias, a emenda da inicial, para corrigir o vício. Nesse caso, o autor reembolsará as despesas e pagará honorários ao procurador do réu excluído, que serão fixados entre três e cinco por cento do valor da causa ou da vantagem econômica objetivada.
Art. 329. Incumbe também ao réu manifestar-se precisamente sobre os fatos narrados na petição inicial, presumindo-se verdadeiros os não impugnados, salvo se:
I – não for admissível, a seu respeito, a confissão;
II – a petição inicial não estiver acompanhada do instrumento público que a lei considerar da substância do ato;
III – estiverem em contradição com a defesa, considerada em seu conjunto.
Parágrafo único. O ônus da impugnação especificada dos fatos não se aplica ao defensor público, ao advogado dativo, ao curador especial e ao membro do Ministério Público.
Art. 330. Depois da contestação, só é lícito ao réu deduzir novas alegações quando:
I – relativas a direito ou fato superveniente;
II – competir ao juiz conhecer delas de ofício;
III – por expressa autorização legal, puderem ser formuladas em qualquer tempo e juízo.

CAPÍTULO VII
DA REVELIA

Art. 331. Se o réu não contestar a ação, presumir-se-ão verdadeiros os fatos afirmados pelo autor, desde que as alegações deste sejam verossímeis.
Art. 332. A revelia não produz o efeito mencionado no art. 331, se:
I – havendo pluralidade de réus, algum deles contestar a ação;
II – o litígio versar sobre direitos indisponíveis;
III – a petição inicial não estiver acompanhada do instrumento público que a lei considere indispensável à prova do ato.
Art. 333. Os prazos contra o revel que não tenha patrono nos autos correrão a partir da publicação do ato decisório no órgão oficial.
Parágrafo único. O revel poderá intervir no processo em qualquer fase, recebendo-o no estado em que se encontrar.

CAPÍTULO IX
DAS PROVIDÊNCIAS PRELIMINARES E DO SANEAMENTO

Art. 334. Findo o prazo para a contestação, o juiz tomará, conforme o caso, as providências preliminares tratadas nas seções deste Capítulo.

Seção I
Da não incidência dos efeitos da revelia

Art. 335. Se o réu não contestar a ação, o juiz, verificando que não ocorreu o efeito da revelia, mandará que o autor especifique as provas que pretenda produzir, se ainda não as tiver indicado.
Art. 336. Ao réu revel será lícita a produção de provas, contrapostas àquelas produzidas pelo autor, desde que se faça representar nos autos antes de encerrar-se a fase instrutória.

Seção II
Do fato impeditivo, modificativo ou extintivo do direito do autor

Art. 337. Se o réu, reconhecendo o fato em que se fundou a ação, outro lhe opuser impeditivo, modificativo ou extintivo do direito do autor, este será ouvido no prazo de quinze dias, permitindo-lhe o juiz a produção de prova e a apresentação de rol adicional de testemunhas.
Parágrafo único. Proceder-se-á de igual modo se o réu oferecer pedido contraposto.

Seção III
Das alegações do réu

Art. 338. Se o réu alegar qualquer das matérias enumeradas no art. 327, o juiz mandará ouvir o autor no prazo de quinze dias, permitindo-lhe a produção de prova documental.

Art. 339. Cumpridas as providências preliminares ou não havendo necessidade delas, o juiz proferirá julgamento conforme o estado do processo, observando o que dispõe o Capítulo IX.

CAPÍTULO IX
DO JULGAMENTO CONFORME O ESTADO DO PROCESSO

Seção I
Do julgamento da lide

Art. 340. Ocorrendo qualquer das hipóteses previstas nos arts. 472 e 474, incisos II a V, o juiz proferirá sentença.

Seção II
Do julgamento imediato da lide

Art. 341. O juiz conhecerá de imediato do pedido, proferindo sentença com resolução de mérito:

I – quando a questão de mérito for unicamente de direito ou, sendo de direito e de fato, não houver necessidade de produzir prova em audiência;

II – quando ocorrer a revelia e incidirem seus efeitos.

Seção III
Do saneamento do processo

Art. 342. Não ocorrendo qualquer das hipóteses deste Capítulo, o juiz, em saneamento, decidirá as questões processuais pendentes e delimitará os pontos controvertidos sobre os quais incidirá a prova, especificando os meios admitidos de sua produção e, se necessário, designará audiência de instrução e julgamento.

Parágrafo único. As pautas deverão ser preparadas com intervalo mínimo de quarenta e cinco minutos entre uma e outra audiência de instrução e julgamento.

Art. 343. Verificando a existência de irregularidades ou de nulidades sanáveis, o juiz mandará supri-las, fixando à parte prazo nunca superior a trinta dias.

CAPÍTULO X
DA AUDIÊNCIA DE INSTRUÇÃO E JULGAMENTO

Art. 344. No dia e na hora designados, o juiz declarará aberta a audiência e mandará apregoar as partes e os respectivos advogados, bem como outras pessoas que dela devam participar.

Parágrafo único. Logo após a instalação da audiência, o juiz tentará conciliar as partes, independentemente de ter ocorrido ou não tentativa anterior.

Art. 345. O juiz exerce o poder de polícia e incumbe-lhe:

I – manter a ordem e o decoro na audiência;

II – ordenar que se retirem da sala da audiência os que se comportarem inconvenientemente;

III – requisitar, quando necessário, a força policial;

IV – tratar com urbanidade as partes, os advogados públicos e privados, os membros do Ministério Público e da Defensoria Pública e qualquer pessoa que participe do processo;

V – registrar em ata, com exatidão, todos os requerimentos apresentados em audiência.

Art. 346. As provas orais serão produzidas na audiência, preferencialmente nesta ordem:

I – o perito e os assistentes técnicos responderão aos quesitos de esclarecimentos requeridos no prazo e na forma do parágrafo único do art. 463, caso não respondidos anteriormente por escrito;

II – prestarão depoimentos pessoais o autor e depois o réu;

III – serão inquiridas as testemunhas arroladas pelo autor e pelo réu.

Parágrafo único. Enquanto depuserem as partes, o perito, os assistentes técnicos e as testemunhas, os advogados e o Ministério Público não poderão intervir ou apartear, sem licença do juiz.

Art. 347. A audiência poderá ser adiada:

I – por convenção das partes, admissível uma única vez;

II -se não puder comparecer, por motivo justificado, qualquer das pessoas que dela devam participar;

III – por atraso injustificado de seu início em tempo superior a trinta minutos do horário marcado.

§1º O impedimento deverá ser comprovado até a abertura da audiência; não o fazendo, o juiz procederá à instrução.
§2º Poderá ser dispensada pelo juiz a produção das provas requeridas pela parte cujo advogado ou defensor público não tenha comparecido à audiência, aplicando-se a mesma regra ao Ministério Público.
§3º Quem der causa ao adiamento responderá pelas despesas acrescidas.
Art. 348. Finda a instrução, o juiz dará a palavra ao advogado do autor e ao do réu, bem como ao membro do Ministério Público, se for caso de sua intervenção, sucessivamente, pelo prazo de vinte minutos para cada um, prorrogável por dez minutos, a critério do juiz.
§1º Havendo litisconsorte ou terceiro interveniente, o prazo, que formará com o da prorrogação um só todo, dividir-se-á entre os do mesmo grupo, se não convencionarem de modo diverso.
§2º Quando a causa apresentar questões complexas de fato ou de direito, o debate oral poderá ser substituído por razões finais escritas, que serão apresentadas pelo autor e pelo réu, nessa ordem, em prazos sucessivos de quinze dias, assegurada vista dos autos.
Art. 349. A audiência é una e contínua, podendo ser excepcional e justificadamente cindida na ausência do perito ou de testemunha, desde que haja concordância das partes. Não sendo possível concluir, num só dia, a instrução, o debate e o julgamento, o juiz marcará o seu prosseguimento para a data mais próxima possível, em pauta preferencial.
Art. 350. Encerrado o debate ou oferecidas as razões finais, o juiz proferirá a sentença desde logo ou no prazo de vinte dias.
Art. 351. O escrivão lavrará, sob ditado do juiz, termo que conterá, em resumo, o ocorrido na audiência, bem como, por extenso, os despachos, as decisões e a sentença, se proferida no ato.
§1º Quando o termo não for registrado em meio eletrônico, o juiz rubricar-lhe-á as folhas, que serão encadernadas em volume próprio.
§2º Subscreverão o termo o juiz, os advogados, o membro do Ministério Público e o escrivão, dispensadas as partes, exceto quando houver ato de disposição para cuja prática os advogados não tenham poderes.
§3º O escrivão trasladará para os autos cópia autêntica do termo de audiência.
§4º Tratando-se de processo eletrônico, será observado o disposto na legislação específica e em normas internas dos tribunais.
§5º A audiência poderá ser integralmente gravada em imagem e em áudio, em meio digital ou analógico, desde que assegure o rápido acesso das partes e dos órgãos julgadores, observada a legislação específica.
§6º A gravação a que se refere o §5º também pode ser realizada diretamente por qualquer das partes, independente de autorização judicial.
Art. 352. A audiência será pública, ressalvadas as exceções legais.

CAPÍTULO XI
DAS PROVAS

Seção I
Das Disposições Gerais

Art. 353. As partes têm direito de empregar todos os meios legais, bem como os moralmente legítimos, ainda que não especificados neste Código, para provar fatos em que se funda a ação ou a defesa e influir eficazmente na livre convicção do juiz.
Art. 354. Caberá ao juiz, de ofício ou a requerimento da parte, determinar as provas necessárias ao julgamento da lide.
Parágrafo único. O juiz indeferirá, em decisão fundamentada, as diligências inúteis ou meramente protelatórias.
Art. 355. O juiz apreciará livremente a prova, independentemente do sujeito que a tiver promovido, e indicará na sentença as que lhe formaram o convencimento.
Art. 356. O juiz poderá admitir a utilização de prova produzida em outro processo, atribuindo-lhe o valor que considerar adequado, observado o contraditório.
Art. 357. O ônus da prova, ressalvados os poderes do juiz, incumbe:
I – ao autor, quanto ao fato constitutivo do seu direito;
II – ao réu, quanto à existência de fato impeditivo, modificativo
ou extintivo do direito do autor.

Art. 358. Considerando as circunstâncias da causa e as peculiaridades do fato a ser provado, o juiz poderá, em decisão fundamentada, observado o contraditório, distribuir de modo diverso o ônus da prova, impondo-o à parte que estiver em melhores condições de produzi-la.

§1º Sempre que o juiz distribuir o ônus da prova de modo diverso do disposto no art. 357, deverá dar à parte oportunidade para o desempenho adequado do ônus que lhe foi atribuído.

§2º A inversão do ônus da prova, determinada expressamente por decisão judicial, não implica alteração das regras referentes aos encargos da respectiva produção.

Art. 359. É nula a convenção relativa ao ônus da prova quando:

I – recair sobre direito indisponível da parte;

II – tornar excessivamente difícil a uma parte o exercício do direito.

Parágrafo único. O juiz não poderá inverter o ônus da prova nas hipóteses deste artigo.

Art. 360. Não dependem de prova os fatos:

I – notórios;

II – afirmados por uma parte e confessados pela parte contrária;

III – admitidos no processo como incontroversos;

IV – em cujo favor milita presunção legal de existência ou de veracidade.

Art. 361. Em falta de normas jurídicas particulares, o juiz aplicará as regras de experiência comum subministradas pela observação do que ordinariamente acontece e, ainda, as regras da experiência técnica, ressalvado, quanto a esta, o exame pericial.

Art. 362. A parte que alegar direito municipal, estadual, estrangeiro ou consuetudinário lhe provará o teor e a vigência, se assim o juiz determinar.

Art. 363. A carta precatória e a carta rogatória suspenderão o julgamento da causa no caso previsto no art. 288, inciso V, alínea b, quando, tendo sido requeridas antes da decisão de saneamento, a prova nelas solicitada apresentar-se imprescindível.

Parágrafo único. A carta precatória e a carta rogatória não devolvidas dentro do prazo ou concedidas sem efeito suspensivo poderão ser juntadas aos autos até o julgamento final.

Art. 364. Ninguém se exime do dever de colaborar com o Poder Judiciário para o descobrimento da verdade.

Art. 365. Além dos deveres previstos neste Código, compete à parte:

I – comparecer em juízo, respondendo ao que lhe for interrogado;

II – colaborar com o juízo na realização de inspeção judicial que for considerada necessária;

III – praticar o ato que lhe for determinado.

Art. 366. Incumbe ao terceiro, em relação a qualquer pleito:

I – informar ao juiz os fatos e as circunstâncias de que tenha conhecimento;

II – exibir coisa ou documento que esteja em seu poder.

Parágrafo único. Poderá o juiz, em caso de descumprimento, determinar, além da imposição de multa, outras medidas indutivas, coercitivas, mandamentais ou sub-rogatórias.

Seção II
Da Produção Antecipada de Provas

Art. 367. A produção antecipada da prova, que poderá consistir em interrogatório da parte, inquirição de testemunhas e exame pericial, será admitida nos casos em que:

I – haja fundado receio de que venha a tornar-se impossível ou muito difícil a verificação de certos fatos na pendência da ação;

II – a prova a ser produzida seja suscetível de viabilizar a tentativa de conciliação;

III – o prévio conhecimento dos fatos possa justificar ou evitar o ajuizamento de ação.

Parágrafo único. O arrolamento de bens, quando tiver por finalidade apenas a realização de documentação e não a prática de atos de apreensão, observará o disposto neste Capítulo.

Art. 368. O requerente justificará sumariamente a necessidade da antecipação e mencionará com precisão os fatos sobre os quais há de recair a prova.

§1º O juiz determinará, de ofício ou a requerimento da parte, a citação de interessados na produção da prova ou no fato a ser provado, salvo se inexistente caráter contencioso.

§2º O juiz não se pronunciará acerca da ocorrência ou da inocorrência do fato, bem como sobre as respectivas consequências jurídicas.
§3º Os interessados poderão requerer a produção de qualquer prova no mesmo procedimento, desde que relacionadas ao mesmo fato, salvo se a sua produção acarretar excessiva demora.
§4º Neste procedimento, não se admitirá defesa ou recurso, salvo contra a decisão que indeferir, total ou parcialmente, a produção da prova pleiteada pelo requerente originário.
Art. 369. Os autos permanecerão em cartório durante um mês, para extração de cópias e certidões pelos interessados.
Parágrafo único. Findo o prazo, os autos serão entregues ao promovente da medida.

Seção III
Da ata notarial

Art. 370. A existência e o modo de existir de algum fato que seja considerado controvertido e apresente relevância para a situação jurídica de alguém, pode ser atestada, a requerimento do interessado, mediante ata lavrada por tabelião.

Seção IV
Do depoimento pessoal

Art. 371. Cabe à parte requerer o depoimento pessoal da outra, a fim de ser interrogada na audiência de instrução e julgamento, sem prejuízo do poder do juiz de ordená-lo de ofício.
§1º Se a parte, pessoalmente intimada e advertida da pena de confesso, não comparecer ou, comparecendo, se recusar a depor, o juiz aplicar-lhe-á a pena.
§2º É vedado a quem ainda não depôs assistir ao interrogatório da outra parte.
§3º O depoimento pessoal da parte que residir em comarca ou seção judiciária diversa daquela onde tramita o processo poderá ser colhido por meio de videoconferência ou outro recurso tecnológico de transmissão de sons e imagens em tempo real, o que poderá ocorrer, inclusive, durante a realização da audiência de instrução e julgamento.
§4º Os juízos deverão manter equipamento para a transmissão e recepção dos sons e imagens a que se refere o §3º
Art. 372. Quando a parte, sem motivo justificado, deixar de responder ao que lhe for perguntado ou empregar evasivas, o juiz, apreciando as demais circunstâncias e os elementos de prova, declarará, na sentença, se houve recusa de depor.
Art. 373. A parte responderá pessoalmente sobre os fatos articulados, não podendo servir-se de escritos anteriormente preparados; o juiz lhe permitirá, todavia, a consulta a notas breves, desde que objetivem completar esclarecimentos.
Art. 374. A parte não é obrigada a depor sobre fatos:
I – criminosos ou torpes que lhe forem imputados;
II – a cujo respeito, por estado ou profissão, deva guardar sigilo;
III – a que não possa responder sem desonra própria, de seu cônjuge, de seu companheiro ou de parente em grau sucessível;
IV – que a exponham ou as pessoas referidas no inciso III a perigo de vida ou a dano patrimonial imediato.
Parágrafo único. Esta disposição não se aplica às ações de estado e de família.

Seção V
Da confissão

Art. 375. Há confissão, judicial ou extrajudicial, quando a parte admite a verdade de um fato, contrário ao seu interesse e favorável ao adversário.
Art. 376. A confissão judicial pode ser espontânea ou provocada. Da confissão espontânea, se requerida pela parte, será lavrado o respectivo termo nos autos; a confissão provocada constará do depoimento pessoal.
Parágrafo único. A confissão espontânea pode ser feita pela própria parte ou por mandatário com poderes especiais.
Art. 377. A confissão judicial faz prova contra o confitente, não prejudicando, todavia, os litisconsortes.
Parágrafo único. Nas ações que versarem sobre bens imóveis ou direitos sobre imóveis alheios, a confissão de um cônjuge ou

companheiro não valerá sem a do outro, salvo se o regime de casamento for de separação absoluta de bens.
Art. 378. Não vale como confissão a admissão, em juízo, de fatos relativos a direitos indisponíveis.
§1º A confissão será ineficaz se feita por quem não for capaz de dispor do direito a que se referem os fatos confessados.
§2º Prestada a confissão por um representante, somente é eficaz nos limites em que este pode vincular o representado.
Art. 379. A confissão é irrevogável, salvo quando emanar de erro ou coação, hipótese em que pode ser tornada sem efeito por ação anulatória.
Parágrafo único. Cabe ao confitente o direito de propor a ação nos casos de que trata este artigo, a qual, uma vez iniciada, passa aos seus herdeiros.
Art. 380. A confissão extrajudicial feita por escrito à parte ou a quem a represente tem a mesma eficácia probatória da judicial; feita a terceiro ou contida em testamento, será livremente apreciada pelo juiz.
Parágrafo único. A confissão extrajudicial, quando feita oralmente, só terá eficácia nos casos em que a lei não exija prova literal.
Art. 381. A confissão é, de regra, indivisível, não podendo a parte que a quiser invocar como prova aceitá-la no tópico que a beneficiar e rejeitá-la no que lhe for desfavorável. Cindir-se-á, todavia, quando o confitente lhe aduzir fatos novos, capazes de constituir fundamento de defesa de direito.

Seção VI
Da exibição de documento ou coisa

Art. 382. O juiz pode ordenar que a parte exiba:
I – a coisa móvel em poder de outrem e que o requerente repute sua ou tenha interesse em conhecer;
II – a documento próprio ou comum, em poder de cointeressado, sócio, condômino, credor ou devedor ou em poder de terceiro que o tenha em sua guarda como inventariante, testamenteiro, depositário ou administrador de bens alheios;
III – a escrituração comercial por inteiro, balanços e documentos de arquivo, nos casos expressos em lei.
Art. 383. O pedido formulado pela parte conterá:
I – a individuação, tão completa quanto possível, do documento ou da coisa;
II – a finalidade da prova, indicando os fatos que se relacionam com o documento ou a coisa;
III – as circunstâncias em que se funda o requerente para afirmar que o documento ou a coisa existe e se acha em poder da parte contrária.
Art. 384. O requerido dará a sua resposta nos cinco dias subsequentes à sua intimação. Se afirmar que não possui o documento ou a coisa, o juiz permitirá que o requerente prove, por qualquer meio, que a declaração não corresponde à verdade.
Art. 385. O juiz não admitirá a recusa se:
I – o requerido tiver obrigação legal de exibir;
II – o requerido aludiu ao documento ou à coisa, no processo, com o intuito de constituir prova;
III – o documento, por seu conteúdo, for comum às partes.
Art. 386. Ao decidir o pedido na sentença, o juiz admitirá como verdadeiros os fatos que, por meio do documento ou da coisa, a parte pretendia provar se:
I – o requerido não efetuar a exibição, nem fizer qualquer declaração no prazo do art. 389;
II – a recusa for havida por ilegítima.
Parágrafo único. Sendo necessário, pode o juiz adotar medidas coercitivas, inclusive de natureza pecuniária, para que o documento seja exibido.
Art. 387. Quando o documento ou a coisa estiver em poder de terceiro, o juiz mandará citá-lo para responder no prazo de quinze dias.
Art. 388. Se o terceiro negar a obrigação de exibir ou a posse do documento ou da coisa, o juiz designará audiência especial, tomando-lhe o depoimento, bem como o das partes e, se necessário, de testemunhas; em seguida proferirá a decisão.
Art. 389. Se o terceiro, sem justo motivo, se recusar a efetuar a exibição, o juiz ordenar-lhe-á que proceda ao respectivo depósito em cartório ou em outro lugar designado, no prazo de cinco dias, impondo ao requerente que o embolse das despesas que

tiver; se o terceiro descumprir a ordem, o juiz expedirá mandado de apreensão, requisitando, se necessário, força policial, tudo sem prejuízo da responsabilidade por crime de desobediência, pagamento de multa e outras medidas mandamentais, sub-rogatórias, indutivas e coercitivas.
Parágrafo único. Das decisões proferidas com fundamento no art. 388 e no *caput* deste artigo caberá agravo de instrumento.
Art. 390. A parte e o terceiro se escusam de exibir, em juízo, o documento ou a coisa, se:
I – concernente a negócios da própria vida da família;
II – a sua apresentação puder violar dever de honra;
III – a publicidade do documento redundar em desonra à parte ou ao terceiro, bem como a seus parentes consanguíneos ou afins até o terceiro grau ou lhes representar perigo de ação penal;
IV – a exibição acarretar a divulgação de fatos a cujo respeito, por estado ou profissão, devam guardar segredo;
V – subsistirem outros motivos graves que, segundo o prudente arbítrio do juiz, justifiquem a recusa da exibição.
Parágrafo único. Se os motivos de que tratam os incisos I a V do *caput* disserem respeito só a um item do documento, a parte ou terceiro exibirá a outra em cartório, para dela ser extraída cópia reprográfica, de tudo sendo lavrado auto circunstanciado.

Seção VII
Da prova documental

Subseção I
Da força probante dos documentos

Art. 391. O documento público faz prova não só da sua formação, mas também dos fatos que o escrivão, o tabelião ou o servidor declarar que ocorreram em sua presença.
Art. 392. Fazem a mesma prova que os originais:
I – as certidões textuais de qualquer peça dos autos, do protocolo das audiências ou de outro livro a cargo do escrivão, sendo extraídas por ele ou sob sua vigilância e por ele subscritas;
II – os traslados e as certidões extraídas por oficial público de instrumentos ou documentos lançados em suas notas;
III – as reproduções dos documentos públicos, desde que autenticadas por oficial público ou conferidas em cartório, com os respectivos originais;
IV – as cópias reprográficas de peças do próprio processo judicial declaradas autênticas pelo advogado, sob sua responsabilidade pessoal, se não lhes for impugnada a autenticidade;
V – os extratos digitais de bancos de dados públicos e privados, desde que atestado pelo seu emitente, sob as penas da lei, que as informações conferem com o que consta na origem;
VI – as reproduções digitalizadas de qualquer documento público ou particular quando juntadas aos autos pelos órgãos da justiça e seus auxiliares, pelo Ministério Público e seus auxiliares, pela Defensoria Pública e seus auxiliares, pelas procuradorias, pelas repartições públicas em geral e por advogados, ressalvada a alegação motivada e fundamentada de adulteração antes ou durante o processo de digitalização.
§1º Os originais dos documentos digitalizados mencionados no inciso VI deverão ser preservados pelo seu detentor até o final do prazo para ajuizamento de ação rescisória.
§2º Tratando-se de cópia digital de título executivo extrajudicial ou de outro documento relevante à instrução do processo, o juiz poderá determinar o seu depósito em cartório ou secretaria.
Art. 393. Quando a lei exigir como da substância do ato o instrumento público, nenhuma outra prova, por mais especial que seja, pode suprir-lhe a falta.
Art. 394. O documento feito por oficial público incompetente ou sem a observância das formalidades legais, sendo subscrito pelas partes, tem a mesma eficácia probatória do documento particular.
Art. 395. As declarações constantes do documento particular escrito e assinado ou somente assinado presumem-se verdadeiras em relação ao signatário.
Parágrafo único. Quando, todavia, o documento a que se refere o *caput* contiver

declaração de ciência de determinado fato, o documento particular prova a ciência, mas não o fato em si, incumbindo o ônus de prová-lo ao interessado em sua veracidade.

Art. 396. Considera-se autêntico o documento quando o tabelião reconhecer a firma do signatário, declarando que foi aposta em sua presença.

Art. 397. A data do documento particular, quando a seu respeito surgir dúvida ou impugnação entre os litigantes, provar-se-á por todos os meios de direito. Em relação a terceiros, considerar-se-á datado o documento particular:

I – no dia em que foi registrado;

II – desde a morte de algum dos signatários;

III – a partir da impossibilidade física que sobreveio a qualquer dos signatários;

IV – da sua apresentação em repartição pública ou em juízo;

V – do ato ou do fato que estabeleça, de modo certo, a anterioridade da formação do documento.

Art. 398. Considera-se autor do documento particular:

I – aquele que o fez e o assinou;

II – aquele por conta de quem foi feito, estando assinado;

III – aquele que, mandando compô-lo, não o firmou, porque, conforme a experiência comum, não se costuma assinar, como livros empresariais e assentos domésticos.

Art. 399. Incumbe à parte contra quem foi produzido documento particular alegar, no prazo de cinco dias, se admite ou não a autenticidade da assinatura e a veracidade do contexto, presumindo-se, com o silêncio, que o tem por verdadeiro.

Art. 400. O documento particular de cuja autenticidade não se duvida prova que o seu autor fez a declaração que lhe é atribuída.

Parágrafo único. O documento particular admitido expressa ou tacitamente é indivisível, sendo vedado à parte que pretende utilizar-se dele aceitar os fatos que lhe são favoráveis e recusar os que são contrários ao seu interesse, salvo se provar que estes não ocorreram.

Art. 401. O telegrama, o radiograma ou qualquer outro meio de transmissão tem a mesma força probatória do documento particular, se o original constante da estação expedidora foi assinado pelo remetente.

Parágrafo único. A firma do remetente poderá ser reconhecida pelo tabelião, declarando-se essa circunstância no original depositado na estação expedidora.

Art. 402. O telegrama ou o radiograma presume-se conforme com o original, provando a data de sua expedição e do recebimento pelo destinatário.

Art. 403. As cartas e os registros domésticos provam contra quem os escreveu quando:

I – enunciam o recebimento de um crédito;

II – contêm anotação que visa a suprir a falta de título em favor de quem é apontado como credor;

III – expressam conhecimento de fatos para os quais não se exija determinada prova.

Art. 404. A nota escrita pelo credor em qualquer parte de documento representativo de obrigação, ainda que não assinada, faz prova em benefício do devedor.

Parágrafo único. Aplica-se essa regra tanto para o documento que o credor conservar em seu poder como para aquele que se achar em poder do devedor ou de terceiro.

Art. 405. Os livros empresariais comerciais provam contra o seu autor. É lícito ao empresário, todavia, demonstrar, por todos os meios permitidos em direito, que os lançamentos não correspondem à verdade dos fatos.

Art. 406. Os livros empresariais que preencham os requisitos exigidos por lei provam também a favor do seu autor no litígio entre empresários.

Art. 407. A escrituração contábil é indivisível; se, dos fatos que resultam dos lançamentos, uns são favoráveis ao interesse de seu autor e outros lhe são contrários, ambos serão considerados em conjunto como unidade.

Art. 408. O juiz pode ordenar, a requerimento da parte, a exibição integral dos livros empresariais e dos documentos do arquivo:

I – na liquidação de sociedade;

II – na sucessão por morte de sócio;

III – quando e como determinar a lei.

Art. 409. O juiz pode, de ofício, ordenar à parte a exibição parcial dos livros e dos documentos, extraindo-se deles a suma que interessar ao litígio, bem como reproduções autenticadas.
Art. 410. Qualquer reprodução mecânica, como a fotográfica, a cinematográfica, a fonográfica ou de outra espécie, faz prova dos fatos ou das coisas representadas, se aquele contra quem foi produzida lhe admitir a conformidade.
Parágrafo único. Impugnada a autenticidade da reprodução mecânica, o juiz ordenará a realização de exame pericial.
Art. 411. As reproduções fotográficas ou obtidas por outros processos de repetição, dos documentos particulares, valem como certidões, sempre que o escrivão certificar a sua conformidade com o original.
Art. 412. A cópia de documento particular tem o mesmo valor probante que o original, cabendo ao escrivão, intimadas as partes, proceder à conferência e certificar a conformidade entre a cópia e o original.
§1º Quando se tratar de fotografia obtida por meio convencional, será acompanhada do respectivo negativo, caso impugnada a veracidade pela outra parte.
§2º Se a prova for uma fotografia publicada em jornal ou revista, será exigido um exemplar original do periódico.
§3º A fotografia digital e as extraídas da rede mundial de computadores, se impugnada sua autenticidade, só terão força probatória quando apoiadas por prova testemunhal ou pericial.
§4º Aplica-se o disposto no artigo e em seus parágrafos à forma impressa de mensagem eletrônica.
Art. 413. O juiz apreciará livremente a fé que deva merecer o documento, quando em ponto substancial e sem ressalva contiver entrelinha, emenda, borrão ou cancelamento.
Art. 414. Cessa a fé do documento público ou particular sendo-lhe declarada judicialmente a falsidade.
Parágrafo único. A falsidade consiste:
I – em formar documento não verdadeiro;
II – em alterar documento verdadeiro.
Art. 415. Cessa a fé do documento particular quando:
I – lhe for contestada a assinatura e enquanto não se lhe comprovar a veracidade;
II – assinado em branco, for abusivamente preenchido. Parágrafo único. Dar-se-á abuso quando aquele que recebeu documento assinado com texto não escrito no todo ou em parte o formar ou o completar por si ou por meio de outrem, violando o pacto feito com o signatário.
Art. 416. Incumbe o ônus da prova quando:
I – se tratar de falsidade de documento, à parte que a arguir;
II – se tratar de contestação de assinatura, à parte que produziu o documento.

Subseção II
Da arguição de falsidade

Art. 417. A falsidade deve ser suscitada na contestação ou no prazo de dez dias contados a partir da intimação da juntada aos autos do documento.
Art. 418. A parte arguirá a falsidade expondo os motivos em que funda a sua pretensão e os meios com que provará o alegado.
Art. 419. Depois de ouvida, em dez dias, a outra parte, será realizada a prova pericial.
Parágrafo único. Não se procederá ao exame pericial, se a parte que produziu o documento concordar em retirá-lo.
Art. 420. A declaração sobre a falsidade do documento constará da parte dispositiva da sentença, de que, necessariamente, dependerá a decisão da lide, sobre a qual pesará também autoridade de coisa julgada.

Subseção III
Da produção da prova documental

Art. 421. Incumbe à parte instruir a petição inicial ou a contestação com os documentos destinados a provar-lhe as alegações.
Art. 422. É lícito às partes, em qualquer tempo, juntar aos autos documentos novos, quando destinados a fazer prova de fatos ocorridos depois dos articulados ou para contrapô-los aos que foram produzidos nos autos.
Art. 423. Sempre que uma das partes requerer a juntada de documento aos

autos, o juiz ouvirá, a seu respeito, a outra parte, no prazo de cinco dias.

Art. 424. O juiz requisitará às repartições públicas em qualquer tempo ou grau de jurisdição:

I – as certidões necessárias à prova das alegações das partes;

II – os procedimentos administrativos nas causas em que forem
interessados a União, os Estados, o Distrito Federal, os Municípios ou as respectivas entidades da administração indireta.

§1º Recebidos os autos, o juiz mandará extrair, no prazo máximo e improrrogável de um mês, certidões ou reproduções fotográficas das peças indicadas pelas partes ou de ofício; findo o prazo, devolverá os autos à repartição de origem.

§2º As repartições públicas poderão fornecer todos os documentos em meio eletrônico, conforme disposto em lei, certificando, pelo mesmo meio, que se trata de extrato fiel do que consta em seu banco de dados ou do documento digitalizado.

Seção VIII
Dos documentos eletrônicos

Art. 425. A utilização de documentos eletrônicos no processo convencional dependerá de sua conversão à forma impressa e de verificação de sua autenticidade, na forma da lei.

Art. 426. O juiz apreciará o valor probante do documento eletrônico não convertido, assegurado às partes o acesso ao seu teor.

Art. 427. Serão admitidos documentos eletrônicos produzidos e conservados com a observância da legislação específica.

Seção IX
Da prova testemunhal

Subseção I
Da admissibilidade e do valor da prova testemunhal

Art. 428. A prova testemunhal é sempre admissível, não dispondo a lei de modo diverso. O juiz indeferirá a inquirição de testemunhas sobre fatos:

I – já provados por documento ou confissão da parte;

II – que só por documento ou por exame pericial puderem ser provados.

Art. 429. A prova exclusivamente testemunhal só se admite nos contratos cujo valor não exceda ao décuplo do salário mínimo, ao tempo em que foram celebrados.

Art. 430. Qualquer que seja o valor do contrato, é admissível a prova testemunhal, quando:

I – houver começo de prova por escrito, emanado da parte contra a qual se pretende produzir a prova;

II – o credor não pode ou não podia, moral ou materialmente, obter a prova escrita da obrigação, em casos como o de parentesco, depósito necessário ou hospedagem em hotel.

Art. 431. As normas estabelecidas nos arts. 429 e 430 aplicam-se ao pagamento e à remissão da dívida.

Art. 432. É lícito à parte provar com testemunhas:

I – nos contratos simulados, a divergência entre a vontade real e a vontade declarada;

II – nos contratos em geral, os vícios de consentimento.

Art. 433. Podem depor como testemunhas todas as pessoas, exceto as incapazes, impedidas ou suspeitas.

§1º São incapazes:

I – o interdito por enfermidade ou deficiência mental;

II – o que, acometido por enfermidade ou debilidade mental, ao tempo em que ocorreram os fatos, não podia discerni-los; ou, ao tempo em que deve depor, não está habilitado a transmitir as percepções;

III – o menor de quatorze anos;

IV – o cego e o surdo, quando a ciência do fato depender dos sentidos que lhes faltam.

§2º São impedidos:

I – o cônjuge, o companheiro, bem como o ascendente e o descendente em qualquer grau, ou o colateral, até o terceiro grau, de alguma das partes, por consanguinidade ou afinidade, salvo se o exigir o interesse público ou, tratando-se de causa relativa ao estado da pessoa, não se puder obter de outro modo a prova que o juiz repute necessária ao julgamento do mérito;

II – o que é parte na causa;

III – o que intervém em nome de uma parte, como o tutor na causa do menor, o representante legal da pessoa jurídica, o juiz, o advogado e outros que assistam ou tenham assistido as partes.
§3º São suspeitos:
I – o condenado por crime de falso testemunho, havendo transitado em julgado a sentença;
II – o que, por seus costumes, não for digno de fé;
III – o inimigo da parte ou o seu amigo íntimo;
IV – o que tiver interesse no litígio.
§4º Sendo estritamente necessário, o juiz ouvirá testemunhas menores, impedidas ou suspeitas; mas os seus depoimentos serão prestados independentemente de compromisso e o juiz lhes atribuirá o valor que possam merecer.
Art. 434. A testemunha não é obrigada a depor sobre fatos:
I – que lhe acarretem grave dano, bem como ao seu cônjuge ou companheiro e aos seus parentes consanguíneos ou afins, em linha reta ou na colateral, em segundo grau;
II – a cujo respeito, por estado ou profissão, deva guardar sigilo.
Art. 435. Salvo disposição especial em contrário, as provas devem ser produzidas em audiência.
Parágrafo único. Quando a parte ou a testemunha, por enfermidade ou por outro motivo relevante, estiver impossibilitada de comparecer à audiência, mas não de prestar depoimento, o juiz designará, conforme as circunstâncias, dia, hora e lugar para inquiri-la.

Subseção II
Da produção da prova testemunhal

Art. 436. O rol de testemunhas conterá, sempre que possível, o nome, a profissão, o estado civil, a idade, o número do cadastro de pessoa física e do registro de identidade e o endereço completo da residência e do local de trabalho.
Art. 437. Depois de apresentado o rol de que trata o art. 296, a parte só pode substituir a testemunha:
I – que falecer;
II – que, por enfermidade, não estiver em condições de depor;
III – que, tendo mudado de residência ou de local de trabalho, não for encontrada.
Art. 438. Quando for arrolado como testemunha, o juiz da causa:
I – declarar-se-á impedido, se tiver conhecimento de fatos que possam influir na decisão; caso em que será vedado à parte que o incluiu no rol desistir de seu depoimento;
II – se nada souber, mandará excluir o seu nome.
Art. 439. As testemunhas depõem, na audiência de instrução, perante o juiz da causa, exceto:
I – as que prestam depoimento antecipadamente;
II – as que são inquiridas por carta;
III – as que, por doença ou outro motivo relevante, estão impossibilitadas de comparecer em juízo;
IV – as designadas no art. 440.
§1º A oitiva de testemunha que residir em comarca ou seção
judiciária diversa daquela onde tramita o processo poderá ser realizada por meio de videoconferência ou outro recurso tecnológico de transmissão de sons e imagens em tempo real, o que poderá ocorrer, inclusive, durante a realização da audiência de instrução e julgamento.
§2º Os juízos deverão manter equipamento para a transmissão e recepção dos sons e imagens a que se refere o §1º
Art. 440. São inquiridos em sua residência ou onde exercem a sua função:
I – o presidente e o vice-presidente da República;
II – os ministros de Estado;
III – os ministros do Supremo Tribunal Federal, os conselheiros do Conselho Nacional de Justiça, os ministros do Superior Tribunal de Justiça, do Superior Tribunal Militar, do Tribunal Superior Eleitoral, do Tribunal Superior do Trabalho e do Tribunal de Contas da União;
IV – o procurador-geral da República e os conselheiros do Conselho Nacional do Ministério Público;
V – os senadores e os deputados federais;
VI – os governadores dos Estados, dos Territórios e do Distrito Federal;

VII – os deputados estaduais e distritais;
VIII – os desembargadores dos Tribunais de Justiça, os juízes dos Tribunais Regionais Federais, dos Tribunais Regionais do Trabalho e dos Tribunais Regionais Eleitorais e os conselheiros dos Tribunais de Contas dos Estados e do Distrito Federal;
IX – o embaixador de país que, por lei ou tratado, concede idêntica prerrogativa ao agente diplomático do Brasil.
Parágrafo único. O juiz solicitará à autoridade que designe dia, hora e local a fim de ser inquirida, remetendo-lhe cópia da petição inicial ou da defesa oferecida pela parte que a arrolou como testemunha; passado um mês sem manifestação da autoridade, o juiz designará dia, hora e local para o depoimento, preferencialmente na sede do juízo.
Art. 441. Cabe ao advogado da parte informar ou intimar a testemunha que arrolou do local, do dia e do horário da audiência designada, dispensando-se a intimação do juízo.
§1º A intimação deverá ser realizada por carta com aviso de recebimento, cumprindo ao advogado juntar aos autos, com antecedência de pelo menos três dias da data da audiência, cópia do ofício de intimação e do comprovante de recebimento.
§2º A parte pode comprometer-se a levar à audiência a testemunha, independentemente da intimação de que trata o §1º; presumindo-se, caso não compareça, que desistiu de ouvi-la.
§3º A inércia na realização da intimação a que se refere o §1º importa na desistência da oitiva da testemunha.
§4º Somente se fará à intimação pela via judicial quando: I – essa necessidade for devidamente demonstrada pela parte ao juiz;
II – quando figurar no rol de testemunhas servidor público ou militar, hipótese em que o juiz o requisitará ao chefe da repartição ou ao comando do corpo em que servir;
III – a parte estiver representada pela Defensoria Pública.
§5º A testemunha que, intimada na forma do §1º ou do §4º, deixar de comparecer sem motivo justificado, será conduzida e responderá pelas despesas do adiamento.
Art. 442. O juiz inquirirá as testemunhas separada e sucessivamente, primeiro as do autor e depois as do réu, e providenciará para que uma não ouça o depoimento das outras.
Parágrafo único. O juiz poderá alterar a ordem estabelecida no *caput* se as partes concordarem.
Art. 443. Antes de depor, a testemunha será qualificada e declarará ou confirmará os seus dados apresentados na inicial ou na contestação e se tem relações de parentesco com a parte ou interesse no objeto do processo.
§1º É lícito à parte contraditar a testemunha, arguindo-lhe a incapacidade, o impedimento ou a suspeição. Se a testemunha negar os fatos que lhe são imputados, a parte poderá provar a contradita com documentos ou com testemunhas, até três, apresentadas no ato e inquiridas em separado. Sendo provados ou confessados os fatos, o juiz dispensará a testemunha ou lhe tomará o depoimento como informante.
§2º A testemunha pode requerer ao juiz que a escuse de depor, alegando os motivos previstos neste Código; ouvidas as partes, o juiz decidirá de plano.
Art. 444. Ao início da inquirição, a testemunha prestará o compromisso de dizer a verdade do que souber e lhe for perguntado.
Parágrafo único. O juiz advertirá à testemunha que incorre em sanção penal quem faz afirmação falsa, cala ou oculta a verdade.
Art. 445. As perguntas serão formuladas pelas partes diretamente à testemunha, começando pela que a arrolou, não admitindo o juiz aquelas que puderem induzir a resposta, não tiverem relação com a causa ou importarem repetição de outra já respondida.
§1º O juiz poderá inquirir a testemunha assim antes como depois da inquirição pelas partes.
§2º As partes devem tratar as testemunhas com urbanidade, não lhes fazendo perguntas ou considerações impertinentes, capciosas ou vexatórias.
§3º As perguntas que o juiz indeferir serão transcritas no termo, se a parte o requerer.

Art. 446. O depoimento digitado ou registrado por taquigrafia, estenotipia ou outro método idôneo de documentação será assinado pelo juiz, pelo depoente e pelos procuradores.
§1º O depoimento será passado para a versão digitada quando, não sendo eletrônico o processo, houver recurso da sentença, bem como em outros casos nos quais o juiz o determinar, de ofício ou a requerimento da parte.
§2º Tratando-se de processo eletrônico, observar-se-á o disposto nos §§3º e 4º do art. 163.
Art. 447. O juiz pode ordenar, de ofício ou a requerimento da parte:
I – a inquirição de testemunhas referidas nas declarações da parte ou das testemunhas;
II – a acareação de duas ou mais testemunhas ou de alguma delas com a parte, quando, sobre fato determinado que possa influir na decisão da causa, divergirem as suas declarações.
Art. 448. A testemunha pode requerer ao juiz o pagamento da despesa que efetuou para comparecimento à audiência, devendo a parte pagá-la logo que arbitrada ou depositá-la em cartório dentro de três dias.
Parágrafo único. O depoimento prestado em juízo é considerado serviço público. A testemunha, quando sujeita ao regime da legislação trabalhista, não sofre, por comparecer à audiência, perda de salário nem desconto no tempo de serviço.

Seção X
Da prova pericial

Art. 449. A prova pericial consiste em exame, vistoria ou avaliação.
Parágrafo único. O juiz indeferirá a perícia quando:
I – a prova do fato não depender de conhecimento especial de técnico;
II – for desnecessária em vista de outras provas produzidas;
III – a verificação for impraticável.
Art. 450. O juiz nomeará perito e fixará de imediato o prazo para a entrega do laudo.
§1º Incumbe às partes, dentro de cinco dias contados da intimação do despacho de nomeação do perito:
I – indicar o assistente técnico;
II – apresentar quesitos.
§2º Quando a natureza do fato o permitir, a perícia poderá consistir apenas na inquirição pelo juiz do perito e dos assistentes, por ocasião da audiência de instrução e julgamento, a respeito das coisas que houverem informalmente examinado ou avaliado.
§3º Ciente da nomeação, o perito apresentará sua proposta de honorários em cinco dias, e o juiz decidirá depois de ouvidas as partes.
Art. 451. O perito cumprirá escrupulosamente o encargo que lhe foi cometido, independentemente de termo de compromisso. Os assistentes técnicos são de confiança da parte e não estão sujeitos a impedimento ou suspeição.
Parágrafo único. O perito deve assegurar aos assistentes das partes o acesso e o acompanhamento das diligências e dos exames que realizar, com prévia comunicação, comprovada nos autos, com antecedência mínima de cinco dias.
Art. 452. O perito pode escusar-se ou ser recusado por impedimento ou suspeição; ao aceitar a escusa ou julgar procedente a impugnação, o juiz nomeará novo perito.
Art. 453. O perito pode ser substituído quando:
I – faltar-lhe conhecimento técnico ou científico;
II – sem motivo legítimo, deixar de cumprir o encargo no prazo que lhe foi assinado.
Parágrafo único. No caso previsto no inciso II, o juiz comunicará a ocorrência à corporação profissional respectiva, podendo, ainda, impor multa ao perito, fixada tendo em vista o valor da causa e o possível prejuízo decorrente do atraso no processo.
Art. 454. As partes poderão apresentar quesitos suplementares durante a diligência, que poderão ser respondidos pelo perito previamente ou na audiência de instrução e julgamento.
Parágrafo único. O escrivão dará à parte contrária ciência da juntada dos quesitos aos autos.
Art. 455. Incumbe ao juiz:
I – indeferir quesitos impertinentes;
II – formular os quesitos que entender necessários ao esclarecimento da causa.

Art. 456. O juiz poderá dispensar prova pericial quando as partes, na inicial e na contestação, apresentarem sobre as questões de fato pareceres técnicos ou documentos elucidativos que considerar suficientes.

Art. 457. Para o desempenho de sua função, o perito e os assistentes técnicos podem se utilizar de todos os meios necessários, ouvindo testemunhas, obtendo informações, solicitando documentos que estejam em poder da parte ou em repartições públicas, bem como instruir o laudo com plantas, desenhos, fotografias e outras peças.

Art. 458. As partes terão ciência da data e do local designados pelo juiz ou indicados pelo perito para ter início a produção da prova.

Art. 459. Tratando-se de perícia complexa que abranja mais de uma área de conhecimento especializado, o juiz poderá nomear mais de um perito e a parte indicar mais de um assistente técnico.

Art. 460. Se o perito, por motivo justificado, não puder apresentar o laudo dentro do prazo, o juiz poderá conceder-lhe, por uma vez, prorrogação pela metade do prazo originalmente fixado.

Art. 461. O perito apresentará o laudo em cartório, no prazo fixado pelo juiz, pelo menos vinte dias antes da audiência de instrução e julgamento.

Parágrafo único. Os assistentes técnicos oferecerão seus pareceres no prazo comum de dez dias, após serem intimadas as partes da apresentação do laudo.

Art. 462. Quando o exame tiver por objeto a autenticidade ou a falsidade de documento ou for de natureza médico-legal, o perito será escolhido, de preferência, entre os técnicos dos estabelecimentos oficiais especializados. O juiz autorizará a remessa dos autos, bem como do material sujeito a exame ao diretor do estabelecimento.

§1º Nas hipóteses de gratuidade de justiça, os órgãos e as repartições oficiais deverão cumprir a determinação judicial com preferência, no prazo estabelecido.

§2º Descumpridos os prazos do §1º, poderá o juiz infligir multa ao órgão e a seu dirigente, por cujo pagamento ambos responderão solidariamente.

§3º A prorrogação desses prazos pode ser requerida motivadamente.

§4º Quando o exame tiver por objeto a autenticidade da letra e da firma, o perito poderá requisitar, para efeito de comparação, documentos existentes em repartições públicas; na falta destes, poderá requerer ao juiz que a pessoa a quem se atribuir a autoria do documento lance em folha de papel, por cópia ou sob ditado, dizeres diferentes, para fins de comparação.

Art. 463. Caso os quesitos suplementares a que se refere o art. 454 não sejam respondidos por escrito ou se ainda houver necessidade de esclarecimentos, a parte requererá ao juiz que mande intimar o perito ou o assistente técnico a comparecer à audiência, formulando, desde logo, as perguntas, sob forma de quesitos.

Parágrafo único. O perito ou o assistente técnico só estará obrigado a prestar os esclarecimentos a que se refere este artigo quando intimado cinco dias antes da audiência.

Art. 464. O juiz não está adstrito ao laudo pericial, podendo formar a sua convicção com outros elementos ou fatos provados nos autos.

Art. 465. O juiz poderá determinar, de ofício ou a requerimento da parte, a realização de nova perícia quando a matéria não lhe parecer suficientemente esclarecida.

Art. 466. A segunda perícia tem por objeto os mesmos fatos sobre que recaiu a primeira e destina-se a corrigir eventual omissão ou inexatidão dos resultados a que esta conduziu.

Art. 467. A segunda perícia rege-se pelas disposições estabelecidas para a primeira.

Parágrafo único. A segunda perícia não substitui a primeira, cabendo ao juiz apreciar livremente o valor de uma e outra.

Seção XI
Da inspeção judicial

Art. 468. O juiz, de ofício ou a requerimento da parte, pode, em qualquer fase do processo, inspecionar pessoas ou coisas, a fim de se esclarecer sobre fato que interesse à decisão da causa.

Art. 469. Ao realizar a inspeção, o juiz poderá ser assistido por um ou mais peritos.
Art. 470. O juiz irá ao local onde se encontre a pessoa ou a coisa quando:
I – julgar necessário para a melhor verificação ou interpretação dos fatos que deva observar;
II – a coisa não puder ser apresentada em juízo, sem consideráveis despesas ou graves dificuldades;
III – determinar a reconstituição dos fatos.
Parágrafo único. As partes têm sempre direito a assistir à inspeção, prestando esclarecimentos e fazendo observações que considerem de interesse para a causa.
Art. 471. Concluída a diligência, o juiz mandará lavrar auto circunstanciado, mencionando nele tudo quanto for útil ao julgamento da causa.
Parágrafo único. O auto poderá ser instruído com desenho, gráfico ou fotografia.

CAPÍTULO XII
DA SENTENÇA E DA COISA JULGADA

Seção I
Disposições gerais

Art. 472. O juiz proferirá sentença sem resolução de mérito quando:
I – indeferir a petição inicial;
II – o processo ficar parado durante mais de um ano por negligência das partes;
III – por não promover os atos e as diligências que lhe incumbir, o autor abandonar a causa por mais de trinta dias;
IV – se verificar a ausência de pressupostos de constituição e de desenvolvimento válido e regular do processo;
V – o juiz acolher a alegação de perempção, de litispendência ou de coisa julgada;
VI – o juiz verificar ausência de legitimidade ou de interesse processual;
VII – verificar a existência de convenção de arbitragem;
VIII – o autor desistir da ação;
IX – em caso de morte da parte, a ação for considerada intransmissível por disposição legal;
X – ocorrer confusão entre autor e réu; e
XI – nos demais casos prescritos neste Código.
§1º Nas hipóteses descritas nos incisos II e III, a parte será intimada pessoalmente para suprir a falta em cinco dias.
§2º No caso do §1º, quanto ao inciso II, as partes pagarão proporcionalmente as custas, e, quanto ao inciso III, o autor será condenado ao pagamento das despesas e dos honorários de advogado.
§3º O juiz conhecerá de ofício da matéria constante dos incisos IV, V e VI, em qualquer tempo e grau de jurisdição, enquanto não ocorrer o trânsito em julgado.
§4º Oferecida a contestação, o autor não poderá, sem o consentimento do réu, desistir da ação.
§5º Interposta a apelação em qualquer dos casos de que tratam os incisos deste artigo, o juiz terá três dias para se retratar.
Art. 473. A sentença sem resolução de mérito não obsta a que a parte proponha de novo a ação.
§1º No caso de ilegitimidade ou falta de interesse processual, a propositura da nova ação depende da correção do vício.
§2º A petição inicial, todavia, não será despachada sem a prova do pagamento ou do depósito das custas e dos honorários de advogado.
§3º Se o autor der causa, por três vezes, a sentença fundada em abandono da causa, não poderá propor nova ação contra o réu com o mesmo objeto, ficando-lhe ressalvada, entretanto, a possibilidade de alegar em defesa o seu direito.
Art. 474. Haverá resolução de mérito quando:
I – o juiz acolher ou rejeitar o pedido do autor ou o pedido contraposto do réu;
II – o réu reconhecer a procedência do pedido;
III – as partes transigirem;
IV – o juiz pronunciar, de ofício ou a requerimento, a decadência ou a prescrição;
V – o autor renunciar ao direito sobre o qual se funda a ação.
Parágrafo único. Ressalvada a hipótese do §1º do art. 307, a prescrição e a decadência não serão decretadas sem que antes seja dada às partes oportunidade de se manifestar.
Art. 475. O juiz proferirá sentença de mérito sempre que puder julgá-lo em favor da parte a quem aproveitaria o acolhimento da preliminar.

Seção II
Dos requisitos e efeitos da sentença

Art. 476. São requisitos essenciais da sentença:
I – o relatório sucinto, que conterá os nomes das partes, a suma do pedido e da contestação do réu, bem como o registro das principais ocorrências havidas no andamento do processo;
II – os fundamentos, em que o juiz analisará as questões de fato e de direito;
III – o dispositivo, em que o juiz resolverá as questões que as partes lhe submeterem.
Parágrafo único. Não se considera fundamentada a decisão, sentença ou acórdão que:
I – se limita a indicação, à reprodução ou à paráfrase de ato normativo;
II – empregue conceitos jurídicos indeterminados sem explicar o motivo concreto de sua incidência no caso;
III – invoque motivos que se prestariam a justificar qualquer outra decisão;
IV – não enfrentar todos os argumentos deduzidos no processo capazes de, em tese, infirmar a conclusão adotada pelo julgador.
Art. 477. O juiz proferirá a sentença de mérito acolhendo ou rejeitando, no todo ou em parte, os pedidos formulados pelas partes. Nos casos de sentença sem resolução de mérito, o juiz decidirá de forma concisa.
Parágrafo único. Fundamentando-se a sentença em regras que contiverem conceitos juridicamente indeterminados, cláusulas gerais ou princípios jurídicos, o juiz deve expor, analiticamente, o sentido em que as normas foram compreendidas.
Art. 478. Na ação relativa à obrigação de pagar quantia certa, ainda que formulado pedido genérico, a sentença definirá desde logo a extensão da obrigação, o índice de correção monetária, a taxa de juros e o termo inicial de ambos, salvo quando:
I – não for possível determinar, de modo definitivo, o montante devido;
II – a apuração do valor devido depender da produção de prova de realização demorada ou excessivamente dispendiosa, assim reconhecida na sentença.
§1º Nos casos previstos neste artigo, imediatamente após a prolação da sentença, seguir-se-á a apuração do valor devido por liquidação.
§2º O disposto no *caput* também se aplica quando o acórdão alterar a sentença.
Art. 479. É vedado ao juiz proferir sentença de natureza diversa da pedida, bem como condenar a parte em quantidade superior ou em objeto diverso do que lhe foi demandado.
Parágrafo único. A sentença deve ser certa, ainda quando decida relação jurídica condicional.
Art. 480. Se, depois da propositura da ação, algum fato constitutivo, modificativo ou extintivo do direito influir no julgamento da lide, caberá ao juiz tomá-lo em consideração, de ofício ou a requerimento da parte, no momento de proferir a sentença.
Parágrafo único. Se constatar de ofício o fato novo, o juiz ouvirá as partes sobre ele antes de decidir.
Art. 481. Publicada a sentença, o juiz só poderá alterá-la:
I – para corrigir-lhe, de ofício ou a requerimento da parte, inexatidões materiais ou lhe retificar erros de cálculo;
II – por meio de embargos de declaração.
Art. 482. A sentença que condenar o réu ao pagamento de uma prestação, consistente em dinheiro, valerá como título constitutivo de hipoteca judiciária:
§1º A sentença condenatória produz a hipoteca judiciária:
I – embora a condenação seja genérica;
II – pendente arresto de bens do devedor;
III – ainda quando o credor possa promover a execução provisória da sentença.
§2º A hipoteca judiciária poderá ser realizada mediante apresentação de cópia da sentença perante o cartório de registro imobiliário, independentemente de ordem judicial.

Seção III
Da remessa necessária

Art. 483. Está sujeita ao duplo grau de jurisdição, não produzindo efeito senão depois de confirmada pelo tribunal, a sentença:
I – proferida contra a União, os Estados, o Distrito Federal, os Municípios e as

respectivas autarquias e fundações de direito público;
II – que julgar procedentes, no todo ou em parte, os embargos à execução de dívida ativa da Fazenda Pública;
III – que não puder indicar, desde logo, o valor da condenação.
§1º Nos casos previstos neste artigo, o juiz ordenará a remessa dos autos ao tribunal, haja ou não apelação; não o fazendo, deverá o presidente do respectivo tribunal avocá-los.
§2º Não se aplica o disposto neste artigo sempre que o valor da condenação, do proveito, do benefício ou da vantagem econômica em discussão for de valor certo inferior a:
I – mil salários mínimos para União e as respectivas autarquias e fundações de direito público;
II – quinhentos salários mínimos para os Estados, o Distrito Federal e as respectivas autarquias e fundações de direito público, bem assim para as capitais dos Estados;
III – cem salários mínimos para todos os demais municípios e respectivas autarquias e fundações de direito público.
§3º Também não se aplica o disposto neste artigo quando a sentença estiver fundada em:
I – súmula do Supremo Tribunal Federal ou do Superior Tribunal de Justiça;
II – acórdão proferido pelo Supremo Tribunal Federal ou pelo Superior Tribunal de Justiça em julgamento de casos repetitivos;
III – entendimento firmado em incidente de resolução de demandas repetitivas ou de assunção de competência.

Seção IV
Do julgamento das ações relativas às obrigações de fazer, de não fazer e de entregar coisa

Art. 484. Na ação que tenha por objeto obrigação de fazer ou de não fazer, o juiz, se procedente o pedido, concederá a tutela específica da obrigação ou determinará providências que assegurem o resultado prático equivalente ao do adimplemento.
Art. 485. Na ação que tenha por objeto a entrega de coisa, o juiz, ao conceder a tutela específica, fixará o prazo para o cumprimento da obrigação.
Parágrafo único. Tratando-se de entrega de coisa determinada pelo gênero e pela quantidade, o credor a individualizará na petição inicial, se lhe couber a escolha; cabendo ao devedor escolher, este a entregará individualizada, no prazo fixado pelo juiz.
Art. 486. A obrigação somente se converterá em perdas e danos se o autor o requerer ou se impossível a tutela específica ou a obtenção do resultado prático correspondente.
Art. 487. A indenização por perdas e danos se dará sem prejuízo da multa fixada periodicamente para compelir o réu ao cumprimento específico da obrigação.
Art. 488. Na ação que tenha por objeto a emissão de declaração de vontade, a sentença que julgar procedente o pedido, uma vez transitada em julgado, produzirá todos os efeitos da declaração não emitida.

Seção V
Da coisa julgada

Art. 489. Denomina-se coisa julgada material a autoridade que torna imutável e indiscutível a decisão de mérito não mais sujeita a recurso.
Art. 490. A sentença que julgar total ou parcialmente a lide tem força de lei nos limites dos pedidos e das questões prejudiciais expressamente decididas.
Art. 491. Não fazem coisa julgada:
I – os motivos, ainda que importantes para determinar o alcance da parte dispositiva da sentença;
II – a verdade dos fatos, estabelecida como fundamento da sentença.
Art. 492. Nenhum juiz decidirá novamente as questões já decididas relativas à mesma lide, salvo:
I – se, tratando-se de relação jurídica continuativa, sobreveio modificação no estado de fato ou de direito; caso em que poderá a parte pedir a revisão do que foi estatuído na sentença;
II – nos demais casos prescritos em lei.
Art. 493. A sentença faz coisa julgada às partes entre as quais é dada, não beneficiando terceiros.
Art. 494. É vedado à parte discutir no curso do processo as questões já decididas a cujo respeito se operou a preclusão, observado

o disposto no parágrafo único do art. 963.
Art. 495. Transitada em julgado a sentença de mérito, considerar-se-ão deduzidas e repelidas todas as alegações e as defesas que a parte poderia opor assim ao acolhimento como à rejeição do pedido, ressalvada a hipótese de ação fundada em causa de pedir diversa.

CAPÍTULO XIII
DA LIQUIDAÇÃO DE SENTENÇA

Art. 496. Quando a sentença condenar ao pagamento de quantia ilíquida, proceder-se-á sua liquidação, a requerimento do vencedor:
I – por arbitramento, quando determinado pela sentença ou exigido pela natureza do objeto da liquidação;
II – pelo procedimento comum, quando houver necessidade de alegar e provar fato novo.
§1º Quando na sentença houver uma parte líquida e outra ilíquida, ao credor é lícito promover simultaneamente a execução daquela e, em autos apartados, a liquidação desta.
§2º Quando a apuração do valor depender apenas de cálculo aritmético, o credor poderá promover, desde logo, o cumprimento da sentença.
§3º Na liquidação é vedado discutir de novo a lide ou modificar a sentença que a julgou.
Art. 497. Na liquidação por arbitramento, o juiz intimará as partes para a apresentação de pareceres ou documentos elucidativos, no prazo que fixar; caso não possa decidir de plano, nomeará perito, observando-se, no que couber, o procedimento da prova pericial.
Art. 498. Na liquidação pelo procedimento comum, o juiz determinará a intimação do requerido, na pessoa de seu advogado, para, querendo, apresentar contestação no prazo de quinze dias, observando-se, a seguir, no que couber, o disposto no Livro I deste Código.
Art. 499. A liquidação poderá ser realizada na pendência de recurso, processando-se em autos apartados no juízo de origem, cumprindo ao liquidante instruir o pedido com cópias das peças processuais pertinentes.

TÍTULO II
DO CUMPRIMENTO DA SENTENÇA

CAPÍTULO I
DAS DISPOSIÇÕES GERAIS

Art. 500. O cumprimento da sentença condenatória será feito segundo as regras deste Título, observando-se, no que couber e conforme a natureza da obrigação, o disposto no Livro III deste Código.
§1º O cumprimento da sentença, provisório ou definitivo, far-se-á a requerimento do credor.
§2º O devedor será intimado para cumprir a sentença:
I – pelo Diário da Justiça, na pessoa do seu advogado constituído nos autos;
II – por carta com aviso de recebimento, quando representado pela Defensoria Pública ou não tiver procurador constituído nos autos;
III – por edital, quando tiver sido revel na fase de conhecimento.
§3º Na hipótese do §2º, inciso II, considera-se realizada a intimação quando o devedor houver mudado de endereço sem prévia comunicação ao juízo.
Art. 501. Quando o juiz decidir relação jurídica sujeita a condição ou termo, o cumprimento da sentença dependerá de demonstração de que se realizou a condição ou de que ocorreu o termo.
Parágrafo único. O cumprimento da sentença não poderá ser promovido em face do fiador, do coobrigado ou do corresponsável que não tiver participado da fase de conhecimento.
Art. 502. Além da sentença condenatória, serão também objeto de cumprimento, de acordo com os artigos previstos neste Título:
I – as sentenças proferidas no processo civil que reconheçam a exigibilidade de obrigação de pagar quantia, de fazer, de não fazer ou de entregar coisa;
II – a sentença homologatória de conciliação ou de transação, ainda que inclua matéria não posta em juízo;
III – o acordo extrajudicial, de qualquer natureza, homologado judicialmente;
IV – O formal e a certidão de partilha, exclusivamente em relação ao inventariante,

aos herdeiros e aos sucessores a título singular ou universal;
V – o crédito de serventuário de justiça, de perito, de intérprete, tradutor e leiloeiro, quando as custas, os emolumentos ou os honorários tiverem sido aprovados por decisão judicial;
VI – a sentença penal condenatória transitada em julgado;
VII – a sentença arbitral;
VIII – a sentença estrangeira homologada pelo Superior Tribunal de Justiça.
Parágrafo único. Nos casos dos incisos VI a VIII, o devedor será citado no juízo cível para o cumprimento da sentença no prazo de quinze dias.
Art. 503. O cumprimento da sentença efetuar-se-á perante:
I – os tribunais, nas causas de sua competência originária;
II – o juízo que processou a causa no primeiro grau de jurisdição;
III – o juízo cível competente, quando se tratar de sentença penal condenatória, de sentença arbitral ou de sentença estrangeira.
Parágrafo único. No caso dos incisos II e III, o autor poderá optar pelo juízo do atual domicílio do executado, pelo juízo do local onde se encontram os bens sujeitos à execução ou onde deve ser executada a obrigação de fazer ou de não fazer, casos em que a remessa dos autos do processo será solicitada ao juízo de origem.
Art. 504. Todas as questões relativas à validade do procedimento de cumprimento da sentença e dos atos executivos subsequentes poderão ser arguidas pelo executado nos próprios autos e nestes serão decididas pelo juiz.
Parágrafo único. As decisões exaradas na fase de cumprimento de sentença que não implicarem na extinção do processo ou na declaração de satisfação da obrigação estão sujeitas a agravo de instrumento.
Art. 505. Aplicam-se as disposições relativas ao cumprimento da sentença, provisória ou definitivamente, no que couber, às decisões que concederem tutelas de urgência ou de evidência, em primeiro ou segundo graus de jurisdição, inclusive quanto à liquidação.

CAPÍTULO II
DO CUMPRIMENTO PROVISÓRIO DA SENTENÇA CONDENATÓRIA EM QUANTIA CERTA

Art. 506. O cumprimento provisório da sentença impugnada por recurso desprovido de efeito suspensivo, será realizado da mesma forma que o cumprimento definitivo, sujeitando-se ao seguinte regime:
I – corre por iniciativa e responsabilidade do exequente, que se obriga, se a sentença for reformada, a reparar os danos que o executado haja sofrido;
II – fica sem efeito, sobrevindo decisão que modifique ou anule a sentença objeto da execução, restituindo-se as partes ao estado anterior e liquidados eventuais prejuízos nos mesmos autos;
III – se a sentença objeto de cumprimento provisório for modificada ou anulada apenas em parte, somente nesta ficará sem efeito a execução;
IV – o levantamento de depósito em dinheiro, a prática de atos que importem transferência de posse ou alienação de propriedade ou dos quais possa resultar grave dano ao executado dependem de caução suficiente e idônea, arbitrada de plano pelo juiz e prestada nos próprios autos.
§1º A multa a que se refere o §1º do art. 509 é devida no cumprimento provisório de sentença condenatória ao pagamento de quantia certa.
§2º Se o executado comparecer tempestivamente e depositar o valor, com a finalidade de isentar-se da multa, o ato não será havido como incompatível com o recurso por ele interposto na fase de conhecimento.
§3º O depósito a que se refere o §2º, importa renúncia ao direito de impugnar o pedido de cumprimento de sentença; todavia, o levantamento do depósito dependerá da prestação de caução na forma do inciso IV.
Art. 507. A caução prevista no inciso IV do art. 506 poderá ser dispensada nos casos em que:
I – o crédito for de natureza alimentar, independentemente de sua origem;
II – o credor demonstrar situação de necessidade;

III – pender agravo de admissão no Supremo Tribunal Federal ou no Superior Tribunal de Justiça;
IV – a sentença houver sido proferida com base em súmula ou estiver em conformidade com acórdão de recursos extraordinário e especial repetitivos ou firmado em incidente de resolução de demandas repetitivas.
Parágrafo único. A exigência de caução será mantida quando da dispensa possa manifestamente resultar risco de grave dano de difícil ou incerta reparação.
Art. 508. O cumprimento provisório da sentença será requerido por petição acompanhada de cópias das seguintes peças do processo, cuja autenticidade poderá ser certificada pelo próprio advogado, sob sua responsabilidade pessoal:
I – sentença ou acórdão exequendo;
II – certidão de interposição do recurso não dotado de efeito suspensivo;
III – procurações outorgadas pelas partes;
IV – decisão de habilitação, se for o caso;
V – facultativamente, outras peças processuais consideradas necessárias para demonstrar a existência do crédito.

CAPÍTULO III
DO CUMPRIMENTO DEFINITIVO DA SENTENÇA CONDENATÓRIA EM QUANTIA CERTA

Art. 509. No caso de condenação em quantia certa ou já fixada em liquidação, o cumprimento definitivo da sentença far-se-á a requerimento do exequente, sendo o executado intimado para pagar o débito, no prazo de quinze dias, acrescido de custas e honorários advocatícios de dez por cento.
§1º Não ocorrendo pagamento voluntário no prazo do *caput*, o débito será acrescido de multa de dez por cento.
§2º Efetuado o pagamento parcial no prazo previsto no *caput*, a multa de dez por cento incidirá sobre o restante.
§3º Não efetuado tempestivamente o pagamento voluntário, será expedido mandado de penhora e avaliação, seguindo-se os atos de expropriação.
Art. 510. A inicial será instruída com demonstrativo discriminado e atualizado do crédito contendo:
I – o nome completo, o número do cadastro de pessoas físicas ou do cadastro nacional de pessoas jurídicas do exequente e do executado;
II – o índice de correção monetária adotado;
III – a taxa dos juros de mora aplicada;
IV – o termo inicial e o termo final dos juros e da correção monetária utilizados;
V – especificação dos eventuais descontos obrigatórios realizados.
§1º Quando a memória aparentemente exceder os limites da condenação, a execução será iniciada pelo valor pretendido, mas a penhora terá por base a importância que o juiz, se necessário ouvido o contador do juízo, entender adequada.
§2º Quando a elaboração do demonstrativo depender de dados que estejam em poder de terceiros ou do executado, o juiz poderá requisitá-los, sob cominação do crime de desobediência.
Art. 511. No prazo para o pagamento voluntário, independentemente de penhora, o executado poderá apresentar impugnação nos próprios autos, cabendo nela arguir:
I – falta ou nulidade da citação, se o processo de conhecimento correu à revelia;
II – ilegitimidade de parte;
III – inexigibilidade do título;
IV – excesso de execução;
V – cumulação indevida de execuções;
VI – incompetência do juízo da execução, bem como suspeição ou impedimento do juiz;
VII – qualquer causa impeditiva, modificativa ou extintiva da obrigação, como pagamento, novação, compensação, transação ou prescrição, desde que supervenientes à sentença.
§1º Quando o executado alegar que o exequente, em excesso de execução, pleiteia quantia superior à resultante da sentença, cumprir-lhe-á declarar de imediato o valor que entende correto, sob pena de rejeição liminar dessa impugnação.
§2º A apresentação de impugnação não impede a prática dos atos executivos e de expropriação, podendo o juiz atribuir-lhe efeito suspensivo desde que relevantes

seus fundamentos e o prosseguimento da execução seja manifestamente suscetível de causar ao executado grave dano de difícil ou incerta reparação.

§3º Ainda que atribuído efeito suspensivo à impugnação, é lícito ao exequente requerer o prosseguimento da execução, oferecendo e prestando caução suficiente e idônea, arbitrada pelo juiz e prestada nos próprios autos.

§4º As questões relativas à validade e à adequação da penhora, da avaliação e dos atos executivos subsequentes podem ser arguidas pelo executado por simples petição.

§5º Para efeito do disposto no inciso III do *caput* deste artigo, considera-se também inexigível o título judicial fundado em lei ou ato normativo declarados inconstitucionais pelo Supremo Tribunal Federal, ou fundado em aplicação ou interpretação da lei ou ato normativo tidas pelo Supremo Tribunal Federal como incompatíveis com a Constituição da República em controle concentrado de constitucionalidade ou quando a norma tiver sua execução suspensa pelo Senado Federal.

§6º No caso do §5º, a decisão poderá conter modulação dos efeitos temporais da decisão em atenção à segurança jurídica.

Art. 512. É lícito ao devedor, antes de ser intimado para o cumprimento da sentença, comparecer em juízo e oferecer em pagamento o valor que entender devido, apresentando memória discriminada do cálculo.

§1º O credor será ouvido no prazo de cinco dias, podendo impugnar o valor depositado, sem prejuízo do levantamento do depósito a título de parcela incontroversa.

§2º Concluindo o juiz pela insuficiência do depósito, sobre a diferença incidirá multa de dez por cento e honorários advocatícios, seguindo-se a execução com penhora e atos subsequentes.

§3º Se o credor não opuser objeção, o juiz declarará satisfeita a obrigação e extinto o processo.

Art. 513. Aplicam-se as disposições deste Capítulo ao cumprimento provisório da sentença, no que couber.

CAPÍTULO IV
DO CUMPRIMENTO DA OBRIGAÇÃO DE PRESTAR ALIMENTOS

Art. 514. No cumprimento de sentença que condena ao pagamento de prestação alimentícia ou de decisão interlocutória que fixa alimentos, o juiz mandará intimar pessoalmente o devedor para, em três dias, efetuar o pagamento das parcelas anteriores ao início da execução e das que se vencerem no seu curso, provar que o fez ou justificar a impossibilidade de efetuá-lo.

§1º Se o devedor não pagar, nem se escusar, o juiz decretar-lhe-á a prisão pelo prazo de um a três meses.

§2º O cumprimento da pena não exime o devedor do pagamento das prestações vencidas e vincendas.

§3º Paga a prestação alimentícia, o juiz suspenderá o cumprimento da ordem de prisão.

Art. 515. Quando o devedor for funcionário público, militar, diretor ou gerente de empresa, bem como empregado sujeito à legislação do trabalho, o exequente poderá requerer o desconto em folha de pagamento da importância da prestação alimentícia.

§1º Ao despachar a inicial, o juiz oficiará à autoridade, à empresa ou ao empregador, determinando, sob pena de crime de desobediência, o desconto a partir da primeira remuneração posterior do executado, a contar do protocolo do ofício.

§2º O ofício conterá os nomes e o número de inscrição no cadastro de pessoas físicas do exequente e do executado, a importância a ser descontada mensalmente, o tempo de sua duração e a conta na qual deva ser feito o depósito.

Art. 516. Não requerida a execução nos termos deste Capítulo, observar-se-á o disposto nos arts. 509 a 513, com a ressalva de que, recaindo a penhora em dinheiro, a concessão de efeito suspensivo à impugnação não obsta a que o exequente levante mensalmente a importância da prestação.

Art. 517. O disposto neste Capítulo aplica-se aos alimentos definitivos ou provisórios, independentemente de sua origem.

Art. 518. Quando a indenização por ato ilícito incluir prestação de alimentos, caberá ao executado, a requerimento do exequente, constituir capital cuja renda assegure o pagamento do valor mensal da pensão.

§1º Esse capital, representado por imóveis, títulos da dívida pública ou aplicações financeiras em banco oficial, será inalienável e impenhorável enquanto durar a obrigação do devedor.

§2º O juiz poderá substituir a constituição do capital pela inclusão do exequente em folha de pagamento de pessoa jurídica de notória capacidade econômica ou, a requerimento do executado, por fiança bancária ou garantia real, em valor a ser arbitrado de imediato pelo juiz.

§3º Se sobrevier modificação nas condições econômicas, poderá a parte requerer, conforme as circunstâncias, redução ou aumento da prestação.

§4º A prestação alimentícia poderá ser fixada tomando por base o salário mínimo.

§5º Finda a obrigação de prestar alimentos, o juiz mandará liberar o capital, cessar o desconto em folha ou cancelar as garantias prestadas.

CAPÍTULO V
DO CUMPRIMENTO DE OBRIGAÇÃO DE PAGAR QUANTIA CERTA PELA FAZENDA PÚBLICA

Art. 519. Transitada em julgado a sentença que impuser à Fazenda Pública o dever de pagar quantia certa, ou, se for o caso, a decisão que julgar a liquidação, o exequente apresentará demonstrativo discriminado e atualizado do crédito contendo:

I – o nome completo, o número do cadastro de pessoas físicas ou do cadastro nacional de pessoas jurídicas do exequente;

II – o índice de correção monetária adotado;

III – a taxa dos juros de mora aplicada;

IV – o termo inicial e o termo final dos juros e da correção monetária utilizados;

V -especificação dos eventuais descontos obrigatórios realizados.

§1º Havendo pluralidade de exequentes, cada um deverá apresentar o seu próprio demonstrativo, aplicando-se à hipótese, se for o caso, o disposto nos §§1º e 2º do art. 112.

§2º A multa prevista no §1º do art. 509 não se aplica à Fazenda Pública.

Art. 520. A Fazenda Pública será intimada para, querendo, no prazo de trinta dias e nos próprios autos, impugnar a execução, cabendo nela arguir:

I – falta ou nulidade da citação, se o processo correu à revelia;

II – ilegitimidade de parte;

III – a inexigibilidade do título;

IV – o excesso de execução;

V – cumulação indevida de execuções;

VI – incompetência do juízo da execução, bem como suspeição ou impedimento do juiz;

VII – qualquer causa impeditiva, modificativa ou extintiva da obrigação, como pagamento, novação, compensação, transação ou prescrição, desde que supervenientes à sentença.

§1º Quando se alegar que o exequente, em excesso de execução, pleiteia quantia superior à resultante do título, cumprirá à executada declarar de imediato o valor que entende correto, sob pena de não conhecimento da arguição.

§2º Não impugnada a execução ou rejeitadas as arguições da executada:

I – expedir-se-á por intermédio do presidente do tribunal competente, precatório em favor do exequente, observando-se o disposto na Constituição da República;

II – por ordem do juiz, dirigida à autoridade citada para a causa, o pagamento de obrigação de pequeno valor será realizado no prazo de sessenta dias contados da entrega da requisição, mediante depósito na agência mais proxima de banco oficial.

§3º Tratando-se de impugnação parcial, a parte não questionada pela executada será, desde logo, objeto de cumprimento.

§4º Para efeito do disposto no inciso III do *caput* deste artigo, considera-se também inexigível o título judicial fundado em lei ou ato normativo declarados inconstitucionais pelo Supremo Tribunal Federal, ou fundado em aplicação ou interpretação da lei ou ato normativo tidas pelo Supremo Tribunal Federal como incompatíveis com a Constituição da República em controle concentrado de constitucionalidade ou quando a norma tiver sua execução suspensa pelo Senado Federal.

CAPÍTULO VI
DA SENTENÇA CONDENATÓRIA DE FAZER, NÃO FAZER OU ENTREGAR COISA

Seção I
Do cumprimento da sentença condenatória de fazer e de não fazer

Art. 521. Para cumprimento da sentença condenatória de prestação de fazer ou de não fazer, o juiz poderá, a requerimento, para a efetivação da tutela específica ou a obtenção do resultado prático equivalente, determinar as medidas necessárias à satisfação do credor.
§1º Para atender ao disposto no *caput*, o juiz poderá determinar, entre outras medidas, a imposição de multa por período de atraso, a busca e apreensão, a remoção de pessoas e coisas, o desfazimento de obras, a intervenção judicial em atividade empresarial ou similar e o impedimento de atividade nociva, podendo, caso necessário, requisitar o auxílio de força policial.
§2º O descumprimento injustificado da ordem judicial fará o executado incidir nas penas de litigância de má-fé, sem prejuízo de responder por crime de desobediência.
Art. 522. A multa periódica imposta ao devedor independe de pedido do credor e poderá se dar em liminar, na sentença ou na execução, desde que seja suficiente e compatível com a obrigação e que se determine prazo razoável para o cumprimento do preceito.
§1º A multa fixada liminarmente ou na sentença se aplica na execução provisória, devendo ser depositada em juízo, permitido o seu levantamento após o trânsito em julgado ou na pendência de agravo de admissão contra decisão denegatória de seguimento de recurso especial ou extraordinário.
§2º O requerimento de execução da multa abrange aquelas que se vencerem ao longo do processo, enquanto não cumprida pelo réu a decisão que a cominou.
§3º O juiz poderá, de ofício ou a requerimento, modificar o valor ou a periodicidade da multa vincenda ou excluí-la, caso verifique que:
I – se tornou insuficiente ou excessiva;
II – o obrigado demonstrou cumprimento parcial superveniente da obrigação ou justa causa para o descumprimento.
§4º A multa periódica incidirá enquanto não for cumprida a decisão que a tiver cominado.
§5º O valor da multa será devido ao exequente até o montante equivalente ao valor da obrigação, destinando-se o excedente à unidade da Federação onde se situa o juízo no qual tramita o processo ou à União, sendo inscrito como dívida ativa.
§6º Sendo o valor da obrigação inestimável, deverá o juiz estabelecer o montante que será devido ao autor, incidindo a regra do §5º no que diz respeito à parte excedente.
§7º Quando o executado for a Fazenda Pública, a parcela excedente ao valor da obrigação principal a que se refere o §5º, será destinada a entidade pública ou privada, com finalidade social.

Seção II
Do cumprimento da sentença condenatória de entregar coisa

Art. 523. Não cumprida a obrigação de entregar coisa no prazo estabelecido na sentença, será expedida em favor do credor mandado de busca e apreensão ou de imissão na posse, conforme se tratar de coisa móvel ou imóvel.
Parágrafo único. Aplicam-se à ação prevista neste artigo, no que couber, as disposições sobre o cumprimento de obrigação de fazer e não fazer.

TÍTULO III
DOS PROCEDIMENTOS ESPECIAIS

CAPÍTULO I
DA AÇÃO DE CONSIGNAÇÃO EM PAGAMENTO

Art. 524. Nos casos previstos em lei, poderá o devedor ou terceiro requerer, com efeito de pagamento, a consignação da quantia ou da coisa devida. §1º Tratando-se de obrigação em dinheiro, poderá o devedor ou terceiro optar pelo depósito da quantia devida em estabelecimento bancário, oficial onde houver, situado no lugar do pagamento, em conta com correção monetária, cientificando-se o credor por carta com aviso de recebimento, assinado o prazo de dez dias para a manifestação de recusa.

§2º Decorrido o prazo do §1º, contado do retorno do aviso de recebimento, sem a manifestação de recusa, considerar-se-á o devedor liberado da obrigação, ficando à disposição do credor a quantia depositada.

§3º Ocorrendo a recusa, manifestada por escrito ao estabelecimento bancário, o devedor ou terceiro poderá propor, dentro de um mês, a ação de consignação, instruindo a inicial com a prova do depósito e da recusa.

§4º Não proposta a ação no prazo do §3º, ficará sem efeito o depósito, podendo levantá-lo o depositante.

Art. 525. Requerer-se-á a consignação no lugar do pagamento, cessando para o devedor, à data do depósito, os juros e os riscos, salvo se for julgada improcedente.

Art. 526. Tratando-se de prestações sucessivas, consignada uma delas, pode o devedor continuar a consignar, no mesmo processo e sem mais formalidades, as que se forem vencendo, desde que os depósitos sejam efetuados até cinco dias contados da data do respectivo vencimento.

Art. 527. Na petição inicial, o autor requererá:

I – o depósito da quantia ou da coisa devida, a ser efetivado no prazo de cinco dias contados do deferimento, ressalvada a hipótese do art. 524, §3º;

II – a citação do réu para levantar o depósito ou oferecer contestação.

Art. 528. Se o objeto da prestação for coisa indeterminada e a escolha couber ao credor, será este citado para exercer o direito dentro de cinco dias, se outro prazo não constar de lei ou do contrato, ou para aceitar que o devedor o faça, devendo o juiz, ao despachar a petição inicial, fixar lugar, dia e hora em que se fará a entrega, sob pena de depósito.

Art. 529. Na contestação, o réu poderá alegar que:

I – não houve recusa ou mora em receber a quantia ou coisa devida;

II – foi justa a recusa;

III – o depósito não se efetuou no prazo ou no lugar do pagamento;

IV – o depósito não é integral.

Parágrafo único. No caso do inciso IV, a alegação somente será admissível se o réu indicar o montante que entende devido.

Art. 530. Alegada a insuficiência do depósito, é lícito ao autor completá-lo, em dez dias, salvo se corresponder a prestação cujo inadimplemento acarrete a rescisão do contrato.

§1º No caso do *caput*, poderá o réu levantar, desde logo, a quantia ou a coisa depositada, com a consequente liberação parcial do autor, prosseguindo o processo quanto à parcela controvertida.

§2º A sentença que concluir pela insuficiência do depósito determinará, sempre que possível, o montante devido e valerá como título executivo, facultado ao credor promover-lhe o cumprimento nos mesmos autos, após liquidação, se necessária.

Art. 531. Não oferecida a contestação e ocorrendo os efeitos da revelia, o juiz julgará procedente o pedido, declarará extinta a obrigação e condenará o réu nas custas e nos honorários advocatícios.

Parágrafo único. Proceder-se-á do mesmo modo se o credor receber e der quitação.

Art. 532. Se ocorrer dúvida sobre quem deva legitimamente receber o pagamento, o autor requererá o depósito e a citação dos possíveis titulares do crédito para provarem o seu direito.

Art. 533. No caso do art. 513, não comparecendo pretendente algum, converter-se-á o depósito em arrecadação de coisas vagas; comparecendo apenas um, o juiz decidirá de plano; comparecendo mais de um, o juiz declarará efetuado o depósito e extinta a obrigação, continuando o processo a correr unicamente entre os presuntivos credores, observado o procedimento comum.

Art. 534. Aplica-se o procedimento estabelecido neste Capítulo, no que couber, ao resgate do aforamento.

CAPÍTULO II
DA AÇÃO DE EXIGIR CONTAS

Art. 535. É parte legítima para promover a ação de prestação de contas quem tiver o direito de exigi-las.

Art. 536. Aquele que pretender que lhe sejam prestadas contas requererá a citação do réu para, no prazo de quinze dias, prestá-las ou contestar o pedido.

§1º Prestadas as contas, o autor terá cinco dias para se manifestar sobre elas, prosseguindo-se na forma do Capítulo IX do Título I deste Livro.

§2º Se o réu não contestar o pedido, observar-se-á o disposto no art. 341.

§3º A sentença que julgar procedente o pedido condenará o réu a prestar as contas no prazo de quinze dias, sob pena de não lhe ser lícito impugnar as que o autor apresentar.

§4º Se o réu apresentar as contas dentro do prazo estabelecido no

§3º, seguir-se-á o procedimento do §1º deste artigo; em caso contrário, apresentá-las-á o autor dentro de dez dias, sendo as contas julgadas segundo o prudente arbítrio do juiz, que poderá determinar, se necessário, a realização do exame pericial contábil.

Art. 537. As contas, assim do autor como do réu, serão apresentadas em forma mercantil, especificando-se as receitas e a aplicação das despesas, bem como o respectivo saldo, e serão instruídas com os documentos justificativos.

Art. 538. A sentença apurará o saldo e constituirá título executivo judicial.

Art. 539. As contas do inventariante, do tutor, do curador, do depositário e de outro qualquer administrador serão prestadas em apenso aos autos do processo em que tiver sido nomeado. Sendo condenado a pagar o saldo e não o fazendo no prazo legal, o juiz poderá destituí-lo, sequestrar os bens sob sua guarda e glosar o prêmio ou a gratificação a que teria direito e determinar as medidas executivas necessárias à recomposição do prejuízo.

CAPÍTULO III
DAS AÇÕES POSSESSÓRIAS

Seção I
Disposições gerais

Art. 540. A propositura de uma ação possessória em vez de outra não obstará a que o juiz conheça do pedido e outorgue a proteção legal correspondente àquela cujos requisitos estejam provados.

Art. 541. É lícito ao autor cumular ao pedido possessório o de:

I – condenação em perdas e danos;

II -cominação de pena para caso de nova turbação ou esbulho;

III – desfazimento de construção ou plantação feita em detrimento de sua posse.

Art. 542. É lícito ao réu, na contestação, alegando que foi o ofendido em sua posse, demandar a proteção possessória e a indenização pelos prejuízos resultantes da turbação ou do esbulho cometido pelo autor.

Art. 543. Na pendência de ação possessória é vedado, assim ao autor como ao réu, propor ação de reconhecimento do domínio.

Art. 544. Regem o procedimento de manutenção e de reintegração de posse as normas da Seção II deste Capítulo quando proposta dentro de ano e dia da turbação ou do esbulho; passado esse prazo, será comum, não perdendo, contudo, o caráter possessório.

Art. 545. Se o réu provar, em qualquer tempo, que o autor provisoriamente mantido ou reintegrado na posse carece de idoneidade financeira para, no caso de decair da ação, responder por perdas e danos, o juiz assinar-lhe-á o prazo de cinco dias para requerer caução sob pena de ser depositada a coisa litigiosa.

Seção II
Da manutenção e da reintegração de posse

Art. 546. O possuidor tem direito a ser mantido na posse em caso de turbação e reintegrado no de esbulho.

Art. 547. Incumbe ao autor provar:

I – a sua posse;

II -a turbação ou o esbulho praticado pelo réu;

III – a data da turbação ou do esbulho;

IV – a continuação da posse, embora turbada, na ação de manutenção; a perda da posse, na ação de reintegração.

Art. 548. Estando a petição inicial devidamente instruída, o juiz deferirá, sem ouvir o réu, a expedição do mandado liminar de manutenção ou de reintegração; no caso contrário, determinará que o autor justifique previamente o alegado, citando-se o réu para comparecer à audiência que for designada.

Parágrafo único. Contra as pessoas jurídicas de direito público não será deferida a manutenção ou a reintegração liminar sem prévia audiência dos respectivos representantes judiciais.

Art. 549. Julgada procedente a justificação, o juiz fará logo expedir mandado de manutenção ou de reintegração.

Art. 550. Concedido ou não o mandado liminar de manutenção ou de reintegração, o autor promoverá, nos cinco dias subsequentes, a citação do réu para contestar a ação.

Parágrafo único. Quando for ordenada a justificação prévia, o prazo para contestar será contado da intimação da decisão que deferir ou não a medida liminar.

Art. 551. Aplica-se, quanto ao mais, o procedimento comum.

Seção III
Do interdito proibitório

Art. 552. O possuidor direto ou indireto que tenha justo receio de ser molestado na posse poderá requerer ao juiz que o segure da turbação ou esbulho iminente, mediante mandado proibitório, em que se comine ao réu determinada pena pecuniária, caso transgrida o preceito.

Art. 553. Aplica-se ao interdito proibitório o disposto na Seção II deste Capítulo.

CAPÍTULO IV
DA AÇÃO DE DIVISÃO E DA DEMARCAÇÃO DE TERRAS PARTICULARES

Seção I
Disposições gerais

Art. 554. Cabe:

I – ao proprietário ação de demarcação, para obrigar o seu confinante a estremar os respectivos prédios, fixando-se novos limites entre eles ou aviventando-se os já apagados;

II – ao condômino a ação de divisão, para obrigar os demais consortes a estremar os quinhões.

Art. 555. É lícita a cumulação dessas ações, caso em que deverá processar-se primeiramente a demarcação total ou parcial da coisa comum, citando-se os confinantes e os condôminos.

Art. 556. A demarcação e a divisão poderão ser realizadas por escritura pública, desde que maiores, capazes e concordes todos os interessados, observando-se, no que couber, os dispositivos deste Capítulo.

Art. 557. Fixados os marcos da linha de demarcação, os confinantes considerar-se-ão terceiros quanto ao processo divisório; fica-lhes, porém, ressalvado o direito de vindicar os terrenos de que se julguem despojados por invasão das linhas limítrofes constitutivas do perímetro ou de reclamar indenização correspondente ao seu valor.

Art. 558. No caso do art. 557, serão citados para a ação todos os condôminos, se ainda não transitou em julgado a sentença homologatória da divisão, e todos os quinhoeiros dos terrenos vindicados, se proposta posteriormente.

Parágrafo único. Nesse último caso, a sentença que julga procedente a ação, condenando a restituir os terrenos ou a pagar a indenização, valerá como título executivo em favor dos quinhoeiros para haverem dos outros condôminos que forem parte na divisão ou de seus sucessores por título universal, na proporção que lhes tocar, a composição pecuniária do desfalque sofrido.

Art. 559. Tratando-se de imóvel georreferenciado, com averbação no Registro de Imóveis, pode o juiz dispensar a realização de prova pericial.

Seção II
Da demarcação

Art. 560. Na petição inicial, instruída com os títulos da propriedade, designar-se-á o imóvel pela situação e pela denominação, descrever-se-ão os limites por constituir, aviventar ou renovar e nomear-se-ão todos os confinantes da linha demarcanda.

Art. 561. Qualquer condômino é parte legítima para promover a demarcação do imóvel comum, requerendo a intimação dos demais para intervir no processo, querendo.

Art. 562. Os réus serão citados observando-se o disposto no art. 216. Frustrada a citação das pessoas domiciliadas na comarca onde

corre a demarcatória, estas serão citadas na forma dos arts. 218 e 225, e por edital, com prazo de vinte dias a dois meses, todas as demais pessoas residentes no Brasil ou no estrangeiro.
Art. 563. Feitas as citações, terão os réus o prazo comum de vinte dias para contestar.
Art. 564. Havendo contestação, observar-se-á o procedimento comum; não havendo, o juiz julgará antecipadamente a lide.
Art. 565. Em qualquer dos casos do artigo anterior, antes de proferir a sentença definitiva, o juiz nomeará um ou mais peritos para levantar o traçado da linha demarcanda.
Art. 566. Concluídos os estudos, os peritos apresentarão minucioso laudo sobre o traçado da linha demarcanda, considerando os títulos, os marcos, os rumos, a fama da vizinhança, as informações de antigos moradores do lugar e outros elementos que coligirem.
Art. 567. A sentença que julgar procedente o pedido determinará o traçado da linha demarcanda.
Parágrafo único. A sentença proferida na ação demarcatória determinará a restituição da área invadida, se houver, declarando o domínio ou a posse do prejudicado, ou uma e outra.
Art. 568. Transitada em julgado a sentença, o perito efetuará a demarcação e colocará os marcos necessários. Todas as operações serão consignadas em planta e memorial descritivo com as referências convenientes para a identificação, em qualquer tempo, dos pontos assinalados.
Art. 569. As plantas serão acompanhadas das cadernetas de operações de campo e do memorial descritivo, que conterá:
I – o ponto de partida, os rumos seguidos e a aviventação dos antigos com os respectivos cálculos;
II – os acidentes encontrados, as cercas, os valos, os marcos antigos, os córregos, os rios, as lagoas e outros;
III – a indicação minuciosa dos novos marcos cravados, dos antigos aproveitados, das culturas existentes e da sua produção anual;
IV – a composição geológica dos terrenos, bem como a qualidade e a extensão dos campos, das matas e das capoeiras;
V – as vias de comunicação;
VI – as distâncias a pontos de referência, tais como rodovias federais e estaduais, ferrovias, portos, aglomerações urbanas e polos comerciais;
VII – a indicação de tudo o mais que for útil para o levantamento da linha ou para a identificação da linha já levantada.
Art. 570. É obrigatória a colocação de marcos assim na estação inicial, dita marco primordial, como nos vértices dos ângulos, salvo se algum desses últimos pontos for assinalado por acidentes naturais de difícil remoção ou destruição.
Art. 571. A linha será percorrida pelos arbitradores, que examinarão os marcos e rumos, consignando em relatório escrito a exatidão do memorial e planta apresentados pelo agrimensor ou as divergências porventura encontradas.
Art. 572. Juntado aos autos o relatório dos peritos, o juiz determinará que as partes se manifestem sobre ele no prazo comum de vinte dias. Em seguida, executadas as correções e as retificações que o juiz determinar, lavrar-se-á o auto de demarcação em que os limites demarcandos serão minuciosamente descritos de acordo com o memorial e a planta.
Art. 573. Assinado o auto pelo juiz e pelos peritos, será proferida a sentença homologatória da demarcação.

Seção III
Da divisão

Art. 574. A petição inicial será instruída com os títulos de domínio do promovente e conterá:
I – a indicação da origem da comunhão e a denominação, a situação, os limites e as características do imóvel;
II – o nome, o estado civil, a profissão e a residência de todos os condôminos, especificando-se os estabelecidos no imóvel com benfeitorias e culturas;
III – as benfeitorias comuns.
Art. 575. Feitas as citações como preceitua o art. 562, prosseguir-se-á na forma dos arts. 563 e 564.
Art. 576. O juiz nomeará um ou mais peritos para promover a medição do imóvel e as operações de divisão.

Parágrafo único. O perito deverá indicar as vias de comunicação existentes, as construções e as benfeitorias, com a indicação dos seus valores e dos respectivos proprietários e ocupantes, as águas principais que banham o imóvel e quaisquer outras informações que possam concorrer para facilitar a partilha.
Art. 577. Todos os condôminos serão intimados a apresentar, dentro de dez dias, os seus títulos, se ainda não o tiverem feito, e a formular os seus pedidos sobre a constituição dos quinhões.
Art. 578. O juiz ouvirá as partes no prazo comum de vinte dias. Parágrafo único. Não havendo impugnação, o juiz determinará a divisão geodésica do imóvel; se houver, proferirá, no prazo de dez dias, decisão sobre os pedidos e os títulos que devam ser atendidos na formação dos quinhões.
Art. 579. Se qualquer linha do perímetro atingir benfeitorias permanentes dos confinantes feitas há mais de um ano, serão elas respeitadas, bem como os terrenos onde estiverem, os quais não se computarão na área dividenda.
Art. 580. Os confinantes do imóvel dividendo podem demandar a restituição dos terrenos que lhes tenham sido usurpados.
§1º Serão citados para a ação todos os condôminos, se ainda não transitou em julgado a sentença homologatória da divisão, e todos os quinhoeiros dos terrenos vindicados, se proposta posteriormente.
§2º Nesse último caso terão os quinhoeiros o direito, pela mesma sentença que os obrigar à restituição, a haver dos outros condôminos do processo divisório ou de seus sucessores a título universal a composição pecuniária proporcional ao desfalque sofrido.
Art. 581. Os peritos proporão, em laudo fundamentado, a forma da divisão, devendo consultar, quanto possível, a comodidade das partes, respeitar, para adjudicação a cada condômino, a preferência dos terrenos contíguos às suas residências e benfeitorias e evitar o retalhamento dos quinhões em glebas separadas.
Art. 582. Ouvidas as partes, no prazo comum de dez dias, sobre o cálculo e o plano da divisão, o juiz deliberará a partilha. Em cumprimento dessa decisão, o perito procederá a demarcação dos quinhões, observando, além do disposto nos arts. 570 e 571, as seguintes regras:
I – as benfeitorias comuns que não comportarem divisão cômoda serão adjudicadas a um dos condôminos mediante compensação;
II – instituir-se-ão as servidões que forem indispensáveis em favor de uns quinhões sobre os outros, incluindo o respectivo valor no orçamento para que, não se tratando de servidões naturais, seja compensado o condômino aquinhoado com o prédio serviente;
III – as benfeitorias particulares dos condôminos que excederem à área a que têm direito serão adjudicadas ao quinhoeiro vizinho mediante reposição;
IV – se outra coisa não acordarem as partes, as compensações e as reposições serão feitas em dinheiro.
Art. 583. Terminados os trabalhos e desenhados na planta os quinhões e as servidões aparentes, o perito organizará o memorial descritivo. Em seguida, cumprido o disposto no art. 572, o escrivão lavrará o auto de divisão, seguido de uma folha de pagamento para cada condômino. Assinado o auto pelo juiz e pelo perito, será proferida sentença homologatória da divisão.
§1º O auto conterá:
I – a confinação e a extensão superficial do imóvel;
II – a classificação das terras com o cálculo das áreas de cada consorte e a respectiva avaliação ou a avaliação do imóvel na sua integridade, quando a homogeneidade das terras não determinar diversidade de valores;
III – o valor e a quantidade geométrica que couber a cada condômino, declarando-se as reduções e as compensações resultantes da diversidade de valores das glebas componentes de cada quinhão.
§2º Cada folha de pagamento conterá:
I – a descrição das linhas divisórias do quinhão, mencionadas as confinantes;
II – a relação das benfeitorias e das culturas do próprio quinhoeiro e das que lhe foram adjudicadas por serem comuns ou mediante compensação;

III – a declaração das servidões instituídas, especificados os lugares, a extensão e o modo de exercício.
Art. 584. Aplica-se às divisões o disposto nos arts. 561 a 564.

CAPÍTULO V
DA AÇÃO DE DISSOLUÇÃO PARCIAL DE SOCIEDADE

Art. 585. A ação de dissolução parcial de sociedade pode ter por objeto:
I – a resolução da sociedade empresária contratual ou simples em relação ao sócio falecido, excluído ou que exerceu o direito de retirada ou recesso; e
II – a apuração dos haveres do sócio falecido, excluído ou que exerceu o direito de retirada; ou
III – somente a resolução ou a apuração de haveres.
Parágrafo único. A petição inicial será necessariamente instruída com o contrato social.
Art. 586. A ação pode ser proposta:
I – pelo espólio do sócio falecido, quando a totalidade dos sucessores não ingressar na sociedade;
II – pelos sucessores, após concluída a partilha do sócio falecido;
III – pelos sócios sobreviventes, se não admitirem o ingresso do espólio ou dos sucessores do falecido na sociedade, quando esse direito decorrer do contrato social;
IV – pelo sócio que exerceu o direito de retirada ou recesso, se não tiver sido providenciada, pelos demais sócios, a alteração contratual formalizando o desligamento, depois de transcorridos dez dias do exercício do direito;
V – pela sociedade, nos casos em que a lei não autoriza a exclusão extrajudicial; ou
VI – pelo sócio excluído.
Parágrafo único. O cônjuge ou companheiro do sócio cujo casamento, união estável ou convivência terminou poderá requerer a apuração de seus haveres na sociedade. Os haveres assim apurados serão pagos à conta da quota social titulada por este sócio.
Art. 587. O juiz determinará à sociedade ou aos sócios que nela permanecerem que depositem em juízo a parte incontroversa dos haveres devidos.
§1º O depósito poderá ser, desde logo, levantando pelo ex-sócio, pelo espólio ou pelos seus sucessores.
§2º Se o contrato social estabelecer o pagamento dos haveres, será observando o que nele se dispôs no depósito judicial da parte incontroversa.
Art. 588. Os sócios e a sociedade serão citados para, no prazo de quinze dias, concordarem com o pedido ou apresentarem contestação.
§1º A sociedade não será citada se todos os seus sócios o forem, mas ficará sujeita aos efeitos da decisão e à coisa julgada.
§2º A sociedade poderá formular pedido de indenização compensável com o valor dos haveres a apurar.
Art. 589. Havendo manifestação expressa e unânime pela concordância da dissolução, o juiz a decretará, passando-se imediatamente à fase de liquidação.
§1º Na hipótese prevista no *caput*, não haverá condenação em honorários advocatícios de quaisquer das partes.
§2º Havendo contestação, observar-se-á o procedimento comum.
Art. 590. Para apuração dos haveres, o juiz:
I – fixará a data da resolução da sociedade;
II – definirá o critério de apuração dos haveres à vista do disposto no contrato social; e
III – nomeará o perito.
Art. 591. A data da resolução da sociedade será:
I – no caso de falecimento do sócio, a do óbito;
II – na retirada imotivada, o sexagésimo dia seguinte ao do recebimento, pela sociedade, da notificação do sócio retirante;
III – no recesso, o dia do recebimento, pela sociedade da notificação do sócio dissidente; e
IV – na retirada por justa causa de sociedade por prazo determinado e na exclusão judicial de sócio, a do trânsito em julgado da decisão que dissolver a sociedade.
Art. 592. Em caso de omissão do contrato social, o juiz definirá, como critério de apuração de haveres, o valor patrimonial apurado em balanço de determinação, tomando-se por referência a data da

resolução e avaliando-se bens e direitos do ativo a preço de saída.

§1º Para elaboração da perícia, o juiz nomeará, preferencialmente, perito contabilista.

§2º Se o contrato social estabelecer como critério o valor econômico da sociedade ou outro fundado em projeção de resultados futuros, a nomeação recairá preferencialmente sobre especialista, em avaliação de sociedades.

§3º Os honorários do perito nomeado serão arcados pelos sócios, na proporção de sua participação no capital social da sociedade.

Art. 593. A data da resolução e o critério de apuração de haveres podem ser revistos pelo juiz, a pedido da parte, a qualquer tempo antes do início da perícia.

Art. 594. Até a data da resolução, integra o valor devido ao ex-sócio, ao espólio ou aos seus sucessores a participação nos lucros ou os juros sobre o capital próprio declarados pela sociedade e, se for o caso, a remuneração como administrador.

Parágrafo único. Após a data da resolução, o ex-sócio, o espólio ou seus sucessores terão direito apenas à correção monetária dos valores apurados e aos juros contratuais ou legais.

Art. 595. Apurados os haveres do sócio retirante, serão os mesmos pagos conforme disciplinar o contrato social e, no silêncio deste, nos termos do artigo 1.031 do Código Civil.

CAPÍTULO VI
DO INVENTÁRIO E DA PARTILHA

Seção I
Disposições gerais

Art. 596. Havendo testamento ou interessado incapaz, proceder-se-á ao inventário judicial; se todos forem capazes e concordes, o inventário e a partilha poderão ser feitos o inventário e a partilha por escritura pública, a qual constituirá documento hábil para qualquer ato de registro, bem assim para levantamento de importância depositada em instituições financeiras.

§1º O tabelião somente lavrará a escritura pública se todas as partes interessadas estiverem assistidas por advogado comum ou advogados de cada uma delas ou por defensor público, cuja qualificação e assinatura constarão do ato notarial.

§2º A escritura e os demais atos notariais serão gratuitos àqueles que se declararem hipossuficientes economicamente, na forma e sob as penas da lei.

Art. 597. O processo de inventário e de partilha deve ser aberto dentro de dois meses a contar da abertura da sucessão, ultimando-se nos doze meses subsequentes, podendo o juiz prorrogar esses prazos, de ofício ou a requerimento de parte.

Art. 598. O juiz decidirá todas as questões de direito desde que os fatos relevantes estejam provados por documento, só remetendo para os meios ordinários as questões que dependerem de outras provas.

Art. 599. Até que o inventariante preste o compromisso, continuará o espólio na posse do administrador provisório.

Art. 600. O administrador provisório representa ativa e passivamente o espólio, é obrigado a trazer ao acervo os frutos que desde a abertura da sucessão percebeu, tem direito ao reembolso das despesas necessárias e úteis que fez e responde pelo dano a que, por dolo ou culpa, der causa.

Seção II
Da legitimidade para requerer o inventário

Art. 601. O requerimento de inventário e partilha incumbe a quem estiver na posse e na administração do espólio, no prazo estabelecido no art. 597

Parágrafo único. O requerimento será instruído com a certidão de óbito do autor da herança.

Art. 602. Têm, contudo, legitimidade concorrente:

I – o cônjuge ou companheiro supérstite;

II – o herdeiro;

III – o legatário;

IV – o testamenteiro;

V – o cessionário do herdeiro ou do legatário;

VI – o credor do herdeiro, do legatário ou do autor da herança;

VII – o Ministério Público, havendo herdeiros incapazes;

VIII – a Fazenda Pública, quando tiver interesse.

Seção III
Do inventariante e das primeiras declarações

Art. 603. O juiz nomeará inventariante na seguinte ordem:
I – o cônjuge ou companheiro sobrevivente, desde que estivesse convivendo com o outro ao tempo da morte deste;
II – o herdeiro que se achar na posse e administração do espólio, se não houver cônjuge ou companheiro sobrevivente ou estes não puderem ser nomeados;
III – o cônjuge sobrevivente, qualquer que seja o regime do casamento;
IV – qualquer herdeiro, quando nenhum deles estiver na posse e na administração do espólio;
V – o herdeiro menor, por seu representante legal;
VI – o testamenteiro, se lhe foi confiada a administração do espólio ou toda a herança estiver distribuída em legados;
VII – o cessionário do herdeiro ou do legatário;
VIII – o inventariante judicial, se houver;
IX – a pessoa estranha idônea, quando não houver inventariante judicial.
Parágrafo único. O inventariante, intimado da nomeação, prestará, dentro de cinco dias, o compromisso de bem e fielmente desempenhar o cargo.
Art. 604. Incumbe ao inventariante:
I – representar o espólio ativa e passivamente, em juízo ou fora dele, observando-se, quanto ao dativo, o disposto no art. 75, §1º;
II – administrar o espólio, velando-lhe os bens com a mesma diligência como se seus fossem;
III – prestar as primeiras e as últimas declarações pessoalmente ou por procurador com poderes especiais;
IV – exibir em cartório, a qualquer tempo, para exame das partes, os documentos relativos ao espólio;
V – juntar aos autos certidão do testamento, se houver;
VI – trazer à colação os bens recebidos pelo herdeiro ausente, renunciante ou excluído;
VII – prestar contas de sua gestão ao deixar o cargo ou sempre que o juiz lhe determinar;
VIII – requerer a declaração de insolvência.
Art. 605. Incumbe ainda ao inventariante, ouvidos os interessados e com autorização do juiz:
I – alienar bens de qualquer espécie;
II – transigir em juízo ou fora dele;
III – pagar dívidas do espólio;
IV – fazer as despesas necessárias com a conservação e o melhoramento dos bens do espólio.
Art. 606. Dentro de vinte dias contados da data em que prestou o compromisso, o inventariante fará as primeiras declarações, das quais se lavrará termo circunstanciado. No termo, assinado pelo juiz, pelo escrivão e pelo inventariante, serão exarados:
I – o nome, o estado, a idade e o domicílio do autor da herança, o dia e o lugar em que faleceu e bem ainda se deixou testamento;
II – o nome, o estado, a idade e a residência dos herdeiros e, havendo cônjuge ou companheiro supérstite, o regime de bens do casamento;
III – a qualidade dos herdeiros e o grau de seu parentesco com o inventariado;
IV – a relação completa e individualizada de todos os bens do espólio, inclusive aqueles que devem ser conferidos à colação e dos alheios que nele forem encontrados, descrevendo-se:
a) os imóveis, com as suas especificações, nomeadamente local em que se encontram, extensão da área, limites, confrontações, benfeitorias, origem dos títulos, números das matrículas e ônus que os gravam;
b) os móveis, com os sinais característicos;
c) os semoventes, seu número, espécies, marcas e sinais distintivos;
d) o dinheiro, as joias, os objetos de ouro e prata e as pedras preciosas, declarando-se-lhes especificadamente a qualidade, o peso e a importância;
e) os títulos da dívida pública, bem como as ações, as quotas e os títulos de sociedade, mencionando-se-lhes o número, o valor e a data;
f) as dívidas ativas e passivas, indicando-se-lhes as datas, os títulos, a origem da obrigação, bem como os nomes dos credores e dos devedores;
g) direitos e ações;
h) o valor corrente de cada um dos bens do espólio.

§1º O juiz determinará que se proceda:
I – ao balanço do estabelecimento, se o autor da herança era empresário individual;
II – à apuração de haveres, se o autor da herança era sócio de sociedade que não anônima.
§2º As declarações podem ser prestadas mediante petição, firmada por procurador com poderes especiais, à qual o termo se reportará.
Art. 607. Só se pode arguir de sonegação ao inventariante depois de encerrada a descrição dos bens, com a declaração, por ele feita, de não existirem outros por inventariar.
Art. 608. O inventariante será removido:
I – se não prestar, no prazo legal, as primeiras e as últimas declarações;
II – se não der ao inventário andamento regular, suscitar dúvidas infundadas ou praticar atos meramente protelatórios;
III – se, por culpa sua, se deteriorarem, forem dilapidados ou sofrerem dano bens do espólio;
IV – se não defender o espólio nas ações em que for citado, deixar de cobrar dívidas ativas ou não promover as medidas necessárias para evitar o perecimento de direitos;
V – se não prestar contas ou as que prestar não forem julgadas boas;
VI – se sonegar, ocultar ou desviar bens do espólio.
Art. 609. Requerida a remoção com fundamento em qualquer dos incisos do art. 608, será intimado o inventariante para, no prazo de quinze dias, defender-se e produzir provas.
Parágrafo único. O incidente da remoção correrá em apenso aos autos do inventário.
Art. 610. Decorrido o prazo com a defesa do inventariante ou sem ela, o juiz decidirá. Se remover o inventariante, nomeará outro, observada a ordem estabelecida no art. 603.
Art. 611. O inventariante removido entregará imediatamente ao substituto os bens do espólio; deixando de fazê-lo, será compelido mediante mandado de busca e apreensão ou de imissão na posse, conforme se tratar de bem móvel ou imóvel, sem prejuízo da multa a ser fixada pelo juiz em montante não superior a três por cento do valor dos bens inventariados.

Seção IV
Das citações e das impugnações

Art. 612. Feitas as primeiras declarações, o juiz mandará citar, para os termos do inventário e da partilha, o cônjuge, o companheiro, os herdeiros, os legatários, a Fazenda Pública, o Ministério Público, se houver herdeiro incapaz ou ausente, e o testamenteiro, se o finado deixou testamento.
§1º Serão citados conforme o disposto no art. 216, o cônjuge ou o companheiro, o herdeiro e o legatário. Frustrada a citação das pessoas domiciliadas na comarca onde corre o inventário, estas serão citadas na forma dos arts. 218 e 225, e por edital, com prazo de vinte dias a dois meses, todas as demais residentes no Brasil como no estrangeiro.
§2º Das primeiras declarações extrair-se-ão tantas cópias quantas forem as partes.
§3º A citação será acompanhada de cópia das primeiras declarações.
§4º Incumbe ao escrivão remeter cópias à Fazenda Pública, ao Ministério Público, ao testamenteiro, se houver, e ao advogado, se a parte já estiver representada nos autos.
Art. 613. Concluídas as citações, abrir-se-á vista às partes, em cartório e pelo prazo comum de dez dias, para se manifestarem sobre as primeiras declarações. Cabe à parte:
I – arguir erros, omissões e sonegações de bens;
II – reclamar contra a nomeação do inventariante;
III – contestar a qualidade de quem foi incluído no título de herdeiro.
§1º Julgando procedente a impugnação referida no inciso I, o juiz mandará retificar as primeiras declarações.
§2º Se acolher o pedido de que trata o inciso II, o juiz nomeará outro inventariante, observada a preferência legal.
§3º Verificando que a disputa sobre a qualidade de herdeiro a que alude o inciso III demanda produção de provas que não a documental, o juiz remeterá a parte para os meios ordinários e sobrestará,

até o julgamento da ação, a entrega do quinhão que na partilha couber ao herdeiro admitido.
Art. 614. Aquele que se julgar preterido poderá demandar a sua admissão no inventário, requerendo-o antes da partilha.
§1º Ouvidas as partes no prazo de dez dias, o juiz decidirá.
§2º Se para solução da questão for necessária a produção de provas que não a documental, remeterá o requerente para os meios ordinários, mandando reservar, em poder do inventariante, o quinhão do herdeiro excluído até que se decida o litígio.
Art. 615. A Fazenda Pública, no prazo de vinte dias, após a vista de que trata o art. 613, informará ao juízo, de acordo com os dados que constam de seu cadastro imobiliário, o valor dos bens de raiz descritos nas primeiras declarações.

Seção V
Da avaliação e do cálculo do imposto

Art. 616. Findo o prazo do art. 613, sem impugnação ou decidida a que houver sido oposta, o juiz nomeará, se for o caso, um perito para avaliar os bens do espólio, se não houver na comarca avaliador judicial.
Parágrafo único. No caso previsto no art. 606, §1º, o juiz nomeará um contador para levantar o balanço ou apurar os haveres.
Art. 617. Ao avaliar os bens do espólio, o perito observará, no que for aplicável, o disposto nos arts. 827 e 828.
Art. 618. Não se expedirá carta precatória para a avaliação de bens situados fora da comarca onde corre o inventário, se eles forem de pequeno valor ou perfeitamente conhecidos do perito nomeado.
Art. 619. Sendo capazes todas as partes, não se procederá à avaliação, se a Fazenda Pública, intimada pessoalmente, concordar expressamente com o valor atribuído, nas primeiras declarações, aos bens do espólio.
Art. 620. Se os herdeiros concordarem com o valor dos bens declarados pela Fazenda Pública, a avaliação cingir-se-á aos demais.
Art. 621. Entregue o laudo de avaliação, o juiz mandará que as partes se manifestem sobre ele no prazo de dez dias, que correrá em cartório.
§1º Versando a impugnação sobre o valor dado pelo perito, o juiz a decidirá de plano, à vista do que constar dos autos.
§2º Julgando procedente a impugnação, o juiz determinará que o perito retifique a avaliação, observando os fundamentos da decisão.
Art. 622. Aceito o laudo ou resolvidas as impugnações suscitadas a seu respeito, lavrar-se-á em seguida o termo de últimas declarações, no qual o inventariante poderá emendar, aditar ou completar as primeiras.
Art. 623. Ouvidas as partes sobre as últimas declarações no prazo comum de dez dias, proceder-se-á ao cálculo do tributo.
Art. 624. Feito o cálculo, sobre ele serão ouvidas todas as partes no prazo comum de cinco dias, que correrá em cartório e, em seguida, a Fazenda Pública.
§1º Se houver impugnação julgada procedente, o juiz ordenará nova remessa dos autos ao contador, determinando as alterações que devam ser feitas no cálculo.
§2º Cumprido o despacho, o juiz julgará o cálculo do tributo.

Seção VI
Das Colações

Art. 625. No prazo estabelecido no art. 613, o herdeiro obrigado à colação conferirá por termo nos autos ou por petição à qual o termo se reportará os bens que recebeu ou, se já não os possuir, trar-lhes-á o valor.
Parágrafo único. Os bens que devem ser conferidos na partilha, assim como as acessões e as benfeitorias que o donatário fez, calcular-se-ão pelo valor que tiverem ao tempo da abertura da sucessão.
Art. 626. O herdeiro que renunciou à herança ou o que dela foi excluído não se exime, pelo fato da renúncia ou da exclusão, de conferir, para
o efeito de repor a parte inoficiosa, as liberalidades que houve do doador.
§1º É lícito ao donatário escolher, dos bens doados, tantos quantos bastem para perfazer a legítima e a metade disponível, entrando na partilha o excedente para ser dividido entre os demais herdeiros.
§2º Se a parte inoficiosa da doação recair sobre bem imóvel que não comporte

divisão cômoda, o juiz determinará que sobre ela se proceda entre os herdeiros à licitação; o donatário poderá concorrer na licitação e, em igualdade de condições, preferirá aos herdeiros.

Art. 627. Se o herdeiro negar o recebimento dos bens ou a obrigação de os conferir, o juiz, ouvidas as partes no prazo comum de cinco dias, decidirá à vista das alegações e das provas produzidas.

§1º Declarada improcedente a oposição, se o herdeiro, no prazo improrrogável de cinco dias, não proceder à conferência, o juiz mandará sequestrar-lhe, para serem inventariados e partilhados, os bens sujeitos à colação ou imputar ao seu quinhão hereditário o valor deles, se já os não possuir.

§2º Se a matéria exigir dilação probatória diversa da documental, o juiz remeterá as partes para os meios ordinários, não podendo o herdeiro receber o seu quinhão hereditário, enquanto pender a demanda, sem prestar caução correspondente ao valor dos bens sobre que versar a conferência.

Seção VII
Do pagamento das dívidas

Art. 628. Antes da partilha, poderão os credores do espólio requerer ao juízo do inventário o pagamento das dívidas vencidas e exigíveis.

§1º A petição, acompanhada de prova literal da dívida, será distribuída por dependência e autuada em apenso aos autos do processo de inventário.

§2º Concordando as partes com o pedido, o juiz, ao declarar habilitado o credor, mandará que se faça a separação de dinheiro ou, em sua falta, de bens suficientes para o seu pagamento.

§3º Separados os bens, tantos quantos forem necessários para o pagamento dos credores habilitados, o juiz mandará aliená-los, observando-se as disposições deste Código relativas à expropriação.

§4º Se o credor requerer que, em vez de dinheiro, lhe sejam adjudicados, para o seu pagamento, os bens já reservados, o juiz deferir-lhe-á o pedido, concordando todas as partes.

§5º Os donatários serão chamados a pronunciar-se sobre a aprovação das dívidas, sempre que haja possibilidade de resultar delas a redução das liberalidades.

Art. 629. Não havendo concordância de todas as partes sobre o pedido de pagamento feito pelo credor, será ele remetido para os meios ordinários.

Parágrafo único O juiz mandará, porém, reservar em poder do inventariante bens suficientes para pagar o credor quando a dívida constar de documento que comprove suficientemente a obrigação e a impugnação não se fundar em quitação.

Art. 630. O credor de dívida líquida e certa, ainda não vencida, pode requerer habilitação no inventário. Concordando as partes com o pedido, o juiz, ao julgar habilitado o crédito, mandará que se faça separação de benspara o futuro pagamento.

Art. 631. O legatário é parte legítima para se manifestar sobre as dívidas do espólio:

I – quando toda a herança for dividida em legados;

II – quando o reconhecimento das dívidas importar redução dos legados.

Art. 632. Sem prejuízo do disposto no art. 816, é lícito aos herdeiros, ao separarem bens para o pagamento de dívidas, autorizar que o inventariante os nomeie à penhora no processo em que o espólio for executado.

Seção VIII
Da Partilha

Art. 633. Cumprido o disposto no art. 628, §3º, o juiz facultara às partes que, no prazo comum de dez dias, formulem o pedido de quinhão; em seguida proferirá, no prazo de dez dias, o despacho de deliberação da partilha, resolvendo os pedidos das partes e designando os bens que devam constituir quinhão de cada herdeiro e legatário.

Parágrafo único. O juiz poderá, em decisão fundamentada, deferir antecipadamente a qualquer dos herdeiros o exercício dos direitos de usar e fruir de determinado bem, com a condição de que, ao término do inventário, tal bem integre a cota desse herdeiro. Desde o deferimento do exercício dos direitos de usar e fruir do bem, cabe ao herdeiro beneficiado todos os ônus e bônus decorrentes do exercício daqueles direitos.

Art. 634. Na partilha, serão observadas as seguintes regras:

I – a maior igualdade possível, seja quanto ao valor, seja quanto à natureza e à qualidade dos bens;

II – a prevenção de litígios futuros;

III – a maior comodidade dos co-herdeiros, do cônjuge ou do companheiro, se for o caso.

Art. 635. Os bens insuscetíveis de divisão cômoda que não couberem na parte do cônjuge ou companheiro supérstite ou no quinhão de um só herdeiro serão licitados entre os interessados ou vendidos judicialmente, partilhando-se o valor apurado, a não ser que haja acordo para serem adjudicados a todos.

Art. 636. Se um dos interessados for nascituro, o quinhão que lhe caberá será reservado em poder do inventariante até o seu nascimento.

Art. 637. O partidor organizará o esboço da partilha de acordo com a decisão, observando nos pagamentos a seguinte ordem:

I – dívidas atendidas;

II – meação do cônjuge;

III – meação disponível;

IV – quinhões hereditários, a começar pelo co-herdeiro mais velho.

Art. 638. Feito o esboço, as partes se manifestarão sobre ele no prazo comum de cinco dias. Resolvidas as reclamações, a partilha será lançada nos autos.

Art. 639. A partilha constará:

I – de um auto de orçamento, que mencionará:

a) os nomes do autor da herança, do inventariante, do cônjuge ou companheiro supérstite, dos herdeiros, dos legatários e dos credores admitidos;

b) o ativo, o passivo e o líquido partível, com as necessárias especificações;

c) o valor de cada quinhão;

II – de uma folha de pagamento para cada parte, declarando a quota a pagar-lhe, a razão do pagamento, a relação dos bens que lhe compõem o quinhão, as características que os individualizam e os ônus que os gravam.

Parágrafo único. O auto e cada uma das folhas serão assinados pelo juiz e pelo escrivão.

Art. 640. Pago o imposto de transmissão a título de morte e juntada aos autos certidão ou informação negativa de dívida para com a Fazenda Pública, o juiz julgará por sentença a partilha.

Parágrafo único. A existência de dívida para com a Fazenda Pública não impedirá o julgamento da partilha, desde que o seu pagamento esteja devidamente garantido.

Art. 641. Transitada em julgado a sentença mencionada no art. 640, receberá o herdeiro os bens que lhe tocarem e um formal de partilha, do qual constarão as seguintes peças:

I – termo de inventariante e título de herdeiros;

II – avaliação dos bens que constituíram o quinhão do herdeiro;

III – pagamento do quinhão hereditário;

IV – quitação dos impostos;

V – sentença.

Parágrafo único. O formal de partilha poderá ser substituído por certidão do pagamento do quinhão hereditário, quando este não exceder acinco vezes o salário mínimo; caso em que se transcreverá nela a sentença departilha transitada em julgado.

Art. 642. A partilha, mesmo depois de transitada em julgado a sentença, pode ser emendada nos mesmos autos do inventário, convindo todas as partes, quando tenha havido erro de fato na descrição dos bens; o juiz, de ofício ou a requerimento da parte, poderá, a qualquer tempo, corrigir-lhe as inexatidões materiais.

Art. 643. A partilha amigável, lavrada em instrumento público, reduzida a termo nos autos do inventário ou constante de escrito particular homologado pelo juiz, pode ser anulada, por dolo, coação, erro essencial ou intervenção de incapaz.

Parágrafo único. O direito de propor ação anulatória de partilha amigável prescreve em um ano, contado esse prazo:

I – no caso de coação, do dia em que ela cessou;

II – no de erro ou dolo, do dia em que se realizou o ato;

III – quanto ao incapaz, do dia em que cessar a incapacidade.

Art. 644. É rescindível a partilha julgada por sentença:

I – nos casos mencionados no art. 640;
II – se feita com preterição de formalidades legais;
III – se preteriu herdeiro ou incluiu quem não o seja.

Seção IX
Do arrolamento

Art. 645. A partilha amigável, celebrada entre partes capazes, nos termos da lei, será homologada de plano pelo juiz, com observância dos arts. 646 a 649.
§1º O disposto neste artigo aplica-se, também, ao pedido de adjudicação, quando houver herdeiro único.
§2º Transitada em julgado a sentença de homologação de partilha ou adjudicação, será lavrado o respectivo formal, bem como expedidos os alvarás referentes aos bens e rendas por ele abrangidos, intimando-se o fisco para lançamento administrativo do imposto de transmissão e de outros tributos porventura incidentes, conforme dispuser a legislação tributária, não ficando as autoridades fazendárias adstritas aos valores dos bens do espólio atribuídos pelos herdeiros.
Art. 646. Na petição de inventário, que se processará na forma de arrolamento sumário, independentemente da lavratura de termos de qualquer espécie, os herdeiros:
I – requererão ao juiz a nomeação do inventariante que designarem;
II – declararão os títulos dos herdeiros e os bens do espólio, observado o disposto no art. 606;
III – atribuirão o valor dos bens do espólio, para fins de partilha.
Art. 647. Ressalvada a hipótese prevista no parágrafo único do art. 649, não se procederá à avaliação dos bens do espólio para qualquer finalidade.
Art. 648. No arrolamento, não serão conhecidas ou apreciadas questões relativas ao lançamento, ao pagamento ou à quitação de taxas judiciárias e de tributos incidentes sobre a transmissão da propriedade dos bens do espólio.
§1º A taxa judiciária, se devida, será calculada com base no valor atribuído pelos herdeiros, cabendo ao Fisco, se apurar em processo administrativo valor diverso do estimado, exigir a eventual diferença pelos meios adequados ao lançamento de créditos tributários em geral.
§2º O imposto de transmissão será objeto de lançamento administrativo, conforme dispuser a legislação tributária, não ficando as autoridades fazendárias adstritas aos valores dos bens do espólio atribuídos pelos herdeiros.
Art. 649. A existência de credores do espólio não impedirá a homologação da partilha ou da adjudicação, se forem reservados bens suficientes para o pagamento da dívida.
Parágrafo único. A reserva de bens será realizada pelo valor estimado pelas partes, salvo se o credor, regularmente notificado, impugnar a estimativa, caso em que se promoverá a avaliação dos bens a serem reservados.
Art. 650. Quando o valor dos bens do espólio for igual ou inferior a mil salários mínimos, o inventário se processará na forma de arrolamento, cabendo ao inventariante nomeado, independentemente da assinatura de termo de compromisso, apresentar, com suas declarações, a atribuição do valor dos bens do espólio e o plano da partilha.
§1º Se qualquer das partes ou o Ministério Público impugnar a estimativa, o juiz nomeará um avaliador, que oferecerá laudo em dez dias.
§2º Apresentado o laudo, o juiz, em audiência que designar, deliberará sobre a partilha, decidindo de plano todas as reclamações e mandando pagar as dívidas não impugnadas.
§3º Lavrar-se-á de tudo um só termo, assinado pelo juiz, pelo inventariante e pelas partes presentes ou seus advogados.
§4º Aplicam-se a essa espécie de arrolamento, no que couberem, as disposições do art. 648, relativamente ao lançamento, ao pagamento e à quitação da taxa judiciária e do imposto sobre a transmissão da propriedade dos bens do espólio.
§5º Provada a quitação dos tributos relativos aos bens do espólio e às suas rendas, o juiz julgará a partilha.
Art. 651. Processar-se-á também na forma do art. 650 o inventário, ainda que haja interessado incapaz, desde que concordem todas as partes e o Ministério Público.

Art. 652. Independerá de inventário ou arrolamento o pagamento dos valores previstos na Lei n. 6.858, de 24 de novembro de 1980.
Art. 653. Aplicam-se subsidiariamente a esta Seção as disposições das Seções VII e VIII.

Seção X
Das disposições comuns a todas as Seções deste Capítulo

Art. 654. Cessa a eficácia das medidas cautelares previstas nas Seções deste Capítulo:
I – se a ação não for proposta em trinta dias contados da data em que da decisão foi intimado o impugnante, o herdeiro excluído ou o credor não admitido;
II – se o juiz declarar extinto o processo de inventário com ou sem resolução de mérito.
Art. 655. Ficam sujeitos à sobrepartilha os bens:
I – sonegados;
II – da herança que se descobrirem depois da partilha;
III – litigiosos, assim como os de liquidação difícil ou morosa;
IV – situados em lugar remoto da sede do juízo onde se processa o inventário.
Parágrafo único. Os bens mencionados nos incisos III e IV serão reservados à sobrepartilha sob a guarda e a administração do mesmo ou de diverso inventariante, a consentimento da maioria dos herdeiros.
Art. 656. Observar-se-á na sobrepartilha dos bens o processo de inventário e partilha.
Parágrafo único. A sobrepartilha correrá nos autos do inventário do autor da herança.
Art. 657. O juiz dará curador especial:
I – ao ausente, se o não tiver;
II – ao incapaz, se concorrer na partilha com o seu representante, desde que exista colisão de interesses.
Art. 658. É lícita a cumulação de inventários para a partilha de heranças de pessoas diversas quando haja:
I – identidade de pessoas por quem devam ser repartidos os bens;
II – heranças deixadas pelos dois cônjuges ou companheiros;
III – dependência de uma das partilhas em relação à outra.
Parágrafo único. No caso previsto no inciso III, se a dependência for parcial, por haver outros bens, o juiz pode ordenar a tramitação separada, se melhor convier ao interesse das partes ou à celeridade processual.
Art. 659. Nos casos previstos no art. 658, inciso II, prevalecerão as primeiras declarações, assim como o laudo de avaliação, salvo se se alterou o valor dos bens.

CAPÍTULO VII
DOS EMBARGOS DE TERCEIRO

Art. 660. Quem, não sendo parte no processo, sofrer constrição sobre bens que possua ou sobre os quais tenha direito incompatível com o ato constritivo, poderá requerer o seu desfazimento por meio de embargos de terceiro.
§1º Os embargos podem ser de terceiro proprietário e possuidor ou apenas proprietário.
§2º Considera-se terceiro, para ajuizamento dos embargos:
I – o cônjuge ou companheiro quando defende a posse de bens próprios ou de sua meação, salvo no caso do art. 799, parágrafo único;
II – o adquirente de bens que foram constritos em razão da decretação de fraude à execução;
III – quem sofre constrição judicial de seus bens por força de desconsideração da personalidade jurídica e que não é parte no processo em que realizado o ato constritivo;
IV – o credor com garantia real para obstar expropriação judicial do objeto de direito real de garantia, caso não tenha sido intimado, nos termos legais dos atos expropriatórios respectivos.
Art. 661. Os embargos podem ser opostos a qualquer tempo no processo de conhecimento enquanto não transitada em julgado a sentença, e, no processo de execução, até cinco dias depois da adjudicação, alienação por iniciativa particular ou da arrematação, mas sempre antes da assinatura da respectiva carta.

Art. 662. Os embargos serão distribuídos por dependência e correrão em autos distintos perante o mesmo juízo que ordenou a apreensão.

Parágrafo único. Nos casos de ato de constrição realizado por carta, os embargos serão oferecidos no juízo deprecado, salvo se o bem constrito tiver sido determinado pelo juízo deprecante ou se a carta já tiver sido devolvida.

Art. 663. Na petição inicial, o embargante fará a prova sumária de sua posse ou domínio e a qualidade de terceiro, oferecendo documentos e rol de testemunhas.

§1º É facultada a prova da posse em audiência preliminar designada pelo juiz.

§2º O possuidor direto pode alegar, com a sua posse, domínio alheio.

§3º A citação será pessoal, se o embargado não tiver procurador constituído nos autos da ação principal.

§4º Será legitimado passivo o sujeito a quem o ato de constrição aproveita. Também o será seu adversário no processo principal quando for sua a indicação do bem para a constrição judicial.

Art. 664. A decisão que reconhecer suficientemente provada a posse determinará a suspensão das medidas constritivas sobre os bens litigiosos, objeto dos embargos, bem como a manutenção ou a restituição provisória da posse, se o embargante a houver requerido.

Parágrafo único. O juiz poderá condicionar a ordem de manutenção ou restituição provisória de posse à prestação de caução pelo requerente.

Art. 665. Os embargos poderão ser contestados no prazo de quinze dias, findo o qual se seguirá o procedimento comum.

Art. 666. Contra os embargos do credor com garantia real, o embargado somente poderá alegar que:

I – o devedor comum é insolvente;

II – o título é nulo ou não obriga a terceiro;

III – outra é a coisa dada em garantia.

Art. 667. Acolhido o pedido inicial, o ato de indevida constrição judicial será cancelado, com a manutenção da posse ou restituição definitiva do bem ou direito ao embargante.

CAPÍTULO VIII
DA HABILITAÇÃO

Art. 668. A habilitação tem lugar quando, por falecimento de qualquer das partes, os interessados houverem de suceder-lhe no processo.

Art. 669. A habilitação pode ser requerida:

I – pela parte, em relação aos sucessores do falecido;

II – pelos sucessores do falecido, em relação à parte.

Art. 670. Proceder-se-á à habilitação nos autos da causa principal e na instância em que ela se encontrar, cuja suspensão será determinada.

Art. 671. Recebida a petição, o juiz ordenará a citação dos requeridos para se pronunciarem no prazo de cinco dias.

Parágrafo único. A citação será pessoal, se a parte não tiver procurador constituído nos autos.

Art. 672. Se o pedido de habilitação for impugnado e houver necessidade de dilação probatória diversa da documental, o juiz determinará que o pedido seja autuado em apenso e disporá sobre a instrução. Caso contrário, decidirá imediatamente.

Art. 673. Transitada em julgado a sentença de habilitação, a causa principal retomará o seu curso, juntando-se aos autos respectivos cópia da sentença de habilitação.

CAPÍTULO IX
DA RESTAURAÇÃO DE AUTOS

Art. 674. Verificado o desaparecimento dos autos, pode o juiz, de ofício, qualquer das partes ou o Ministério Público, se for o caso, promover-lhes a restauração.

Art. 675. Na petição inicial declarará a parte o estado da causa ao tempo do desaparecimento dos autos, oferecendo:

I – certidões dos atos constantes do protocolo de audiências do cartório por onde haja corrido o processo;

II – cópia das peças que tenha em seu poder;

III – qualquer outro documento que facilite a restauração.

Art. 676. A parte contrária será citada para contestar o pedido no prazo de cinco dias, cabendo-lhe exibir as cópias, as contrafés

e mais as reproduções dos atos e dos documentos que estiverem em seu poder.
§1º Se a parte concordar com a restauração, lavrar-se-á o respectivo auto que, assinado pelas partes e homologado pelo juiz, suprirá o processo desaparecido.
§2º Se a parte não contestar ou se a concordância for parcial, observar-se-á o procedimento comum.
Art. 677. Se a perda dos autos tiver ocorrido depois da produção das provas em audiência, o juiz, se necessário, mandará repeti-las.
§1º Serão reinquiridas as mesmas testemunhas; não sendo possível, poderão ser substituídas de ofício ou a requerimento da parte.
§2º Não havendo certidão ou cópia do laudo, far-se-á nova perícia, sempre que for possível pelo mesmo perito.
§3º Não havendo certidão de documentos, estes serão reconstituídos mediante cópias e, na falta, pelos meios ordinários de prova.
§4º Os serventuários e os auxiliares da justiça não podem eximir-se de depor como testemunhas a respeito de atos que tenham praticado ou assistido.
§5º Se o juiz houver proferido sentença da qual ele próprio ou o escrivão possua cópia, esta será juntada aos autos e terá a mesma autoridade da original.
Art. 678. Julgada a restauração, seguirá o processo os seus termos.
Parágrafo único. Aparecendo os autos originais, nestes se prosseguirá sendo-lhes apensados os autos da restauração.
Art. 679. Se o desaparecimento dos autos tiver ocorrido no tribunal, o processo de restauração será distribuído, sempre que possível, ao relator do processo.
§1º A restauração far-se-á no juízo de origem quanto aos atos que se tenham realizado neste.
§2º Remetidos os autos ao tribunal, aí se completará a restauração e se procederá ao julgamento.
Art. 680. Quem houver dado causa ao desaparecimento dos autos responderá pelas custas da restauração e pelos honorários de advogado, sem prejuízo da responsabilidade civil ou penal em que incorrer.

CAPÍTULO X
DA HOMOLOGAÇÃO DO PENHOR LEGAL

Art. 681. Tomado o penhor legal nos casos previstos em lei, requererá o credor, ato contínuo, a homologação. Na petição inicial, instruída com o contrato de locação ou a conta pormenorizada das despesas, a tabela dos preços e a relação dos objetos retidos, pedirá a citação do devedor para pagar ou contestar na audiência preliminar que for designada.
Art. 682. A defesa só pode consistir em:
I – nulidade do processo;
II – extinção da obrigação;
III – não estar a dívida compreendida entre as previstas em lei ou não estarem os bens sujeitos a penhor legal;
IV – alegação de haver sido ofertada caução idônea, rejeitada pelo credor.
Art. 683. A partir da audiência preliminar, seguir-se-á o procedimento comum.
Art. 684. Homologado o penhor, consolidar-se-á a propriedade do autor sobre o objeto; negada a homologação, o objeto será entregue ao réu, ressalvado ao autor o direito de cobrar a conta pela via ordinária, salvo se acolhida a alegação de extinção da obrigação.
Parágrafo único. Da sentença caberá apelação; na pendência do recurso, poderá o juiz ou o relator ordenar que a coisa permaneça depositada ou em poder do autor.

CAPÍTULO XI
DOS PROCEDIMENTOS NÃO CONTENCIOSOS

Seção I
Disposições gerais

Art. 685. Quando este Código não estabelecer procedimento especial, regem os procedimentos não contenciosos as disposições constantes desta Seção.
Art. 686. O procedimento terá início por provocação do interessado, do Ministério Público ou da Defensoria Pública, cabendo-lhes formular o pedido devidamente instruído com os documentos necessários e com a indicação da providência judicial.

Art. 687. Serão citados todos os interessados, bem como intimado o Ministério Público, para que se manifestem, querendo, no prazo de dez dias.
Art. 688. A Fazenda Pública será sempre ouvida nos casos em que tiver interesse.
Art. 689. O juiz decidirá o pedido no prazo de dez dias.
Parágrafo único. O juiz não é obrigado a observar critério de legalidade estrita, podendo adotar em cada caso a solução que considerar mais conveniente ou oportuna.
Art. 690. Da sentença caberá apelação.
Art. 691. Processar-se-á na forma estabelecida nesta Seção o pedido de:
I – emancipação;
II – sub-rogação;
III – alienação, arrendamento ou oneração de bens, de menores, de órfãos e de interditos;
IV – alienação, locação e administração da coisa comum;
V – alienação de quinhão em coisa comum;
VI – extinção de usufruto e de fideicomisso;
VII – expedição de alvará judicial.
Parágrafo único. As normas desta Seção aplicam-se, no que couber, aos procedimentos regulados nas seções seguintes.

Seção II
Das notificações e interpelações

Art. 692. Quem tiver interesse em manifestar formalmente sua vontade a outrem sobre assunto juridicamente relevante, poderá notificar pessoas participantes da mesma relação jurídica para dar-lhes ciência de seu propósito. Se a pretensão for a de dar conhecimento geral ao público, mediante edital, o juiz só a deferirá se a tiver por fundada e necessária ao resguardo de direito.
Art. 693. Também poderá o interessado interpelar, no caso do art. 692, para que o requerido faça ou deixe de fazer aquilo que o requerente entenda do seu direito.
Art. 694. O requerido será previamente ouvido antes do deferimento da notificação ou do respectivo edital:
I – se houver suspeita de que o requerente, por meio da notificação ou do edital, pretende alcançar fim ilícito;
II – se tiver sido requerida a averbação da notificação em registro público.
Art. 695. Deferida e realizada a notificação ou interpelação, os autos serão entregues ao requerente.

Seção III
Das alienações judiciais

Art. 696. Nos casos expressos em lei, não havendo acordo entre os interessados sobre o modo como deve se realizar a alienação do bem, o juiz, de ofício ou a requerimento dos interessados ou do depositário, mandará aliená-los em leilão, observando-se o disposto na Seção I deste Capítulo e, no que couber, o disposto nos arts. 834 e seguintes.

Seção IV
Do divórcio e da extinção de união estável consensuais e da alteração do regime de bens do matrimônio

Art. 697. Do divórcio consensual, observados os requisitos legais, poderá ser requerido em petição assinada por ambos os cônjuges, da qual constarão:
I – as disposições relativas à descrição e à partilha dos bens comuns;
II – as disposições relativas à pensão alimentícia entre os cônjuges;
III – o acordo relativo à guarda dos filhos menores e ao regime de visitas; e
IV – o valor da contribuição para criar e educar os filhos.
Parágrafo único. Se os cônjuges não acordarem sobre a partilha dos bens, far-se-á esta depois de homologado o divórcio, na forma estabelecida nos arts. 633 a 644.
Art. 698. Recebida a petição inicial, o juiz designará audiência para ouvir os cônjuges, esclarecendo-lhes as consequências da manifestação de vontade.
§1º Convencendo-se o juiz de que um deles ou ambos desejam o divórcio, mandará reduzir a termo as declarações e, depois de ouvir o Ministério Público no prazo de cinco dias, o homologará;
§2º Se o autor não comparecer à audiência designada ou não ratificar o pedido, o juiz extinguirá o feito e mandará arquivar o processo.

Art. 699. O divórcio e a extinção de união estável consensuais, não havendo filhos menores ou incapazes e observados os requisitos legais, serão realizados por escritura pública, da qual constarão as disposições de que trata o art. 697.
§1º A escritura não depende de homologação judicial e constitui título hábil para qualquer ato de registro, bem assim para levantamento de importância depositada em instituições financeiras.
§2º O tabelião somente lavrará a escritura se os interessados estiverem assistidos por advogado comum ou advogados de cada um deles ou por defensor público, cuja qualificação e assinatura constarão do ato notarial.
§3º A escritura e os demais atos notariais serão gratuitos àqueles que se declararem hipossuficientes economicamente, na forma e sob as penas da lei.
Art. 700. A alteração do regime de bens do casamento, observados os requisitos legais, poderá ser requerida, motivadamente, em petição assinada por ambos os cônjuges, na qual serão expostas as razões que justificam a alteração, ressalvados os direitos de terceiros.

Seção V
Dos testamentos e codicilos

Art. 701. Recebendo testamento cerrado, o juiz, se nele não achar vício externo que o torne suspeito de nulidade ou falsidade, o abrirá e mandará que o escrivão o leia em presença de quem o entregou.
§1º Do termo de abertura constarão o nome do apresentante e como houve ele o testamento, a data e o lugar do falecimento do testador, como comprovados pelo apresentante e qualquer circunstância digna de nota.
§2º Depois de ouvido o Ministério Público, não havendo dúvidas a serem esclarecidas, o juiz mandará registrar, arquivar e cumprir o testamento.
§3º Feito o registro, será intimado o testamenteiro para assinar o termo da testamentária. Se não houver testamenteiro nomeado, estiver ausente ou não aceitar o encargo, o juiz nomeará testamenteiro dativo, observando-se a preferência legal.
§4º O testamenteiro deverá cumprir as disposições testamentárias e prestar contas em juízo do que recebeu e despendeu, observando-se o disposto na lei.
Art. 702. Qualquer interessado, exibindo o traslado ou a certidão de testamento público, poderá requerer ao juiz que ordene o seu cumprimento, observando-se, no que couber, o disposto nos parágrafos do art. 701.
Art. 703. A publicação do testamento particular poderá ser requerida, depois da morte do testador, pelo herdeiro, pelo legatário ou pelo testamenteiro, bem como pelo terceiro detentor do testamento, se impossibilitado de entregá-lo a algum dos outros legitimados para requerê-la.
§1º Serão intimados os herdeiros que não tiverem requerido a publicação do testamento.
§2º Verificando a presença dos requisitos da lei, ouvido o Ministério Público, o juiz confirmará o testamento.
§3º Aplica-se o disposto neste artigo ao codicilo e aos testamentos marítimo, aeronáutico, militar e nuncupativo.
§4º Observar-se-á, no cumprimento do testamento, o disposto nos parágrafos do art. 701.

Seção VI
Da herança jacente

Art. 704. Nos casos em que a lei considere jacente a herança, o juiz em cuja comarca tiver domicílio o falecido procederá imediatamente à arrecadação de todos os seus bens.
Art. 705. A herança jacente ficará sob a guarda, a conservação e a administração de um curador até a respectiva entrega ao sucessor legalmente habilitado ou até a declaração de vacância.
§1º Incumbe ao curador:
I – representar a herança em juízo ou fora dele, com assistência do Ministério Público;
II – ter em boa guarda e conservação os bens arrecadados e promover a arrecadação de outros porventura existentes;
III – executar as medidas conservatórias dos direitos da herança;

IV – apresentar mensalmente ao juiz um balancete da receita e da despesa;
V – prestar contas ao final de sua gestão.
§2º Aplica-se ao curador o disposto nos arts. 138 a 140.
Art. 706. O juiz ordenará que o oficial de justiça, acompanhado do escrivão e do curador, arrole os bens e descreva-os em auto circunstanciado.
§1º Não podendo comparecer ao local, o juiz requisitará à autoridade policial que proceda à arrecadação e ao arrolamento dos bens, com duas testemunhas, que assistirão às diligências.
§2º Não estando ainda nomeado o curador, o juiz designará um depositário e lhe entregará os bens, mediante simples termo nos autos, depois de compromissado.
§3º Durante a arrecadação o juiz ou a autoridade policial inquirirá os moradores da casa e da vizinhança sobre a qualificação do falecido, o paradeiro de seus sucessores e a existência de outros bens, lavrando-se de tudo um auto de inquirição e informação.
§4º O juiz examinará reservadamente os papéis, as cartas missivas e os livros domésticos; verificando que não apresentam interesse, mandará empacotá-los e lacrá-los para serem assim entregues aos sucessores do falecido ou queimados quando os bens forem declarados vacantes.
§5º Se constar ao juiz a existência de bens em outra comarca, mandará expedir carta precatória a fim de serem arrecadados.
§6º Não se fará a arrecadação ou suspender-se-á esta quando, iniciada, apresentarem-se para reclamar os bens o cônjuge ou companheiro, o herdeiro ou o testamenteiro notoriamente reconhecido e não houver oposição motivada do curador, de qualquer interessado, do Ministério Público ou do representante da Fazenda Pública.
Art. 707. Ultimada a arrecadação, o juiz mandará expedir edital, que será publicado no sítio do tribunal a que estiver vinculado o juízo, onde permanecerá por três meses, ou, não havendo, no órgão oficial e na imprensa da comarca, por três vezes com intervalos de um mês, para que venham a habilitar-se os sucessores do finado no prazo de seis meses contados da primeira publicação.
§1º Verificada a existência de sucessor ou testamenteiro em lugar certo, far-se-á a sua citação, sem prejuízo do edital.
§2º Quando o finado for estrangeiro, será também comunicado o fato à autoridade consular.
§3º Julgada a habilitação do herdeiro, reconhecida a qualidade do testamenteiro ou provada a identidade do cônjuge ou companheiro, a arrecadação converter-se-á em inventário.
§4º Os credores da herança poderão habilitar-se como nos inventários ou propor a ação de cobrança.
Art. 708. O juiz poderá autorizar a alienação:
I – de bens móveis, se forem de conservação difícil ou dispendiosa;
II – de semoventes, quando não empregados na exploração de alguma indústria;
III – de títulos e papéis de crédito, havendo fundado receio de depreciação;
IV – de ações de sociedade quando, reclamada a integralização, não dispuser a herança de dinheiro para o pagamento;
V – de bens imóveis:
a) se ameaçarem ruína, não convindo a reparação;
b) se estiverem hipotecados e vencer-se a dívida, não havendo dinheiro para o pagamento.
§1º Não se procederá, entretanto, à venda se a Fazenda Pública ou o habilitando adiantar a importância para as despesas.
§2º Os bens com valor de afeição, como retratos, objetos de uso pessoal, livros e obras de arte, só serão alienados depois de declarada a vacância da herança.
Art. 709. Passado um ano da primeira publicação do edital e não havendo herdeiro habilitado nem habilitação pendente, será a herança declarada vacante.
§1º Pendendo habilitação, a vacância será declarada pela mesma sentença que a julgar improcedente. Sendo diversas as habilitações, aguardar-se-á o julgamento da última.
§2º Transitada em julgado a sentença que declarou a vacância, o cônjuge, o companheiro, os herdeiros e os credores só poderão reclamar o seu direito por ação direta.

Seção VII
Dos bens dos ausentes

Art. 710. Declarada a ausência nos casos previstos em lei, o juiz mandará arrecadar os bens do ausente e nomear-lhe-á curador na forma estabelecida na Seção VI, observando-se o disposto na lei.

Art. 711. Feita a arrecadação, o juiz mandará publicar editais no sítio do tribunal a que estiver vinculado, onde permanecerá por um ano; não havendo, a publicação se fará durante um ano, reproduzida de dois em dois meses, anunciando a arrecadação e chamando o ausente a entrar na posse de seus bens.

§1º Findo o prazo previsto no edital, poderão os interessados requerer a abertura da sucessão provisória, observando-se o disposto na lei.

§2º O interessado, ao requerer a abertura da sucessão provisória, pedirá a citação pessoal dos herdeiros presentes e do curador e, por editais, a dos ausentes para requererem habilitação, na forma dos arts. 670 a 673.

§3º Presentes os requisitos legais, poderá ser requerida a conversão da sucessão provisória em definitiva.

§4º Regressando o ausente ou algum dos seus descendentes ou ascendentes para requerer ao juiz a entrega de bens, serão citados para contestar o pedido os sucessores provisórios ou definitivos, o Ministério Público e o representante da Fazenda Pública, seguindo-se o procedimento comum.

Seção VIII
Das coisas vagas

Art. 712. Recebendo do descobridor coisa alheia perdida, o juiz mandará lavrar o respectivo auto, dele constando a descrição do bem e as declarações do descobridor.

§1º Recebida a coisa por autoridade policial, este a remeterá em seguida ao juízo competente.

§2º Depositada a coisa, o juiz mandará publicar edital no sítio do tribunal a que estiver vinculado ou, não havendo, no órgão oficial, para que o dono ou o legítimo possuidor a reclame. Tratando-se de coisa de pequeno valor e não sendo possível a publicação no sítio do tribunal, o edital será apenas afixado no átrio do edifício do fórum.

§3º Observar-se-á, quanto ao mais, o disposto na lei.

Seção IX
Dos interditos e sua curatela

Art. 713. Na petição em que se requerer a interdição, o requerente provará a sua legitimidade, especificará os fatos que revelam a anomalia psíquica, juntando laudo médico para fazer prova de suas alegações ou informando a impossibilidade de fazê-lo, e assinalará a incapacidade do interditando para reger a sua pessoa e administrar os seus bens.

Art. 714. O interditando será citado para, em dia designado, comparecer perante o juiz, que o examinará, assistido por especialista, interrogando-o minuciosamente acerca de sua vida, seus negócios, seus bens e do que mais lhe parecer necessário para ajuizar do seu estado mental, reduzidas a auto as perguntas e as respostas.

Parágrafo único. Não podendo o interditado deslocar-se, o juiz o ouvirá e examinará no local onde estiver.

Art. 715. Dentro do prazo de cinco dias contados da audiência de interrogatório, o interditando poderá impugnar o pedido.

§1º O Ministério Público oficiará como fiscal da ordem jurídica.

§2º O interditando poderá constituir advogado para defender-se, sem prejuízo da defesa obrigatória pelo curador especial.

§3º Caso o interditando não constitua advogado para defendê-lo, o seu cônjuge, companheiro ou qualquer parente sucessível poderá intervir como assistente.

Art. 716. Decorrido o prazo a que se refere o art. 715, o juiz nomeará perito para proceder ao exame do interditando. Apresentado o laudo, produzidas as demais provas e ouvidos os interessados, o juiz decidirá.

§1º Decretando a interdição, o juiz nomeará curador ao interdito.

§2º A sentença de interdição será inscrita no Registro de Pessoas Naturais e publicada no sítio do tribunal a que estiver vinculado o juízo, onde permanecerá por um mês, ou pela imprensa local e pelo órgão oficial por três vezes, com intervalo de dez dias, constando do edital os nomes do interdito e do curador, a causa da interdição e os limites da curatela.

§3º A sentença e as demais decisões que contiverem qualquer restrição sobre a capacidade civil, quando implicarem suspensão dos direitos políticos do interdito, serão registradas na Justiça Eleitoral.

Art. 717. Levantar-se-á a interdição cessando a causa que a determinou.

§1º O pedido de levantamento poderá ser feito pelo interditado ou pelo Ministério Público e será apensado aos autos da interdição. O juiz nomeará perito para proceder ao exame de sanidade no interditado e, após a apresentação do laudo, designará audiência de instrução e julgamento.

§2º Acolhido o pedido, o juiz decretará o levantamento da interdição e mandará publicar a sentença, após o trânsito em julgado na forma do art. 716, §2º, ou, não havendo, pela imprensa local e pelo órgão oficial por três vezes, com intervalo de dez dias, seguindo-se a averbação no Registro de Pessoas Naturais.

Seção X
Das disposições comuns à tutela e à curatela

Art. 718. O tutor ou o curador será intimado a prestar compromisso no prazo de cinco dias contados da:

I – nomeação feita na conformidade da lei;

II – intimação do despacho que mandar cumprir o testamento ou o instrumento público que o houver instituído. Parágrafo único. O tutor ou o curador prestará o compromisso por termo em livro próprio rubricado pelo juiz.

Art. 719. O tutor ou o curador poderá eximir-se do encargo apresentando escusa ao juiz no prazo de cinco dias. Contar-se-á o prazo:

I – antes de aceitar o encargo, da intimação para prestar compromisso;

II – depois de entrar em exercício, do dia em que sobrevier o motivo da escusa.

§1º Não sendo requerida a escusa no prazo estabelecido neste artigo, considerar-se-á renunciado o direito de alegá-la.

§2º O juiz decidirá de plano o pedido de escusa. Se não a admitir, exercerá o nomeado a tutela ou a curatela enquanto não for dispensado por sentença transitada em julgado.

Art. 720. Incumbe ao Ministério Público ou a quem tenha legítimo interesse requerer, nos casos previstos na lei, a remoção do tutor ou do curador.

Parágrafo único. O tutor ou o curador será citado para contestar a arguição no prazo de cinco dias. Findo o prazo, observar-se-á o procedimento comum.

Art. 721. Em caso de extrema gravidade, o juiz poderá suspender o tutor ou o curador do exercício de suas funções, nomeando-lhe interinamente substituto.

Art. 722. Cessando as funções do tutor ou do curador pelo decurso do prazo em que era obrigado a servir, ser-lhe-á lícito requerer a exoneração do encargo; não o fazendo dentro dos dez dias seguintes à expiração do termo, entender-se-á reconduzido, salvo se o juiz o dispensar.

Seção XI
Da organização e da fiscalização das fundações

Art. 723. O juiz decidirá sobre a aprovação do estatuto das fundações e de suas alterações sempre que o requeira o interessado, quando negada previamente pelo Ministério Público ou por este sejam exigidas modificações com as quais aquele não concorde.

Parágrafo unico. Antes de suprir a aprovação, o juiz poderá mandar fazer no estatuto modificações a fim de adaptá-lo ao objetivo do instituidor.

Art. 724. O Ministério Público submeterá à aprovação judicial os estatutos por

ele elaborados, nos casos em que essa atribuição lhe caiba na forma da lei.
Art. 725. Qualquer interessado ou o Ministério Público promoverá em juízo a extinção da fundação quando:
I – se tornar ilícito o seu objeto;
II – for impossível a sua manutenção;
III – se vencer o prazo de sua existência.

Seção XII
Da posse em nome do nascituro

Art. 726. A mulher que, para garantia dos direitos do filho nascituro, quiser provar seu estado de gravidez requererá ao juiz, juntando a certidão de óbito da pessoa de quem afirma ser o nascituro sucessor, que mande examiná-la por um médico de sua nomeação.
Parágrafo único. Intervirá em todos os atos do procedimento o Ministério Público.
Art. 727. Será citado o inventariante ou os herdeiros do falecido para que se manifestem, no prazo de cinco dias, quanto à aceitação ou à negativa do que declarado pela requerente.
§1º Ocorrendo aceitação, o juiz deferirá o pedido independentemente de exame; no caso contrário, nomeará médico e assinar-lhe-á prazo para apresentação do laudo.
§2º Em nenhum caso a falta do exame prejudicará os direitos do nascituro.
Art. 728. Apresentado o laudo que reconheça a gravidez, o juiz, por sentença, declarará a requerente investida na posse dos direitos que assistam ao nascituro; sendo o laudo negativo, indeferirá o pedido.
Parágrafo único. Deferido o pedido, se à requerente não couber o exercício do poder familiar, o juiz nomeará curador ao nascituro.

Seção XIII
Da Justificação

Art. 729. Quem pretender justificar a existência de algum fato ou relação jurídica, para simples documento e sem caráter contencioso, exporá, em petição circunstanciada, a sua intenção.
Parágrafo único. Observar-se-á, na justificação, o procedimento previsto na produção antecipada de provas.

LIVRO III
DO PROCESSO DE EXECUÇÃO

TÍTULO I
DA EXECUÇÃO EM GERAL

CAPÍTULO I
DISPOSIÇÕES GERAIS E DEVER DE COLABORAÇÃO

Art. 730. Este Livro regula o procedimento da execução fundada em título extrajudicial. Suas disposições aplicam-se, também, no que couber, aos atos executivos realizados no procedimento de cumprimento de sentença, bem como aos efeitos de atos ou fatos processuais a que a lei atribuir força executiva.
Parágrafo único. Aplicam-se subsidiariamente à execução as disposições dos Livros I e II deste Código.
Art. 731. O juiz pode, em qualquer momento do processo:
I – ordenar o comparecimento das partes;
II – advertir o devedor de que o seu procedimento constitui ato atentatório à dignidade da justiça;
III – determinar que pessoas naturais ou jurídicas indicadas pelo credor forneçam informações em geral relacionadas ao objeto da execução, tais como documentos e dados que tenham em seu poder, assinando-lhes prazo razoável.
Art. 732. O juiz poderá, de ofício ou a requerimento, determinar as medidas necessárias ao cumprimento da ordem de entrega de documentos e dados.
Parágrafo único. Quando, em decorrência do disposto neste artigo, o juízo receber dados alheios aos fins da execução, adotará as medidas necessárias para assegurar a sua confidencialidade.
Art. 733. Considera-se atentatória à dignidade da justiça a conduta comissiva ou omissiva do executado que:
I – frauda a execução;
II – se opõe maliciosamente à execução, empregando ardis e meios artificiosos;
III – dificulta ou embaraça a realização da penhora;
IV – resiste injustificadamente às ordens judiciais;

V – intimado, não indica ao juiz quais são e onde estão os bens sujeitos à penhora e seus respectivos valores, não exibe prova de sua propriedade e, se for o caso, certidão negativa de ônus.

Parágrafo único. Nos casos previstos neste artigo, o juiz fixará multa ao executado em montante não superior a vinte por cento do valor atualizado do débito em execução, a qual será revertida em proveito do exequente, exigível na própria execução, sem prejuízo de outras sanções de natureza processual ou material.

Art. 734. O exequente tem a faculdade de desistir de toda a execução ou de apenas algumas medidas executivas.

Parágrafo único. Na desistência da execução, observar-se-á o seguinte:

I – serão extintos os embargos que versarem apenas sobre questões processuais, pagando o exequente as custas e os honorários advocatícios;

II – nos demais casos, a extinção dependerá da concordância do embargante.

Art. 735. O exequente ressarcirá ao executado os danos que este sofreu, quando a sentença, transitada em julgado, declarar inexistente, no todo ou em parte, a obrigação que ensejou a execução.

Art. 736. A cobrança de multa ou de indenizações decorrentes de litigância de má-fé ou de prática de ato atentatório a dignidade da justiça será promovida no próprio processo de execução, em autos apensos, operando-se o pagamento por compensação ou por execução.

CAPÍTULO II
DAS PARTES

Art. 737. Podem promover a execução forçada:

I – o credor a quem a lei confere título executivo;

II – o Ministério Público, nos casos previstos em lei.

Parágrafo único. Podem promover a execução ou nela prosseguir:

I – o espólio, os herdeiros ou os sucessores do credor, sempre que, por morte deste, lhes for transmitido o direito resultante do título executivo;

II – o cessionário, quando o direito resultante do título executivo lhe foi transferido por ato entre vivos;

III – o sub-rogado, nos casos de sub-rogação legal ou convencional.

Art. 738. A execução pode ser promovida contra:

I – o devedor, reconhecido como tal no título executivo;

II – o espólio, os herdeiros ou os sucessores do devedor;

III – o novo devedor que assumiu, com o consentimento do credor, a obrigação resultante do título executivo;

IV – o fiador do débito constante em título extrajudicial;

V – o responsável, titular do bem vinculado por garantia real, ao pagamento do débito;

VI – o responsável tributário, assim definido na lei.

Art. 739. O exequente pode cumular várias execuções, ainda que fundadas em títulos diferentes, quando o executado for o mesmo e desde que para todas elas seja competente o mesmo juízo e idêntico o procedimento.

CAPÍTULO III
DA COMPETÊNCIA

Art. 740. A execução fundada em título extrajudicial será processada perante o juízo competente, observando-se o seguinte:

I – a execução poderá ser proposta no foro do domicílio do executado ou da eleição constante do título;

II – tendo mais de um domicílio, o executado poderá ser demandado no foro de qualquer deles;

III – sendo incerto ou desconhecido o domicílio do executado, a execução poderá ser proposta no lugar onde for encontrado ou no domicílio do exequente;

IV – havendo mais de um devedor, com diferentes domicílios, a execução será proposta em qualquer deles, à escolha do exequente;

V – a execução poderá ser proposta no foro do lugar em que se praticou o ato ou ocorreu o fato que deu origem ao título, embora nele não mais resida o executado;

VI – a execução poderá ser proposta no foro da situação dos bens, quando o título deles se originar.

Art. 741. Não dispondo a lei de modo diverso, o juiz determinará os atos executivos e o oficial de justiça os cumprirá.
§1º O oficial de justiça poderá cumprir os atos executivos determinados pelo juiz também nas comarcas contíguas, de fácil comunicação, e nas que se situem na mesma região metropolitana.
§2º Sempre que, para efetivar a execução, for necessário o emprego da força policial, o juiz a requisitará.

CAPÍTULO IV
DOS REQUISITOS NECESSÁRIOS PARA REALIZAR QUALQUER EXECUÇÃO

Seção I
Do título executivo

Art. 742. A execução para cobrança de crédito se fundará sempre em título de obrigação certa, líquida e exigível.
Art. 743. São títulos executivos extrajudiciais:
I – a letra de câmbio, a nota promissória, a duplicata, a debênture e o cheque;
II – a escritura pública ou outro documento público assinado pelo devedor;
III – o documento particular assinado pelo devedor e por duas testemunhas;
IV – o instrumento de transação referendado pelo Ministério Público, pela Defensoria Pública ou pelos advogados dos transatores;
V – os contratos garantidos por hipoteca, penhor, anticrese e caução, bem como os de seguro de vida;
VI – o crédito decorrente de foro e laudêmio;
VII – o crédito, documentalmente comprovado, decorrente de aluguel de imóvel, bem como de encargos acessórios, tais como taxas e despesas de condomínio;
VIII – o crédito de serventuário de justiça, de perito, de intérprete ou de tradutor, quando as custas, os emolumentos ou os honorários forem aprovados por decisão judicial;
IX – a certidão de dívida ativa da Fazenda Pública da União, dos Estados, do Distrito Federal, dos Territórios e dos Municípios, correspondente aos créditos inscritos na forma da lei;
X – a parcela de rateio de despesas de condomínio edilício, assim estabelecida em convenção de condôminos ou constante de ata de reunião de condomínio convocada especialmente para tal fim;
XI – todos os demais títulos a que, por disposição expressa, a lei atribuir força executiva.
§1º A propositura de qualquer ação relativa ao débito constante do título executivo não inibe o credor de promover-lhe a execução.
§2º Não dependem de homologação para serem executados, os títulos executivos extrajudiciais oriundos de país estrangeiro.
§3º O título estrangeiro só terá eficácia executiva quando satisfeitos os requisitos de formação exigidos pela lei do lugar de sua celebração e o Brasil for indicado como o lugar de cumprimento da obrigação.

Seção II
Da exigibilidade da obrigação

Art. 744. A execução pode ser instaurada caso o devedor não satisfaça a obrigação certa, líquida e exigível consubstanciada em título executivo.
Parágrafo único. A necessidade de simples operações aritméticas para apurar o crédito exequendo não retira a liquidez da obrigação, constante do título.
Art. 745. Se o devedor não for obrigado a satisfazer sua prestação senão mediante a contraprestação do credor, este deverá provar que a adimpliu ao requerer a execução, sob pena de extinção do processo sem resolução de mérito.
Parágrafo único. O executado poderá eximir-se da obrigação, depositando em juízo a prestação ou a coisa, caso em que o juiz não permitirá que o credor a receba sem cumprir a contraprestação que lhe tocar.
Art. 746. O credor não poderá iniciar a execução ou nela prosseguir, se o devedor cumprir a obrigação; mas poderá recusar o recebimento da prestação, se ela não corresponder ao direito ou à obrigação estabelecidos no título executivo, caso em que poderá requerer a execução forçada, ressalvado ao devedor o direito de embargá-la.

CAPÍTULO V
DA RESPONSABILIDADE PATRIMONIAL

Art. 747. O devedor responde, para o cumprimento de suas obrigações, com todos os seus bens presentes e futuros, salvo as restrições estabelecidas em lei.
Art. 748. Ficam sujeitos à execução os bens:
I – do sucessor a título singular, tratando-se de execução fundada em direito real ou obrigação reipersecutória;
II – do sócio, nos termos da lei;
III – do devedor, ainda que em poder de terceiros;
IV – do cônjuge ou companheiro, nos casos em que os seus bens próprios ou de sua meação respondem pela dívida;
V – alienados ou gravados com ônus real em fraude à execução;
VI – cuja alienação ou gravação com ônus real tenha sido anulada em razão do reconhecimento, em ação própria, de fraude contra credores.
Art. 749. Considera-se fraude à execução a alienação ou a oneração de bens:
I – quando sobre eles pender ação fundada em direito real ou obrigação reipersecutória, desde que haja registro público;
II – quando sobre eles existir a averbação da existência da ação, na forma do art. 785;
III – quando sobre eles existir registro de hipoteca judiciária ou de ato de constrição judicial originário da ação onde foi arguida;
IV – quando, ao tempo da alienação ou oneração, corria contra o devedor ação capaz de reduzi-lo à insolvência;
V – nos demais casos expressos em lei.
Parágrafo único. Não havendo registro, o terceiro adquirente tem o ônus da prova de que adotou as cautelas necessárias para a aquisição, mediante a exibição das certidões pertinentes, obtidas no domicílio do vendedor e no local onde se encontra o bem.
Art. 750. O exequente que estiver, por direito de retenção, na posse de coisa pertencente ao devedor não poderá promover a execução sobre outros bens senão depois de excutida a coisa que se achar em seu poder.
Art. 751. O fiador, quando executado, tem o direito de exigir que primeiro sejam executados os bens do devedor situados na mesma comarca, livres e desembargados, indicando-os à penhora.
§1º Os bens do fiador ficarão sujeitos à execução se os do devedor, situados na mesma comarca que os seus forem insuficientes à satisfação do direito do credor.
§2º O fiador que pagar a dívida poderá executar o afiançado nos autos do mesmo processo.
Art. 752. Os bens particulares dos sócios não respondem pelas dívidas da sociedade, senão nos casos previstos em lei.
§1º O sócio demandado, quando responsável pelo pagamento da dívida da sociedade, tem o direito de exigir que primeiro sejam excutidos os bens da sociedade.
§2º Incumbe ao sócio que alegar o benefício do §1º nomear quantos bens da sociedade situados na mesma comarca, livres e desembargados bastem para pagar o débito.
§3º O sócio que pagar a dívida poderá executar a sociedade nos autos do mesmo processo.
§4º Para a desconsideração da personalidade jurídica é obrigatória a observância do incidente previsto neste Código.
Art. 753. O espólio responde pelas dívidas do falecido, mas, feita a partilha, cada herdeiro responde por elas dentro das forças da herança e na proporção da parte que lhe coube.

TÍTULO II
DAS DIVERSAS ESPÉCIES DE EXECUÇÃO

CAPÍTULO I
DAS DISPOSIÇÕES GERAIS

Art. 754. Realiza-se a execução no interesse do credor que adquire, pela penhora, o direito de preferência sobre os bens penhorados.
Parágrafo único. Recaindo mais de uma penhora sobre os mesmos bens, cada credor conservará o seu título de preferência.
Art. 755. Cumpre ao credor, ao requerer a execução:

I – instruir a petição inicial com:
a) o título executivo extrajudicial;
b) o demonstrativo do débito atualizado até a data da propositura da ação, quando se tratar de execução por quantia certa;
c) a prova, se for o caso, de que se verificou a condição ou ocorreu o termo;
d) a prova, se for o caso, de que adimpliu a contraprestação que lhe corresponde ou que lhe assegura o cumprimento, se o executado não for obrigado a satisfazer a sua prestação senão mediante a contraprestação do credor.
II – indicar a espécie de execução que prefere, quando por mais de um modo puder ser efetuada;
III – pedir a citação do devedor.
Parágrafo único. O demonstrativo do débito deverá conter:
I – o nome completo, o número do cadastro de pessoas físicas ou do cadastro nacional de pessoas jurídicas do exequente e do executado;
II – o índice de correção monetária adotado;
III – a taxa dos juros de mora aplicada;
IV – o termo inicial e o termo final dos juros e da correção monetária utilizados;
V -especificação dos eventuais descontos obrigatórios realizados.
Art. 756. Cumpre ainda ao credor:
I – requerer a intimação do credor pignoratício, hipotecário, anticrético ou usufrutuário, quando a penhora recair sobre bens gravados por penhor, hipoteca, anticrese ou usufruto;
II – pleitear, se foro o caso, medidas urgentes;
III – indicar, querendo, os bens a serem penhorados;
IV – proceder à averbação em registro público, para conhecimento de terceiros, do ato de ajuizamento da execução e dos atos de constrição realizados.
Art. 757. Nas obrigações alternativas, quando a escolha couber ao devedor, este será citado para exercer a opção e realizar a prestação dentro de dez dias, se outro prazo não lhe foi determinado em lei ou no contrato.
§1º Devolver-se-á ao credor a opção, se o devedor não a exercitou no prazo marcado.
§2º Quando couber ao credor, a escolha será feita na petição inicial da execução.
Art. 758. Verificando que a petição inicial está incompleta ou que não está acompanhada dos documentos indispensáveis à propositura da execução, o juiz determinará que o credor a corrija, no prazo de dez dias, sob pena de ser indeferida.
Art. 759. A citação válida interrompe a prescrição na execução, desde que seja realizada com observância ao disposto no §2º do art. 209.
Parágrafo único. A interrupção da prescrição retroagirá à data da propositura da ação.
Art. 760. É nula a execução se:
I – o título executivo extrajudicial não corresponder a obrigação certa, líquida e exigível;
II – o devedor não for regularmente citado;
III – instaurada antes de se verificar a condição ou de ter ocorrido o termo.
Parágrafo único. A nulidade de que cuida este artigo será pronunciada pelo juiz, de ofício ou a requerimento da parte, independentemente de embargos à execução.
Art. 761. A alienação de bem aforado ou gravado por penhor, hipoteca, anticrese ou usufruto será ineficaz em relação ao senhorio direto ou ao credor pignoratício, hipotecário, anticrético ou usufrutuário que não houver sido intimado.
Art. 762. Quando por vários meios o credor puder promover a execução, o juiz mandará que se faça pelo modo menos gravoso para o devedor.

CAPÍTULO II
DA EXECUÇÃO PARA A ENTREGA DE COISA

Seção I
Da entrega de coisa certa

Art. 763. O devedor de obrigação de entrega de coisa certa, constante de título executivo extrajudicial, será citado para, dentro de três dias, satisfazer a obrigação.
§1º Ao despachar a inicial, o juiz poderá fixar multa por dia de atraso no cumprimento da obrigação, ficando o respectivo valor sujeito a alteração, caso se revele insuficiente ou excessivo.

§2º Do mandado de citação constará a ordem para imissão na posse ou busca e apreensão, conforme se tratar de imóvel ou de móvel, cujo cumprimento se dará de imediato, se o devedor não realizar a prestação no prazo que lhe foi designado.
Art. 764. Se o executado entregar a coisa, será lavrado o respectivo termo e dar-se-á por finda a execução, salvo se esta tiver de prosseguir para o pagamento de frutos ou o ressarcimento de prejuízos.
Art. 765. Alienada a coisa quando já litigiosa, será expedido mandado contra o terceiro adquirente, que somente será ouvido após depositá-la.
Art. 766. O credor tem direito a receber, além de perdas e danos, o valor da coisa, quando esta se deteriorar, não lhe for entregue, não for encontrada ou não for reclamada do poder de terceiro adquirente.
§1º Não constando do título o valor da coisa ou sendo impossível a sua avaliação, o exequente far-lhe-á a estimativa, sujeitando-se ao arbitramento judicial.
§2º Serão apurados em liquidação o valor da coisa e os prejuízos.
Art. 767. Havendo benfeitorias indenizáveis feitas na coisa pelo devedor ou por terceiros de cujo poder ela houver sido tirada, a liquidação prévia é obrigatória.
Parágrafo único. Se houver saldo em favor do devedor ou de terceiros, o credor o depositará ao requerer a entrega da coisa; se houver saldo em favor do credor, este poderá cobrá-lo nos autos do mesmo processo.

Seção II
Da entrega de coisa incerta

Art. 768. Quando a execução recair sobre coisas determinadas pelo gênero e pela quantidade, o devedor será citado para entregá-las individualizadas, se lhe couber a escolha, mas, se esta couber ao credor, este a indicará na petição inicial.
Art. 769. Qualquer das partes poderá, em três dias, impugnar a escolha feita pela outra, e o juiz decidirá de plano ou, se necessário, ouvindo perito de sua nomeação.
Art. 770. Aplicar-se-á à execução para entrega de coisa incerta, no que couber, o estatuído na Seção I deste Capítulo.

CAPÍTULO III
DA EXECUÇÃO DAS OBRIGAÇÕES DE FAZER E DE NÃO FAZER

Seção I
Da obrigação de fazer

Art. 771. Quando o objeto da execução for obrigação de fazer, o devedor será citado para satisfazê-la no prazo que o juiz lhe assinar, se outro não estiver determinado no título executivo.
Art. 772. Se, no prazo fixado, o devedor não satisfizer a obrigação, é lícito ao credor requerer, nos próprios autos do processo, que ela seja executada à custa do devedor ou haver perdas e danos, caso em que ela se converterá em indenização.
Parágrafo único. O valor das perdas e danos será apurado em liquidação, seguindo-se a execução para cobrança de quantia certa.
Art. 773. Se o fato puder ser prestado por terceiro, é lícito ao juiz autorizar, a requerimento do exequente, que aquele o realize à custa do executado
Parágrafo único. O exequente adiantará as quantias previstas na proposta que, ouvidas as partes, o juiz houver aprovado.
Art. 774. Prestado o fato, o juiz ouvirá as partes no prazo de dez dias e, não havendo impugnação, dará por cumprida a obrigação; em caso contrário, decidirá a impugnação.
Art. 775. Se o terceiro contratado não prestar o fato no prazo ou se o praticar de modo incompleto ou defeituoso, poderá o credor requerer ao juiz, no prazo de dez dias, que o autorize a concluí-lo ou a repará-lo por conta do contratante.
Parágrafo único. Ouvido o contratante no prazo de cinco dias, o juiz mandará avaliar o custo das despesas necessárias e condenará o contratante a pagá-lo.
Art. 776. Se o credor quiser executar ou mandar executar, sob sua direção e vigilância, as obras e os trabalhos necessários à prestação do fato, terá preferência, em igualdade de condições de oferta, ao terceiro.

Parágrafo único. O direito de preferência deverá ser exercido no prazo de cinco dias, após aprovada a proposta do terceiro.
Art. 777. Na obrigação de fazer, quando se convencionar que o devedor a satisfaça pessoalmente, o credor poderá requerer ao juiz que lhe assine prazo para cumpri-la.
Parágrafo único. Havendo recusa ou mora do devedor, a obrigação pessoal do devedor será convertida em perdas e danos, caso em que se observará o procedimento de execução por quantia certa.

Seção II
Da obrigação de não fazer

Art. 778. Se o devedor praticou ato a cuja abstenção estava obrigado pela lei ou pelo contrato, o credor requererá ao juiz que assine prazo ao devedor para desfazê-lo.
Art. 779. Havendo recusa ou mora do devedor, o credor requererá ao juiz que mande desfazer o ato à custa do devedor, que responderá por perdas e danos.
Parágrafo único. Não sendo possível desfazer-se o ato, a obrigação resolve-se em perdas e danos, caso em, após a liquidação, se observará o procedimento de execução por quantia certa.

Seção III
Disposições comuns

Art. 780. Na execução de obrigação de fazer ou não fazer fundada em título extrajudicial, ao despachar a inicial, o juiz fixará multa por período de atraso no cumprimento da obrigação e a data a partir da qual será devida.
Parágrafo único. Se o valor da multa estiver previsto no título, o juiz poderá reduzi-lo se excessivo.

CAPÍTULO IV
DA EXECUÇÃO POR QUANTIA CERTA

Seção I
Disposições gerais

Art. 781. A execução por quantia certa tem por objeto expropriar bens do devedor ou do responsável, a fim de satisfazer o direito do credor.
Art. 782. A expropriação consiste em:
I – adjudicação;
II – alienação;
III – apropriação de frutos e rendimentos de empresa ou estabelecimentos e de outros bens.
Art. 783. Antes de adjudicados ou alienados os bens, o executado pode, a todo tempo, remir a execução, pagando ou consignando a importância atualizada da dívida, mais juros, custas e honorários advocatícios.

Seção II
Da citação do devedor e do arresto

Art. 784. Ao despachar a inicial, o juiz fixará, de plano, os honorários advocatícios de dez por cento, a serem pagos pelo executado.
§1º No caso de integral pagamento no prazo de três dias, a verba honorária será reduzida pela metade.
§2º Rejeitados os embargos eventualmente opostos pelo executado ou caso estes não tenham sido opostos, ao final do procedimento executivo, o valor dos honorários poderá ser acrescido até o limite de vinte por cento, em atenção ao trabalho realizado supervenientemente à citação.
Art. 785. O exequente poderá obter certidão de que a execução foi admitida pelo juiz com a identificação das partes e do valor da causa, para fins de averbação no registro de imóveis, no registro de veículos ou no registro de outros bens sujeitos a penhora, arresto ou indisponibilidade.
§1º O exequente deverá comunicar ao juízo as averbações efetivadas, no prazo de dez dias de sua concretização.
§2º Formalizada penhora sobre bens suficientes para cobrir o valor da dívida, o exequente providenciará o cancelamento das averbações relativas àqueles não penhorados, no prazo de dez dias.
§3º Presume-se em fraude à execução a alienação ou a oneração de bens efetuada após a averbação.
§4º O exequente que promover averbação manifestamente indevida ou não cancelar as averbações nos termos do §2º, indenizará a parte contrária, processando-se o incidente em autos apartados.

§5º Os tribunais poderão expedir instruções sobre o cumprimento deste artigo.

Art. 786. O devedor será citado para pagar a dívida no prazo de três dias, contados da juntada do mandado de citação.

§1º Do mandado de citação constarão, também, a ordem de penhora e a avaliação a serem cumpridas pelo oficial de justiça, tão logo verificado o não pagamento no prazo assinalado, de tudo lavrando-se auto, com intimação do executado.

§2º A penhora recairá sobre os bens indicados pelo exequente, salvo se outros forem indicados pelo executado e aceitos pelo juiz, mediante demonstração de que a constrição proposta lhe será menos onerosa e não trará prejuízo ao exequente.

Art. 787. Se o oficial de justiça não encontrar o executado, arrestar-lhe-á tantos bens quantos bastem para garantir a execução.

§1º Nos dez dias seguintes à efetivação do arresto, o oficial de justiça procurará o executado três vezes em dias distintos; havendo suspeita de ocultação, realizará a citação com hora certa, certificando pormenorizadamente o ocorrido.

§2º Incumbe ao exequente requerer a citação por edital, uma vez frustradas a pessoal e a com hora certa.

§3º Aperfeiçoada a citação e transcorrido o prazo de pagamento, o arresto se converterá em penhora, independentemente de termo.

Seção III
Da penhora, do depósito e da avaliação

Subseção I
Do objeto da penhora

Art. 788. A penhora deverá incidir em tantos bens quantos bastem para o pagamento do principal atualizado, dos juros, das custas e dos honorários advocatícios.

Art. 789. Não estão sujeitos à execução os bens que a lei considera impenhoráveis ou inalienáveis.

Art. 790. São absolutamente impenhoráveis:

I – os bens inalienáveis e os declarados, por ato voluntário, não sujeitos à execução;

II – os móveis, os pertences e as utilidades domésticas que guarnecem a residência do executado, salvo os de elevado valor ou que ultrapassem as necessidades comuns correspondentes a um médio padrão de vida;

III – os vestuários, bem como os pertences de uso pessoal do executado, salvo se de elevado valor;

IV – os vencimentos, os subsídios, os soldos, os salários, as remunerações, os proventos de aposentadoria, as pensões, os pecúlios e os montepios, bem como as quantias recebidas por liberalidade de terceiro e destinadas ao sustento do devedor e de sua família, os ganhos de trabalhador autônomo e os honorários de profissional liberal;

V – os livros, as máquinas, as ferramentas, os utensílios, os instrumentos ou outros bens móveis necessários ou úteis ao exercício da profissão do executado;

VI – o seguro de vida;

VII – os materiais necessários para obras em andamento, salvo se estas forem penhoradas;

VIII – a pequena propriedade rural, assim definida em lei, desde que trabalhada pela família;

IX – os recursos públicos recebidos por instituições privadas para aplicação compulsória em educação, saúde ou assistência social;

X – a quantia depositada em caderneta de poupança, até o limite de trinta salários mínimos;

XI – os recursos públicos do fundo partidário recebidos, nos termos da lei, por partido político.

§1º A impenhorabilidade não é oponível à cobrança do crédito concedido para a aquisição do próprio bem.

§2º O disposto no inciso IV do *caput* deste artigo não se aplica no caso de penhora para pagamento de prestação alimentícia, bem como relativamente as importâncias excedentes a cinquenta salários mínimos mensais.

§3º Incluem-se na impenhorabilidade prevista no inciso V do
caput deste artigo os equipamentos, implementos e máquinas agrícolas, desde que pertencentes a pessoa física ou a empresa individual produtora rural, exceto nos casos em que esses bens tenham sido objeto de financiamento e estejam

vinculados em garantia à operação ou quando respondam por dívida de natureza alimentar, trabalhista ou previdenciária.

Art. 791. Podem ser penhorados, à falta de outros bens, os frutos e os rendimentos dos bens inalienáveis.

Art. 792. A penhora observará, preferencialmente, a seguinte ordem:

I – dinheiro, em espécie ou em depósito ou aplicação em instituição financeira;

II – veículos de via terrestre;

III – bens móveis em geral;

IV – bens imóveis;

V – navios e aeronaves;

VI – ações e quotas de sociedades simples empresárias;

VII – percentual do faturamento de empresa devedora;

VIII – pedras e metais preciosos;

IX – títulos da dívida pública da União, dos Estados e do Distrito Federal com cotação em mercado;

X – títulos e valores mobiliários com cotação em mercado;

XI – outros direitos.

§1º Ressalvada penhora em dinheiro, que é sempre prioritária, a ordem referida nos incisos do *caput* deste artigo não tem caráter absoluto, podendo ser alterada pelo juiz de acordo com as circunstâncias do caso concreto.

§2º Na execução de crédito com garantia hipotecária, pignoratícia ou anticrética, a penhora recairá, preferencialmente, sobre a coisa dada em garantia; se a coisa pertencer a terceiro garantidor, este também será intimado da penhora.

Art. 793. Não se levará a efeito a penhora quando evidente que o produto da execução dos bens encontrados será totalmente absorvido pelo pagamento das custas da execução.

Parágrafo único. Quando não encontrar bens penhoráveis, o oficial de justiça descreverá na certidão os que guarnecem a residência ou o estabelecimento do devedor.

Subseção II

Da documentação da penhora, de seu registro e do depósito

Art. 794. Obedecidas as normas de segurança instituídas sob critérios uniformes pelo Conselho Nacional de Justiça, a penhora de dinheiro e as averbações de penhoras de bens imóveis e móveis podem ser realizadas por meios eletrônicos.

Art. 795. A penhora será realizada mediante auto ou termo, que conterá:

I – a indicação do dia, mês, ano e lugar em que foi feita;

II – os nomes do credor e do devedor;

III -a descrição dos bens penhorados, com as suas características;

IV – a nomeação do depositário dos bens.

Art. 796. Considerar-se-á feita a penhora mediante a apreensão e o depósito dos bens, lavrando-se um só auto se as diligências forem concluídas no mesmo dia.

Parágrafo único. Havendo mais de uma penhora, lavrar-se-á para cada qual um auto.

Art. 797. Serão preferencialmente depositados:

I – as quantias em dinheiro, as pedras e os metais preciosos, bem como os papéis de crédito, no Banco do Brasil, na Caixa Econômica Federal ou em um banco de que o Estado ou o Distrito Federal possua mais de metade do capital social integralizado, ou, em falta desses estabelecimentos no lugar, em qualquer instituição de crédito designada pelo juiz;

II – os imóveis, em poder do executado;

III – os móveis, em poder do exequente;

IV – os demais bens, em mãos de depositário particular ou do exequente.

§1º Os bens poderão ser depositados em poder do executado nos casos de difícil remoção ou quando anuir o exequente.

§2º As jóias, as pedras e os objetos preciosos deverão ser depositados com registro do valor estimado de resgate.

Art. 798. Formalizada a penhora por qualquer dos meios legais, dela será imediatamente intimado o executado.

§1º Se o oficial de justiça não localizar o devedor para a intimação da penhora, certificará detalhadamente as diligências realizadas, caso em que o juiz poderá dispensar a intimação ou determinar novas diligências.

§2º Quando a penhora não tiver sido realizada na presença do executado, sua intimação será feita na pessoa de seu advogado ou na da sociedade de advogados

a que este pertença, ou, não havendo procurador constituído, pessoalmente, de preferência por via postal.
§3º Se não localizar o executado para intimá-lo da penhora, o oficial certificará detalhadamente as diligências realizadas, caso em que o juiz, havendo suspeita de ocultação, poderá dispensar a intimação ou determinar novas diligências.
Art. 799. Recaindo a penhora em bens imóveis, será intimado também o cônjuge do executado, salvo se for casado em regime de separação absoluta de bens.
Parágrafo único. Tratando-se de bem indivisível, a meação do cônjuge alheio à execução recairá sobre o produto da alienação do bem, reservando-se a esse a preferência na arrematação do bem em igualdade de condições.
Art. 800. Cabe ao exequente providenciar, para presunção absoluta de conhecimento por terceiros, a averbação da penhora, quando se tratar de bens sujeitos a registro público. Cabe ao exequente providenciar, para presunção absoluta de conhecimento por terceiros, a averbação do arresto ou da penhora, quando se tratar de bens sujeitos a registro público, mediante a apresentação de cópia do auto ou termo, independentemente de mandado judicial.

Subseção III
Do lugar de realização da penhora

Art. 801. Efetuar-se-á a penhora onde quer que se encontrem os bens, ainda que sob a posse, a detenção ou a guarda de terceiros.
§1º A penhora de imóveis, independentemente de onde se localizem, quando apresentada certidão da respectiva matrícula, e a penhora de veículos automotores, quando apresentada certidão que ateste a sua existência, serão realizadas por termo nos autos.
§2º Se o devedor não tiver bens no foro da causa, não sendo possível a realização da penhora nos termos do §1º, a execução será feita por carta, penhorando-se, avaliando-se e alienando-se os bens no foro da situação.
Art. 802. Se o devedor fechar as portas da casa a fim de obstar a penhora dos bens, o oficial de justiça comunicará o fato ao juiz, solicitando-lhe ordem de arrombamento.
§1º Deferido o pedido, dois oficiais de justiça cumprirão o mandado, arrombando cômodos e móveis em que se presuma estarem os bens, e lavrarão de tudo auto circunstanciado, que será assinado por duas testemunhas presentes à diligência.
§2º Sempre que necessário, o juiz requisitará força policial, a fim de auxiliar os oficiais de justiça na penhora dos bens e na prisão de quem resistir à ordem.
§3º Os oficiais de justiça lavrarão em duplicata o auto de resistência, entregando uma via ao escrivão do processo, para ser juntada aos autos, e a outra à autoridade policial a quem couber a prisão.
§4º Do auto de resistência constará o rol de testemunhas, com sua qualificação.

Subseção IV
Das modificações da penhora

Art. 803. O executado pode, no prazo de dez dias contados da intimação da penhora, requerer a substituição do bem penhorado, desde que comprove que lhe será menos onerosa e não trará prejuízo ao exequente.
§1º O juiz só autorizará a substituição se o executado:
I – comprovar as respectivas matrículas e registros, por certidão do correspondente ofício, quanto aos bens imóveis;
II – descrever os bens móveis, com todas as suas propriedades e características, bem como seu estado e o lugar onde se encontram;
III – descrever os semoventes, com indicação de espécie, número, marca ou sinal e local onde se encontram;
IV – identificar os créditos, indicando quem seja o devedor, qual a origem da dívida, o título que a representa e a data do vencimento; e
V – atribuir, em qualquer caso, valor aos bens indicados à penhora, além de especificar os ônus e os encargos a que estejam sujeitos.
§2º Requerida a substituição da penhora, o executado deve indicar onde se encontram os bens sujeitos à execução, exibir a prova de sua propriedade e a certidão negativa ou positiva de ônus, bem como abster-se de qualquer atitude que dificulte ou embarace a realização da penhora.

§3º A penhora pode ser substituída por fiança bancária ou seguro garantia judicial, em valor não inferior ao do débito constante da inicial, mais trinta por cento.
§4º O executado somente poderá oferecer bem imóvel em substituição caso o requeira com a expressa anuência do cônjuge, salvo se o regime for o de separação absoluta de bens.
Art. 804. As partes poderão requerer a substituição da penhora se:
I – não obedecer à ordem legal;
II – não incidir sobre os bens designados em lei, contrato ou ato judicial para o pagamento;
III – havendo bens no foro da execução, outros tiverem sido penhorados;
IV – havendo bens livres, tiver recaído sobre bens já penhorados ou objeto de gravame;
V – incidir sobre bens de baixa liquidez;
VI – fracassar a tentativa de alienação judicial do bem; ou
VII – o devedor não indicar o valor dos bens ou omitir qualquer das indicações previstas na lei.
Art. 805. Sempre que ocorrer a substituição dos bens inicialmente penhorados, será lavrado novo termo.
Art. 806. Será admitida a redução ou a ampliação da penhora, bem como sua transferência para outros bens, se, no curso do processo, o valor de mercado dos bens penhorados sofrer alteração significativa.
Art. 807. Não se procede à segunda penhora, salvo se:
I – a primeira for anulada;
II – executados os bens, o produto da alienação não bastar para o pagamento do credor;
III – o credor desistir da primeira penhora, por serem litigiosos os bens ou por estarem submetidos a constrição judicial.
Art. 808. O juiz determinará a alienação antecipada dos bens penhorados quando:
I – se tratar de veículos automotores, de pedras e metais preciosos e de outros bens móveis sujeitos à depreciação ou à deterioração;
II – houver manifesta vantagem.
Art. 809. Quando uma das partes requerer alguma das medidas previstas nesta Subseção, o juiz ouvirá sempre a outra, no prazo de três dias, antes de decidir.
Parágrafo único. O juiz decidirá de plano qualquer questão suscitada.

Subseção V
Da penhora de dinheiro em depósito ou em aplicação financeira

Art. 810. Para possibilitar a penhora de dinheiro em depósito ou em aplicação financeira, o juiz, a requerimento do exequente, sem dar ciência prévia do ato ao executado, determinará às instituições financeiras, por meio de sistema eletrônico gerido pela autoridade supervisora do sistema financeiro nacional, que torne indisponíveis ativos financeiros existentes em nome do executado, limitando-se a indisponibilidade ao valor indicado na execução.
§1º No prazo de vinte e quatro horas a contar da resposta, de ofício, o juiz determinará o cancelamento de eventual indisponibilidade excessiva, o que deverá ser cumprido pela instituição financeira em igual prazo.
§2º Tornados indisponíveis os ativos financeiros do executado, este será intimado na pessoa de seu advogado ou, não o tendo, pessoalmente.
§3º Incumbe ao executado, no prazo de cinco dias, comprovar que:
I – as quantias indisponibilizadas são impenhoráveis;
II – ainda remanesce indisponibilidade excessiva de ativos financeiros.
§4º Acolhida qualquer das arguições dos incisos I e II do §3º, o juiz determinará o cancelamento de eventual indisponibilidade excessiva, o que deverá ser cumprido pela instituição financeira em vinte e quatro horas.
§5º Rejeitada ou não apresentada a manifestação do executado, converter-se-á a indisponibilidade em penhora, e lavrar-se-á o respectivo termo, devendo o juiz da execução determinar à instituição financeira depositária que, no prazo de vinte e quatro horas, transfira o montante indisponível para conta vinculada ao juízo da execução.
§6º Realizado o pagamento da dívida por outro meio, o juiz determinará, imediatamente, à autoridade supervisora,

a notificação da instituição financeira para que cancele a indisponibilidade, que deverá ser realizada em até vinte e quatro horas.

§7º As transmissões das ordens de indisponibilidade, de seu cancelamento e de determinação de penhora, previstas neste artigo far-se-ão por meio de sistema eletrônico gerido pela autoridade supervisora do sistema financeiro nacional.

§8º A instituição financeira será responsável pelos prejuízos causados ao executado em decorrência da indisponibilidade de ativos financeiros em valor superior ao indicado na execução ou pelo juiz, bem como na hipótese de não cancelamento da indisponibilidade no prazo de vinte e quatro horas, quando assim determinar o juiz.

§9º Quando se tratar de execução contra partido político, o juiz, a requerimento do exequente, determinará às instituições financeiras, por meio de sistema eletrônico gerido por autoridade supervisora do sistema bancário, que torne indisponíveis ativos financeiros somente em nome do órgão partidário que tenha contraído a dívida executada ou que tenha dado causa à violação de direito ou ao dano, ao qual cabe exclusivamente a responsabilidade pelos atos praticados, na forma da lei.

Subseção VI
Da penhora de créditos

Art. 811. Quando a penhora recair em crédito do devedor, o oficial de justiça o penhorará. Enquanto não ocorrer a hipótese prevista no art. 819, considerar-se-á feita a penhora pela intimação:

I – ao terceiro devedor para que não pague ao seu credor;

II – ao credor do terceiro para que não pratique ato de disposição do crédito.

Art. 812. A penhora de crédito representado por letra de câmbio, nota promissória, duplicata, cheque ou outros títulos se fará pela apreensão do documento, esteja ou não este em poder do devedor.

§1º Se o título não for apreendido, mas o terceiro confessar a dívida, será este tido como depositário da importância.

§2º O terceiro só se exonerará da obrigação depositando em juízo a importância da dívida.

§3º Se o terceiro negar o débito em conluio com o devedor, a quitação que este lhe der caracterizará fraude à execução.

§4º A requerimento do credor, o juiz determinará o comparecimento, em audiência especialmente designada, do devedor e do terceiro, a fim de lhes tomar os depoimentos.

Art. 813. Feita a penhora em direito e ação do devedor, e não tendo este oferecido embargos ou sendo estes rejeitados, o credor ficará sub-rogado nos direitos do devedor até a concorrência do seu crédito.

§1º O credor pode preferir, em vez da sub-rogação, a alienação judicial do direito penhorado, caso em que declarará sua vontade no prazo de dez dias contados da realização da penhora.

§2º A sub-rogação não impede o sub-rogado, se não receber o crédito do devedor, de prosseguir na execução, nos mesmos autos, penhorando outros bens do devedor.

Art. 814. Quando a penhora recair sobre dívidas de dinheiro a juros, de direito a rendas ou de prestações periódicas, o credor poderá levantar os juros, os rendimentos ou as prestações à medida que forem sendo depositados, abatendo-se do crédito as importâncias recebidas, conforme as regras da imputação em pagamento.

Art. 815. Recaindo a penhora sobre direito a prestação ou restituição de coisa determinada, o devedor será intimado para, no vencimento, depositá-la, correndo sobre ela a execução.

Art. 816. Quando o direito estiver sendo pleiteado em juízo, será averbada no rosto dos autos a penhora que recair nele e na ação que lhe corresponder, a fim de se efetivar nos bens que forem adjudicados ou vierem a caber ao devedor.

Subseção VII
Da penhora das quotas ou ações de sociedades personificadas

Art. 817. Penhoradas as quotas ou as ações de sócio em sociedade simples ou empresária, o juiz assinará prazo razoável, não superior a três meses, para que a sociedade apresente balanço especial na forma da lei, proceda à liquidação das quotas ou das

ações e deposite em juízo o valor apurado, em dinheiro.
§1º O disposto no *caput* não se aplica à sociedade anônima de capital aberto, cujas ações serão adjudicadas ao credor ou alienadas em bolsa de valores, conforme o caso.
§2º Para os fins da liquidação de que trata o *caput*, o juiz poderá, a requerimento do credor ou da sociedade, nomear administrador, que deverá submeter à aprovação judicial a forma de liquidação.
§3º O prazo previsto no *caput* poderá ser ampliado pelo juiz, se o pagamento das quotas ou das ações liquidadas colocar em risco a estabilidade financeira da sociedade simples ou empresária.

Subseção VIII
Da penhora de empresa, de outros estabelecimentos e de semoventes

Art. 818. Quando a penhora recair em estabelecimento comercial, industrial ou agrícola, bem como em semoventes, plantações ou edifícios em construção, o juiz nomeará um administrador-depositário, determinando-lhe que apresente em dez dias o plano de administração.
§1º Ouvidas as partes, o juiz decidirá.
§2º É lícito, porém, às partes ajustar a forma de administração, escolhendo o depositário; caso em que o juiz homologará por despacho a indicação.
Art. 819. A penhora de empresa que funcione mediante concessão ou autorização se fará, conforme o valor do crédito, sobre a renda, sobre determinados bens ou sobre todo o patrimônio, nomeando o juiz como depositário, de preferência, um dos seus diretores.
§1º Quando a penhora recair sobre a renda ou sobre determinados bens, o administrador-depositário apresentará a forma de administração e o esquema de pagamento, observando-se, quanto ao mais, o disposto quanto ao regime de penhora de frutos e rendimentos de coisa móvel e imóvel.
§2º Recaindo a penhora sobre todo o patrimônio, prosseguirá a execução nos seus ulteriores termos, ouvindo-se, antes da arrematação ou da adjudicação, o ente público que houver outorgado a concessão.
Art. 820. A penhora de navio ou aeronave não obsta a que estes continuem navegando ou operando até a alienação, mas o juiz, ao conceder a autorização para tanto, não permitirá que saiam do porto ou aeroporto antes que o devedor faça o seguro usual contra riscos.

Subseção IX
Da penhora de percentual de faturamento de empresa

Art. 821. Se o devedor não tiver outros bens penhoráveis ou se, tendo-os, estes forem de difícil alienação ou insuficientes para saldar o crédito executado, o juiz poderá ordenar a penhora de percentual de faturamento de empresa.
§1º O juiz fixará percentual que propicie a satisfação do crédito exequendo em tempo razoável, mas que não torne inviável o exercício da atividade empresarial.
§2º O juiz nomeará administrador-depositário, que submeterá à aprovação judicial a forma de sua atuação e prestará contas mensalmente, entregando em juízo as quantias recebidas, com os respectivos balancetes mensais, a fim de serem imputadas no pagamento da dívida.
§3º Na penhora de percentual de faturamento de empresa, observar-se-á, no que couber, o disposto quanto ao regime de penhora de frutos e rendimentos de coisa móvel e imóvel.

Subseção X
Da penhora de frutos e rendimentos de coisa móvel ou imóvel

Art. 822. O juiz pode ordenar a penhora de frutos e rendimentos de coisa móvel ou imóvel quando a considerar mais eficiente para o recebimento do crédito e menos gravosa ao executado.
Art. 823. Ordenada a penhora de frutos e rendimentos, o juiz nomeará administrador-depositário, que será investido de todos os poderes que concernem à administração do bem e à fruição de seus frutos e utilidades, perdendo o executado o direito de gozo do bem, até que o exequente seja pago do principal, dos juros, das custas e dos honorários advocatícios.

§1º A medida terá eficácia em relação a terceiros a partir da publicação da decisão que a conceda ou de sua averbação no ofício imobiliário, em se tratando de imóveis.
§2º O exequente providenciará a averbação no ofício imobiliário mediante a apresentação de certidão de inteiro teor do ato, independentemente de mandado judicial.
Art. 824. O juiz poderá nomear administrador-depositário o credor ou o devedor, ouvida a parte contrária; não havendo acordo, o juiz nomeará profissional qualificado para o desempenho da função.
§1º O administrador submeterá à aprovação judicial a forma de administração, bem como a de prestar contas periodicamente.
§2º Havendo discordância entre as partes ou entre estas e o administrador, o juiz decidirá a melhor forma de administração do bem.
§3º Se o imóvel estiver arrendado, o inquilino pagará o aluguel diretamente ao exequente, salvo se houver administrador.
§4º O exequente ou o administrador poderá celebrar locação do móvel ou imóvel, ouvido o executado.
§5º As quantias recebidas pelo administrador serão entregues ao exequente, a fim de serem imputadas no pagamento da dívida.
§6º O exequente dará ao executado quitação, por termo nos autos, das quantias recebidas.

Subseção XI
Da avaliação

Art. 825. A avaliação será feita pelo oficial de justiça.
Parágrafo único. Se forem necessários conhecimentos especializados e o valor da execução o comportar, o juiz nomeará avaliador, fixando-lhe prazo não superior a dez dias para entrega do laudo.
Art. 826. Não se procederá à avaliação quando:
I – uma das partes aceitar a estimativa feita pela outra;
II – se tratar de títulos ou de mercadorias que tenham cotação em bolsa, comprovada por certidão ou publicação oficial;
III – se tratar de títulos da dívida pública, de ações das sociedades e de títulos de crédito negociáveis em bolsa, cujo valor será o da cotação oficial do dia, provada por certidão ou publicação no órgão oficial;
IV – se tratar de veículos automotores ou de outros bens cujo preço médio de mercado possa ser conhecido por meio de pesquisas realizadas por órgãos oficiais ou de anúncios de venda divulgados em meios de comunicação, caso em que caberá a quem fizer a nomeação o encargo de comprovar a cotação do mercado.
Art. 827. A avaliação realizada pelo oficial de justiça constará do auto de penhora ou, em caso de perícia realizada por avaliador, de laudo apresentado no prazo fixado pelo juiz, devendo-se, em qualquer hipótese, especificar:
I – os bens, com as suas características, e o estado em que se encontram;
II – o valor dos bens.
§1º Quando o imóvel for suscetível de cômoda divisão, a avaliação, tendo em conta o crédito reclamado, será realizada em partes, sugerindo-se, com a apresentação de memorial descritivo, os possíveis desmembramentos para alienação.
§2º Realizada a avaliação e, sendo o caso, apresentada a proposta de desmembramento, as partes serão ouvidas no prazo de cinco dias.
Art. 828. É admitida nova avaliação quando:
I – qualquer das partes arguir, fundamentadamente, a ocorrência de erro na avaliação ou dolo do avaliador;
II – se verificar, posteriormente à avaliação, que houve majoração ou diminuição no valor do bem; ou
III – houver fundada dúvida sobre o valor atribuído ao bem por uma das partes.
Art. 829. Após a avaliação, a requerimento do interessado e ouvida a parte contrária, o juiz poderá mandar:
I – reduzir a penhora aos bens suficientes ou transferi-la para outros, se o valor dos bens penhorados for consideravelmente superior ao crédito do exequente e dos acessórios;
II – ampliar a penhora ou transferi-la para outros bens mais valiosos, se o valor dos bens penhorados for inferior ao crédito do exequente.
Art. 830. Realizadas a penhora e a avaliação, o juiz dará início aos atos de expropriação de bens.

Seção IV
Da expropriação de bens

Subseção I
Da adjudicação

Art. 831. É lícito ao exequente, oferecendo preço não inferior ao da avaliação, requerer lhe sejam adjudicados os bens penhorados.
§1º Requerida a adjudicação, será dada ciência ao executado, na pessoa de seu advogado.
§2º Se o valor do crédito for inferior ao dos bens, o adjudicante depositará de imediato a diferença, ficando esta à disposição do executado; se superior, a execução prosseguirá pelo saldo remanescente.
§3º Idêntico direito pode ser exercido pelo credor com garantia real, pelos credores concorrentes que hajam penhorado o mesmo bem, pelo cônjuge, pelo companheiro, pelos descendentes ou pelos ascendentes do executado.
§4º Se houver mais de um pretendente, proceder-se-á entre eles a licitação, tendo preferência, em caso de igualdade de oferta, o cônjuge, o companheiro, o descendente ou o ascendente, nessa ordem.
§5º No caso de penhora de quota realizada em favor de exequente alheio à sociedade, esta será intimada, ficando responsável por informar aos sócios a ocorrência da penhora, assegurando-se a estes a preferência.
Art. 832. Transcorrido o prazo de cinco dias contados da última intimação e decididas eventuais questões, o juiz mandará lavrar o auto de adjudicação.
§1º Considera-se perfeita e acabada a adjudicação com a lavratura e a assinatura do auto pelo juiz, pelo adjudicante, pelo escrivão e, se estiver presente, pelo executado, expedindo-se:
I – se bem imóvel, a carta de adjudicação e o mandado de imissão na posse;
II – se bem móvel, ordem de entrega ao adjudicante, se bem móvel.
§2º A carta de adjudicação conterá a descrição do imóvel, com remissão à sua matrícula e aos seus registros, a cópia do auto de adjudicação e a prova de quitação do imposto de transmissão.
Art. 833. Frustradas as tentativas de alienação do bem, será reaberta oportunidade para requerimento de adjudicação, caso em que também se poderá pleitear a realização de nova avaliação.

Subseção II
Da alienação

Art. 834. A alienação se fará:
I – por iniciativa particular;
II – em leilão judicial eletrônico ou presencial.
Art. 835. Não requerida a adjudicação, o exequente poderá requerer a alienação por sua própria iniciativa ou por intermédio de corretor ou leiloeiro público credenciado perante a autoridade judiciária
§1º O juiz fixará o prazo em que a alienação deve ser efetivada, a forma de publicidade, o preço mínimo, as condições de pagamento e as garantias, bem como, se for o caso, a comissão de corretagem, na forma deste Código.
§2º A alienação será formalizada por termo nos autos, com a assinatura do juiz, do exequente, do adquirente e, se estiver presente, do executado, expedindo-se:
I – se bem imóvel, a carta de adjudicação e o mandado de imissão na posse;
II – se bem móvel, ordem de entrega ao adjudicante, se bem móvel.
§3º Os tribunais poderão detalhar o procedimento da alienação prevista neste artigo, admitindo inclusive o concurso de meios eletrônicos, e dispor sobre o credenciamento dos corretores e leiloeiros públicos, os quais deverão estar em exercício profissional por não menos que três anos.
§4º Nas localidades em que não houver corretor ou leiloeiro público credenciado nos termos do §3º, a indicação será de livre escolha do juiz.
Art. 836. A alienação judicial somente será feita caso não efetivada a adjudicação ou a alienação por iniciativa particular.
§1º O leilão do bem penhorado será realizado por leiloeiro, preferencialmente por meio eletrônico, salvo se as condições da sede do juízo não o permitirem, hipótese em que o leilão será presencial.
§2º Ressalvados os casos de alienação a cargo de corretores de bolsa de valores,

todos os demais bens serão alienados em leilão público.

Art. 837. O leilão será precedido de publicação de edital, que conterá:

I – a descrição do bem penhorado, com suas características, e, tratando-se de imóvel, sua situação e suas divisas, com remissão à matrícula e aos registros;

II – o valor pelo qual o bem foi avaliado, o preço mínimo pelo qual poderá ser alienado, as condições de pagamento e, se for o caso, a comissão do leiloeiro designado;

III – o lugar onde estiverem os móveis, os veículos e os semoventes; e, em se tratando de créditos ou direitos, os autos do processo em que foram penhorados;

IV – o sítio eletrônico e o período em que se realizará o leilão, salvo se este se der de modo presencial, hipótese em que se indicarão o local, o dia e a hora de sua realização;

V – menção da existência de ônus, recurso ou causa pendente sobre os bens a serem leiloados.

Parágrafo único. No caso de títulos da dívida pública e títulos com cotação em bolsa, constará do edital o valor da última cotação.

Art. 838. O leiloeiro oficial designado adotará providências para a ampla divulgação da alienação.

§1º A publicação do edital deverá ocorrer pelo menos cinco dias antes da alienação.

§2º O edital será publicado em sítio eletrônico designado pelo juízo da execução e conterá descrição detalhada e, sempre que possível, ilustrada dos bens, informando expressamente se o leilão se dará de forma eletrônica ou presencial.

§3º Não sendo possível a publicação em sítio eletrônico ou considerando o juiz, em atenção às condições da sede do juízo, que esse modo de divulgação é insuficiente ou inadequado, o edital será afixado em local de costume e publicado, em resumo, pelo menos uma vez em jornal de ampla circulação local.

§4º Quando o valor dos bens penhorados não exceder a sessenta vezes o valor do salário mínimo vigente na data da avaliação, a publicação do edital será feita apenas no sítio eletrônico e no órgão oficial, sem prejuízo da afixação do edital em local de costume.

§5º Atendendo ao valor dos bens e às condições da sede do juízo, o juiz poderá alterar a forma e a frequência da publicidade na imprensa, mandar publicar o edital em local de ampla circulação de pessoas e divulgar avisos em emissora de rádio ou televisão local, bem como em sítios eletrônicos distintos dos indicados no §2º.

§6º Os editais de leilão de imóveis e de veículos automotores serão publicados pela imprensa ou por outros meios de divulgação preferencialmente na seção ou no local reservados à publicidade de negócios respectivos.

§7º O juiz poderá determinar a reunião de publicações em listas referentes a mais de uma execução.

§8º Não se realizando o leilão por qualquer motivo, o juiz mandará publicar a transferência, observando-se o disposto neste artigo.

§9º O escrivão ou o leiloeiro que culposamente der causa à transferência responde pelas despesas da nova publicação, podendo o juiz aplicar-lhe a pena de suspensão por cinco dias a três meses, em procedimento administrativo regular.

Art. 839. Serão cientificados da alienação judicial, com pelo menos cinco dias de antecedência:

I – o executado, por meio de seu advogado ou, se não tiver procurador constituído nos autos, por carta registrada, mandado, edital ou outro meio idôneo;

II – o senhorio direto, o coproprietário de bem indivisível do qual tenha sido penhorada fração ideal, o credor com garantia real ou com penhora anteriormente averbada que não seja de qualquer modo parte na execução.

Parágrafo único. Tendo sido revel o executado, não constando dos autos seu endereço atual ou, ainda, não sendo ele encontrado no endereço constante do processo, a intimação considerar-se-á feita por meio do próprio edital de leilão.

Art. 840. Pode oferecer lance todo aquele que estiver na livre administração de seus bens, com exceção:

I -dos tutores, dos curadores, dos testamenteiros, dos administradores ou dos liquidantes, quanto aos bens confiados à sua guarda e à sua responsabilidade;

II – dos mandatários, quanto aos bens de cuja administração ou alienação estejam encarregados;
III – do juiz, do membro do Ministério Público e da Defensoria Pública, do escrivão e dos demais servidores e auxiliares da justiça;
IV – dos servidores públicos em geral, quanto aos bens ou aos direitos da pessoa jurídica a que servirem ou que estejam sob sua administração direta ou indireta;
V – dos leiloeiros e seus prepostos, quanto aos bens de cuja venda estejam encarregados;
VI – os advogados de qualquer das partes.
Art. 841. Não será aceito lance que ofereça preço vil.
Parágrafo único. Considera-se vil o preço inferior a cinquenta por cento do valor da avaliação, salvo se outro for o preço mínimo estipulado pelo juiz para a alienação do bem.
Art. 842. O juiz da execução estabelecerá o preço mínimo, as condições de pagamento e as garantias que poderão ser prestadas pelo arrematante.
§1º Salvo pronunciamento judicial em sentido diverso, o pagamento deverá ser realizado de imediato pelo arrematante.
§2º Se o exequente arrematar os bens e for o único credor, não estará obrigado a exibir o preço, mas, se o valor dos bens exceder ao seu crédito, depositará, dentro de três dias, a diferença, sob pena de tornar-se sem efeito a arrematação, e, nesse caso, os bens serão levados a novo leilão, à custa do exequente.
§3º Apresentado lance que preveja pagamento a prazo ou em parcelas, o leiloeiro o submeterá ao juiz, que dará o bem por arrematado pelo apresentante do melhor lance ou da proposta mais conveniente.
§4º No caso de arrematação a prazo, os pagamentos feitos pelo arrematante pertencerão ao exequente até o limite de seu crédito e os subsequentes, ao executado.
Art. 843. Se o leilão for de diversos bens e houver mais de um lançador, terá preferência aquele que se propuser a arrematá-los englobadamente, oferecendo, para os que não tiverem lance, preço igual ao da avaliação e, para os demais, preço igual ao do maior lance que, na tentativa de arrematação individualizada, tenha sido oferecido para eles.
Art. 844. Quando o imóvel admitir cômoda divisão, o juiz, a requerimento do devedor, ordenará a alienação judicial de parte dele, desde que suficiente para o pagamento do credor.
§1º Não havendo lançador, far-se-á a alienação do imóvel em sua integridade.
§2º A alienação por partes deverá ser requerida a tempo de permitir a avaliação das glebas destacadas e sua inclusão no edital; caso em que caberá ao executado instruir o requerimento com planta e memorial descritivo subscritos por profissional habilitado.
Art. 845. Tratando-se de bem imóvel ou de bem móvel de valor elevado, quem estiver interessado em adquiri-lo em prestações poderá apresentar por escrito sua proposta, com valor nunca inferior ao da avaliação, com oferta de pelo menos trinta por cento à vista, sendo o restante garantido por caução idônea.
§1º As propostas para aquisição em prestações, que serão juntadas aos autos, indicarão o prazo, a modalidade e as condições de pagamento do saldo.
§2º A apresentação da proposta prevista neste artigo não suspende o leilão cujo procedimento já se tenha iniciado.
Art. 846. Quando o imóvel de incapaz não alcançar em leilão pelo menos oitenta por cento do valor da avaliação, o juiz o confiará à guarda e à administração de depositário idôneo, adiando a alienação por prazo não superior a um ano.
§1º Se, durante o adiamento, algum pretendente assegurar, mediante caução idônea, o preço da avaliação, o juiz ordenará a alienação em leilão.
§2º Se o pretendente à arrematação se arrepender, o juiz impor-lhe-á multa de vinte por cento sobre o valor da avaliação, em benefício do incapaz, valendo a decisão como título executivo.
§3º Sem prejuízo do disposto nos §§1º e 2º, o juiz poderá autorizar a locação do imóvel no prazo do adiamento.
§4º Findo o prazo do adiamento, o imóvel será submetido a novo leilão.
Art. 847. O fiador do arrematante que pagar o valor do lance e a multa poderá

requerer que a arrematação lhe seja transferida.

Art. 848. Se o arrematante ou seu fiador não pagar o preço no prazo estabelecido, o juiz impor-lhe-á, em favor do exequente, a perda da caução, voltando os bens a novo leilão, do qual não serão admitidos a participar o arrematante e o fiador remissos.

Art. 849. Será suspensa a arrematação logo que o produto da alienação dos bens for suficiente para o pagamento do credor.

Art. 850. Incumbe ao leiloeiro:

I – publicar o edital, anunciando a alienação;

II – realizar o leilão onde se encontrem os bens ou no lugar designado pelo juiz;

III – expor aos pretendentes os bens ou as amostras das mercadorias;

IV – receber do arrematante a comissão estabelecida em lei ou arbitrada pelo juiz;

V – receber e depositar, dentro de um dia, à ordem do juiz, o produto da alienação;

VI – prestar contas nos dois dias subsequentes ao depósito.

Art. 851. Caberá ao juiz a designação do leiloeiro público, que poderá ser indicado pelo exequente.

Art. 852. A alienação judicial por meio eletrônico será realizada, observando-se as garantias processuais das partes, de acordo com regulamentação específica do Conselho Nacional de Justiça.

Parágrafo único. A alienação judicial por meio eletrônico deverá atender aos requisitos de ampla publicidade, autenticidade e segurança, com observância das regras estabelecidas na legislação sobre certificação digital.

Art. 853. Não sendo possível a realização de leilão por meio eletrônico, este se dará de modo presencial.

Art. 854. O leilão presencial será realizado no local designado pelo juiz.

Art. 855. O leilão prosseguirá no dia útil imediato, à mesma hora em que teve início, independentemente de novo edital, se for ultrapassado o horário de expediente forense.

Art. 856. A arrematação constará de auto que será lavrado de imediato e poderá abranger bens penhorados em mais de uma execução, nele mencionadas as condições pelas quais foi alienado o bem.

Parágrafo único. A ordem de entrega do bem móvel ou a carta de arrematação do bem imóvel, com o respectivo mandado de imissão na posse, será expedida depois de efetuado o depósito ou prestadas as garantias pelo arrematante, bem como realizado o pagamento da comissão do leiloeiro.

Art. 857. Qualquer que seja a modalidade de leilão, assinado o auto pelo juiz, pelo arrematante e pelo serventuário da justiça ou pelo leiloeiro, a arrematação será considerada perfeita, acabada e irretratável, ainda que venham a ser julgados procedentes os embargos do executado.

§1º A arrematação poderá, no entanto, ser tornada sem efeito:

I – por vício de nulidade;

II – se não observado o disposto no art. 761;

III – se não for pago o preço ou se não for prestada a caução;

IV – quando realizada por preço vil;

V – nos demais casos previstos neste Código.

§2º O juiz decidirá nos próprios autos da execução acerca dos vícios referidos no §1º, enquanto não for expedida a carta de arrematação ou a ordem de entrega.

§3º Expedida, após dez dias, a carta de arrematação ou a ordem de entrega, o vício deverá ser arguido em ação autônoma, na qual o arrematante figurará como litisconsorte necessário.

§4º Julgado procedente o pedido da ação autônoma, as partes serão restituídas ao estado anterior, ressalvada a possibilidade de reparação de perdas e danos.

§5º O arrematante poderá desistir da arrematação, sendo-lhe imediatamente devolvido o depósito que tiver feito:

I – se provar, nos dez dias seguintes, a existência de ônus real ou gravame não mencionado no edital;

II – se, antes de expedida a carta de arrematação ou a ordem de entrega, o executado suscitar algum dos vícios indicados no §1º

§6º Considera-se ato atentatório à dignidade da justiça a suscitação infundada de vício com o objetivo de ensejar a desistência do arrematante.

Art. 858. A carta de arrematação conterá a descrição do imóvel, com remissão à sua matrícula e aos seus registros, a cópia do auto de arrematação e a prova de quitação do imposto de transmissão.

Seção IV
Da satisfação do crédito

Art. 859. A satisfação do crédito exequendo far-se-á:
I – pela entrega do dinheiro;
II – pela adjudicação dos bens penhorados.
Art. 860. O juiz autorizará que o credor levante, até a satisfação integral de seu crédito, o dinheiro depositado para segurar o juízo ou o produto dos bens alienados, bem como do faturamento de empresa ou de outros frutos e rendimentos de coisas ou empresas penhoradas, quando:
I – a execução for movida só a benefício do credor singular, a quem, por força da penhora, cabe o direito de preferência sobre os bens penhorados e alienados;
II – não houver sobre os bens alienados outros privilégios ou preferências instituídos anteriormente à penhora.
Art. 861. Ao receber o mandado de levantamento, o credor dará ao devedor, por termo nos autos, quitação da quantia paga.
Parágrafo único. A expedição de mandado de levantamento poderá ser substituída pela transferência eletrônica do valor depositado em conta vinculada ao juízo para outra indicada pelo credor.
Art. 862. Pago ao credor o principal, os juros, as custas e os honorários, a importância que sobrar será restituída ao devedor.
Art. 863. Concorrendo vários credores, o dinheiro lhes será distribuído e entregue consoante a ordem das respectivas preferências.
§1º No caso de adjudicação ou alienação, os créditos que recaem sobre o bem, inclusive os de natureza propter rem, sub-rogam-se sobre o respectivo preço, observada a ordem de preferência.
§2º Não havendo título legal à preferência, o dinheiro será distribuído entre os concorrentes, observando-se a anterioridade de cada penhora.
Art. 864. Os credores formularão as suas pretensões, que versarão unicamente sobre o direito de preferência e a anterioridade da penhora. Apresentadas as razões, o juiz decidirá.
Art. 865. Caso qualquer dos credores alegue a insolvência do devedor, o juiz, ouvidos os demais credores concorrentes e o executado, determinará que o dinheiro, respeitadas as preferências legais, seja partilhado proporcionalmente ao valor de cada crédito.
Parágrafo único. A decisão do juiz poderá ser impugnada por agravo de instrumento.

CAPÍTULO V
DA EXECUÇÃO CONTRA A FAZENDA PÚBLICA

Art. 866. Na execução fundada em título extrajudicial, a Fazenda Pública será citada para opor embargos em trinta dias.
§1º Não opostos embargos ou transitada em julgado a decisão que os rejeitar, expedir-se-á precatório ou requisição de pequeno valor em favor do exequente, observando-se o disposto no art. 100 da Constituição da República.
§2º Nos embargos, a Fazenda Pública poderá alegar qualquer matéria que lhe seria lícito deduzir como defesa no processo de conhecimento.
§3º Aplica-se a este Capítulo, no que couber, o disposto nos artigos 519 e 520

CAPÍTULO VI
DA EXECUÇÃO DE ALIMENTOS

Art. 867. A execução fundada em título executivo extrajudicial que contém obrigação alimentar, o juiz mandará citar o devedor para, em três dias, efetuar o pagamento das parcelas anteriores ao início da execução e das que se vencerem no seu curso, provar que o fez ou justificar a impossibilidade de efetuá-lo.
§1º Se o devedor não pagar, nem se escusar, o juiz decretar-lhe-á a prisão pelo prazo de um a três meses.
§2º O cumprimento da pena não exime o devedor do pagamento das prestações vencidas e vincendas.
§3º Paga a prestação alimentícia, o juiz suspenderá o cumprimento da ordem de prisão.
Art. 868. Quando o devedor for funcionário público, militar, diretor ou gerente de empresa, bem como empregado sujeito à legislação do trabalho, o exequente poderá requerer o desconto em folha de

pagamento a importância da prestação alimentícia.

§1º Ao despachar a inicial, o juiz oficiará à autoridade, à empresa ou ao empregador, determinando, sob pena de crime de desobediência, o desconto a partir da primeira remuneração posterior do executado, a contar do protocolo do ofício.

§2º O ofício conterá os nomes e o número de inscrição no cadastro de pessoas físicas do exequente e do executado, a importância a ser descontada mensalmente, o tempo de sua duração e a conta na qual deva ser feito o depósito.

Art. 869. Não requerida a execução nos termos desta Seção, observar-se-á o disposto no art. 781 e seguintes, com a ressalva de que, recaindo a penhora em dinheiro, a concessão de efeito suspensivo aos embargos à execução não obsta a que o exequente levante mensalmente a importância da prestação.

TÍTULO III
DOS EMBARGOS À EXECUÇÃO

Art. 870. O executado, independentemente de penhora, depósito ou caução, poderá opor-se à execução por meio de embargos.

§1º Os embargos à execução serão distribuídos por dependência, autuados em apartado e instruídos com cópias das peças processuais relevantes, que poderão ser declaradas autênticas pelo próprio advogado, sob sua responsabilidade pessoal.

§2º Na execução por carta, os embargos serão oferecidos no juízo deprecante ou no juízo deprecado, mas a competência para julgá-los é do juízo deprecante, salvo se versarem unicamente sobre vícios ou defeitos da penhora, avaliação ou alienação dos bens.

Art. 871. Os embargos serão oferecidos no prazo de quinze dias, contados da data da juntada aos autos do mandado de citação.

§1º Quando houver mais de um executado, o prazo para cada um deles embargar conta-se a partir da juntada do respectivo mandado de citação, salvo se se tratar de cônjuges ou de companheiros.

§2º Nas execuções por carta precatória, a citação do executado será imediatamente comunicada pelo juiz deprecado ao juiz deprecante, inclusive por meios eletrônicos, contando-se o prazo para embargos a partir da juntada aos autos dessa comunicação.

§3º Aos embargos à execução não se aplica a regra especial de contagem dos prazos prevista para os litisconsortes.

Art. 872. No prazo para embargos, reconhecendo o crédito do exequente e comprovando o depósito de trinta por cento do valor em execução, inclusive custas e honorários de advogado, o executado poderá requerer seja admitido a pagar o restante em até seis parcelas mensais, acrescidas de correção monetária e juros de um por cento ao mês.

§1º Sendo a proposta deferida pelo juiz, o exequente levantará a quantia depositada e serão suspensos os atos executivos; caso seja indeferida, seguir-se-ão os atos executivos, mantido o depósito.

§2º O não pagamento de qualquer das prestações acarretará cumulativamente:

I – o vencimento das prestações subsequentes e o prosseguimento do processo, com o imediato início dos atos executivos;

II – a imposição ao executado de multa de dez por cento sobre o valor das prestações não pagas.

§3º A opção pelo parcelamento de que trata este artigo importa renúncia ao direito de opor embargos.

Art. 873. Nos embargos à execução, o executado poderá alegar:

I – nulidade da execução, por não ser executivo o título apresentado;

II – penhora incorreta ou avaliação errônea;

III – excesso de execução ou cumulação indevida de execuções;

IV – retenção por benfeitorias necessárias ou úteis, nos casos de título para entrega de coisa certa;

V – qualquer matéria que lhe seria lícito deduzir como defesa em processo de conhecimento.

§1º Há excesso de execução quando:

I – o credor pleiteia quantia superior à do título;

II – recai sobre coisa diversa daquela declarada no título;

III – esta se processa de modo diferente do que foi determinado no título;
IV – o credor, sem cumprir a prestação que lhe corresponde, exige o adimplemento da do devedor;
V – o credor não prova que a condição se realizou.
§2º Nos embargos de retenção por benfeitorias, o exequente poderá requerer a compensação de seu valor com o dos frutos ou dos danos considerados devidos pelo executado, cumprindo ao juiz, para a apuração dos respectivos valores, nomear perito, fixando-lhe breve prazo para entrega do laudo.
§3º O exequente poderá a qualquer tempo ser imitido na posse da coisa, prestando caução ou depositando o valor devido pelas benfeitorias ou resultante da compensação.
§4º A incorreção da penhora ou da avaliação poderá ser impugnada por simples petição.
§5º Quando o excesso de execução for fundamento dos embargos, o embargante deverá declarar na petição inicial o valor que entende correto, apresentando memória do cálculo, sob pena de rejeição liminar dos embargos ou de não conhecimento desse fundamento.
Art. 874. O juiz rejeitará liminarmente os embargos quando:
I – intempestivos ou ineptos;
II – manifestamente protelatórios.
Art. 875. Os embargos à execução não terão efeito suspensivo.
§1º O juiz poderá, a requerimento do embargante, atribuir efeito suspensivo aos embargos quando verificados os requisitos para a concessão da tutela de urgência ou da evidência, e desde que a execução já esteja garantida por penhora, depósito ou caução suficientes.
§2º A decisão relativa aos efeitos dos embargos poderá, a requerimento da parte, ser modificada ou revogada a qualquer tempo, em decisão fundamentada, cessando as circunstâncias que a motivaram.
§3º Quando o efeito suspensivo atribuído aos embargos disser respeito apenas a parte do objeto da execução, esta prosseguirá quanto à parte restante.
§4º A concessão de efeito suspensivo aos embargos oferecidos por um dos executados não suspenderá a execução contra os que não embargaram, quando o respectivo fundamento disser respeito exclusivamente ao embargante.
§5º A concessão de efeito suspensivo não impedirá a efetivação dos atos substituição, reforço ou redução da penhora e de avaliação dos bens.
Art. 876. Recebidos os embargos, o exequente será ouvido no prazo de quinze dias; a seguir, o juiz julgará imediatamente o pedido ou designará audiência, proferindo sentença.
Parágrafo único. Considera-se conduta atentatória à dignidade da justiça o oferecimento de embargos manifestamente protelatórios.

TÍTULO IV
DA SUSPENSÃO E DA EXTINÇÃO DO PROCESSO DE EXECUÇÃO

CAPÍTULO I
DA SUSPENSÃO

Art. 877. Suspende-se a execução:
I – nas hipóteses previstas de suspensão do processo, no que couber;
II – no todo ou em parte, quando recebidos com efeito suspensivo os embargos à execução;
III – quando o devedor não possuir bens penhoráveis;
IV – se a alienação dos bens penhorados não se realizar por falta de licitantes e o exequente, em dez dias, não requerer a adjudicação nem indicar outros bens penhoráveis.
Art. 878. Convindo as partes, o juiz declarará suspensa a execução durante o prazo concedido pelo credor, para que o devedor cumpra voluntariamente a obrigação.
Parágrafo único. Findo o prazo sem cumprimento da obrigação, o processo retomará o seu curso.
Art. 879. Suspensa a execução, não serão praticados atos processuais, podendo o juiz, entretanto, ordenar providências urgentes.

CAPÍTULO II
DA EXTINÇÃO

Art. 880. Extingue-se a execução quando:
I – a petição inicial é indeferida;
II – o devedor satisfaz a obrigação;
III – o devedor obtém, por transação ou por qualquer outro meio, a remissão total da dívida;
IV – o credor renuncia ao crédito;
V – ocorrer a prescrição intercorrente;
VI – o processo permanece suspenso, nos termos do art. 877, incisos III e IV, por tempo suficiente para perfazer a prescrição.
Parágrafo único. Na hipótese de prescrição intercorrente, deverá o juiz, antes de extinguir a execução, ouvir as partes, no prazo comum de cinco dias.
Art. 881. A extinção só produz efeito quando declarada por sentença.

LIVRO IV
DOS PROCESSOS NOS TRIBUNAIS E DOS MEIOS DE IMPUGNAÇÃO DAS DECISÕES JUDICIAIS

TÍTULO I
DOS PROCESSOS NOS TRIBUNAIS

CAPÍTULO I
DISPOSIÇÕES GERAIS

Art. 882. Os tribunais, em princípio, velarão pela uniformização e pela estabilidade da jurisprudência, observando-se o seguinte:
I – sempre que possível, na forma e segundo as condições fixadas no regimento interno, deverão editar enunciados correspondentes à súmula da jurisprudência dominante;
II – os órgãos fracionários seguirão a orientação do plenário, do órgão especial ou dos órgãos fracionários superiores aos quais estiverem vinculados, nesta ordem;
III – a jurisprudência pacificada de qualquer tribunal deve orientar as decisões de todos os órgãos a ele vinculados;
IV – a jurisprudência do Supremo Tribunal Federal e dos tribunais superiores deve nortear as decisões de todos os tribunais e juízos singulares do país, de modo a concretizar plenamente os princípios da legalidade e da isonomia;
V – na hipótese de alteração da jurisprudência dominante do Supremo Tribunal Federal e dos tribunais superiores ou daquela oriunda de julgamento de casos repetitivos, pode haver modulação dos efeitos da alteração no interesse social e no da segurança jurídica.
§1º A mudança de entendimento sedimentado observará a necessidade de fundamentação adequada e específica, considerando o imperativo de estabilidade das relações jurídicas.
§2º Os regimentos internos preverão formas de revisão da jurisprudência em procedimento autônomo, franqueando-se inclusive a realização de audiências públicas e a participação de pessoas, órgãos ou entidades que possam contribuir para a elucidação da matéria.
Art. 883. Para os fins deste Código, considera-se julgamento de casos repetitivos:
I – o do incidente de resolução de demandas repetitivas;
II – o dos recursos especial e extraordinário repetitivos.

CAPÍTULO II
DA ORDEM DOS PROCESSOS NO TRIBUNAL

Art. 884. Os autos serão registrados no protocolo do tribunal no dia de sua entrada, cabendo à secretaria verificar-lhes a numeração das folhas e ordená-los para distribuição.
Parágrafo único. Os serviços de protocolo poderão, a critério do tribunal, ser descentralizados, mediante delegação a ofícios de justiça de primeiro grau.
Art. 885. Far-se-á a distribuição de acordo com o regimento interno do tribunal, observando-se os princípios da publicidade, da alternatividade e do sorteio.
Art. 886. O recurso de um dos litisconsortes torna prevento o relator para os interpostos pelos demais, na forma do regimento interno do tribunal.
Art. 887. Distribuídos, os autos serão submetidos imediatamente à apreciação do relator, que, depois de estudá-los, os restituirá à secretaria com o seu "visto",

cabendo-lhe fazer exposição dos pontos controvertidos sobre os quais versar a causa.

Art. 888. Incumbe ao relator:

I – dirigir e ordenar o processo no tribunal;

II – apreciar o pedido de tutela de urgência ou da evidência nos recursos e nos processos de competência originária do tribunal;

III – negar seguimento a recurso inadmissível, prejudicado ou que não tenha atacado especificamente os fundamentos da decisão ou sentença recorrida;

IV – negar provimento a recurso que contrariar:

a) súmula do Supremo Tribunal Federal, do Superior Tribunal de Justiça ou do próprio tribunal;

b) acórdão proferido pelo Supremo Tribunal Federal ou pelo Superior Tribunal de Justiça em julgamento de casos repetitivos;

c) entendimento firmado em incidente de resolução de demandas repetitivas ou de assunção de competência.

V – dar provimento ao recurso se a decisão recorrida contrariar:

a) súmula do Supremo Tribunal Federal, do Superior Tribunal de Justiça ou do próprio tribunal;

b) acórdão proferido pelo Supremo Tribunal Federal, ou pelo Superior Tribunal de Justiça em julgamento de casos repetitivos;

c) entendimento firmado em incidente de resolução de demandas repetitivas ou de assunção de competência;

VI – exercer outras atribuições estabelecidas nos regimentos internos dos tribunais.

Art. 889. Tratando-se de apelação e de ação rescisória, os autos serão conclusos ao revisor, sempre que possível por meio eletrônico.

§1º Será revisor o juiz que se seguir ao relator na ordem descendente de antiguidade.

§2º O revisor aporá nos autos o seu "visto", cabendo-lhe pedir dia para julgamento.

§3º Nos casos previstos em lei e na hipótese de indeferimento liminar da petição inicial, não haverá revisor.

Art. 890. Os autos serão, em seguida, apresentados ao presidente, que designará dia para julgamento, mandando, em todos os casos tratados neste Livro, publicar a pauta no órgão oficial.

§1º Entre a data da publicação da pauta e a sessão de julgamento mediará, pelo menos, o prazo de quarenta e oito horas.

§2º Afixar-se-á a pauta na entrada da sala em que se realizar a sessão de julgamento.

§3º Salvo caso de força maior, participará do julgamento do recurso o juiz que houver lançado o "visto" nos autos.

Art. 891. Ressalvadas as preferências legais, os recursos serão julgados na seguinte ordem:

I – em primeiro lugar, aqueles nos quais for realizada sustentação oral, observada a precedência de seu pedido;

II – depois aqueles cujo julgamento tenha iniciado na sessão anterior;

III – depois os pedidos de preferência apresentados até o início da sessão de julgamento;

IV – por último, os demais casos.

Art. 892. Na sessão de julgamento, depois da exposição da causa pelo do relator, o presidente dará a palavra, sucessivamente, ao recorrente e ao recorrido, pelo prazo improrrogável de quinze minutos para cada um, a fim de sustentarem as razões nas seguintes hipóteses:

I – no recurso de apelação;

II – no recurso especial;

III – no recurso extraordinário;

IV – no agravo interno originário de recurso de apelação ou recurso especial ou recurso extraordinário;

V – no agravo de instrumento interposto de decisões interlocutórias que versem sobre questão de mérito;

VI – nos embargos de divergência;

VII – no recurso ordinário;

VIII – na ação rescisória.

§1º A sustentação oral no incidente de resolução de demandas repetitivas observará o disposto no art. 993.

§2º Os procuradores que desejarem proferir sustentação oral poderão requerer, até o início da sessão, que seja o feito julgado em primeiro lugar, sem prejuízo das preferências legais.

Art. 893. As questões preliminares suscitadas no julgamento serão solucionadas antes do mérito, deste não se conhecendo se incompatível com a decisão.

§1º Verificada a ocorrência de nulidade sanável, o relator deverá determinar a realização ou a renovação do ato processual, no próprio tribunal ou em primeiro grau, intimadas as partes; cumprida a diligência, sempre que possível, prosseguirá o julgamento do recurso.

§2º Reconhecida a necessidade de produção de prova, o relator deverá, sem anular o processo, converter o julgamento em diligência para a instrução, que se realizará na instância inferior. Cumprida a determinação, o tribunal decidirá.

Art. 894. Rejeitada a preliminar ou se com ela for compatível a apreciação do mérito, seguir-se-ão a discussão e o julgamento da matéria principal, sobre a qual deverão se pronunciar os juízes vencidos na preliminar.

Art. 895. Qualquer juiz, inclusive o relator, que não se considerar habilitado a proferir imediatamente seu voto, poderá pedir vista pelo prazo máximo de dez dias, após o que o recurso será reincluído em pauta para julgamento na sessão seguinte à data da devolução.

Parágrafo único. Se os autos não forem devolvidos tempestivamente, nem for solicitada prorrogação do prazo pelo juiz, o presidente do órgão fracionário os requisitará para julgamento do recurso na sessão ordinária subsequente, com publicação em pauta.

Art. 896. Proferidos os votos, o presidente anunciará o resultado do julgamento, designando para redigir o acórdão o relator ou, se vencido este, o autor do primeiro voto vencedor.

§1º Os votos poderão ser alterados até o momento da proclamação do resultado pelo presidente.

§2º No julgamento de apelação ou de agravo de instrumento, a decisão será tomada, no órgão fracionário, pelo voto de três juízes.

§3º O voto vencido será necessariamente declarado e considerado parte integrante do acórdão para todos os fins legais, inclusive de prequestionamento.

Art. 897. Os votos, os acórdãos e os demais atos processuais podem ser registrados em documento eletrônico inviolável e assinados eletronicamente, na forma da lei, devendo ser impressos para juntada aos autos do processo, quando este não for eletrônico.

§1º Todo acórdão conterá ementa.

§2º Lavrado o acórdão, serão as suas conclusões publicadas no órgão oficial dentro de dez dias.

§3º Não publicado o acórdão no prazo de um mês, contado da data da sessão de julgamento, as notas taquigráficas o substituirão, para todos os fins legais, independentemente de revisão.

Art. 898. Havendo recursos de vários litisconsortes versando a mesma questão de direito, a primeira decisão favorável proferida prejudica os demais recursos.

Art. 899. A apelação não será julgada antes do agravo de instrumento interposto no mesmo processo.

Parágrafo único. Se ambos os recursos houverem de ser julgados na mesma sessão, terá precedência o agravo.

Art. 900. Ocorrendo relevante questão de direito, que faça conveniente prevenir ou compor divergência entre órgãos fracionários do tribunal, deverá o relator, de ofício ou a requerimento das partes ou do Ministério Público, propor seja o recurso julgado pelo órgão colegiado que o Regimento Interno indicar; reconhecendo o interesse público na assunção de competência, esse órgão colegiado dará conhecimento ao Presidente do Tribunal e julgará o recurso.

§1º Cientificado da assunção da competência, o Presidente do Tribunal, dando-lhe ampla publicidade, determinará a suspensão dos demais recursos que versem sobre a mesma questão.

§2º A decisão proferida com base neste artigo vinculará todos os órgãos fracionários, salvo revisão de tese, na forma do regimento interno do tribunal.

CAPÍTULO III
DA DECLARAÇÃO DE INCONSTITUCIONALIDADE

Art. 901. Arguida a inconstitucionalidade de lei ou de ato normativo do poder público, o relator, ouvido o Ministério Público, submeterá a questão à turma ou à câmara, a que tocar o conhecimento do processo.

Art. 902. Se a alegação for rejeitada, prosseguirá o julgamento; se acolhida, será submetida a questão ao plenário do Tribunal ou ao órgão especial, onde houver.
Parágrafo único. Os órgãos fracionários dos tribunais não submeterão ao plenário ou ao órgão especial a arguição de inconstitucionalidade, quando já houver pronunciamento destes ou do plenário do Supremo Tribunal Federal sobre a questão.
Art. 903. Remetida cópia do acórdão a todos os juízes, o Presidente do Tribunal designará a sessão de julgamento.
§1º O Ministério Público e as pessoas jurídicas de direito público responsáveis pela edição do ato questionado, se assim o requererem, poderão manifestar-se no incidente de inconstitucionalidade, observados os prazos e as condições fixados no Regimento Interno do Tribunal.
§2º Os titulares do direito de propositura referidos no art. 103 da Constituição da República poderão manifestar-se, por escrito, sobre a questão constitucional objeto de apreciação, no prazo fixado pelo regimento interno, sendo-lhes assegurado o direito de apresentar memoriais ou de pedir a juntada de documentos.
§3º O relator, considerando a relevância da matéria e a representatividade dos postulantes, poderá admitir, por despacho irrecorrível, a manifestação de outros órgãos ou entidades.

CAPÍTULO IV
DO CONFLITO DE COMPETÊNCIA

Art. 904. O conflito pode ser suscitado por qualquer das partes, pelo Ministério Público ou pelo juiz.
Parágrafo único. O Ministério Público será ouvido em todos os conflitos de competência, mas terá qualidade de parte naqueles que suscitar.
Art. 905. Não pode suscitar conflito a parte que, no processo, arguiu incompetência.
Parágrafo único. O conflito de competência não obsta, porém, a que a parte que não o arguiu, suscite a incompetência.
Art. 906. O conflito será suscitado ao presidente do tribunal:
I – pelo juiz, por ofício;
II – pela parte e pelo Ministério Público, por petição.
Parágrafo único. O ofício e a petição serão instruídos com os documentos necessários à prova do conflito.
Art. 907. Após a distribuição, o relator mandará ouvir os juízes em conflito ou, se um deles for suscitante, apenas o suscitado; dentro do prazo assinado pelo relator, caberá ao juiz ou juízes prestar as informações.
Art. 908. O relator poderá, de ofício ou a requerimento de qualquer das partes, determinar, quando o conflito for positivo, seja sobrestado o processo, mas nesse caso, bem como no de conflito negativo, designará um dos juízes para resolver, em caráter provisório, as medidas urgentes.
Parágrafo único. Havendo jurisprudência dominante do tribunal sobre a questão suscitada, o relator poderá decidir de plano o conflito de competência, cabendo agravo interno para o órgão recursal competente, no prazo de quinze dias, contado da intimação da decisão às partes.
Art. 909. Decorrido o prazo determinado pelo relator, ainda que as informações não tenham sido prestadas, será ouvido, em cinco dias, o Ministério Público; em seguida o relator apresentará o conflito em sessão de julgamento.
Art. 910. Ao decidir o conflito, o tribunal declarará qual o juiz competente, pronunciando-se também sobre a validade dos atos do juiz incompetente.
Parágrafo único. Os autos do processo em que se manifestou o conflito serão remetidos ao juiz declarado competente.
Art. 911. No conflito entre órgãos fracionários dos tribunais, juízes de segundo grau e desembargadores, observar-se-á o que dispuser a respeito o regimento interno do tribunal.
Art. 912. Os regimentos internos dos tribunais regularão o processo e julgamento do conflito de atribuições entre autoridade judiciária e autoridade administrativa.

CAPÍTULO V
DA HOMOLOGAÇÃO DE SENTENÇA ESTRANGEIRA OU DE SENTENÇA ARBITRAL

Art. 913. A homologação de decisões estrangeiras será requerida por carta rogatória ou por ação de homologação de decisão estrangeira.
Parágrafo único. A homologação obedecerá ao que dispuser o Regimento Interno do Superior Tribunal de Justiça.
Art. 914. As decisões estrangeiras somente terão eficácia no Brasil após homologadas.
§1º São passíveis de homologação todas as decisões, interlocutórias ou finais, bem como as não judiciais que, pela lei brasileira, teriam natureza jurisdicional.
§2º As decisões estrangeiras poderão ser homologadas parcialmente.
§3º A autoridade judiciária brasileira poderá deferir pedidos de urgência, assim como realizar atos de execução provisória, nos procedimentos de homologação de decisões estrangeiras.
§4º Haverá homologação de decisões estrangeiras, para fins de execução fiscal, quando prevista em tratado ou em promessa de reciprocidade apresentada à autoridade brasileira.
Art. 915. São passíveis de homologação as decisões estrangeiras concessivas de medidas de urgência, interlocutórias e finais.
§1º O juízo sobre a urgência da medida compete exclusivamente à autoridade jurisdicional requerente.
§2º A decisão que denegar a homologação da sentença estrangeira revogará a tutela de urgência.
Art. 916. Constituem requisitos indispensáveis à homologação da decisão:
I – ser proferida por autoridade competente;
II – ser precedida de citação regular, ainda que verificada a revelia;
III – ser eficaz no país em que foi proferida;
IV – estar autenticada pelo cônsul brasileiro e acompanhada de tradução oficial;
V – não haver manifesta ofensa à ordem pública.
Parágrafo único. As medidas de urgência, ainda que proferidas sem a audiência do réu, poderão ser homologadas, desde que garantido o contraditório em momento posterior.
Art. 917. Não serão homologadas as decisões estrangeiras nas hipóteses de competência exclusiva da autoridade judiciária brasileira.
Art. 918. O cumprimento da sentença estrangeira far-se-á nos autos do processo de homologação, perante o juízo federal competente, a requerimento da parte e conforme as normas estabelecidas para o cumprimento da sentença nacional.

CAPÍTULO VI
DA AÇÃO RESCISÓRIA E DA AÇÃO ANULATÓRIA

Seção I
Da Ação Rescisória

Art. 919. A sentença ou o acórdão de mérito, transitados em julgado, podem ser rescindidos quando:
I – se verificar que foram proferidos por força de prevaricação, concussão ou corrupção do juiz;
II – proferidos por juiz impedido;
III – resultarem de dolo da parte vencedora em detrimento da parte vencida ou de colusão entre as partes, a fim de fraudar a lei;
IV – ofenderem a coisa julgada;
V – violarem manifestamente a norma jurídica;
VI – se fundarem em prova cuja falsidade tenha sido apurada em processo criminal, ou venha a ser demonstrada na própria ação rescisória;
VII – o autor, posteriormente ao trânsito em julgado, obtiver prova nova, cuja existência ignorava ou de que não pôde fazer uso, capaz, por si só, de lhe assegurar pronunciamento favorável;
VIII – fundada em erro de fato verificável do exame dos autos.
Parágrafo único. Há erro quando a decisão rescindenda admitir um fato inexistente ou quando considerar inexistente um fato efetivamente ocorrido, sendo indispensável, num como noutro caso, que não tenha havido controvérsia, nem pronunciamento judicial sobre o fato.

Art. 920. Têm legitimidade para propor a ação rescisória:
I – quem foi parte no processo ou o seu sucessor a título universal ou singular;
II – o terceiro juridicamente interessado;
III – o Ministério Público:
a) se não foi ouvido no processo em que lhe era obrigatória a intervenção;
b) quando a decisão rescindenda é o efeito de colusão das partes, a fim de fraudar a lei.
Art. 921. A petição inicial será elaborada com observância dos requisitos essenciais do art. 293, devendo o autor:
I – cumular ao pedido de rescisão, se for o caso, o de novo julgamento da causa;
II – depositar a importância de cinco por cento sobre o valor da causa, a título de multa, caso a ação seja, por unanimidade de votos, declarada inadmissível ou improcedente.
§1º Não se aplica o disposto no inciso II à União, ao Estado, ao Distrito Federal, ao Município, respectivas autarquias e fundações de direito público, ao Ministério Público, e aos que tenham obtido o benefício da gratuidade de justiça.
§2º Será indeferida a petição inicial nos casos previstos no art. 305 ou quando não efetuado o depósito exigido pelo inciso II deste artigo, ou rejeitada liminarmente a demanda nos casos do art. 307.
Art. 922. A propositura da ação rescisória não impede o cumprimento da sentença ou do acórdão rescindendo, ressalvada a concessão de tutelas de urgência ou da evidência.
Art. 923. O relator mandará citar o réu, assinando-lhe prazo nunca inferior a quinze dias nem superior a um mês para, querendo, contestar. Findo o prazo, com ou sem contestação, observar-se-á no que couber o procedimento comum.
Art. 924. Na ação rescisória, devolvidos os autos pelo relator, a secretaria do tribunal expedirá cópias do relatório e as distribuirá entre os juízes que compuserem o órgão competente para o julgamento.
Parágrafo único. A escolha de relator e de revisor recairá, sempre que possível, em juiz que não haja participado do julgamento rescindendo.
Art. 925. Se os fatos alegados pelas partes dependerem de prova, o relator poderá delegar a competência ao órgão que proferiu a sentença ou o acórdão rescindendo, fixando prazo de um a três meses para a devolução dos autos.
Art. 926. Concluída a instrução, será aberta vista, sucessivamente, ao autor e ao réu, pelo prazo de dez dias, para razões finais. Em seguida, os autos serão conclusos ao relator, procedendo-se ao julgamento pelo órgão competente.
Art. 927. Julgando procedente o pedido, o tribunal rescindirá a sentença, proferirá, se for o caso, novo julgamento e determinará a restituição do depósito; declarando inadmissível ou improcedente o pedido, a importância do depósito reverterá a favor do réu, sem prejuízo do disposto no art. 87.
Art. 928. O direito de propor ação rescisória se extingue em um ano contado do trânsito em julgado da decisão.
Parágrafo único. Se fundada no art. 919, incisos I e VI, primeira parte, o termo inicial do prazo será computado do trânsito em julgado da sentença penal.

Seção II
Da Ação Anulatória

Art. 929. Os atos de disposição de direitos, praticados pelas partes ou por outros participantes do processo e homologados pelo juízo estão sujeitos à anulação, nos termos da lei.
Parágrafo único. São anuláveis também atos homologatórios praticados no curso do processo de execução.

CAPÍTULO VII
DO INCIDENTE DE RESOLUÇÃO DE DEMANDAS REPETITIVAS

Art. 930. É admissível o incidente de demandas repetitivas sempre que identificada controvérsia com potencial de gerar relevante multiplicação de processos fundados em idêntica questão de direito e de causar grave insegurança jurídica, decorrente do risco de coexistência de decisões conflitantes.
§1º O pedido de instauração do incidente será dirigido ao Presidente do Tribunal:

I – pelo juiz ou relator, por ofício;
II – pelas partes, pelo Ministério Público ou pela Defensoria Pública, por petição.
§2º O ofício ou a petição a que se refere o §1º será instruído com os documentos necessários à demonstração da necessidade de instauração do incidente.
§3º Se não for o requerente, o Ministério Público intervirá obrigatoriamente no incidente e poderá assumir sua titularidade em caso de desistência ou de abandono.
Art. 931. A instauração e o julgamento do incidente serão sucedidos da mais ampla e específica divulgação e publicidade, por meio de registro eletrônico no Conselho Nacional de Justiça.
Parágrafo único. Os tribunais promoverão a formação e atualização de banco eletrônico de dados específicos sobre questões de direito submetidas ao incidente, comunicando, imediatamente, ao Conselho Nacional de Justiça, para inclusão no cadastro.
Art. 932. Após a distribuição, o relator poderá requisitar informações ao órgão em cujo juízo tem curso o processo originário, que as prestará em quinze dias; findo esse prazo improrrogável, será solicitada data para admissão do incidente, intimando-se o Ministério Público.
Art. 933. O juízo de admissibilidade e o julgamento do incidente competirão ao plenário do tribunal ou, onde houver, ao órgão especial.
§1º Na admissibilidade, o tribunal considerará a presença dos requisitos do art. 930 e a conveniência de se adotar decisão paradigmática.
§2º Rejeitado o incidente, o curso dos processos será retomado; admitido, o tribunal julgará a questão de direito, lavrando-se o acórdão, cujo teor será observado pelos demais juízes e órgãos fracionários situados no âmbito de sua competência, na forma deste Capítulo.
Art. 934. Admitido o incidente, o presidente do tribunal determinará, na própria sessão, a suspensão dos processos pendentes, em primeiro e segundo graus de jurisdição.
Parágrafo único. Durante a suspensão poderão ser concedidas medidas de urgência no juízo de origem.
Art. 935. O Relator ouvirá as partes e os demais interessados, inclusive pessoas, órgãos e entidades com interesse na controvérsia, que, no prazo comum de quinze dias, poderão requerer a juntada de documentos, bem como as diligências necessárias para a elucidação da questão de direito controvertida; em seguida, no mesmo prazo, manifestar-se-á o Ministério Público.
Art. 936. Concluídas as diligências, o relator pedirá dia para o julgamento do incidente.
§1º Feita a exposição do incidente pelo relator, o presidente dará a palavra, sucessivamente, ao autor e ao réu do processo originário, e ao Ministério Público, pelo prazo de trinta minutos, para sustentar suas razões.
§2º Em seguida, os demais interessados poderão se manifestar no prazo de trinta minutos, divididos entre todos, sendo exigida inscrição com quarenta e oito horas de antecedência.
Art. 937. As partes, os interessados, o Ministério Público e a Defensoria Pública, visando à garantia da segurança jurídica, poderão requerer ao tribunal competente para conhecer de eventual recurso extraordinário ou especial a suspensão de todos os processos em curso no território nacional que versem sobre a questão objeto do incidente.
Parágrafo único. Aquele que for parte em processo em curso no qual se discuta a mesma questão jurídica que deu causa ao incidente é legitimado, independentemente dos limites da competência territorial, para requerer a providência prevista no *caput*.
Art. 938. Julgado o incidente, a tese jurídica será aplicada a todos os processos que versem idêntica questão de direito.
Art. 939. O incidente será julgado no prazo de seis meses e terá preferência sobre os demais feitos, ressalvados os que envolvam réu preso e os pedidos de habeas corpus.
§1º Superado o prazo previsto no *caput*, cessa a eficácia suspensiva do incidente, salvo decisão fundamentada do relator em sentido contrário.

§2º O disposto no §1º aplica-se, no que couber, à hipótese do art. 937.

Art. 940. O recurso especial ou extraordinário interposto por qualquer das partes, pelo Ministério Público ou por terceiro interessado será dotado de efeito suspensivo, presumindo-se a repercussão geral de questão constitucional eventualmente discutida.

Parágrafo único. Na hipótese prevista no *caput*, interpostos os recursos, os autos serão remetidos ao tribunal competente, independentemente da realização de juízo de admissibilidade na origem.

Art. 941. Não observada a tese adotada pela decisão proferida no incidente, caberá reclamação para o tribunal competente.

Parágrafo único. O processamento e julgamento da reclamação observará o Capítulo VIII, deste Livro.

CAPÍTULO VIII
DA RECLAMAÇÃO

Art. 942. Caberá reclamação da parte interessada ou do Ministério Público para:

I – preservar a competência do Tribunal;

II – garantir a autoridade das decisões do Tribunal;

III – garantir a observância de súmula vinculante;

IV – garantir a observância da tese firmada em incidente de resolução de demandas repetitivas;

V – garantir a observância da tese firmada em incidente de assunção de competência.

Parágrafo único. A reclamação, dirigida ao Presidente do Tribunal, instruída com prova documental, será autuada e distribuída ao relator da causa principal, sempre que possível.

Art. 943. Ao despachar a reclamação, o relator:

I – requisitará informações da autoridade a quem for imputada a prática do ato impugnado, que as prestará no prazo de dez dias;

II – ordenará, se necessário, para evitar dano irreparável, a suspensão do processo ou do ato impugnado.

Art. 944. Qualquer interessado poderá impugnar o pedido do reclamante.

Art. 945. O Ministério Público, nas reclamações que não houver formulado, terá vista do processo, por cinco dias, após o decurso do prazo para informações.

Art. 946. Julgando procedente a reclamação, o Tribunal cassará a decisão exorbitante de seu julgado ou determinará medida adequada à preservação de sua competência.

Art. 947. O Presidente determinará o imediato cumprimento da decisão, lavrando-se o acórdão posteriormente.

TÍTULO II
DOS RECURSOS

CAPÍTULO I
DAS DISPOSIÇÕES GERAIS

Art. 948. São cabíveis os seguintes recursos:

I – apelação;

II – agravo de instrumento;

III – agravo interno;

IV – embargos de declaração;

V – recurso ordinário;

VI – recurso especial;

VII – recurso extraordinário;

VIII – agravo de admissão;

IX – embargos de divergência.

§1º Excetuados os embargos de declaração, o prazo para interpor e para responder os recursos é de quinze dias.

§2º No ato de interposição de recurso ao Supremo Tribunal Federal ou ao Superior Tribunal de Justiça, o recorrente deverá comprovar a ocorrência de feriado local.

Art. 949. Os recursos, salvo disposição legal em sentido diverso, não impedem a eficácia da decisão.

§1º A eficácia da decisão poderá ser suspensa pelo relator se demonstrada a probabilidade de provimento do recurso, ou, sendo relevante a fundamentação, houver risco de dano grave ou difícil reparação, observado o art. 968.

§2º O pedido de efeito suspensivo do recurso será dirigido ao tribunal, em petição autônoma, que terá prioridade na distribuição e tornará prevento o relator.

§3º Quando se tratar de pedido de efeito suspensivo a recurso de apelação, o protocolo da petição a que se refere o §2º impede a eficácia da sentença até que seja apreciado pelo relator.

§4º É irrecorrível a decisão do relator que conceder o efeito suspensivo.

Art. 950. O recurso pode ser interposto pela parte vencida, pelo terceiro prejudicado e pelo Ministério Público, seja como parte ou fiscal da ordem jurídica.

Parágrafo único. Cumpre ao terceiro demonstrar a possibilidade de a decisão sobre a relação jurídica submetida à apreciação judicial atingir direito de que seja titular.

Art. 951. Cada parte interporá o recurso, independentemente, no prazo e observadas as exigências legais. Sendo, porém, vencidos autor e réu, ao recurso interposto por qualquer deles poderá aderir o outro.

Parágrafo único. O recurso adesivo fica subordinado ao recurso principal, aplicando-se-lhe as mesmas regras do recurso independente quanto aos requisitos de admissibilidade, preparo e julgamento no tribunal, salvo disposição legal diversa, observado o seguinte:

I – será dirigido ao juízo da sentença ou acórdão recorrido, no prazo de que a parte dispõe para responder;

II – será admissível na apelação, no recurso extraordinário e no recurso especial;

III – não será conhecido, se houver desistência do recurso principal ou se for ele declarado inadmissível ou deserto.

Art. 952. O recorrente poderá, a qualquer tempo, sem a anuência do recorrido ou dos litisconsortes, desistir do recurso.

Parágrafo único. No julgamento de recurso extraordinário cuja repercussão geral já tenha sido reconhecida e no julgamento de recursos repetitivos afetados, a questão ou as questões jurídicas objeto do recurso representativo de controvérsia de que se desistiu serão decididas pelo Superior Tribunal de Justiça ou pelo Supremo Tribunal Federal.

Art. 953. A renúncia ao direito de recorrer independe da aceitação da outra parte.

Art. 954. A parte que aceitar expressa ou tacitamente a sentença ou a decisão não poderá recorrer.

Parágrafo único. Considera-se aceitação tácita a prática, sem reserva alguma, de um ato incompatível com a vontade de recorrer.

Art. 955. Dos despachos não cabe recurso.

Art. 956. A sentença ou a decisão pode ser impugnada no todo ou em parte.

Art. 957. O prazo para a interposição do recurso, aplicável em todos os casos o disposto no art. 192, contar-se-á da data:

I – da leitura da sentença ou da decisão em audiência;

II – da intimação das partes, quando a sentença ou a decisão não for proferida em audiência;

III – da publicação do dispositivo do acórdão no órgão oficial.

Parágrafo único. No prazo para a interposição do recurso, a petição será protocolada em cartório ou segundo a norma de organização judiciária, ressalvado o disposto no art 970.

Art. 958. Se, durante o prazo para a interposição do recurso, sobrevier o falecimento da parte ou de seu advogado ou ocorrer motivo de força maior que suspenda o curso do processo, será tal prazo restituído em proveito da parte, do herdeiro ou do sucessor, contra quem começará a correr novamente depois da intimação.

Art. 959. O recurso interposto por um dos litisconsortes a todos aproveita, desde que comuns as questões de fato e de direito.

Parágrafo único. Havendo solidariedade passiva, o recurso interposto por um devedor aproveitará aos outros, quando as defesas opostas ao credor lhes forem comuns.

Art. 960. Transitado em julgado o acórdão, o escrivão, independentemente de despacho, providenciará a baixa dos autos ao juízo de origem, no prazo de cinco dias.

Art. 961. No ato de interposição do recurso, o recorrente comprovará, quando exigido pela legislação pertinente, o respectivo preparo, inclusive porte de remessa e de retorno, sob pena de deserção, observado o seguinte:

I – são dispensados de preparo os recursos interpostos pelo Ministério Público, pela União, pelo Distrito Federal, pelos Estados, pelos Municípios, e respectivas autarquias, e pelos que gozam de isenção legal;

II – a insuficiência no valor do preparo implicará deserção, se o recorrente, intimado, não vier a supri-lo no prazo de cinco dias.

§1º Provando o recorrente justo impedimento, o relator relevará, por decisão irrecorrível, a pena de deserção, fixando-lhe prazo de cinco dias para efetuar o preparo.

§2º O equívoco no preenchimento da guia de custas não resultará na aplicação

da pena de deserção, cabendo ao relator, na hipótese de dúvida quanto ao recolhimento, intimar o recorrente para sanar o vício no prazo de cinco dias ou solicitar informações ao órgão arrecadador.
Art. 962. O julgamento proferido pelo tribunal substituirá a decisão interlocutória ou a sentença impugnada no que tiver sido objeto de recurso.

CAPÍTULO II
DA APELAÇÃO

Art. 963. Da sentença cabe apelação.
Parágrafo único. As questões resolvidas na fase cognitiva, se a decisão a seu respeito não comportar agravo de instrumento, não ficam cobertas pela preclusão e devem ser suscitadas em preliminar de apelação, eventualmente interposta contra a decisão final, ou nas contrarrazões.
Art. 964. A apelação, interposta por petição dirigida ao juízo de primeiro grau, conterá:
I – os nomes e a qualificação das partes;
II – os fundamentos de fato e de direito;
III – o pedido de nova decisão.
Art. 965. A apelação devolverá ao tribunal o conhecimento da matéria impugnada.
§1º Serão, porém, objeto de apreciação e julgamento pelo tribunal todas as questões suscitadas e discutidas no processo, resolvidas ou não pela sentença.
§2º Quando o pedido ou a defesa tiver mais de um fundamento e o juiz acolher apenas um deles, a apelação devolverá ao tribunal o conhecimento dos demais.
§3º Se a causa versar sobre questão exclusivamente de direito ou estiver em condições de imediato julgamento, o tribunal deve decidir desde logo a lide quando:
I – reformar sentença fundada no art. 472;
II – declarar a nulidade de sentença por não observância dos limites do pedido;
III – declarar a nulidade de sentença por falta de fundamentação;
IV – reformar sentença que reconhecer a decadência os prescrição.
Art. 966. A apelação será interposta e processada no juízo de primeiro grau; intimado o apelado e decorrido o prazo para resposta, os autos serão remetidos ao tribunal, onde será realizado o juízo de admissibilidade.
Art. 967. As questões de fato não propostas no juízo inferior poderão ser suscitadas na apelação, se a parte provar que deixou de fazê-lo por motivo de força maior.
Art. 968. A atribuição de efeito suspensivo à apelação obsta a eficácia da sentença.

CAPÍTULO III
DO AGRAVO DE INSTRUMENTO

Art. 969. Cabe agravo de instrumento contra as decisões interlocutórias que versarem sobre:
I – tutelas de urgência ou da evidência;
II – o mérito da causa;
III – rejeição da alegação de convenção de arbitragem;
IV – o incidente de resolução de desconsideração da personalidade jurídica;
V – a gratuidade de justiça;
VI – a exibição ou posse de documento ou coisa;
VII – exclusão de litisconsorte por ilegitimidade;
VIII – a limitação de litisconsórcio;
IX – a admissão ou inadmissão de intervenção de terceiros;
X – outros casos expressamente referidos em lei.
Parágrafo único. Também caberá agravo de instrumento contra decisões interlocutórias proferidas na fase de liquidação de sentença, cumprimento de sentença, no processo de execução e no processo de inventário.
Art. 970. O agravo de instrumento será dirigido diretamente ao tribunal competente, por meio de petição com os seguintes requisitos:
I – a exposição do fato e do direito;
II – as razões do pedido de reforma da decisão e o próprio pedido;
III – o nome e o endereço completo dos advogados constantes do processo.
Art. 971. A petição de agravo de instrumento será instruída:
I – obrigatoriamente, com cópias da decisão agravada, da certidão da respectiva intimação ou outro documento oficial que comprove a tempestividade e das procurações outorgadas aos advogados do agravante e do agravado;

II – facultativamente, com outras peças que o agravante entender úteis.

§1º Acompanhará a petição o comprovante do pagamento das respectivas custas e do porte de retorno, quando devidos, conforme tabela publicada pelos tribunais.

§2º No prazo do recurso, a petição será protocolada no tribunal, postada no correio sob registro com aviso de recebimento ou interposta por outra forma prevista na lei local.

§3º A falta de peça obrigatória não implicará a inadmissibilidade do recurso se o recorrente, intimado, vier a supri-la no prazo de cinco dias.

Art. 972. O agravante poderá requerer a juntada aos autos do processo, de cópia da petição do agravo de instrumento e do comprovante de sua interposição, assim como a relação dos documentos que instruíram o recurso, com exclusivo objetivo de provocar a retratação.

Parágrafo único. Se o juiz comunicar que reformou inteiramente a decisão, o relator considerará prejudicado o agravo.

Art. 973. Recebido o agravo de instrumento no tribunal e distribuído imediatamente, se não for o caso de julgamento monocrático, o relator:

I – poderá atribuir efeito suspensivo ao recurso ou deferir, em antecipação de tutela, total ou parcialmente, a pretensão recursal, comunicando ao juiz sua decisão;

II – mandará intimar o agravado, na mesma oportunidade, por ofício dirigido ao seu advogado, sob registro e com aviso de recebimento, para que responda no prazo de quinze dias, facultando-lhe juntar a documentação que entender conveniente, sendo que, nas comarcas sede de tribunal e naquelas em que o expediente forense for divulgado no diário oficial, a intimação far-se-á mediante publicação no respectivo órgão;

III – determinará a intimação, preferencialmente por meio eletrônico, do Ministério Público, quando for caso de sua intervenção para que se pronuncie no prazo de dez dias.

Parágrafo único. A decisão liminar, proferida na hipótese do inciso I, é irrecorrível.

Art. 974. Em prazo não superior a um mês da intimação do agravado, o relator pedirá dia para julgamento.

CAPÍTULO IV
DO AGRAVO INTERNO

Art. 975. Ressalvadas as hipóteses expressamente previstas neste Código ou em lei, das decisões proferidas pelo relator caberá agravo interno para o respectivo órgão fracionário, observadas, quanto ao processamento, as regras dos regimentos internos dos tribunais

§1º O recurso será dirigido ao órgão colegiado competente, e, se não houver retratação, o relator o incluirá em pauta para julgamento colegiado, na primeira sessão.

§2º O agravo interno será submetido aos integrantes do órgão colegiado competente, na ordem decrescente de antiguidade, até completar-se o julgamento, do qual será lavrado o acórdão pelo relator, ou, caso vencido, por quem houver proferido o primeiro voto vencedor ou por quem houver proferido o voto médio, se for o caso.

§3º Quando manifestamente inadmissível o agravo interno, assim declarado em votação unânime, o tribunal condenará o agravante a pagar ao agravado multa fixada entre um e dez por cento do valor corrigido da causa, ficando a interposição de qualquer outro recurso condicionada ao depósito prévio do respectivo valor, ressalvados os beneficiários da gratuidade de justiça que, conforme a lei, farão o pagamento ao final.

CAPÍTULO V
DOS EMBARGOS DE DECLARAÇÃO

Art. 976. Cabem embargos de declaração contra qualquer decisão monocrática ou colegiada para:

I – esclarecer obscuridade ou eliminar contradição;

II – suprir omissão de ponto sobre o qual devia pronunciar-se o juiz ou tribunal;

III – corrigir erro material.

Parágrafo único. Eventual efeito modificativo dos embargos de declaração somente poderá ocorrer em virtude da correção do vício, desde que ouvida a parte contrária no prazo de cinco dias.

Art. 977. Os embargos serão opostos, no prazo de cinco dias, em petição dirigida ao juiz ou relator, com indicação do ponto obscuro, contraditório ou omisso, não estando sujeitos a preparo.

Art. 978. O juiz julgará os embargos em cinco dias; nos tribunais, o relator apresentará os embargos em mesa na sessão subsequente, proferindo voto. Não havendo julgamento nessa sessão, será o recurso incluído em pauta.

Parágrafo único. Quando os embargos de declaração forem opostos contra decisão proferida na forma do art. 888, o relator os decidirá monocraticamente.

Art. 979. Consideram-se incluídos no acórdão os elementos que o embargante pleiteou, para fins de prequestionamento, ainda que os embargos de declaração não sejam admitidos, caso o tribunal superior considere existentes omissão, contradição ou obscuridade.

Art. 980. Os embargos de declaração não têm efeito suspensivo e interrompem o prazo para a interposição de outros recursos por qualquer das partes.

§1º Quando intempestivos, a interrupção do prazo não aproveitará ao embargante.

§2º Se, ao julgar os embargos de declaração, o juiz, relator ou órgão colegiado não alterar a conclusão do julgamento anterior, o recurso principal interposto pela outra parte antes da publicação do resultado será processado e julgado independente de ratificação.

§3º Quando manifestamente protelatórios os embargos, o juiz ou o tribunal condenará o embargante a pagar ao embargado multa não excedente a cinco por cento sobre o valor da causa.

§4º Não serão admitidos novos embargos declaratórios, se os anteriores houverem sido considerados protelatórios.

§5º A interposição de qualquer outro recurso fica condicionada ao depósito do valor de cada multa, ressalvados os beneficiários da gratuidade de justiça que a recolherão ao final, conforme a lei.

CAPÍTULO VI
DOS RECURSOS PARA O SUPREMO TRIBUNAL FEDERAL E PARA O SUPERIOR TRIBUNAL DE JUSTIÇA

Seção I
Do Recurso Ordinário

Art. 981. Serão julgados em recurso ordinário:

I – pelo Supremo Tribunal Federal, os mandados de segurança, os habeas data e os mandados de injunção decididos em única instância pelos tribunais superiores, quando denegatória a decisão;

II – pelo Superior Tribunal de Justiça:

a) os mandados de segurança decididos em única instância pelos Tribunais Regionais Federais ou pelos Tribunais dos Estados e do Distrito Federal e Territórios, quando denegatória a decisão;

b) as causas em que forem partes, de um lado, Estado estrangeiro ou organismo internacional e, do outro, Município ou pessoa residente ou domiciliada no País.

Parágrafo único. Nas causas referidas no inciso II, alínea b, caberá agravo das decisões interlocutórias.

Art. 982. Ao recurso mencionado no art. 981 aplica-se, quanto aos requisitos de admissibilidade e ao procedimento no juízo de origem, as disposições relativas à apelação, observando-se, no Supremo Tribunal Federal e no Superior Tribunal de Justiça, o disposto nos seus regimentos internos.

Seção II
Do Recurso Extraordinário e do Recurso Especial

Subseção I
Disposições gerais

Art. 983. O recurso extraordinário e o recurso especial, nos casos previstos na Constituição da República, serão interpostos perante o presidente ou o vice-presidente do tribunal recorrido, em petições distintas que conterão:

I – a exposição do fato e do direito;

II -a demonstração do cabimento do recurso interposto;

III – as razões do pedido de reforma da decisão recorrida.

§1º Quando o recurso fundar-se em dissídio jurisprudencial, o recorrente fará a prova da divergência mediante certidão, cópia ou citação do repositório de jurisprudência, oficial ou credenciado, inclusive em mídia eletrônica, em que tiver sido publicada a decisão divergente, ou ainda pela reprodução de julgado disponível na Internet, com indicação da respectiva fonte, mencionando, em qualquer caso, as circunstâncias que identifiquem ou assemelhem os casos confrontados.

§2º Quando o recurso tempestivo contiver defeito formal que não se repute grave, o Superior Tribunal de Justiça ou Supremo Tribunal Federal poderão desconsiderar o vício, ou mandar saná-lo, julgando o mérito.

§3º Quando, por ocasião de incidente de resolução de demandas repetitivas, o presidente do Supremo Tribunal Federal ou do Superior Tribunal de Justiça receber requerimento de suspensão de processos em que se discuta questão federal constitucional ou infraconstitucional, poderá, considerando razões de segurança jurídica ou de excepcional interesse social, estender a eficácia da medida a todo o território nacional, até ulterior decisão do recurso extraordinário ou do recurso especial eventualmente interposto.

Art. 984. Recebida a petição pela secretaria do tribunal, o recorrido será intimado, abrindo-se-lhe vista, para apresentar contrarrazões.

Parágrafo único. Findo esse prazo, serão os autos conclusos para admissão ou não do recurso, no prazo de quinze dias, em decisão fundamentada.

Art. 985. Admitidos ambos os recursos, os autos serão remetidos ao Superior Tribunal de Justiça.

§1º Concluído o julgamento do recurso especial, os autos serão remetidos ao Supremo Tribunal Federal, para apreciação do recurso extraordinário, se este não estiver prejudicado.

§2º Se o relator do recurso especial considerar prejudicial o recurso extraordinário, em decisão irrecorrível sobrestará o julgamento e remeterá os autos ao Supremo Tribunal Federal.

§3º Na hipótese do §2º, se o relator do recurso extraordinário, em decisão irrecorrível, rejeitar a prejudicialidade, devolverá os autos ao Superior Tribunal de Justiça, para o julgamento do recurso especial.

Art. 986. Se o relator, no Superior Tribunal de Justiça, entender que o recurso especial versa sobre questão constitucional, deverá conceder prazo de quinze dias para que o recorrente deduza as razões que revelem e existência de repercussão geral, remetendo, em seguida, os autos ao Supremo Tribunal Federal, que procederá à sua admissibilidade, ou o devolverá ao Superior Tribunal de Justiça, por decisão irrecorrível.

Art. 987. Se o relator, no Supremo Tribunal Federal, entender que o recurso extraordinário versa sobre questão legal, sendo indireta a ofensa à Constituição da República, os autos serão remetidos ao Superior Tribunal de Justiça para julgamento, por decisão irrecorrível.

Art. 988. Sendo o recurso extraordinário ou especial decidido com base em uma das causas de pedir ou em um dos fundamentos de defesa, o Superior Tribunal de Justiça ou o Supremo Tribunal Federal examinará as demais ainda não julgadas, independentemente da interposição de outro recurso, desde que tratem de matéria de direito.

§1º Se a competência for do outro Tribunal Superior, haverá remessa, nos termos dos arts. 986 e 987.

§2º Se a observância do *caput* deste artigo depender do exame de prova já produzida, os autos serão remetidos de ofício ao tribunal de origem, para decisão; havendo necessidade da produção de provas, far-se-á a remessa ao primeiro grau.

Art. 989. O Supremo Tribunal Federal, em decisão irrecorrível, não conhecerá do recurso extraordinário, quando a questão constitucional nele versada não oferecer repercussão geral, nos termos deste artigo.

§1º Para efeito da repercussão geral, será considerada a existência, ou não, de questões relevantes do ponto de vista econômico, político, social ou jurídico, que ultrapassem os interesses subjetivos da causa.

§2º O recorrente deverá demonstrar, para apreciação exclusiva do Supremo Tribunal Federal, a existência da repercussão geral.

§3º Haverá repercussão geral sempre que o recurso:

I – impugnar decisão contrária a súmula ou jurisprudência dominante do Supremo Tribunal Federal;

II – contrariar tese fixada em julgamento de casos repetitivos;

III – questionar decisão que tenha declarado a inconstitucionalidade de tratado ou lei federal, nos termos do art. 97 da Constituição da República.

§4º Negada a repercussão geral, a decisão valerá para todos os recursos sobre matéria idêntica, que serão indeferidos liminarmente, salvo revisão da tese, tudo nos termos do Regimento Interno do Supremo Tribunal Federal.

§5º O Relator poderá admitir, na análise da repercussão geral, a manifestação de terceiros, subscrita por procurador habilitado, nos termos do Regimento Interno do Supremo Tribunal Federal.

§6º A súmula da decisão sobre a repercussão geral constará de ata, que será publicada no diário oficial e valerá como acórdão.

§7º No caso do recurso extraordinário processado na forma da Seção III deste Capítulo, negada a existência de repercussão geral no recurso representativo da controvérsia, os recursos sobrestados considerar-se-ão automaticamente não admitidos.

Subseção II
Do julgamento dos recursos extraordinário e especial repetitivos

Art. 990. Sempre que houver multiplicidade de recursos com fundamento em idêntica questão de direito, o recurso extraordinário ou o recurso especial será processado nos termos deste artigo, observado o disposto no regimento interno do Supremo Tribunal Federal e do Superior Tribunal de Justiça.

Art. 991. Caberá ao presidente do tribunal de origem selecionar um ou mais recursos representativos da controvérsia, os quais serão encaminhados ao Supremo Tribunal Federal ou ao Superior Tribunal de Justiça independentemente de juízo de admissibilidade, ficando suspensos os demais recursos até o pronunciamento definitivo do tribunal superior.

§1º Não adotada a providência descrita no *caput*, o relator, no tribunal superior, ao identificar que sobre a questão de direito já existe jurisprudência dominante ou que a matéria já está afeta ao colegiado, poderá determinar a suspensão dos recursos nos quais a controvérsia esteja estabelecida.

§2º Na decisão de afetação, o relator deverá identificar com precisão a matéria a ser levada a julgamento, ficando vedado, ao Tribunal, a extensão a outros temas não identificados na referida decisão.

§3º Os processos em que se discute idêntica controvérsia de direito e que estiverem em primeiro grau de jurisdição ficam suspensos por período não superior a doze meses, salvo decisão fundamentada do relator.

§4º Ficam também suspensos, no tribunal superior e nos de segundo grau de jurisdição, os recursos que versem sobre idêntica controvérsia, até a decisão do recurso representativo da controvérsia.

Art. 992. O Relator poderá requisitar informações aos tribunais inferiores a respeito da controvérsia; cumprida a diligência, se for o caso, intimará o Ministério Público para se manifestar.

§1º Os prazos respectivos são de quinze dias e os atos serão praticados, sempre que possível, por meio eletrônico.

§2º O relator, conforme dispuser o Regimento Interno, e considerando a relevância da matéria, poderá solicitar ou admitir manifestação de pessoas, órgãos ou entidades com interesse na controvérsia.

§3º Transcorrido o prazo para o Ministério Público e remetida cópia do relatório aos demais Ministros, o processo será incluído em pauta, devendo ser julgado com preferência sobre os demais feitos, ressalvados os que envolvam réu preso e os pedidos de habeas corpus.

Art. 993. Decidido o recurso representativo da controvérsia, os órgãos fracionários declararão prejudicados os demais recursos versando sobre idêntica controvérsia ou os decidirão aplicando a tese.

Art. 994. Publicado o acórdão paradigma:

I – os recursos sobrestados na origem não terão seguimento se o acórdão recorrido coincidir com a orientação da instância superior; ou

II – o tribunal de origem reapreciará o recurso julgado, observando-se a tese firmada, independentemente de juízo de admissibilidade do recurso especial ou extraordinário, na hipótese de o acórdão recorrido divergir da orientação da instância superior.

§1º Mantido o acórdão divergente pelo

tribunal de origem, far-se-á o exame de admissibilidade do recurso especial ou extraordinário.
§2º Reformado o acórdão, se for o caso, o tribunal de origem decidirá as demais questões antes não decididas e que o enfrentamento se torne necessário em decorrência da reforma.
Art. 995. Sobrevindo, durante a suspensão dos processos, decisão da instância superior a respeito do mérito da controvérsia, o juiz proferirá sentença e aplicará a tese firmada.
Parágrafo único. A parte poderá desistir da ação em curso no primeiro grau de jurisdição, se a questão nela discutida for idêntica à resolvida pelo recurso representativo da controvérsia. Se a desistência ocorrer antes de oferecida a contestação, a parte ficará isenta do pagamento de custas e de honorários de sucumbência.

Seção III
DO AGRAVO DE ADMISSÃO

Art. 996. Não admitido o recurso extraordinário ou o recurso especial, caberá agravo de admissão para o Supremo Tribunal Federal ou para o Superior Tribunal de Justiça, conforme o caso.
§1º Na hipótese de interposição conjunta de recurso extraordinário e recurso especial, o agravante deverá interpor um agravo para cada recurso não admitido.
§2º A petição de agravo de admissão será dirigida à presidência do tribunal de origem, não dependendo do pagamento de custas e despesas postais.
§3º O agravado será intimado, de imediato, para oferecer resposta.
§4º Havendo apenas um agravo de admissão, o recurso será remetido ao tribunal competente. Havendo interposição conjunta, os autos serão remetidos ao Superior Tribunal de Justiça.
§5º Concluído o julgamento do agravo de admissão pelo Superior Tribunal de Justiça e, se for o caso, do recurso especial, os autos serão remetidos ao Supremo Tribunal Federal, para apreciação do agravo de admissão a ele dirigido, salvo se estiver prejudicado.
§6º No Supremo Tribunal Federal e no Superior Tribunal de Justiça, o julgamento do agravo de admissão obedecerá ao disposto no respectivo regimento interno, podendo o relator, se for o caso, decidir na forma do art. 888.

Seção IV
DOS EMBARGOS DE DIVERGÊNCIA

Art. 997. É embargável a decisão de turma que:
I – em recurso especial, divergir do julgamento de outra turma, da seção ou do órgão especial, sendo as decisões, embargada e paradigma, de mérito;
II – em recurso especial, divergir do julgamento de outra turma, da seção ou do órgão especial, sendo as decisões, embargada e paradigma, relativas ao juízo de admissibilidade;
III – em recurso especial, divergir do julgamento de outra turma, da seção ou do órgão especial, sendo uma decisão de mérito e outra que não tenha conhecido do recurso, embora tenha apreciado a controvérsia;
IV – nas causas de competência originária, divergir do julgamento de outra turma, seção ou do órgão especial.
§1º Poderão ser confrontadas teses jurídicas contidas em julgamentos de recursos e de ações de competência originária.
Art. 998. No recurso de embargos de divergência, será observado o procedimento estabelecido no regimento interno.
§1º No recurso de embargos de divergência, será observado o procedimento estabelecido no regimento interno.
§2º Na pendência de embargos de divergência de decisão proferida em recurso especial, não corre prazo para interposição de eventual recurso extraordinário.

LIVRO V
DAS DISPOSIÇÕES FINAIS E TRANSITÓRIAS

Art. 999. Este Código entra em vigor decorrido um ano da data de sua publicação oficial.
Art. 1000. Ao entrar em vigor este Código, suas disposições se aplicarão desde logo

aos processos pendentes, ficando revogado o Código de Processo Civil instituído pela Lei nº 5.869, de 11 de janeiro de 1973.
§1º As regras do Código de Processo Civil revogado relativas ao procedimento sumário e aos procedimentos especiais não mantidos por este Código serão aplicadas aos processos ajuizados até o início da vigência deste Código, desde que não tenham, ainda, sido sentenciados.
§2º Permanecem em vigor as disposições especiais dos procedimentos regulados em outras leis, aos quais se aplicará supletivamente este Código.
§3º Os procedimentos mencionados no art. 1.218 do Código revogado e ainda não incorporados por lei submetem-se ao procedimento comum previsto neste Código.
§4º As remissões a disposições do Código de Processo Civil revogado, existentes em outras leis, passam a referir-se às que lhes são correspondentes neste Código.
Art. 1001. A extensão da coisa julgada às questões prejudiciais somente se dará em causas ajuizadas depois do início da vigência do presente Código, aplicando-se às anteriores o disposto nos arts. 5º, 325 e 470 do Código revogado.
Art. 1002. Nos tribunais em que ainda não tiver sido instituído o Diário da Justiça Eletrônico, a publicação de editais observará as normas anteriores ao início da vigência deste Código.
Art. 1003. As disposições de direito probatório adotadas neste Código aplicam-se apenas às provas que tenham sido requeridas ou determinadas de ofício a partir da data de início da sua vigência.
Art. 1004. Os procedimentos judiciais em que figure como parte ou interessado pessoa com idade igual ou superior a sessenta anos, ou portadora de doença grave, terão prioridade de tramitação em todas as instâncias.
§1º A pessoa interessada na obtenção do benefício, juntando prova de sua condição, deverá requerê-lo à autoridade judiciária competente para decidir o feito, que determinará ao cartório do juízo as providências a serem cumpridas.
§2º Deferida a prioridade, os autos receberão identificação própria que evidencie o regime de tramitação prioritária.
§3º Concedida a prioridade, essa não cessará com a morte do beneficiado, estendendo-se em favor do cônjuge supérstite ou companheiro em união estável.
Art. 1005. Findo o prazo de cinco anos, contados da data do arquivamento, os autos poderão ser encaminhados para reciclagem, mediante prévia publicação de edital, com prazo trinta dias, no órgão oficial e em jornal local, para ciência dos interessados.
§1º As partes e os interessados podem requerer, às suas expensas, a microfilmagem ou digitalização total ou parcial dos processos físicos, bem assim o desentranhamento dos documentos que juntaram aos autos.
§2º Quando o processo findo contiver documentos de valor histórico, de ofício ou a requerimento da parte, do Ministério Público ou da Defensoria Pública, o juiz poderá determinar a sua remessa ao arquivo público, para preservação no suporte original em que constituído.
Art. 1006. Sempre que a lei material remeter a procedimento descrito na lei processual sem discriminá-lo, será observado o procedimento comum previsto neste Código.
Art. 1007. As execuções contra devedor insolvente propostas até a data de entrada em vigor deste Código permanecem reguladas pelo Livro II, Título IV, do Código de Processo Civil instituído pela Lei nº 5.869, de 11 de janeiro de 1973, ressalvada a possibilidade de os interessados, de comum acordo, requererem a conversão do concurso universal e concurso particular, nos termos do art. 865.
Art. 1008. Ficam revogados o parágrafo único do art. 456 e o inciso I do art. 202 do Código Civil; o art. 17 da Lei nº 1.060/1950, o art. 5º da Lei nº 9.469/1997; os arts. 13 e 18 da Lei 8.038/1990 e os arts. 16 a 18 da Lei 5.478/1968.

Sala da Comissão,

, Presidente

, Relator

COMISSÃO DE REFORMA DO CPC
ASSINAM O PARECER EM ______________

SENADORES TITULARES	ASSINATURA
Bloco Parlamentar da Minoria (DEM/PSDB)	
Demóstenes Torres (DEM-GO)	
Antônio Carlos Júnior (DEM-BA)	
Marconi Perillo (PSDB-GO)	
Papaléo Paes (PSDB-GO)	
Bloco Parlamentar da Maioria (PMDB/PP)	
Regis Fichtner (PMDB-RJ) (2)	
Almeida Lima (PMDB-SE)	
Valter Pereira (PMDB-MS)	
Bloco de Apoio ao Governo (PT/PR/PSB/PRB/PCdoB)	
Antônio Carlos Valadares (PSB-SE) (1)	
Eduardo Suplicy (PT-SP) (1)	
PTB	
Vago (3)	
PDT	
Acir Gurgacz (PDT-RO)	
SENADORES SUPLENTES	**ASSINATURA**
Bloco Parlamentar da Minoria (DEM/PSDB)	
Marco Maciel (DEM-PE)	
Adelmir Santana (DEM-DF)	
Cícero Lucena (PSDB-PB)	
Álvaro Dias (PSDB-PR)	
Maioria (PMDB/PP)	
Romero Jucá (PMDB-RR)	
Valdir Raupp (PMDB-RO)	
Francisco Dorneles (PP-RJ)	
Bloco de Apoio ao Governo (PT/PR/PSB/PRB/PCdoB)	
Inácio Arruda (PCdoB-CE)	
Augusto Botelho (PT-RR)	
PTB	
Gim Argelo (PTB-DF)	
PDT	
Vago	

Índice de Assuntos

página página

página

Índice da Legislação

Esta obra foi composta em fonte Palatino Linotype, corpo 11
e impressa em papel Offset 75g (miolo) e Supremo 250g (capa)
pela Edelbra Gráfica Ltda.
Erechim/RS, junho de 2011.